2013 年 8 月，金井露应邀在华为高培中心讲授“华为的领导力与执行力”，受到任正非总裁等热情接待

2003 年，金井露应华为大学任正非校长邀请，用十年时间为华为培训了上万名海内外持证项目经理

2019 年，金井露代表华为在第 15 届中国企业管理高峰会上做“华为的项目化经营效能”主题演讲

2005—2021 年，金井露为华为的中高层和大客户代表讲授“华为的目标、计划与执行”等课程

2005—2021 年，金井露为参观华为的大客户代表讲解“华为精神与项目目标、计划与执行”课程

2009 年以来，金井露在北京大学 EMBA、MBA 班多次讲授“华为的项目化经营管理效能”等课程

2009 年以来，金井露在清华大学 EMBA、MBA 班多次讲授“华为的领导力与执行力”等课程

2005 年以来，金井露在中山大学、华南理工大学 EMBA-MBA-EDP 中心主讲“企业经营与项目管理”课程

2015 年以来，金井露在对外经济贸易大学主讲“国际贸易商务谈判与项目管理”等课程

2006 年以来，金井露在南方电网公司及其分公司主讲“电力工程项目管理”等课程

2006 年以来，金井露在国家电网公司及其分公司主讲“项目目标、计划与执行”等课程

2006 年以来，金井露在国家电网公司、国电集团主讲“项目目标、计划与执行”等课程

2010 年以来，金井露在中国水电、中国南车主讲“国际项目管理”“国际采购与招投标项目管理”课程

2010 年以来，金井露为国家电网旗下的科研所、勘测设计院主讲“国际项目管理”“项目招投标与谈判”课程

2017 年 5 月，金井露在中南建筑产业集团主讲“建筑工程高效能施工组织管理”等课程

2015 年冬，金井露在广东省长大公路工程公司（港珠澳大桥指挥部）主讲“国际工程项目管理”课程

2013—2017 年，金井露在湖北移动、广东移动南方基地主讲“华为的执行力与项目管理”等课程

2017 年 5 月，金井露在中国民航内蒙古空管分局主讲“企业目标、计划与执行”课程

2003 年以来，金井露一直在高新技术智造企业主讲“研发项目管理”“营销项目管理”等课程

2003 年以来，金井露在海信电器集团青岛总部及其分公司主讲“项目管理应用”等课程

2018 年，金井露为惠州乐庭电子线缆有限公司进行项目管理系列培训和咨询服务

2019 年 10 月，金井露先后为中国航天科工集团、上海航天科工电器研究院有限公司（C–919 研发团队）讲授“研发项目管理”课程

2019—2020 年，金井露为中交海洋投资控股有限公司讲授 15 天的“工程项目全生命周期管理”课程，并进行 35 天的现场咨询

HUAWEI

华为项目管理工具与实训

HUAWEI PROJECT MANAGEMENT TOOLS AND TRAINING

金井露 著

SPM
南方出版传媒
广东经济出版社
·广州·

图书在版编目（CIP）数据

华为项目管理工具与实训 / 金井露著. —广州：广东经济出版社，2021.7

ISBN 978－7－5454－7392－6

Ⅰ. ①华…　Ⅱ. ①金…　Ⅲ. ①通信—邮电企业—企业管理—项目管理—深圳　Ⅳ. ①F632.765.3

中国版本图书馆 CIP 数据核字（2020）第 202409 号

责任编辑：毛一飞
责任校对：陈运苗　陈慧敏
责任技编：陆俊帆
封面设计：吴东贤

华为项目管理工具与实训
HUAWEI XIANGMU GUANLI GONGJU YU SHIXUN

出 版 人	李　鹏
出版发行	广东经济出版社（广州市环市东路水荫路 11 号 11 ～ 12 楼）
经　　销	全国新华书店
印　　刷	珠海市国彩印刷有限公司 （珠海市金湾区红旗镇永安一路国彩工业园）
开　　本	787 毫米 × 1092 毫米　1/16
印　　张	28　插页 4
字　　数	461 千字
版　　次	2021 年 7 月第 1 版
印　　次	2021 年 7 月第 1 次
书　　号	ISBN 978－7－5454－7392－6
定　　价	118.00 元

图书营销中心地址：广州市环市东路水荫路 11 号 11 楼
电话：（020）87393830 邮政编码：510075
如发现印装质量问题，影响阅读，请与本社联系
广东经济出版社常年法律顾问：胡志海律师

序言 Preface

本书既可以作为《华为项目管理图解》的姊妹篇，也可以作为项目管理者训战结合的工具书长期使用和收藏。

我学习和应用项目管理 30 多年了，虽年过六旬，但仍在项目管理培训和应用领域快乐地耕耘着，对项目经理和项目管理有几点体会与大家共享：

项目管理的核心思想就是：复杂问题简单化，简单问题流程化，流程问题标准化，标准问题再优化。

项目经理是 21 世纪的黄金职业；

项目经理是成为复合型人才的首选职业；

项目经理是成为部门经理、总经理的最佳职业；

项目经理是一种越老越吃香、生命期最长的职业。

项目管理是百年管理的第三里程碑；

项目管理是科学管理方法论的集大成者；

项目管理是华为等企业创新、创品牌的“金钥匙”。

项目管理能力必将成为项目经理、项目团队、项目执行组织的核心竞争力。

中国已经成为世界上大中型项目最多、优秀项目经理需求量最大的国家。

2005 年，我应邀在中山大学向 500 多名企业中高层管理者做题为《华为的执行力与项目管理》的报告。报告会后，应大家要求开始准备此书。本书具有以下三个特点：

1. 参考国际标准，注重主流方向

本书采用国际项目管理协会（IPMA）的国际项目经理资质认证 2006 年最新标准 ICB 3.0，采用美国项目管理协会（PMI）的项目经理资质认证 2018 年最新标准

《项目管理知识体系指南》（PMBOK－2018，第6版）。这些标准引领了海内外项目经理认证和项目管理应用的大方向。

世界上本来没有标准，用的人多了，效果好了，善于总结，就成了标准。笔者坚信：未来30年，中国无论是在项目经理的素质、能力和数量方面，还是在项目管理的文化、产品、服务和成果等方面必然稳居世界第一，中国一定能够成为国际项目管理标准的制定者。

2. 章节图文并茂，注重华为案例

1995年，华为开始开拓海外市场。由于缺乏海外市场营销和项目管理经验，交了不少学费。1997年，任正非带领华为20多名高管去IBM（国际商业机器公司）学习和引入项目管理体系。历经7年艰苦卓绝的探索之后，任正非在一次报告会上说："总结我们在海外的项目，有成功的经验，也有失败的教训。我们过去与海外强手竞争，如同游击队与正规部队作战一样，扔几个手榴弹、打一枪换一个地方。今后，华为要在海内外市场生存、立足、发展，就必须在项目经理培养和国际项目管理方法论上超越竞争对手，项目管理应当成为华为的基本管理模式。"为此，华为在2002年启动了培养上万名项目经理的宏伟计划。

2003年，应华为高层邀请和认证，我开始在华为总部、华为大学培养海内外项目经理，平均每年约20个班，每班50名学员，连续授课5天（包括一天应用的案例开发）。这十几年以来，我教学相长，深入研究华为文化、价值观、领导力和执行力，为华为培养了上万名获得国际证书的项目经理。2005年以来，我一直承担华为大客户（电信、移动、联通、广电）中高层项目管理者的培训任务，确保他们的工作效能与华为保持同步。

金图银表铜为字，一图案例解千文。现代项目管理已经全方位进入了"读图"时代。所以我在本书中绘制了约500张项目管理实战图表，保证平均每页都有一张简明易懂的图表。同时，在19个章节中还密切结合华为等企业的项目管理实务，分别编制了100多个华为等企业的项目管理应用案例。读者在阅读时只要"以标题和图表为纲，以案例和文字为目"，就可以迅速掌握每一个章节的知识重点和应用要点。

3. 总结实践经验，注重学以致用

1981年，我在西安交通大学电机系进修电力系统运行，其间开始注重学习和应用项目管理方法论；1991年，我攻读电力系统通信与调度自动化系统研究生，毕业后，先后任西北农林科技大学水建系水电站课程讲师，水利部西北水利科学研究所工程师、高级工程师、材料结构研究室主任，带领团队承揽和完成30多项水利水电基本建设工程模型试验、研发、设计和监理等重大任务。

从1997年开始，我主要从事政府、城市和企业管理信息化建设。参与项目：外交部、侨联信息工程设计与建设；国家海洋局海监总队信息工程建设；广东省税务局“金税工程”信息化建设；中国移动广东省公司网络优化；中国移动广州市公司标准营业厅建设。负责项目：广州市白云区政府信息化建设；广州市公路主枢纽信息中心建设规划；广州市远程教育中心可行性研究与立项；广州市第一人民医院信息网络工程建设；南海区电子政务系统整体规划设计；等等。

最近30年来我为国家电网、南方电网、中国电建、中车集团、中交集团、中建集团等高新技术企业的中高层管理者开展项目管理培训咨询，为清华大学、北京大学、中国科学技术大学、中山大学、华南理工大学、香港亚洲商学院、智通商学院等国内多所著名大学总裁班（EMBA）、工商管理班（MBA）讲授“孙子兵法与华为商道”“华为的领导力与执行力”“华为的执行力与项目管理”“企业经营与项目管理”“研发项目管理”“营销项目管理”“投资项目论证与风险防范”“工程招投标与商务谈判”“工程项目管理”“电力工程项目管理”“电信工程项目管理”“目标、计划与执行”“三国演义与领导智慧”“国学智慧与企业应用”等课程。

在写这本书的十年间，我深入研究和讲解国际国内项目管理标准，深入学习、研究和总结华为等高新技术企业的项目管理案例，总结自己30多年来学习和应用项目管理的经验教训，希望通过本书把我对博大精深的项目管理标准和方法论的理解，把华为等高新技术企业的项目管理最佳实践介绍给大家，为大家带领项目团队早日驰上“项目管理高速公路”奉献微薄之力。

时代在进步，中华在崛起。时代赋予我们最重要的责任就是总结过去、利用现在、开创未来。“人生终有限，事业总无限。”任何一个人的经验都是有限的，而他人的经验是无限的，学习和借鉴他人的经验教训，选择正确的方向道路，事半功倍地走向成功，永远是最明智的做法！

希望本书能够对从事项目管理及其相关领域的读者起到抛砖引玉的作用。由于本人水平有限，错漏之处，恳请读者批评指正！

金井露

2020年8月于华为总部

目录 Contents

第一部分　项目与项目管理

第二部分　项目经理与项目组织

第三部分 项目论证与立项

第四部分 项目启动与计划

第六部分 项目验收与收尾

第一部分

项目与项目管理

XIANGMU GUANLI

第 1 章　项目概述

【章节重点导图】 我国春秋时期伟大的军事哲学家孙武说：“兵者，国之大事，死生之地，存亡之道，不可不察也。”可以引申为：“项目，企业大事，死生之地，存亡之道，不可不察也。”本书作者金井露欢迎您加入“华为项目管理工具与实训”之旅！

通过本章重点掌握项目的主要特征、生命期等，并通过案例分析项目对于企业创业、创新、生存和发展的重要性。如图 1－1 所示。

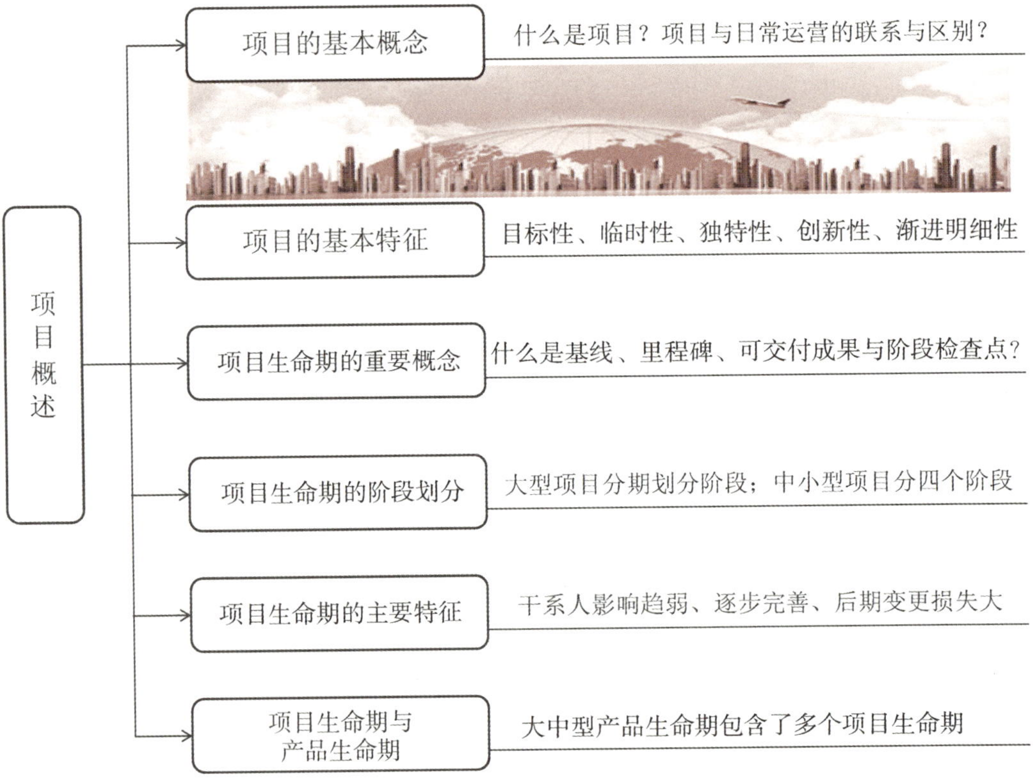

图 1－1　项目概述

1.1 什么是项目

现代企业的经营管理活动，按其随时间变化的规律，可以分为两大类：

第一类活动具有持续不断、周而复始的特征，我们通常称之为“日常工作”“日常作业”“日常运营”或者“日常运作”，如图1－2所示。例如，某企业的员工在生产线上连续生产某些相似产品的过程就属于“日常工作”。

图1－2 日常工作的主要特征：持续不断、周而复始

第二类活动如图1－3所示。这类活动通常是计划内的重要工作，如战略决策、市场定位、产品研发和市场营销活动等，还有那些重要而紧迫的工作，其最大特点就是具有明确的开始时间和结束时间，需要集中资源并在有限的时间内完成任务。

图1－3 项目的特征：临时性、具有明确的开始时间和结束时间

对于这类时限非常明确的活动，我们通常称为“项目”（project）。例如：

面对疫情，怎样帮企业、保就业、稳经济？

面对疫情，怎样开展首次、二次、N次创业和转型？

怎样组织一次战略转型前的市场调研？

人力资源部怎样组织一次人才招聘会？

人力资源部怎样组织一次项目管理内训？

根据市场需求的变化，怎样组织一次新产品研发？

怎样组织召开一次新产品展销和用户体验大会？

诸如此类问题，用“日常作业”的方式难以高效能地解决，必须在规定的时间内协调关系、整合资源，用所谓“项目管理”的方法加以解决。

项目临时性：指项目具有明确的开始时间和结束时间。见图1–4。

- 项目临时性并不一定意味着项目持续的时间短
- 项目所创造的产品、服务、成果及社会、经济和技术的影响力一般不具有临时性
- 项目的临时性决定了团队的临时性
- 项目可能由于多种因素而结束

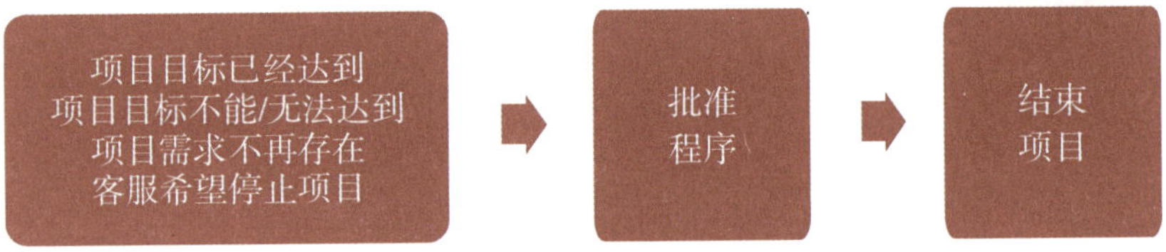

图 1－4　项目临时性的内涵

美国项目管理协会（PMI）在《项目管理知识体系指南》（PMBOK－2018，第6版）中将项目定义为：项目是为创造独特的产品、服务或成果而进行的临时性工作。

项目的主要特征和项目临时性的主要内涵：

（1）**项目临时性并不一定意味着项目持续的时间短**。例如：著名的北斗星通信系统研发和应用；华为5G通信系统的市场调研、规划、设计、研发和智慧城市建设；这次疫情结束后，国家七大领域新基建等项目应该会持续几十年。

（2）**项目所创造的产品、服务、成果及社会、经济和技术的影响力一般不具有临时性，而是具有长期性**。例如著名的都江堰水利工程和京杭大运河工程等。

（3）**开展项目的团队和组织结构也具有临时性**。随着项目的不断推进和对资源需求的变化，其人数、职责和专业分工都在不断地变化。项目的组织结构是以完成目标为导向的，具有柔性、扁平化和临时性的特点。

（4）**项目可能由于多种因素而结束**。当项目的目标已经达到，或者由于某种因素，项目不能达到目标而停止，或者项目需求不复存在时，项目就结束了。

（5）**项目的独特性是指每个项目所创造的产品、服务和成果与其他项目相比，都不是简单的重复，都有创新性，都有自己的特点**。

1.2 项目的基本特征

参考 PMI 对项目的定义要素，对项目的基本特征进行归纳，见图 1－5。

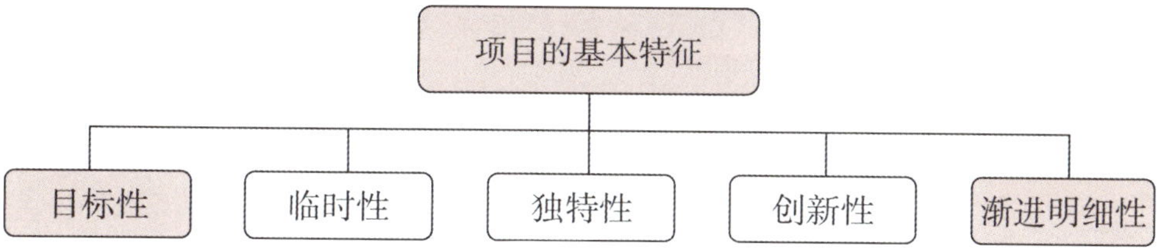

图 1－5 项目的基本特征

（1）**目标性：**所有的项目都是明确的以完成个人或者组织的目标为导向的，都有期望的产品、服务和成果。项目的主要目标通常用项目的四个固有特性来描述：**范围定、进度快、质量好、成本省**。

（2）**临时性：**与日常工作不同，所有的项目都具有明确的开始时间和结束时间。

（3）**独特性：**每个项目所创造的产品或服务与其他项目的产品或服务相比，都具有自己的特点。

（4）**创新性：**既然每个项目的可交付成果都是独特的，就必然存在着许多不确定因素，这些因素正是导致项目风险的主要原因。

（5）**渐进明细性：**在项目的生命期，人们对项目的认识是循序渐进的。

①项目目标：从方向性的宏观目标到具体、可测量的细小目标。

②产品范围：从粗略的框架到详细的产品功能说明。

③项目范围：从项目工作说明书（SOW）、项目章程、项目范围说明书，到工作分解结构（WBS）、工作分解结构词典和具体活动等。

④项目计划：从宏观策划到具体的可操作计划及滚动式计划的编制。

例如，图 1－6 表示某美术作家创作一头雄狮的过程：首先，他的创作过程是临时性的，必须在计划的时间内完成，具有项目的特征；其次，他的画作是独特

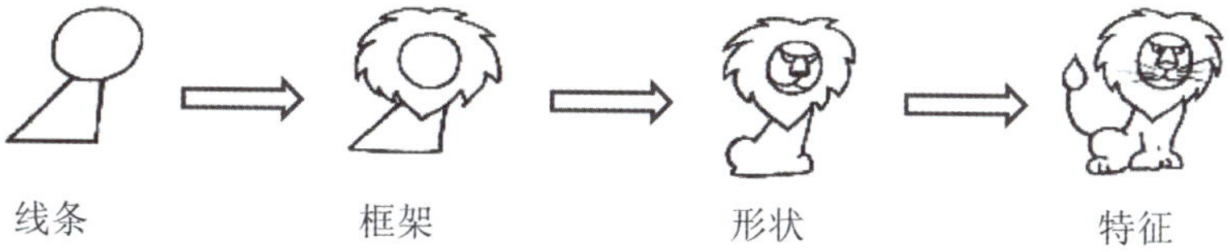

图 1－6 项目的渐进明细性

的，别人无法代替他完成。所以，他的作画过程从勾勒线条到艺术特征是渐进明细的，或者说具有项目的全部特征。

此外，项目与日常运营既有联系又有区别。项目与日常运营的相同点是：需要人和资源，需要计划、管控，实现组织的既定目标。不同点是：日常运营是持续不断、周而复始的，项目是临时的、独特的。

1.3 项目生命期的重要概念

1.3.1 项目生命期

项目生命期就是项目从启动到收尾所经历的一系列阶段的集合。其任务是：

（1）明确范围：对项目的范围进行分解和界定，区分项目从开始到结束的哪些活动包括在项目范围之内，哪些不包括在内。

（2）明确责任：从项目生命期的一个阶段转到另一个阶段时，项目经理和项目相关方通常要进行某种形式的技术交接或成果交接、验收和总结。

（3）管控：项目前一阶段的成果经项目经理和上级领导把关、验收、放行和总结回顾之后，才能启动下一阶段的工作。

1.3.2 项目生命期的重要概念

项目经理和项目相关方为了有效管控项目的各个阶段，通常要预先约定项目的基线、里程碑、可交付成果和阶段检查点。

（1）项目的基线（base-line）。项目的基线也称为基准线，是项目的高层组织批准的项目计划中的关键量化指标，有范围、进度、成本等。典型案例见图 1－7。

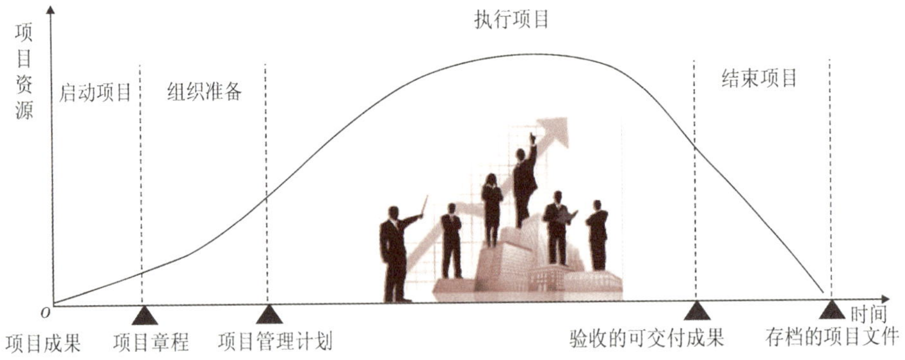

图 1－7　项目的基线、里程碑、可交付成果和阶段检查点

（2）**项目的里程碑**。里程碑（milestone）即项目中的重大事件或者某一个主要可交付成果完成的时间（标识）点，既不占用时间，也不消耗资源。如图 1－7 中的实心正三角形所示。其重要作用：

第一，检验成果。里程碑产出的中间“交付物”是每一步逼近的结果，也是控制的对象。如果没有里程碑，那么中间想知道“项目做得怎么样了”是很困难的。

第二，降低项目风险。可以根据每个阶段的产出结果进行定期的确认，分析项目阶段性投资和回报，以决定下一步的工作。

第三，防止管理中的“帕金森综合征”。一般人在工作时都有“前松后紧”的习惯，而里程碑则强制性规定项目团队在某段时间内应当完成什么任务，从而促成项目经理和项目相关方合理地利用项目时间、分配资源、量化管理。

（3）**项目的可交付成果**（deliverable）。项目的可交付成果是一种可以看得到的，独特的，可以进行检测、度量、验证的产品、服务和成果。

可交付成果与里程碑之间的关系：可交付成果如同我们在学校各个年级学习的各门课程的考试和考试成绩、实习成绩，而里程碑如同我们在毕业的某一时刻拿到毕业证、学位证或者结业证。可交付成果是项目的量变和积累过程，里程碑则是项目可交付成果量变和积累所引起的质变的结果。

（4）**项目的阶段检查点**（check-point）。图 1－8 表示的是项目计划审批阶段的检查、把关与放行过程。例如，图 1－8 中的菱形图“专家判断”就表示专家对“制订项目管理计划”的检查、把关与放行点。

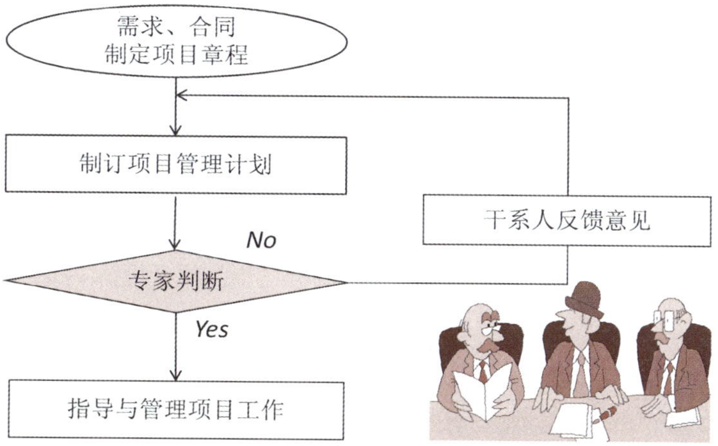

图 1－8　项目计划审批阶段的检查、把关与放行点

（5）**项目的制约因素**。如图 1－9 所示，项目在其生命期将会受到范围、进度、成本、质量、资源和风险的制约，而这六大制约因素之间也是相互制约的。

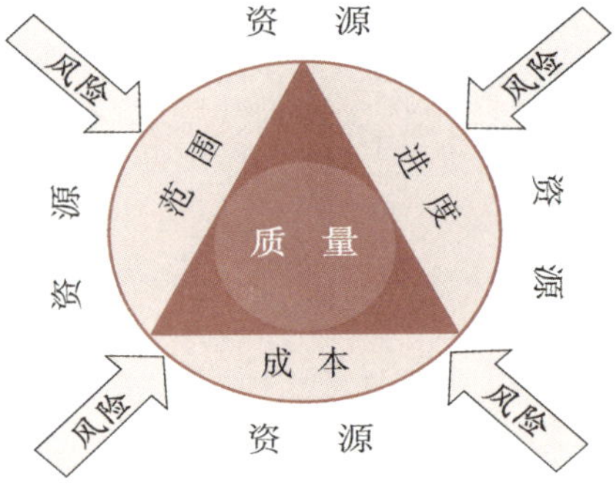

图 1－9　项目的六大制约因素

1.4　项目生命期的阶段划分

项目阶段通常都与特定的可交付成果的形成有关。主要有两种划分方法：

第一种是对于通用的小型项目，通常按照里程碑方法划分为启动、计划、执行和收尾这四个阶段；第二种是对于大中型、多专业和复杂的项目，通常根据需要可划分为五个甚至十几个阶段。

（1）**项目启动阶段**。项目启动阶段的主要依据是项目立项前的市场调研、可行性研究、商业计划书、立项评估。此阶段主要是编制项目章程和启动会议等。

（2）**项目计划阶段**。项目计划阶段的主要依据是项目立项和启动阶段的资料、合同文档等。主要由项目经理和项目团队共同编制。

（3）**项目执行阶段**。整个项目资源的 80% ～ 90% 都消耗在执行阶段，这也是项目团队和企业强调执行力的根本原因。这个阶段的主要活动是具体实施项目计划，项目产生的成果和服务从无到有。此阶段投入项目中的资源迅速攀升。

（4）**项目收尾阶段**。当项目的目标已经达到，或者项目的目标不可能实现，或者项目有必要停止时，项目就进入了收尾阶段。项目阶段的结束以作为阶段性可交付成果的工作产品的转移或移交为标志。

对于涉及范围广、周期长、多专业、复杂或者特殊的项目，通常根据行业规范、惯例或者经验划分为多个阶段。

（1）**按专业划分项目阶段的方法**。按照项目的各阶段完成的专业成果来划分项目阶段。

如图 1－10 所示，在华为总部大楼建设过程中，整个项目按专业划分成基础工程、结构工程、机电工程、幕墙工程、装修工程（其中包括弱电工程）、通信工程、给排水工程和环境绿化工程等，以便分段组织招投标、施工、安装、监理和验收。

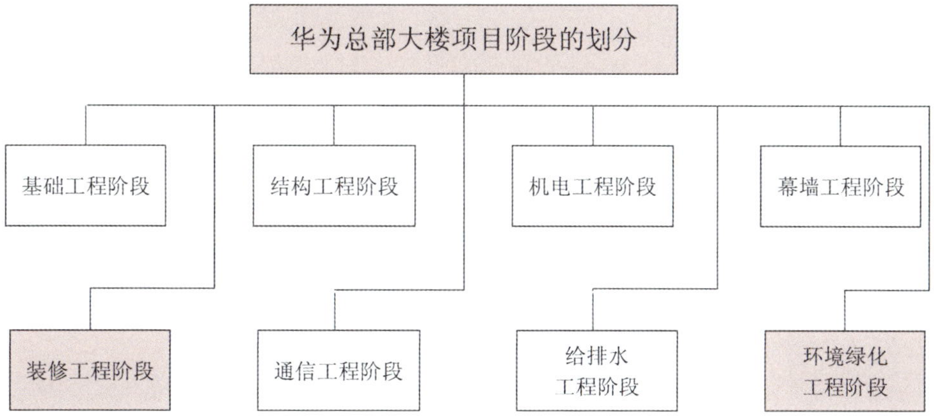

图 1－10　华为总部大楼按专业划分项目阶段

（2）**按里程碑或可交付成果整体性划分的方法**。按里程碑或可交付成果应何时生成、如何检查和验收来划分项目阶段。例如，在华为总部大楼建设过程中，整个项目按可交付成果整体性划分为一期工程、二期工程、三期工程等；再如，华为研发中心在开发某一种新型通信终端设备时，项目经理和执行组织可以按照可交付成果整体性把项目划分为需求调研、初步设计、技术设计、工艺设计、样机制作、样机商用阶段试运行验收、市场推广和量产等阶段。

1.5　项目生命期的主要特征

项目生命期各个阶段的资源投入、不确定因素和项目相关方对项目的影响程度均有所不同。如图 1－11 所示，典型的项目生命期都有如下特征：

（1）**项目资源的投入具有变动性**。在项目的启动阶段和计划阶段，投入的主要资源是以无形的资源为主的智力，而物力和财力等有形资源的投入比较少；在进入项目的执行阶段，项目所需资源将迅速增加，并逐步达到高峰；在项目的收尾阶段，资源投入水平也快速下降。

（2）**项目风险程度随着项目的成功推进而逐渐变小**。项目风险主要来源于项目的不确定性，在项目开始时，由于存在众多的不确定因素，成功完成项目的概率是最低的；随着项目相关方对项目可交付成果的逐步验收，成功的概率通常逐步提高，相应的风险也在逐步减小。

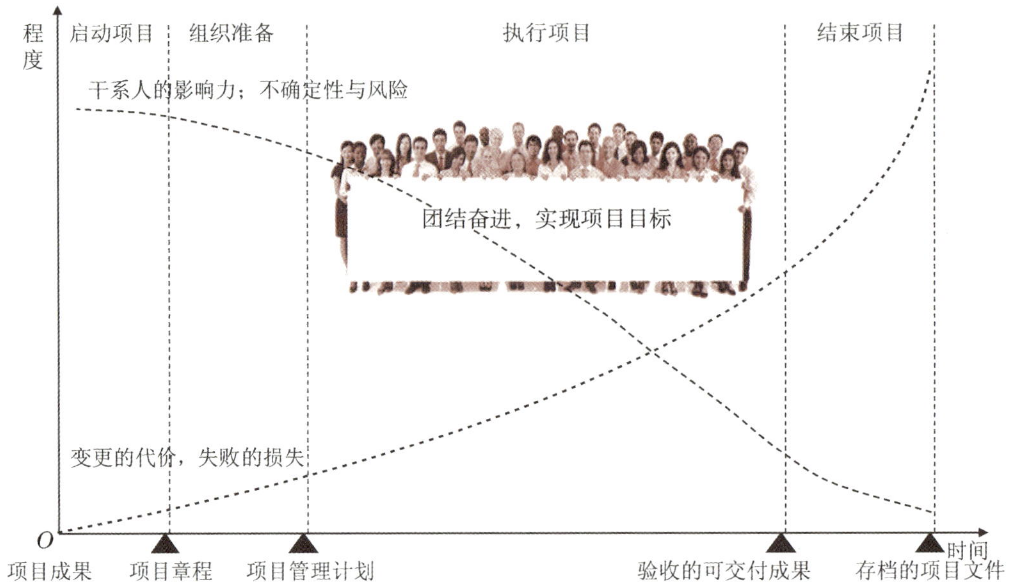

图 1－11　项目生命期的主要特征

（3）**项目相关方对项目的影响力和控制力逐渐减弱**。在项目开始时，实施项目的资源几乎全部掌握在项目相关方手中，项目相关方对项目的资源和可交付成果的影响是最大的，随着项目阶段性成果的不断验收，项目相关方手中可掌控的、可以投入的资源逐渐减少，他们对项目的影响力和控制力就会逐渐减弱。

（4）**项目变更、纠错和挽回损失所需的附加成本随项目进程的推进急剧增加**。随着项目的推进，项目变更、纠错和挽回损失的附加成本将急剧增加，错误发现得越晚，纠正错误所带来的附加成本将接近于曲线型增加。防患于未然，一次性把事情做好最节省时间和成本。

应用案例 1－1　任正非创业项目的经验教训

1982 年，38 岁的任正非离开工作了 14 年的部队，转业到深圳南油集团工作。由于长期在部队养成了雷厉风行的项目管理作风，他不习惯当时大型国企办事拖沓，希望有机会独当一面。40 岁那年，任正非满怀豪情地向领导递交了一份申请，请求去负责集团旗下的一家分公司。

领导没有批准任正非的申请，作为有条件的让步，只批准他去集团旗下一家电子公司任副总。由于没有行业背景、商务经验，缺乏选择项目、选择合作伙伴的经验，任正非的第一个项目就因供应商违约而遭遇惨败，损失200多万元！对于个人而言，这在30年前可是一笔天大的债务！为了还债，任正非被迫“下海”，自主创业，开办了一家电子公司，边干边学，稳扎稳打，一方面维持生计，另一方面了解客户需求，了解市场行情，打算选择更好的项目，东山再起。任正非创业的经验教训：

（1）**过去的失败不等于未来一定失败，关键在于总结经验教训，从战争中学习战争。** 创业，首先要改变自己的思维方式，熟悉新兴行业，熟悉客户需求，熟悉市场行情，熟悉项目管理，要想做好总经理，先做好项目经理。

（2）**百战归来再学习。** 先做人，后做事；先识人，再谈商务；创业成功的关键在于以客户为核心，以市场为导向，选择讲诚信、优势互补、风险共担的合作伙伴。

（3）**胜败乃兵家常事。** 人生创业，拓展业务，总会有低谷，也可能会跌倒，关键在于跌倒后要爬起来，从做好市场开拓，做好项目管理开始。

实战训练1－1　疫情后的七大新基建项目商机

如图1－12所示，国家最近强调的“新基建项目”的内涵：基于数字化的新基本建设，包括三大网络七大领域。

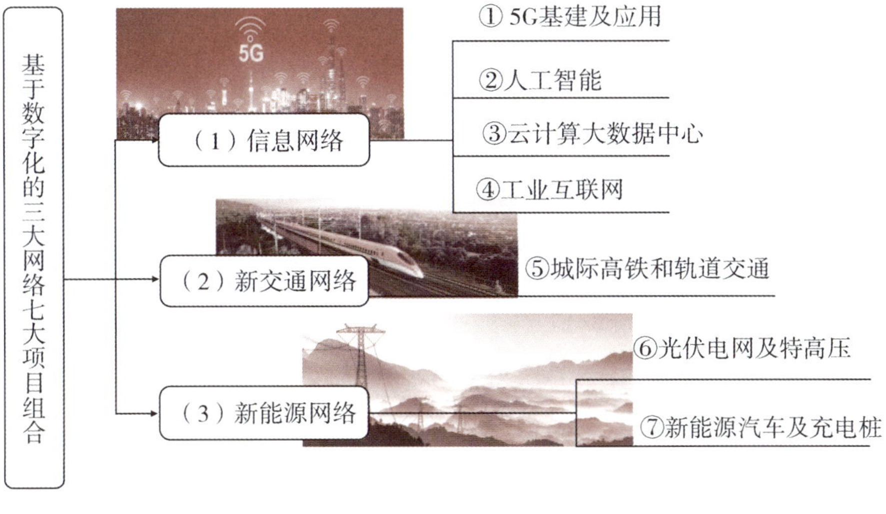

图1－12　七大新基建项目商机

2020年第1～2季度，新冠肺炎疫情对我国经济和世界经济带来比较大的冲击，为了加快下一步的经济建设，近期举行的中央高层会议多次聚焦新型基础设施建设。市场将5G基建及应用、光伏电网及特高压、工业互联网、城际高铁和轨道交通、新能源汽车及充电桩、人工智能、云计算大数据中心等七大领域归类，并冠以“新基建项目”这一概念。这些项目将持续近30年，成为拉动我国新一轮经济建设的火车头，拉动供应链中300多个产业的发展。对此巨大的项目组合带来的商业机会，您和您的朋友是否有足够的准备？

实战训练1-2　选择创业项目的策划评估表

假如您或者您的朋友计划选择一个好项目创业，请认真填写表1-1。

表1-1　选择创业项目的策划评估表

分析问题的重点	分值/分									
	10	9	8	7	6	5	4	3	2	1
1. 有客户订单吗										
2. 客户有中期需求吗										
3. 市场有中期需求吗										
4. 市场有长期需求吗										
5. 项目/产品竞争能力如何										
6. 项目/产品市场空间如何										
7. 项目/产品技术含量如何										
8. 有特长和兴趣吗										
9. 有优势互补的合作伙伴吗										
10. 资金筹措容易吗										
合计总分值										

注：如果总分小于65分，风险大于机会，建议不选；如果总分大于80分，机会大于风险，建议尽快做商业计划书；如果总分在66 ～ 79分之间，建议认真做市场调研，做好财务投资回报分析。

实战训练1－3　怎样划分项目生命期的里程碑

图1－13是企业某一建造项目的生命期。请简答：第1、第3、第5阶段结束时的里程碑（实心三角形）的内涵。

从上述分析中，可以归纳出三条结论：

第一，企业的经营管理主要包括项目管理和日常运营两个方面。

第二，企业从事的重要活动、紧迫活动以及重要而紧迫的活动都属于项目管理问题。

第三，项目成败，企业兴亡——在当前互联网、5G通信技术、6G通信技术和大数据、云计算、物联网时代，在知识经济与全球经济一体化时代，任何一家企业的成功与失败都与其领导层、管理层、执行层的项目管理能力息息相关。

企业的生存和发展，企业的重要问题、紧迫问题、重要而紧迫的问题都无法回避项目。在“移动互联网＋商机＋项目”时代，企业放弃项目，就等于放弃了公平竞争、生存和发展的机会；企业勇敢地面对项目，学习和运用项目管理的规律，用项目管理方法论管理好项目，则可实现可持续发展、跨越式发展。

项目管理在其他社会组织的活动和日常生活中的应用也是非常广泛的。正像美国项目管理专业资质认证委员会前主席保罗·格瑞斯（Paul Grace）所讲的那样：“在当今社会中，一切都是项目，一切也将成为项目。”项目成败关系到企业兴亡！

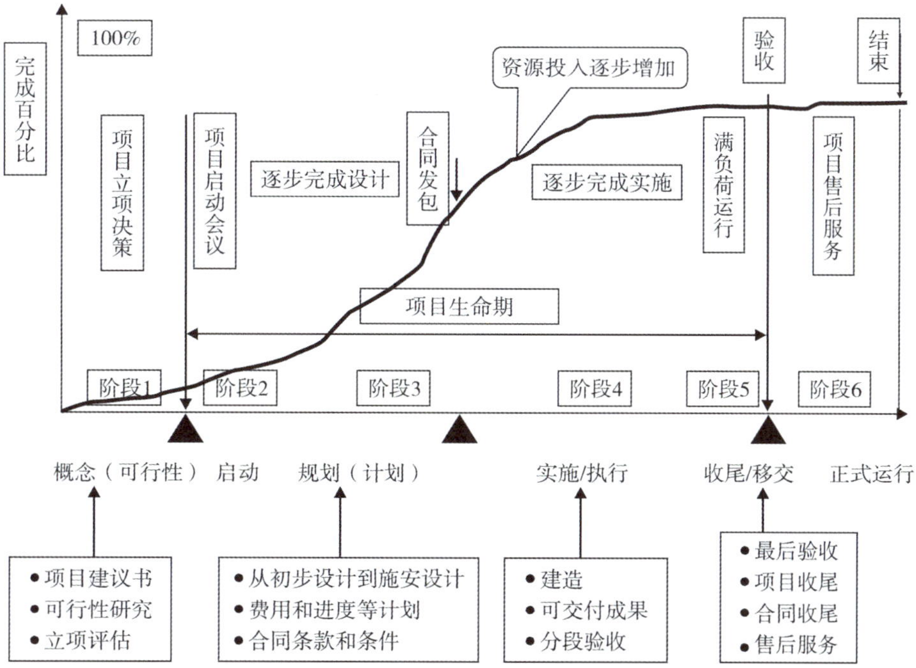

图1－13　企业建造项目的生命期

第 2 章　项目管理，兴业之道

【章节重点导图】“项目，企业大事，死生之地，存亡之道，不可不察也。”面对竞争，高新技术制造业和工程类企业要么选择好、管理好项目，要么被项目管住。本章的重点如图 2－1所示。

图 2－1　项目管理与组织发展

2.1　什么是项目管理

美国项目管理协会（PMI）在《项目管理知识体系指南》（PMBOK－2018，第6版）中这样定义项目管理：“**项目管理就是把各种知识、技能、手段和技术运用于项目活动之中，以满足项目的要求。**”如图2－2所示。

图2－2　项目管理的定义

如图2－3所示，PMI的定义强调了项目管理的核心理念：项目经理和项目执行组织根据项目相关方的需求，把项目的各种资源整合起来，对项目进行全程管控，最终满足项目相关方的需求和期望。项目执行组织“以客户为中心”“以需求为前提”“以目标为导向”“以计划为基础”和“以控制为手段”，这已成为项目管

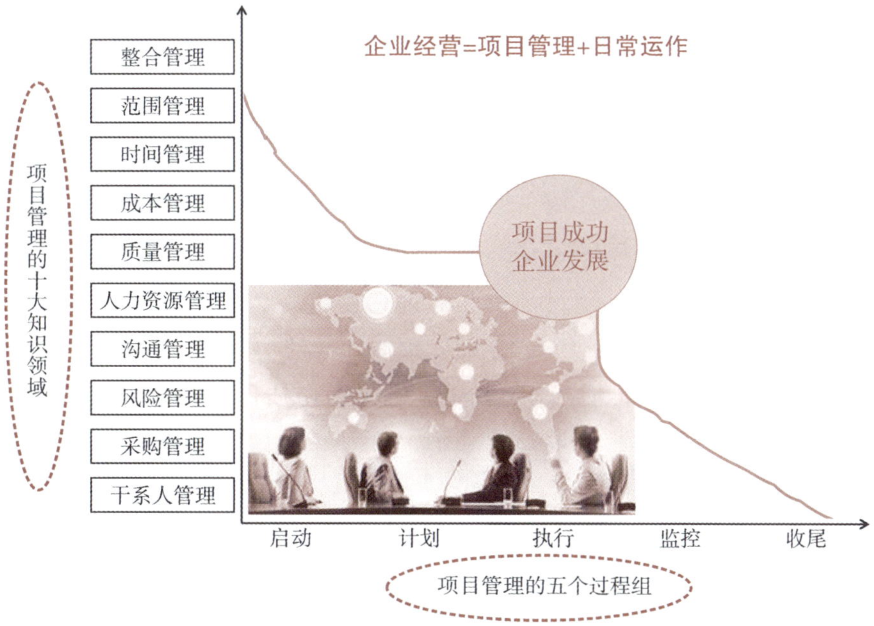

图2－3　项目管理的核心理念

理得以广泛应用的基础。

项目管理的组织形式在20世纪五六十年代开始被广泛应用，在高新技术企业、房地产、电力、电子、信息技术、交通、石油化工、水利水电、核工业、国防、军工、航空航天和基本建设等领域中应用较多，目前项目管理已经应用在几乎所有的组织中。

2.2 项目管理的五个过程组

任何一个项目都可以分解为一系列子项目、任务和活动过程。对这些过程进行相应的管理，我们称之为项目管理过程。

2.2.1 项目管理的五个过程组

项目管理的五个过程组分别为：启动、计划、执行、监控和收尾。

（1）**项目启动过程组**。启动过程组包含定义一个新项目或现有项目的一个新阶段，授权开始该项目或该阶段的一组过程。

（2）**项目计划过程组**。计划过程组包含确定项目的需求、工作范围，定义和优化目标，为实现目标制订行动方案的一组过程。

（3）**项目执行过程组**。执行过程组即项目经理和项目执行组织根据管理层批准的项目计划，通过组织和沟通，管理相关方期望，协调相关方关系，整合内外部资源，激励项目团队实施既定的工作计划，圆满形成项目可交付成果，达到最终目标的一组过程。这一过程通常耗时最长、消耗资源最多。

（4）**项目监控过程组**。监控过程组即项目经理和项目团队通过制定规章制度、工作标准、工作流程等一系列措施，确保项目按既定计划执行，主动、定期监控和测量项目的实施情况，及时发现和确定实施情况与计划存在的偏差，采取纠偏措施等活动的一组过程。

（5）**项目收尾过程组**。收尾过程组是指制定一个项目或项目阶段需移交的文件，项目相关方对项目或项目阶段正式验收，进而使项目顺利结束的一组过程。

2.2.2 项目管理的五个过程组与项目生命期阶段之间的区别

（1）**整个项目生命期有四个阶段：**启动、计划、执行和收尾，每个阶段都可以进行细分，并且用项目管理生命期的五个阶段来进行管理。这四个阶段是依次进行的，是单向的，既不能并行也不能交叠。如图 2－4 所示。

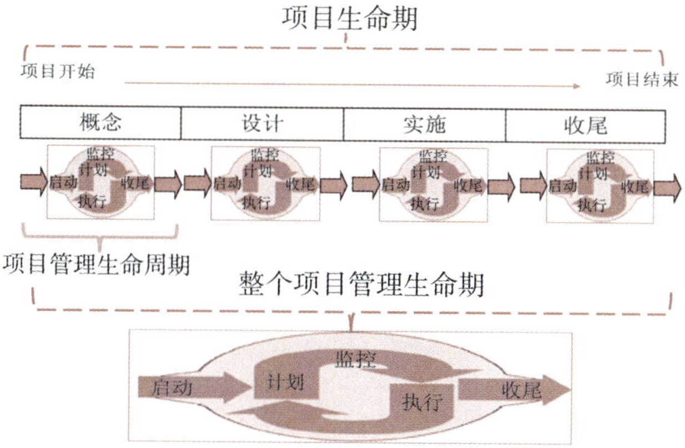

图 2－4 项目管理生命期

（2）整个项目管理生命期有五个阶段：启动、计划、执行、监控和收尾，与整个项目生命期相对应。

2.2.3 项目管理的五个过程组之间的三种衔接关系：顺序关系、交叠关系和迭代关系

（1）第一种是顺序关系：前一个阶段结束后，下一个阶段才能开始。

（2）第二种是交叠关系：在前一个阶段尚未结束时，下一个阶段就已经开始。

为了提高工作效率，各个具体过程在时间、空间上都会有不同程度的交叠。其特点：缩短项目的工期；增加项目风险，有可能导致返工。

（3）第三种是迭代关系：如图 2－5 所示，在某管理软件开发项目中，通常采

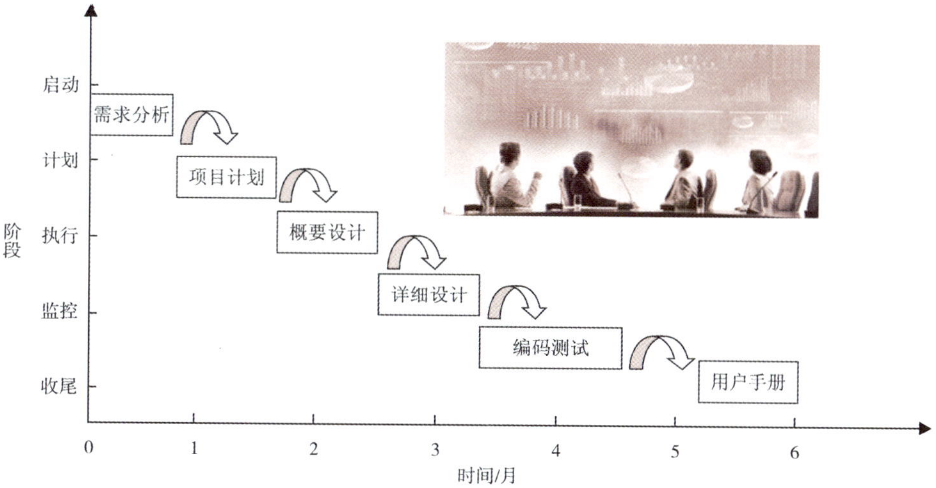

图 2－5 项目管理的五个过程组之间的迭代关系

用“瀑布式开发模型”，即一次只规划一个阶段，且下一个阶段的规划取决于当前阶段及其阶段成果的进展情况。迭代关系适用于项目范围、阶段性成果和过程很不明确、很不确定或快速变化的项目。

2.3 项目管理的十大知识领域

可以将项目管理知识领域划分为十大知识领域，包括整合管理、范围管理、时间管理、成本管理、质量管理、人力资源管理、沟通管理、风险管理、采购管理和干系人管理。

2.4 项目组合管理、项目集管理与项目的关系

2.4.1 项目组合管理

如图 2－6 所示，企业的高层决策者为了提高管理效能，把一个或多个项目集、项目、子项目有效组合起来，进行宏观上的管理，以取得综合效益。项目组合中的各项目、子项目可以是不同的行业或者专业，如城市管理、房屋装修等。

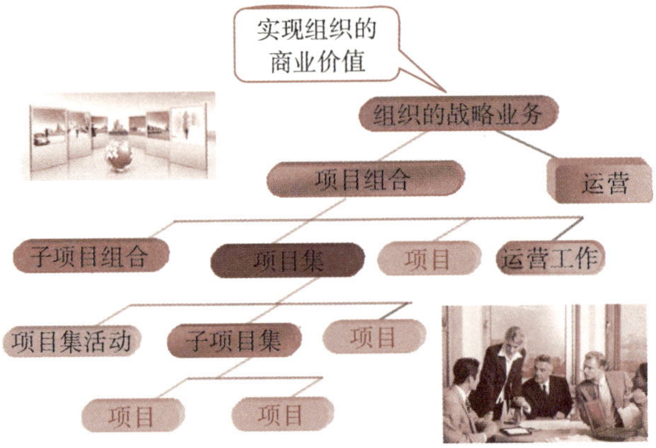

图 2－6 项目组合与项目集之间的关系

2.4.2 项目集管理

项目集包含在项目组合中。项目集是一组相互关联且被协调管理的项目、子项目集和项目集活动，以便获得分别管理所无法获得的综合效益。

2.4.3 项目

项目是本书研究的主要对象。

2.4.4 有关项目的其他概念

(1) 大项目：它是人们对项目组合或者项目集的统称。例如人们通常把“南水北调”“西电东送”“西气东输”和“全国抗击新冠肺炎疫情”和“疫情后的新基建七大领域”等都叫作大项目。

(2) 工程：在行政语言中它是项目集的统称。项目包括工程，而工程包括机场、公路、铁路和房地产等基本建设工程。

(3) 子项目：项目的业主、承包方为了对项目进行更好的启动、计划、发包、投标、实施和监控，通常按照项目的专业分工或者生命期、里程碑等方式，把项目分解成若干个较小的项目。

(4) 任务：把子项目分解成若干个更加微小的、容易管控的单元。

(5) 活动：它本身不一定是可交付成果，但它是完成工作包的具体思路、过程和步骤等。活动产生的结果一般是工作包。

2.5 组织战略、运营管理与项目管理的关系

(1) 组织战略依靠运营管理和项目管理来实施。

如图 2－7 所示，组织战略的实施要依赖于运营管理和项目管理。

图 2－7 组织战略、运营管理与项目管理的关系

(2) 组织战略对项目管理的指导。

组织战略规定了市场定位，核心业务，开展项目的期望、目标和行动。项目管

理活动要服从组织的总体战略方向，才能获得决策层的支持。

（3）项目型组织通过项目管理来实施组织战略。

对于电信、移动、联通、广电、IT（信息技术）、航天工程、人工智能、机器人、新型材料工程、新能源开发工程、遗传工程、生物工程等行业的高新技术企业，以及电力、石化、铁路、公路、桥梁、机场、房地产等领域依赖项目生存和发展的所谓项目型企业，其战略目标可以分解为每一年度的经营计划，而这些经营计划最终可以分解为一系列项目集和项目。21 世纪企业的经营管理和深化改革将逐步采用以项目管理为主的模式。

应用案例2-1　华为基于项目管理的三大核心业务流程

如图 2-8 所示，许多管理者认为华为有许多核心业务流程，其实从“满足客户需求”这一核心价值观来说，华为只有基于项目管理的三大核心业务流程：

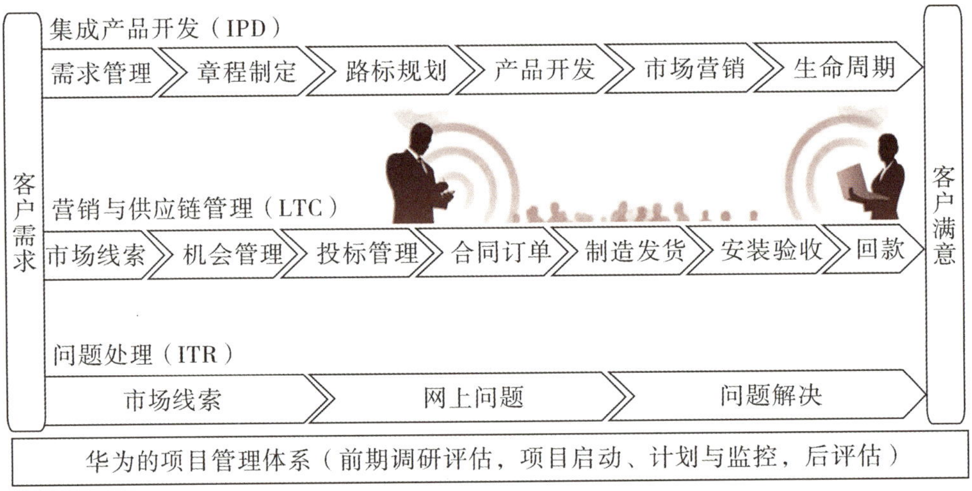

图 2-8　华为基于项目管理的三大核心业务流程

①IPD 流程：包括各层级和各领域的战略规划、需求管理、产品规划、项目任务书编制、产品开发、上市、生命周期管理。

②LTC 流程：包括机会管理、客户关系维护、投标、商务、供应链、发货、安装、收款。

③ITR 流程：从客户问题产生到解决的流程。

华为之所以成功，就是在国内开创性地应用了项目管理和 IPD 管理体系，同时又丰富了这个体系。

实战训练 2－1　项目与日常运营的不同特点

请填写表 2－1 右栏中的信息，加深对项目的理解。

表 2－1　项目与日常运营的联系和区别

日常运营的主要特点	项目的主要特点
宗旨：稳定发展、持续改进	宗旨：
需求：相对稳定，保持一致	需求：
组织：稳定、职能型、科层化	组织：
风险：相对确定、风险小	风险：
强调：提高工作效率	强调：

实战训练 2－2　马云：选择创业项目的“五大法宝”

如图 2－9 所示，马云在交流选择创业项目时多次谈到“五大法宝”。如果您自己或者您就职的企业在创业，正在选择项目，那么请参考此图，认真思考和回答图里的五个问题，然后写出您的思路。

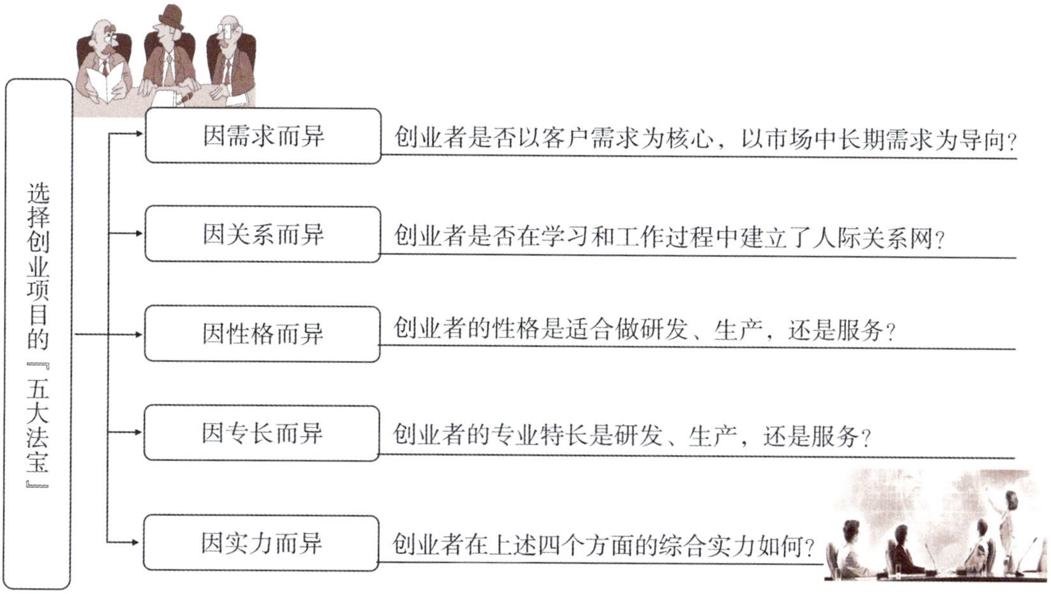

图 2－9　选择创业项目的“五大法宝”

实战训练2-3　项目的全方位整合管理要点

图2-10表示项目经理必须具备“项目全方位整合管理要点”的思维和工作能力。请参考图中左起第一个问题“做什么？(范围管理)”的模式，回答全部问题。

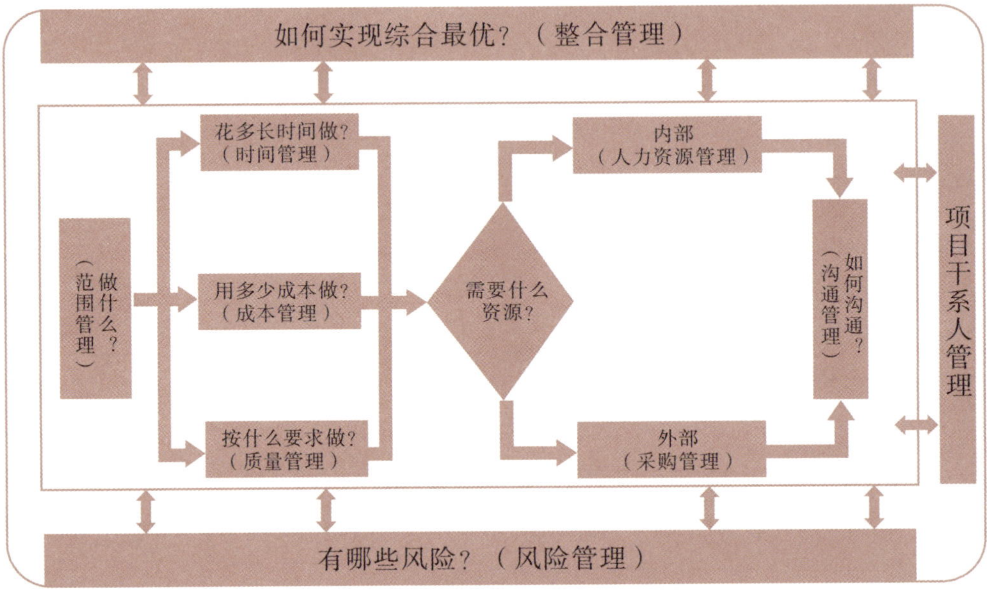

图2-10　项目整合管理要点

第二部分

项目经理与项目组织

XIANGMU GUANLI

第3章　项目经理的素质与能力

【章节重点导图】我国春秋时期伟大的军事哲学家孙武说：“将者，智、信、仁、勇、严也。”本章主要论述项目经理应当具备的素质和能力。如图3－1所示。

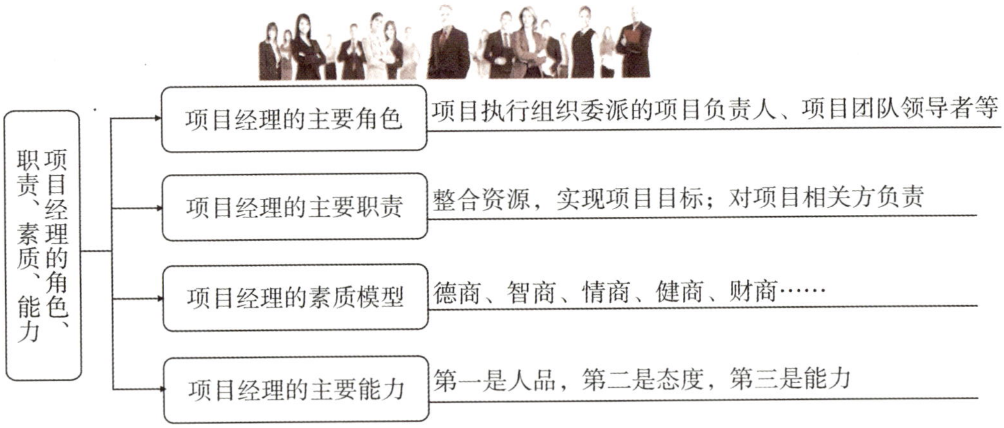

图3－1　项目经理的角色、职责、素质与能力

3.1　项目经理的主要角色

项目经理是由项目执行组织委派、领导项目团队实现项目目标的责任人，是项目的唯一责任点，是项目资源的整合者，是项目相关方沟通协作的枢纽。

对项目经理的要求类似于古代的将帅之道：人品第一，态度第二，能力第三，项目经理应当是通才而非专才。所以，在培养和选拔项目经理时不要苛求他的专业技术能力。项目经理应当具备良好的素质和人际交往能力、通用管理技能、应用领域技能，还需具备丰富的知识和实践能力。项目经理在开展项目中的主要角色如图3－2所示。

图 3－2　项目经理的主要角色

3.1.1　项目负责人

对于项目投资人、项目发起人、客户、上级领导与合作伙伴来说，项目经理是项目负责人、项目管理者。项目经理与其他管理者的角色有很大的不同：项目经理与职能部门经理的职责不同，在矩阵型组织结构中可以看到项目经理与职能部门经理的明显差异，项目经理对整个项目目标的实现负全责。

3.1.2　项目首席信息官

“兵车未动，信息先行。”见图 3－3，面对众多的内部项目、外部项目和项目相关方，项目经理既是项目首席信息官，又是项目相关方沟通的枢纽。“有效的沟

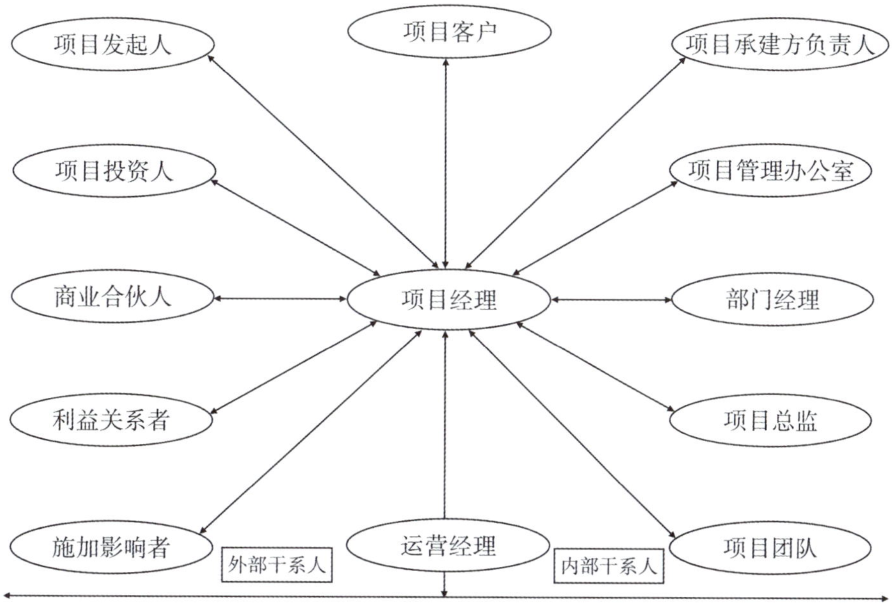

图 3－3　项目经理是项目相关方沟通的枢纽

通协作”是项目经理成功的关键词。项目经理是项目相关方沟通的焦点，项目经理应当把85%左右的时间和精力用在与项目相关方的沟通上。

《孙子兵法》共有6000多字，使用频率最高的是哪一个字？就是“知”字，共出现了79次之多。如果作为名词，那么“知”的意义即为知识、信息和情报。比如，孙子认为：预测战争胜负要从五个方面来调查、分析，即“道、天、地、将、法”。只有对这五个方面的问题了解清楚，才有可能取得胜利。这里所说的“将”就相当于现在的项目经理。

3.1.3 项目团队的领导者

对于项目团队成员而言，项目经理就是项目团队的领导者。这个角色就像乐队的指挥。项目经理在项目团队中的领导角色具体表现为：

（1）**领导者的作用**：依据项目章程赋予的权限，合理地调配项目的人、财、物、技术、时间、信息和文档资料等资源。

（2）**项目执行组织代表人物的作用**：完成与项目客户代表、合作伙伴代表的工作沟通、协商和协作等职责。

（3）**项目团队联络人的作用**：与项目相关方或上级组织横向联系。

（4）**变更管理者的作用**：积极预防和识别项目中的各种风险、冲突和危机，及时向上级和客户提出应对措施，并在得到变更控制委员会（CCB）批准、授权后及时处理。

（5）**资源分配者的作用**：合理分配项目资金、材料、设备、人力等资源。

3.2 项目经理的主要责任

项目经理要能统筹兼顾，完成项目相关方的预期目标：项目范围定、进度快、质量好、成本省等。项目经理的主要责任包括四个方面，如图3－4所示。

图3－4 项目经理的主要责任

3.2.1 项目经理对自身的责任

项目经理要有良好的人生愿景、目标和价值观，积极向上的人生态度，内方外圆的为人处世原则，切实可行的职业生涯规划，良好的学习态度和知识结构改进计划，要能正确处理工作与学习、工作与生活、工作与健康、工作与家庭之间的矛盾等。这也是项目经理对自身的责任。

现代项目管理的理论与实践证明：良好的品格、责任心、敬业精神与沟通协作能力是项目经理成功的首要条件。项目经理要有强烈的责任感，诚实可靠，讲信用，正直，办事公正、公平，实事求是。

3.2.2 项目经理对项目相关方的责任

①保证项目的阶段性成果和最终成果符合上级组织和项目相关方的预期目标。

②招募、培养和组织项目所需的人力资源，通过有效的沟通、培训、激励和协作机制，调动项目团队成员的积极性和创造性，让他们对项目做出贡献。

③保证对项目的启动、计划、执行和收尾四个阶段的有效控制。

④防患于未然，当项目由于不确定因素或者风险有可能发生变更时，及时地识别变更的原因，提出应对方案，提交上级组织和客户代表审批。

⑤项目经理的关键词之一就是“有效沟通”，项目经理应当定期、及时与上级组织和项目相关方就项目进展情况进行沟通，尽可能减少他们对项目的消极影响。

3.2.3 项目经理对社会和环境的责任

项目经理良好的社会道德品质就是对社会的安全、文明、进步和经济发展负有道德责任。自觉遵守开源节流、节能降耗减排的原则，保护自然和社会环境。

3.3 项目经理的素质模型

借古喻今，项目经理作为人才，其素质有三个层面：第一是表层，即知识结构、基本技能；第二是深层，主要是态度、思维、价值观、信念和习惯等；第三是核心层，主要包括品格、精神和心灵境界等。

因此，项目经理要坚持品格第一，品格高于才智。崇高的品格，本身就是最大的成功，金钱买不来品格，权力换不来品格，邪恶压不住品格，历史忘不了品格。

有什么样的品格就会有什么样的人生。

那么，在和平发展时代，要想成为一位成功的项目经理，应当具备哪些要素呢？笔者总结30多年来参与项目管理的体会，描述了从“项目经理的潜在素质模型”到“项目经理的潜质得分模型”的推演过程。如图3－5所示。

让我们深入分析“项目经理成功的潜质得分模型”中的六大要素含义及其相互关系。

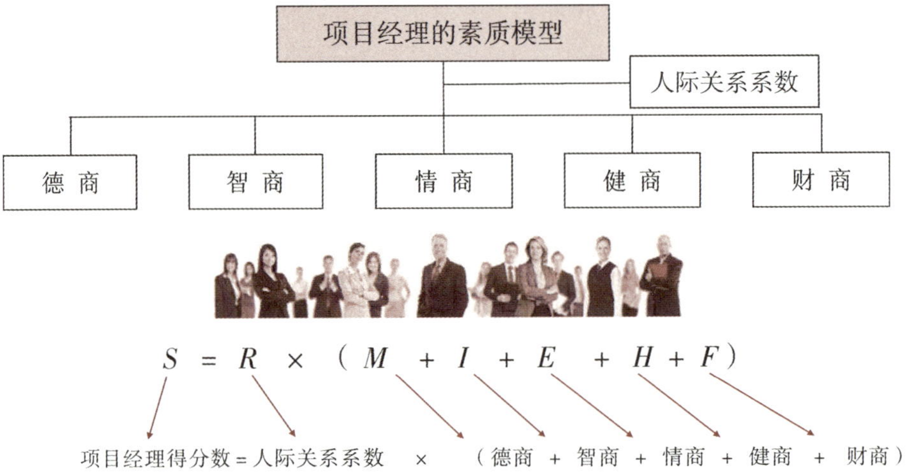

图3－5　项目经理成功的潜在素质和潜质得分模型

① S（successful）：表示成功的项目经理的潜质与得分。

② R（relationship）：表示成功的项目经理的人脉关系系数。R 的取值范围在 1 ～ 5 之间。比如，某项目经理的人际关系及格，就可以取3分，人际关系良好，就取4分。

如图3－6所示，一个人有良好的人际关系，受益是多方面的：

良好的人际关系能有效促进事业的发展。项目相关方处在和谐的人际关系中，感情融洽，心情舒畅，容易开展头脑风暴，智力得以正常发挥作用。广泛而和谐的人际关系，有利于拓展视野，开阔心胸，扩大选择范围，增加信息来源。

良好的人际关系有助于形成道德情感。心理学家调查发现，在一个友好的项目文化当中，大家形成相容、相近、相熟、相爱的人际关系，我愿意帮助你，你愿意帮助我，这种氛围容易形成集体主义及友好、善良、热情等高尚的道德情感。

良好的人际关系能促进心理健康。人是情感动物，需要精神上的慰藉。和谐的人际关系能满足人的精神需求，使人产生积极的自我肯定的情绪，得到心理上的满

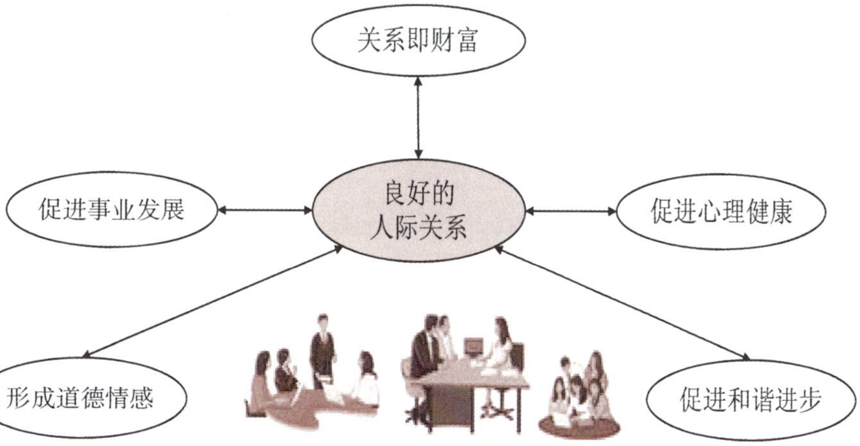

图 3-6 良好的人际关系的多重价值

足，这种情绪状态有利于保持愉快的心境。在和谐的项目相关方关系中，每个人都能感受到自己对他人的价值和他人对自己的帮助和意义，这对人的心理健康是十分重要的。

良好的人际关系能促进和谐进步。根据美国心理学家马斯洛的需求层次理论，人的需求是分层次的，人不仅有物质层面的需求，更有精神层面的需求。项目经理的人际关系生涯就是事业生涯，人际关系的质量决定人生事业的质量，生活的质量。人要想交朋友，首先自己要够朋友。人生在世，最艰难的不是谋事，而是处理人际关系。

③ M（moral）：表示成功的项目经理的道德商数，M 的取值范围在 1 ～ 5 之间。意大利著名诗人但丁说过："一个知识不全的人，可以用道德去弥补，但是一个道德不全的人，却难以用知识去弥补。"

那么，什么是德商？所谓德商，就是一个人的道德修养和品格。古人云："道之以德"，"德者得也"。大量事实说明，很多项目经理的失败，不是做事缺少技巧、技术能力低下，而是做人的失败、品格的失败。一切工作、事业上的成就，归根到底源于做人的成就。

④ I（intelligence）：表示成功的项目经理的智力商数，I 的取值范围在 1 ～ 5 之间。所谓智商，就是一个人的智力发展水平。智商 = 智龄 ÷ 实足年龄 × 100。智商为 100，说明智力水平中等，120 以上为聪明，80 以下为迟钝。这是美国心理学家推孟等在 20 世纪中叶提出来的，可以参考。

如图 3-7 所示，智商主要是文化、知识在一个人身上的反映，是一个人分析问题和解决问题的能力，包括观察力、记忆力、思维力、想象力、创造力等。

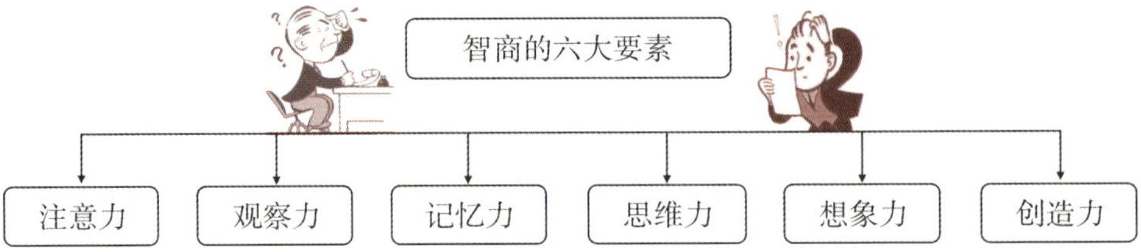

图 3－7　智商的六大要素

⑤ E（emotional）：表示成功的项目经理的情商，E 的取值范围在 1 ～ 5 之间。美国成功学家拿破仑·希尔说："一个人的成功，只有 15% 是由于他的专业技术，而 85% 则要靠人际关系和他的为人处世能力。"

所谓情商，就是认知管理自己的情绪和处理人际关系的能力。这是由美国哈佛大学心理学教授丹尼尔·戈尔曼提出来的，为人生成功开辟了新的研究领域。

如图 3－8 所示，情商的五大要素是：第一，认知自我情绪，主要是自知、自信。第二，管理自我情绪，主要是自我调节、自我控制。第三，自我激励，主要是设定目标，保持激情。第四，感知他人情绪，就是换位思考，了解他人感受，与人融洽相处。第五，人际关系管理，就是处理人际关系的能力与技巧。这是运用知识和能力处理人际关系问题，解决做人的问题。曾国藩说："与人为善，是不树敌的第一妙招，取人为善，是完善自我的良好药方。"这应该成为我们的座右铭。

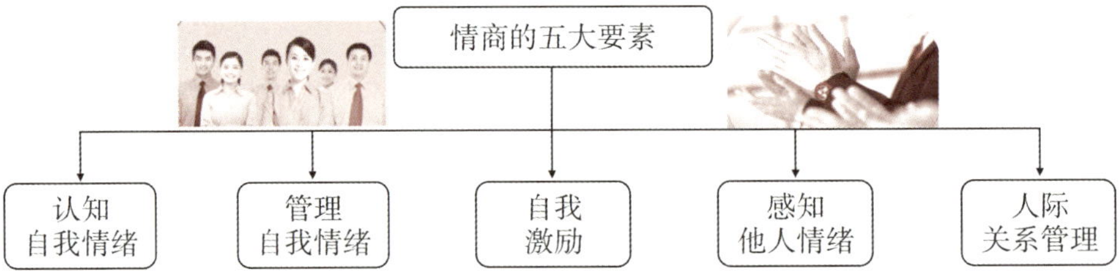

图 3－8　情商的五大要素

⑥ H（Health）：表示成功的项目经理的健商，H 的取值范围在 1 ～ 5 之间。所谓健商，就是一个人的健康智慧和维护健康的能力。如图 3－9 所示，健商有五大要素：第一，自我保健。通过乐观信念和健康生活方式达到最佳健康水平。第二，健康知识。健康知识有助于人们对健康保护因素的了解与应用。第三，生活习惯。它对健康至关重要。第四，健康心理。心理影响生理，心理、身体与疾病之间有着

双向作用。第五，运动平衡。要通过合理的膳食、适当的运动等来提高健康水平。

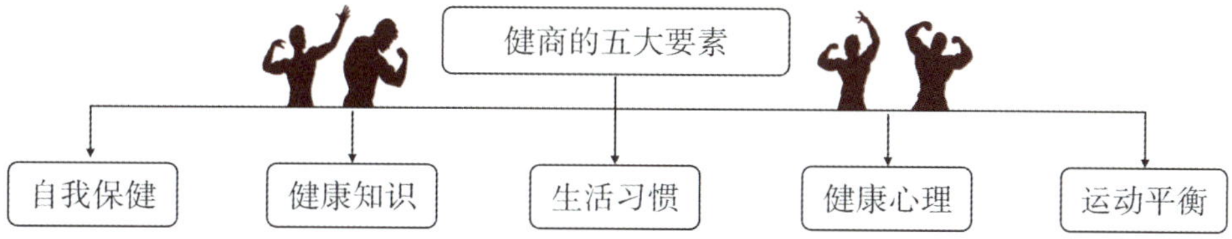

图 3－9　健商的五大要素

3.4　项目经理的主要能力

3.4.1　项目经理的权力与威信

项目经理的四种权力和三种威信如图 3－10 所示。

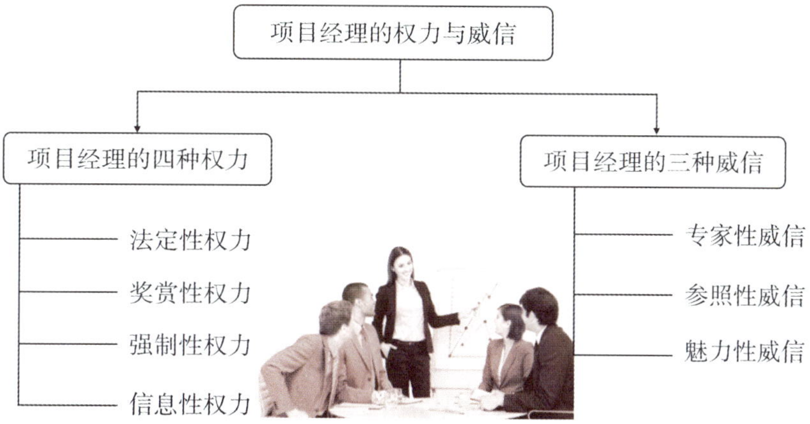

图 3－10　项目经理的四种权力和三种威信

（1）项目经理在工作中具有的四种权力。

项目经理的权力指项目经理具有某种广义的资源（如在项目组织中的地位和能力等）而获得的影响力，项目团队成员根据他的引导、建议或者命令来行事。主要包括：法定性权力、奖赏性权力、强制性权力和信息性权力。

①法定性权力：决策层或者项目经理的直接上级通常在编制项目章程时选定项目经理，通过召开项目启动会议等形式代表项目执行组织授予项目经理的职位，由此获得的权力就是项目经理的法定性权力。

②强制性权力：它建立在下属（项目团队成员）对项目规章制度和项目经理职权认同的基础上，下属如果不服从的话就有可能产生负激励的后果。比如，批评、警告、纪律处分、扣发奖金、降级和停职处分等。

③奖赏性权力：下属之所以服从项目经理的指示，是因为这种服从能给他们带来益处。因此，那些能给下属带来他们认为有价值的报酬的项目经理就拥有了权力。这些报酬可以是物质的，也可以是非物质的，如认可优点、通报表扬、晋升、旅游、安排学习和培训机会等。

④信息性权力：信息是一种容易被忽视的无形资产，事实上有价值的信息往往可以带来财富。项目经理拥有对项目信息的收集、存储、处理、控制和利用的优先权，即信息性权力。

（2）项目经理在工作中需要的三种威信。

项目经理的威信指项目经理具有某种能力（如素质、个人魅力和专业能力等）而获得的影响力，项目团队成员受到他的影响而行事。主要包括：专家性威信、参照性威信和魅力性威信。

①专家性威信：修身自律、训练有素、有丰富的有实践经验和专业特长的项目经理显然比普通管理者具有更大的影响力。

②参照性威信："榜样的力量是无穷的。"如果下属喜欢、尊重和崇拜项目经理，以项目经理作为自己人生或者工作的楷模，或者想取悦项目经理，那么，项目经理就拥有了参照性威信，对下属具有巨大的影响力。

③魅力性威信：它实际上是参照性威信的延伸，但根植于个体的人格特点与人际交往风格。具有领袖魅力的项目经理之所以能使下属追随自己，是因为他的素质、风度，严于律己、言而有信，善于组织沟通，敢于创新，对事先谋后动等。

（3）项目经理怎样运用权力和威信？

①参照企业文化：对于生产、加工型工厂，基建公司等劳动密集型企业，项目经理运用权力往往多于威信；对于大学、研究院、设计院等技术人才密集型组织，项目经理应当更多地运用威信。

②参照上任时间：项目经理刚刚上任时，多借助于组织授予的权力，渐渐树立自己在项目团队成员中的威信，并逐步以威信取代权力。

③参照员工个性：对于通情达理、遵纪守法的项目团队成员，项目经理多用威信来影响他们；对于个别不讲道理、不守纪律的项目团队成员，项目经理多用权力来约束他们。

3.4.2 项目经理的主要能力模型

项目经理的主要能力模型如图 3－11 所示。

（1）**项目经理的专业技术能力**。

①管理知识：包括战略规划、系统工程学、公共关系学、经济学、市场营销、商务沟通与商务谈判、组织行为学、人力资源管理、劳动法、劳动心理学、薪酬设计与绩效考核、采购与供应链管理和财务管理等知识。

图 3－11 项目经理的主要能力模型

②专业知识：掌握项目全程管理方法和经验等。

③行业知识：项目所在领域的相关行业知识，比如企业的项目经理应当熟悉或者掌握企业经营战略、人力资源管理、市场营销、项目管理和生产管理等方面的知识；各行业的项目经理应当具备该行业（如基本建设、水利电力、电气设备、家电制造、电子技术、通信工程、信息技术等）的知识。

（2）**项目经理的综合领导能力**。

①人际交往能力：项目经理的人际交往能力就是与团队内外、上下、左右的人打交道的能力。项目经理在工作中要与各种各样的人打交道，只有正确处理与这些人的关系才能使项目顺利进行。

②管理经验：系统的思维能力。它是指项目经理要具备良好的逻辑思维能力、形象思维能力及将这两种思维能力辩证统一于项目管理活动中的能力。

③综合能力：统筹兼顾，确保项目整体最优、项目相关方满意的能力。

应用案例3-1 任正非：从贫家长子到项目经理

任正非1944年出生于贵州安顺县，父亲先在职校任教，后在兵工厂任会计，母亲任中学教师。任正非有6个弟妹，自幼深受贫困的折磨。任正非是家里的长子，父母对他的家教和学习要求特别严。这铸就了任正非尊重师长、关照别人、隐忍低调的性格，以及学而不厌、诲人不倦的习惯。

天才和废柴之间只差一个好老师，老师可以影响人的一生。19岁那年，任正非考上重庆建筑工程学院，大学三年级时，不幸遭遇“文革”，学校几乎停课。任正非因父亲与“走资派”有关而受牵连，不能参加红卫兵的“串联”活动，只好去学校图书馆自学，认识了许多毕业于西安交通大学的老师，在他们的指导下，努力学习当时流行的《哲学原理》《系统工程》《项目管理》《英语》《模拟电子》《数字电子》《计算机原理和应用》，为了培养自己的耐心，打好数学基础，他把上海同济大学樊映川的《高等数学习题集》从头到尾做了两遍（笔者有过相似经历）。

任正非24岁大学毕业后应征入伍，成为一名基建项目工程兵，建设军用飞机和航空发动机，参加过飞机洞库、总装厂、实验场地等几十个建设项目。作为军工项目经理，他多次带领研发团队，完成了多项军工创新和技术革新项目。1978年3月，任正非作为军工科技代表，参加了粉碎“四人帮”之后的第一届全国科学大会。任正非边干边学、学用结合，持之以恒，逐步把自己从贫家长子锻造成为名副其实的项目经理。

应用案例3-2 华为的项目经理与乐队指挥

笔者在华为大学培养项目经理时多次提到：假设把项目管理与乐队演出进行比较，可以发现，项目经理和乐队指挥非常相似，作为乐队指挥，他的目标就是要成功地完成演出，最大限度地满足听众对演出的要求。如图3-12所示。

图 3－12　项目经理如同乐队指挥

怎样才能成功地完成演出？需要所有参加乐队演出的人员齐心协力，同时还要有统一的指挥、统一的要求。乐队的总乐谱就相当于项目管理的计划，乐队指挥要按照计划开展工作。演奏的先后次序，工作的轻重缓急，乐曲的强弱，包括不同声部的和谐，都需要有一个完整、周密的计划。

一名优秀的项目经理，相当于一名乐队指挥，项目经理的作用就是使整个项目团队齐心协力，大家形成一种和谐之力、和谐之声，为达到项目的目标共同努力。两者的共同点：共同语言、团队；有效的管理内容、计划。

实战训练 3－1　项目经理职业生涯规划

请研究图 3－13 项目经理职业生涯规划：

（1）请分析自己擅长哪一个区。

（2）请用星号标注一下自己目前处在哪个区。

（3）请用箭线标注一下未来 1 ～ 5 年，自己向哪个区发展，怎么做。

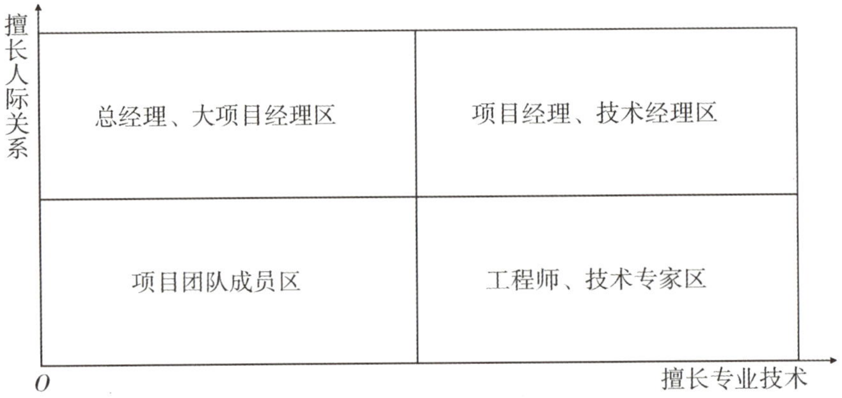

图 3-13　项目经理职业生涯规划

实战训练 3-2　华为项目经理的素质模型

(1) 请认真阅读下文，并逐条对照，采用百分制给自己打分。

(2) 逐条找到并写出自己与优秀项目经理的差距，今后怎样改进。

伟大的军事哲学家孙武在《孙子兵法·始计篇》中说："将者，智、信、仁、勇、严也。"见图 3-14，把孙武的"将帅之道"运用到项目经理身上，就形成了"项目经理之道"。

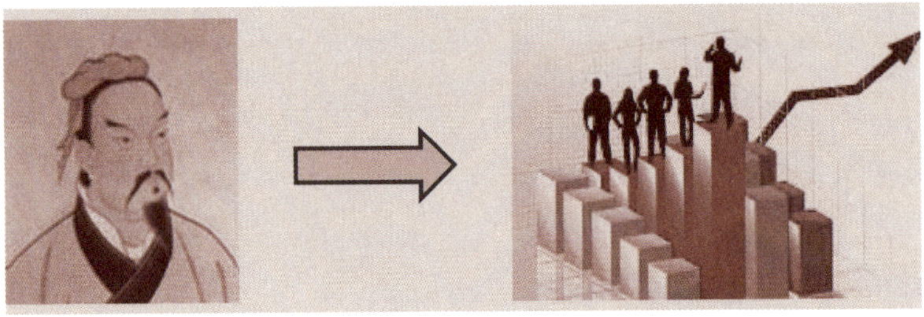

图 3-14　孙武与将帅（项目经理）之道

智：项目经理应当足智多谋，善于学习，勇于实践，敢于创新，具备较强的分析问题和解决问题的能力。

信：项目经理应当坚信"诚信就是最好的策略"，无论是对上级、客户、合作伙伴和公众，还是对项目团队成员等，都要守诚信，讲信用，言出必行，行必有果，逐步树立职业威信，正确处理职业威信和职权之间的关系。

仁：项目经理应当怀仁爱之心，善于换位思考，不但要关怀、帮助和培养下属，带领好项目团队，而且要正确处理项目团队与上级、客户、合作伙伴和公众的利益关系，坚持个人利益服从项目团队利益，项目团队利益服从公司、客户和公众的利益的基本原则；项目经理在带领项目团队执行项目的过程中，要注意开源节流、节能降耗，珍惜有限的自然资源和社会资源。

勇：项目经理既然是项目负责人，就应当对上级、客户、合作伙伴的需求和期望负责，对项目团队成员、公众的利益负责，对项目的范围、进度、成本和质量等负责。项目经理要勇于承担责任，责任心是领导者、管理者的基本素质。项目经理在带领项目团队执行项目的过程中，要勇猛果断，善于从变化和风险中寻求有利于实现项目目标的一切机会，在机会面前不可优柔寡断。

严：项目经理要“严于律己，严明治军”。包括三个方面：第一，“其身正，不令而行；其身不正，虽令不从”。项目经理要严格要求自己，做项目团队成员的表率，不利于项目的话不说，不利于项目的事不做。第二，项目经理带领项目团队时，要严格遵守项目合同、项目章程和保密协议的条款要求，严格遵守项目的工作标准和工作流程。第三，项目经理要严格遵守项目执行组织对公众和社会的承诺，节能降耗，保护环境。

实战训练3-3 华为项目经理的“三字经”

(1) 会排序，抓重点：优先排序工作，抓住重点和关键。

(2) 先调查，后决策：决策要基于数据、事实和相应信息，切忌单凭主观下结论、做决策。

(3) 人交往，谋双赢：在项目相关方管理、谈判中都要实现双赢。

(4) 守原则，讲灵活：法律法规、公司制度要遵守，和人打交道时要灵活。

(5) 要作为，不越位：知悉问题后，不要视而不见，要采取相应的行动，但不做自己无权做的事情。

(6) 要积极，不被动：面对问题，不要拖拉延误，要主动管理，积极行动。

(7) 分层次，有分别：要分清问题所属层面，了解不同管理层级所关注的重点问题，必要时分层次解决。

(8) 重根本，轻表象：要探求问题的根本原因，针对问题的关键采取措施，不要治标不治本。

(9) 要对事，不对人：要采取对事不对人的原则，要从管理、计划、体系、流程、文档中找原因，不要动辄抓“凶手”。

(10) 要负责，不推诿：项目经理要在上级赋予的权力和责任范围内做决策，不要无论事情大小，动辄请示汇报上级，但涉及公司利益、客户关系、战略和法规制度等的重大事情要请示上级。

(11) 都可行，择大计：选择具有战略性、代表性、普遍性的方案，小技巧、细微方法一般不优先考虑。

(12) 重整合，会平衡：要统筹兼顾，权衡利弊，平衡各种制约因素。

(13) 凡变更，要书面，走流程：变更可以口头提出，但无论大小，都要书面化，走流程。

(14) 按流程，分先后：按流程办事，要知道首先做什么，接下来做什么。

(15) 少强势，多温和：不使用强势、强迫的方法，多用民主协商方式达成共识。

(16) 要自省，找内因：要先从内部和自身找根本原因。

(17) 帮助人，要彻底：对团队成员等要注重言传身教，帮助他们真正掌握技能和方法或解决问题。

(18) 文化异，重培训，强沟通：跨国项目文化差异大，更应注重培训和加强沟通。

(19) 面对面，为上策：面对面是最好的沟通方式，和重要相关方沟通尤其提倡面对面。

(20) 意见异，客户先：出现分歧，以客户为先。

(21) 做好事，走程序：即使能给公司和客户省钱，也要走相应的程序，不要违背公司规定，擅自行动，不要好心办错事。

(22) 遇难题，可求助：商务往来中遇到收送礼物等与公司制度发生冲突的事情，或公司无规定但实施会带来风险的时候，项目经理可请求公司相关部门和上级的帮助。

(23) 遵命令，先提醒：当项目发起人、上级安排你赶进度、减资金、缩范围、指定供应商时，要执行，但要将可能产生的结果、影响、风险和客观情况如实反馈给他们，别等到出了问题才报告。

(24) 中途进，要评估：当项目经理中途从别的项目经理那里接手项目时，要重点对项目章程、项目管理计划、沟通计划、项目风险、原项目经理的管理风格及存在的问题进行评估。

(25) 要公平，亦尊重：不但要尊重上级、客户，也要尊重团队成员、供应商、外部顾问及其他相关方，不要凭自己的喜好对待他人，努力做到公平、公正，尊重每个人。

(26) 讲诚信，不泄密：诚实守信，保守客户和公司的秘密。

第4章 项目组织结构设计

【章节重点导图】组织结构决定组织的功能、工作流程和沟通协作。本章重点介绍项目组织结构设计的思路、流程、方法、工具和应用。如图4-1所示。

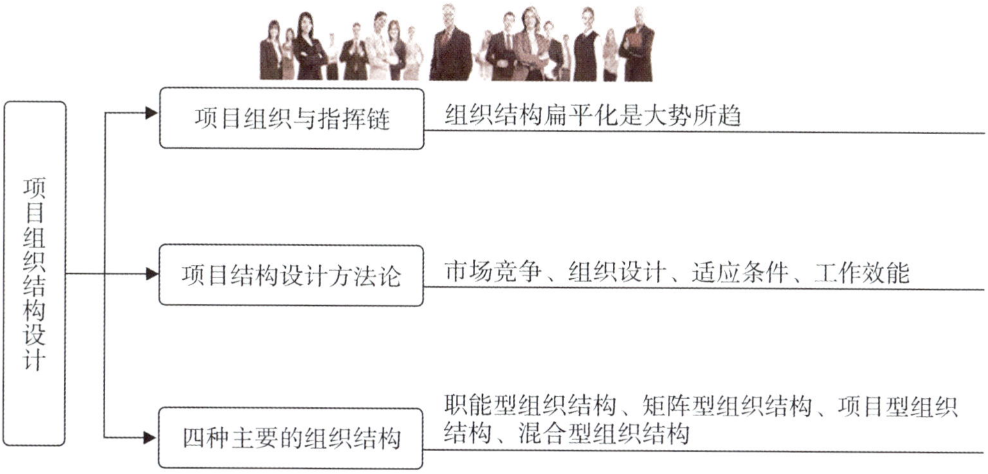

图4-1 项目组织结构设计

4.1 项目组织的指挥链与管理幅度

项目组织结构设计的方法论之一就是根据项目的目标和特点选择合适的指挥链，提高项目团队的决策能力、沟通能力和执行能力。

（1）为什么项目组织指挥链不可缺失？

如图4-2所示，指挥链是指从项目的决策层、管理层、班组层延伸到执行层的持续的指令链，决定了谁向谁汇报工作。项目经理："我应当向谁下达任务？"团队成员："我向谁请示、报告？"

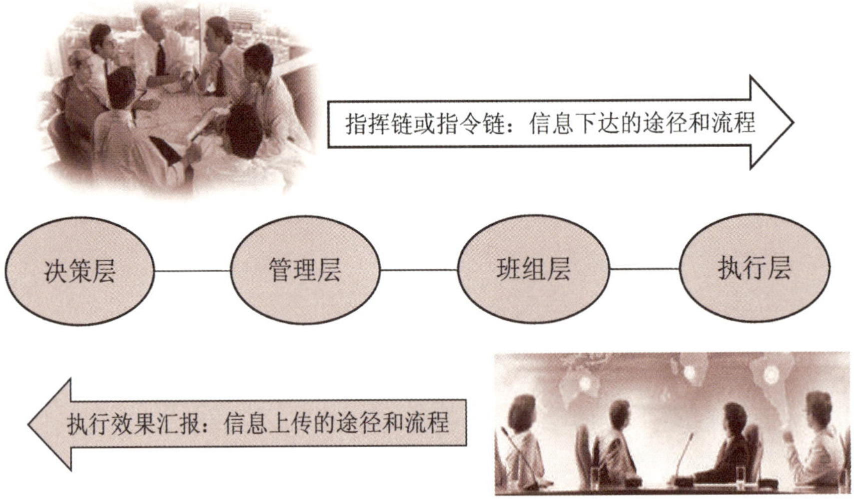

图4－2　项目组织指挥链

（2）为什么要加宽管理幅度?

人们在讨论指挥链时离不开三个相关的概念：“职权”“职责”“统一指挥”。其中，职权是指因管理职务而具有的下达指令和希望指令得到执行的权力。

一个管理者能够有效地管理多少个下属?管理专家如泰勒、法约尔、韦伯等都认为，一个管理者直接管理7个下属最合适。

进入21世纪信息时代，信息网络的积极作用推动了管理幅度的加大（组织结构扁平化），从而缩短指挥链，提高指挥链的工作效能。

4.2　项目组织结构设计方法论

（1）科层型组织结构及其局限性。

自工业革命以来，英国经济学家亚当·斯密的劳动分工理论几乎一直是传统的西方企业组织结构设计的核心，并由此逐步形成了具有绝对统治地位的传统的企业组织形式：科层型组织，如图4－3所示。进入20世纪下半叶，这种科层型组织结构的局限性日益突出，主要表现在：

①信息沟通不畅。指挥链、等级链和信息链过长，导致决策信息传递周期过长或者在传递的过程中被层层过滤而失真，让人产生误解。

②无法体现“客户第一”的核心价值观。职能部门的经理主要对总经理或者主管经理负责；职能部门的员工主要对职能部门经理负责，而不是对客户负责。

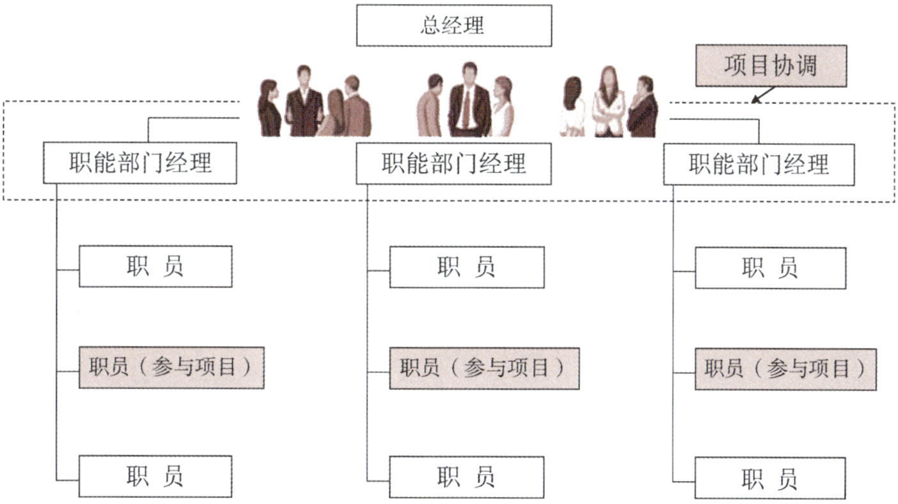

图 4－3 职能型（科层型）组织结构

③在各职能部门之间形成了看不见的“柏林墙”。某些职能部门经理经常说“屁股决定脑袋”，其全部精力用于管理自己的部门，久而久之，职能部门之间形成了看不见的“柏林墙”。因此，在以市场为导向、以项目为中心的环境下，对科层型组织结构的改善势在必行。

（2）扁平化组织结构及其发展。

①组织结构扁平化的主要原因：

· 企业通过项目管理快速适应市场竞争和变化的需要。

· 项目团队成员的素质、学习能力、知识文化水平、技术水平、沟通能力逐步提高。

· 现代交通和信息技术的发展，为项目组织提供了强大的物质和技术支持。

②组织结构扁平化的主要特点：把表 4－1 中的 B 和 A 进行比较，可以看出扁平化组织的主要优点。

表 4－1 扁平化组织与科层型组织的比较

比较内容	组织结构	
	A. 科层型组织	B. 扁平化组织
层次与幅度	层次多，幅度小	层次少，幅度大

（续表）

比较内容	组织结构	
	A. 科层型组织	B. 扁平化组织
权力结构	较集中，等级化	分散，多样化
等级差异	不同等级间差异大	不同等级间差异比较大
沟通方式	上下级之间沟通距离较长	上下级之间、平级之间斜向沟通
职责	附加于具体的职能部门	很多成员分担
通信方式	传统通信方式	现代网络化通信方式
协调	通过等级结构很明确地规定沟通渠道	灵活机动，注重直接沟通
持久性	趋向于固定不变	灵活机动，以适应环境变化
适用环境	比较稳定	随着环境而快速变化
组织驱动力	高层管理者驱动	市场需求驱动
人工成本	高、较高	低
工作效能	低	高

但是，组织结构过度扁平化也有缺点：由于加大管理幅度，领导者对每一个下属不可能进行充分的、有效的指导和监督。所以，在对组织结构进行扁平化改造时要掌握一个度。

4.3 职能型组织结构及其应用

（1）**职能型组织结构的构成及作用**。在这种组织结构中，企业高层管理者处于组织结构的顶层，中低层管理者逐步向下分布。项目经理的权力最小，主要对项目起到协调作用。图 4－3 是一种典型的职能型组织结构，图中的深色框表示项目经理的协调对象以及参与项目的职员。职能型组织结构主要适合承担公司内部项目。

（2）**职能型组织结构的优点**。

①有利于灵活地利用资源。职能型项目组织能够充分利用公司内部的人力和其他资源，根据项目的需要，稀缺的技术专家也可以在不同的项目中共享。

②同部门的专业知识共享。同一部门的专业人员交流知识和经验，一起钻研业务比较容易，有利于提高专业技能，并使项目获得所需的知识和技术支持。

③有利于保持同部门技术和管理的连续性。职能部门成员的稳定性有利于新老

员工的传、帮、带，当专业人员撤离项目时，职能部门成员在项目中积累的经验和建立的数据库将成为技术得以延续的重要依托，从而保持技术的连续性。

④项目团队成员的归宿有保障。项目完成后，项目团队成员可以回到原来的职能部门，这为本部门团队成员的职业生涯提供了保障。

（3）职能型组织结构的缺点。

①容易忽视项目和客户的整体利益。员工可能会因为追求本部门和个人的局部利益而忽视项目和客户的整体利益，使得这种组织结构具有一定的狭隘性。

②项目团队成员对项目的责任意识淡薄。通常情况下，项目团队成员是由职能经理派遣的，属于兼职型，这就给项目经理的统一管理带来一定的困难。

③沟通协调难度大。项目团队成员大多来自不同的职能部门，横向联系较少，相互之间缺乏沟通，合作比较困难。

4.4　项目型组织结构及其应用

（1）项目型组织结构的构成及作用。项目型组织结构是按照项目设置的，每个项目相当于一个微型的职能型组织，都有自己的项目经理及其下属的部门和职员，如图 4－4 所示。

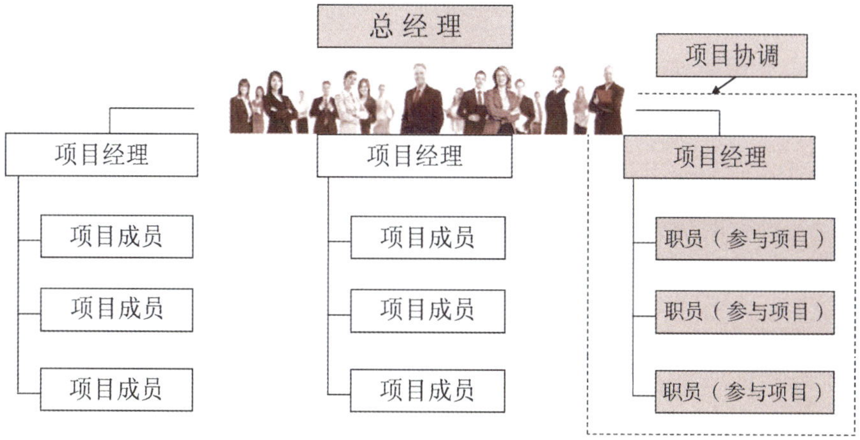

图 4－4　项目型组织结构

在这种组织结构中，总经理授权项目经理全权管理项目，项目经理享有高度的权力和独立性，能够集中调度项目所需的全部资源，并且对项目成员有着直接的管理权力。所有的项目成员都是专职的，一个项目结束后，团队中的成员可能会被分配到新的项目中去。如果没有新的项目，他们就有可能被遣散。

（2）**项目型组织结构的优点**。

①有利于统一指挥和管理。在项目型组织结构中，项目团队成员通常都是专职的。因此，在执行项目期间的项目组织较为稳定，而且每个项目成员都明确自己的责任，这有利于项目组织的统一指挥和管理。

②目标明确，有利于充分发挥团队精神。由于项目型组织的首要目标就是圆满完成项目任务，项目成员能够明确理解并专注于这一目标，因此团队精神得到充分发挥。

③项目经理享有最大限度的自主决策权。项目经理在实施项目管理的过程中，通过“最短的指挥链”，可以直接调用整个组织内部或外部的资源，在进度、成本和质量等方面的控制较为灵活，能够统一协调整个组织的管理工作。

④沟通途径简洁，命令统一。项目经理可以避开职能部门直接与高层管理者沟通，这既提高了沟通效率，又避免了沟通中的失真与延误。

⑤有利于培养复合型人才。项目实施需要进行计划、组织、协调与控制等管理活动，并涉及专业知识，这为培养复合型管理人才创造了条件。

（3）**项目型组织结构的缺点**。

①资源配置重复。当公司同时进行多个项目时，每个独立的项目组织都设有自己的职能部门，造成人员、技术和设备等的重复配置，不利于资源共享。

②专业技术知识难以共享。各项目团队的管理人员和技术人员往往只注重自身项目所需的技术，项目团队之间的横向沟通较少。

③项目团队成员缺乏事业上的保障。项目型组织是根据项目临时组建的，项目一旦结束，项目型组织就有可能解散，项目团队成员就有可能失去工作。由于他们担心项目结束后的生计，因此项目的收尾工作可能会被推迟。

4.5　矩阵型组织结构及其应用

（1）**矩阵型组织结构的含义**：矩阵型组织结构是为了最大限度地利用组织中的资源而发展起来的，是由职能型组织结构和项目型组织结构结合而成的一个混合体——在职能型组织的垂直结构中叠加了项目型组织的水平结构。

（2）**矩阵型组织结构的类型**：根据项目型组织中项目经理与职能型组织中职能经理的权限大小，可以将矩阵型组织结构分为弱矩阵型组织结构、平衡矩阵型组织结构和强矩阵型组织结构三种类型。

①弱矩阵型组织结构：如图 4－5 所示，这种组织结构基本保留了职能型组织结构的主要特征，深色框表示参与项目的员工。项目经理的权力小于职能经理的权力，项目经理不过是一个项目协调者或项目监督者，不是真正意义上的项目管理者。项目成员不是从职能部门直接调派过来的，而是在各职能部门兼职为项目提供服务，项目需要的各项资源也由相应职能部门提供。

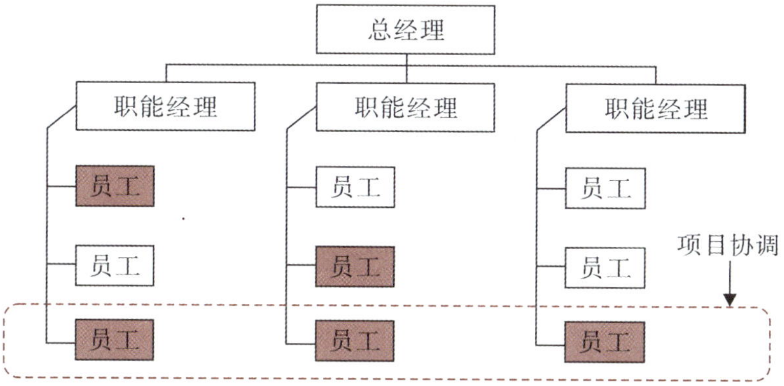

图 4－5　弱矩阵型组织结构

②矩阵型组织结构：如图 4－6 所示，这种组织结构介于弱矩阵型组织结构和强矩阵型组织结构之间，项目经理的权力与职能经理的权力大体相等，深色框表示参与项目的员工。矩阵型组织结构形成与否主要取决于项目经理和职能经理的权力平衡程度，这种组织结构一般很难维持，容易发展成为弱矩阵型组织结构或强矩阵型组织结构。

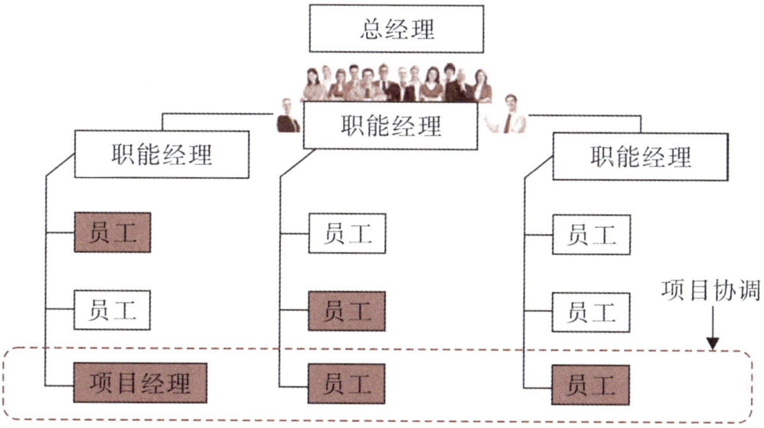

图 4－6　矩阵型组织结构

③强矩阵型组织结构：如图4－7所示，这种组织结构基本保留了项目型组织结构的主要特征，项目经理对项目资源的调配权力大于职能经理，深色框表示参与项目的员工。项目经理对项目管理部门经理或总经理负责，对项目资源实施全权管理。

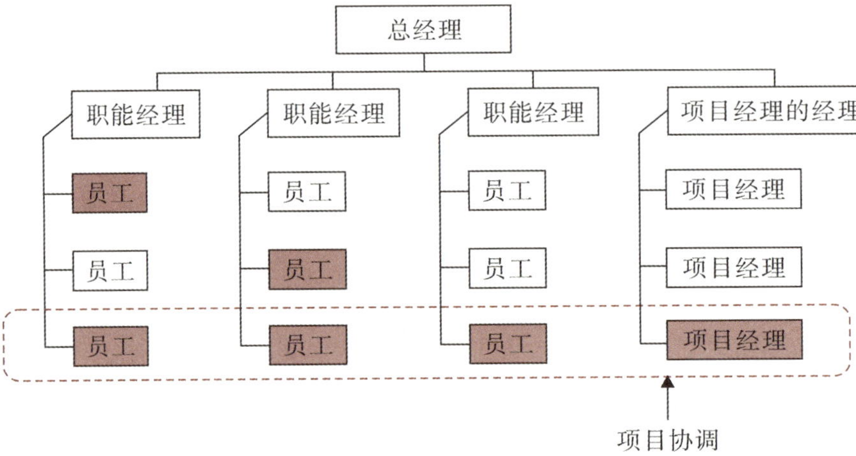

图4－7　强矩阵型组织结构

（3）矩阵型组织结构的优点。

①项目是工作的重心。在矩阵型组织中，由项目经理负责整个项目的运行，并对该项目负全责，因此，项目是工作活动的重心。

②反应快捷灵活。矩阵型组织结构具有灵活性特点，能够对客户和公司的要求做出较快的响应。

③资源共享。项目经理负责管理整个项目，可以从职能部门临时抽调所需的专业人员，分享各个部门的技术人才储备，而且关键技术人员能够为各个项目所用，如此一来，组织内部的人力资源得到充分利用。

④可以平衡资源，保证多个项目完成。当有多个项目同时进行时，公司可以在资源、进度和成本等方面进行总体协调和平衡，提高整个系统的效率，保证每个项目都能按预定的目标完成。

⑤提高决策层对项目的信任度。项目团队中有来自公司行政管理部门的人员，他们能保证项目的规章制度与公司章程保持一致，从而提高了公司决策者对项目的信任度。

（4）矩阵型组织结构的缺点。

①容易造成项目经理之间的矛盾。资源在多个项目之间流动，容易使项目经理

之间发生利益冲突。

②违反了管理规则中的命令单一性原则。在矩阵型组织结构中，项目团队成员可能会接受项目经理和职能经理等的多重领导，当命令有分歧时，项目团队成员会感到无所适从。

③项目经理可能会产生“本位主义”。他们只关心自己负责的项目的成败，而不以整个公司的目标为努力方向。

4.6　项目管理办公室

（1）意义：项目管理办公室（PMO）是对与项目相关的治理过程进行标准化，并促进方法论、工具、技术和其他资源共享的一个组织部门。它的职责范围可大可小，从提供项目管理支持服务，到直接管理一个或多个项目。

（2）类型：如图 4－8 所示，有三种不同类型的项目管理办公室，它们对项目的控制和影响程度各不相同。

图 4－8　三种不同类型的项目管理办公室

①指令型项目管理办公室。直接管理和控制项目，对项目的控制程度很高。

②控制型项目管理办公室。它不仅给项目提供支持，而且通过各种手段要求项目服从，例如要求采用项目管理框架或方法论，使用特定的模板、格式和工具，或者服从治理。这种类型的项目管理办公室对项目的控制程度较高。

③支持型项目管理办公室。它担当顾问的角色，向项目提供模板、最佳实践、培训，以及来自其他项目的信息和经验教训。这种类型的项目管理办公室其实就是一个项目资源库，对项目的控制程度很低。

（3）类型选择：

①项目执行组织和项目经理应当根据组织文化和项目的具体特点来选择上述三种不同类型的项目管理办公室。

②项目管理办公室针对某一个项目职能，可以随着项目的进展而调整：根据“情境领导艺术”，在项目立项后的启动阶段，可采用指令型项目管理办公室，在项目的计划阶段、执行阶段和监控阶段，可采用从控制型项目管理办公室向支持型项目管理办公室逐步过渡的方式管理。

③现代组织管理创新理念之一就是“管理者对于下属能够做好的事情管得越少越好”，项目管理办公室和项目经理要善于授权借时，项目管理办公室从指令型、控制型向支持型转化是大势所趋，如图4－9所示。

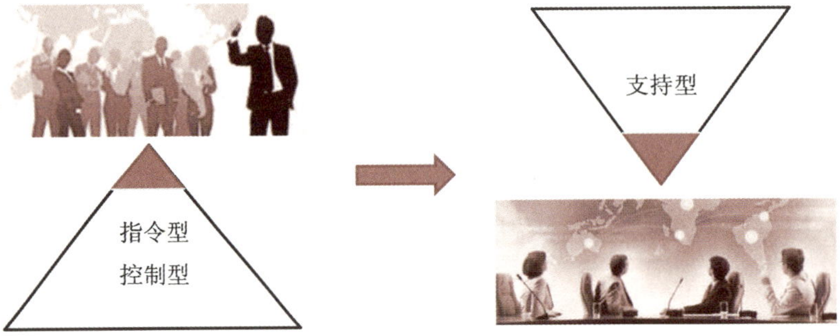

图4－9　项目管理办公室职能的发展趋势

应用案例4－1　华为为什么推崇项目管理模式

华为推崇项目管理模式的主要原因：首先，任正非从24岁开始，用14年时间在军工单位学习和运用项目管理，深悟项目管理对企业的价值；其次，与全国的高新技术企业一样，华为属于“项目型”的企业。

任正非最近在高管会议上多次强调：“从董事会到每一位员工，一天到晚、一年到头都在忙什么？忙于海内外500多个大中型项目，华为属于‘靠项目吃饭’的企业，只有把这些项目做好，不仅让客户满意，而且让客户感动，我们才能生存和发展。”

从图4－10可以看出，企业经理人学习和运用项目管理的三个境界：

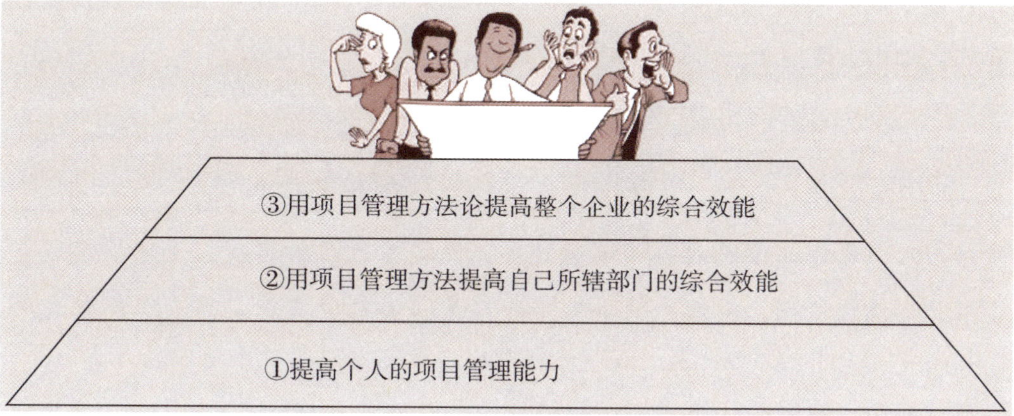

图4－10 企业经理人学习和运用项目管理的三个境界

第一个境界是企业基层经理人应用。 以提高个人的项目管理能力为核心，有两种常见的方法：一是在管理或者参与项目4～5年实践经验的基础上，参加PMI（项目经理资质认证考试）或者IPMA（国际项目经理资质认证考试）举办的认证培训和考试，掌握系统的项目管理知识体系和方法论，获得行业权威机构的认可，以便在项目管理与专业相结合的领域寻求发展的突破口；二是通过参加相似类型的培训，以学用结合、边干边学、急用先学等方式有目标、有计划地把自己培养成为项目管理领域的专家。

第二个境界是企业中层经理人应用。 您自己已经从企业的项目经理晋升为项目组、部门的领导或者主管，通过组织内部培训、讲座等方式，把自己亲身体验到的项目管理方法逐步推广到自己的部门，以提高部门的沟通和协作能力。例如：总经理办公室运用项目管理方法提高市场和大客户信息情报收集、调查研究和决策的能力；市场营销部运用项目管理方法提高客户信息收集、调查研究和宣传策划的能力；研发部运用项目管理方法对研发项目从启动、计划、执行、监控到收尾进行更加有效的管控；等等。

第三个境界是企业高层经理人应用。 企业的高级管理者做好顶层设计，把项目管理视作一种新型的工作方法论，从战略决策到计划执行，把企业运作管理看作一系列项目管理的组合，通过"请专家进来咨询，派员工出去学习"等方式，系统地导入项目管理方法论。这样不仅提高各部门的运作效能，更重要的是通过导入项目管理的工具与技术，消除企业各部门之间看不见的"柏林墙"，加强各部门之间的沟通与协作，提高整个企业的经营管理效能。

作为中国高新技术企业的一面旗帜，华为项目管理30年的业绩足以证明：项目管理，兴业之道！

应用案例4-2　华为为什么推行组织结构扁平化

华为人力资源部会同财务部做过预算：假定其他条件不变，管理幅度适当加大，则指挥链就会相应缩短，项目组织的信息沟通就会更快，项目组织就更有效率。把图4-11中的（B）与（A）进行对比，就可以说明这个道理。

假设有两个特大项目组织，它们的员工总数约为4100人。如果一个项目组织的管理幅度各层次均为4，另一个项目组织的管理幅度各层次均为16，那么，管理幅度大的项目组织就可减少3个管理层次，精简的管理人员为1109（1365-256=1109）名。假如每位员工的平均年薪为70万元，则加大管理幅度后将使项目组织在管理人员工资上每年节省77630万元，相当于签署并完成60亿元合同产生的利润！显而易见，加大管理幅度可以降低人工成本，提高项目组织的劳动生产率。但是，根据边际效应，当管理幅度继续加大，超过了某一点时，反而会导致管理效率降低。所以，要根据企业、项目的实际情况，做好管理幅度设计。

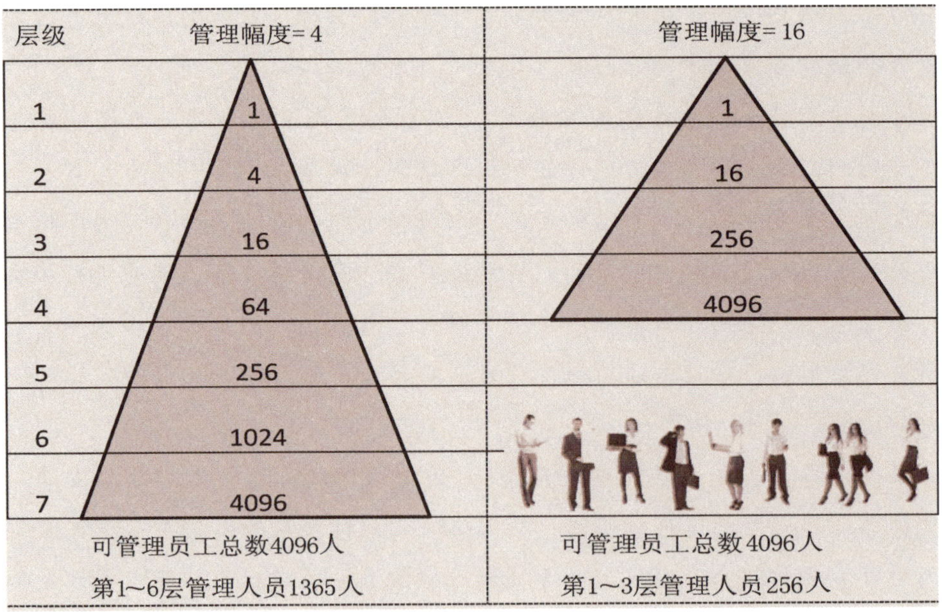

（A）7层的科层型组织结构　　（B）4层的扁平化组织结构

图4-11　适当加大管理幅度的经济技术效益

实战训练4-1　华为“铁三角”对项目组织的价值

组织结构是组织的硬件，组织文化是组织的软件，后者是组织的灵魂。华为“铁三角”组织文化的核心要素对企业的参考价值有三个方面：

(1)“铁三角”本质是聚焦客户需求的共同作战单元。正如任正非后来总结的那样：“‘铁三角’，并不是一个三权分立的制约体系，而是紧紧抱在一起生死与共、聚焦客户需求的共同作战单元。它的目的只有一个——满足客户需求，成就客户的理想。”

(2)“铁三角”本质是以客户为核心的流程型组织结构。如图4-12所示，参加招投标、竞标，以及中标后面向客户做整体解决方案，最终向客户交付成果，这形成了一个由客户经理、解决方案项目经理与交付项目经理组成的有机联系、沟通协作的命运共同体。总部、大区、区域代表处向“铁三角”项目团队充分授权；在客户经理和两位项目经理的背后，又有一个强大的业务和技术支持团队。在后续章节的实战训练里面，笔者将系统描述流程型组织的沟通协作细节。

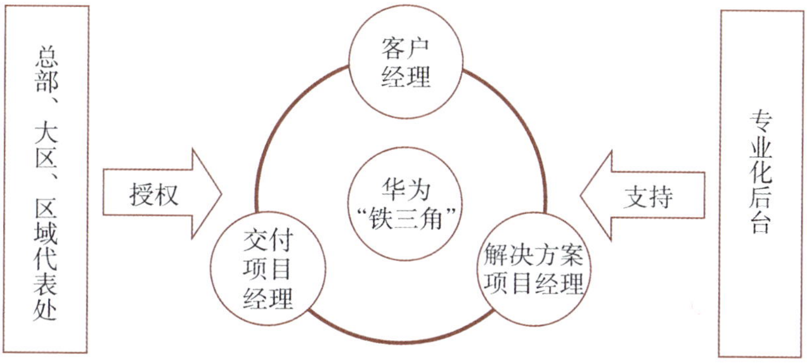

图4-12　华为项目团队合作“铁三角”

(3)华为“铁三角”的来龙去脉。2006年夏季，苏丹电信邀请华为和另外一个供应商参加移动通信网络的招投标，在只有一个竞争对手的情况下，华为被彻底排斥在外。错误的根本在自己，这是对华为的巨大打击。

华为为什么会输得这么惨？经过系统的反思和总结，得出以下结论：客户经理没有深入了解客户的痛点和需求，客户关系管理不到位；产品的解决方案完全不能符合客户的要求；交付能力不能让客户满意；由于三个经理沟通协作不畅，各自为政，客户经理在前端掌握的信息没有办法很快传递到后端，客户对公司的要求得不到满足；竞争对手能够把握住客户的需求，给客户提供更高价值的、低成本的产品。

在经历失败的痛苦之后，华为苏丹的团队重新振作起来，他们提出了建立以客户经理、交付经理、产品经理为核心的业务核心管理团队的要求，提出了“铁三角”的管理模式。这个失败的团队在磨砺三年之后，在2009年获得了苏丹运营商的全国G网最大的项目。在客户的掌声中，这个团队哭了，他们在给华为高层领导汇报的时候写下了这样一句话：“三人同心，其利断金，就叫‘铁三角’吧！”

任正非和华为其他高管多次表扬、大力推广“铁三角”项目团队合作模式，三年以后，华为的销售额提高到1490亿元，同比增长19%，净利润率12%，同比前一年的净利润率，增幅超过了100%。也是在那一年，华为的运营管理能力得到了明显的提高，费用率下降了1.4%，库存周转天数减少了10天，应收账款周转天数减少了2天。更可贵的是，在那一年，华为超越了全球的核心竞争对手诺基亚、西门子和阿尔卡特·朗讯，仅次于爱立信，成为世界第二大电信设备商。也是在那一年，华为的员工增加到9.5万人。

阅读此文，请思考并写出您负责或者参与的项目，应当怎样做更好？

实战训练4-2　怎样选择项目的组织结构

企业高层管理者应该结合公司和项目的实际情况，选择合适的项目组织结构类型。各种组织结构的优缺点如表4-2所示。

(1) 职能型组织结构的选择环境：职能型组织结构比较适用于规模较小、以技术为重点、持续时间较短的项目，不适用于时间限制性强或环境变化较大的项目。如企业需要投资某类设备或厂房，则适于采用职能型组织结构。

(2) 项目型组织结构的选择环境：项目型组织结构适用于一个公司同时做多个相似项目的情况，或长期的、大型的、重要的、复杂的项目，因为这种组织结构中的每个项目都下设了很多职能部门，可以进行有效的协调和配合，不断适应环境的变化。

表 4－2　各种组织结构的优缺点

组织形式	优点	缺点
职能型组织结构	职能经理统一调配资源，有利于专业人才积累经验，职业发展路线清晰	项目经理的权力比较小，兼职员工比较多，项目工作效能比较低
矩阵型组织结构	有利于跨职能沟通，共享资源，提高项目经理对资源的控制能力	职能经理与项目经理多头领导，容易造成资源争夺战，沟通比较复杂
项目型组织结构	项目经理统一调配资源，提高工作效能	与其他项目经理共享资源的机会比较少

（3）矩阵型组织结构的选择环境：矩阵型组织结构融合了上述两种组织结构的优点，可以更充分地利用公司的资源。因此，它适用于技术复杂、风险程度较大的大型项目。

现在，请您认真分析这些问题：

①您现在负责（或者参与）什么项目？

②您的项目采用什么样的组织结构，沟通协作、绩效如何？

③您的项目采用的组织结构是否合理？应当怎样改进？

④如果您在企业的某一部门，既有内部项目，又有外部项目，您建议采用什么样的组织结构？

下面，向您推荐 7 种流行的组织结构，请带着问题进行适当的调改。

①某管理咨询公司项目部组织结构，如图 4－13 所示。

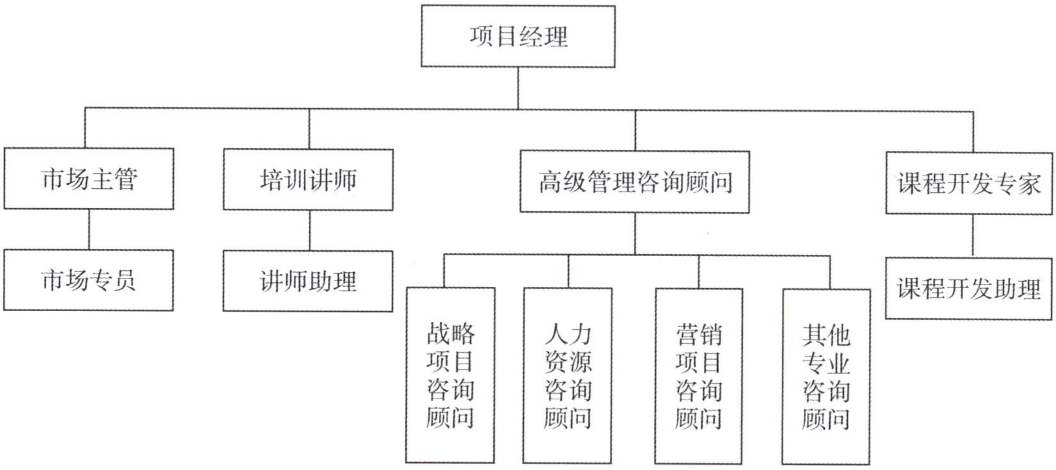

图 4－13　某管理咨询公司项目部组织结构

②某高新产品研发项目部组织结构，如图 4－14 所示。

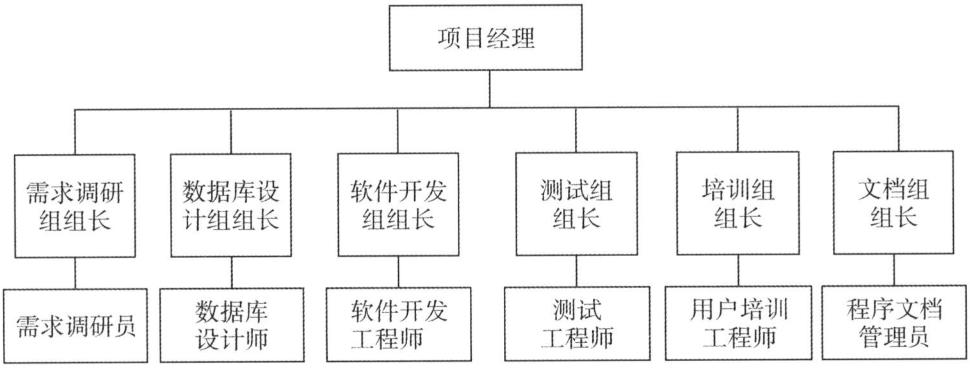

图 4－14　某高新产品研发项目部组织结构

③某生产制造企业产品研发项目部组织结构，如图 4－15 所示。

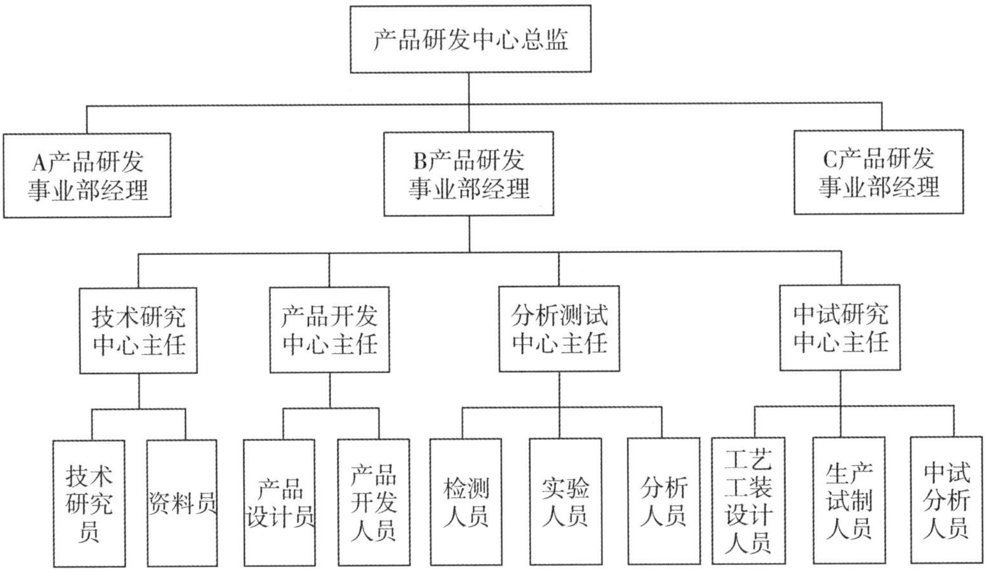

图 4－15　某生产制造企业产品研发项目部组织结构

④某工程设计公司项目部组织结构，如图 4－16 所示。

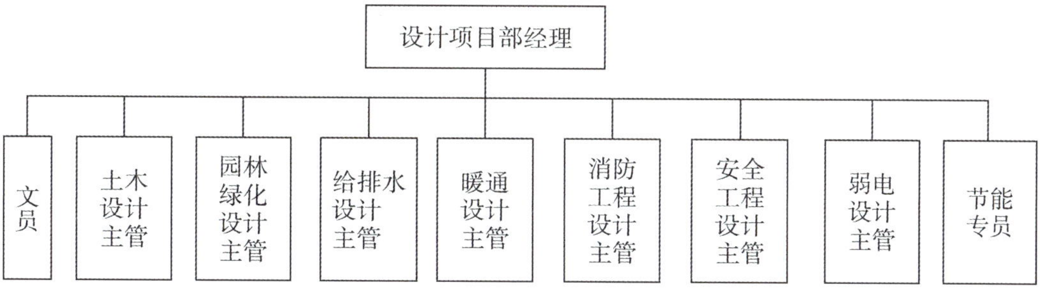

图 4－16　某工程设计公司项目部组织结构

⑤某工程施工公司项目部组织结构，如图 4－17 所示。

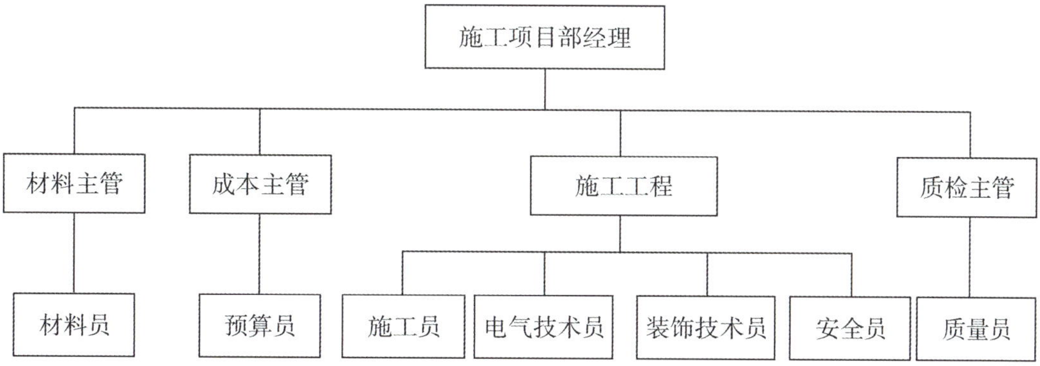

图 4－17　某工程施工公司项目部组织结构

⑥某大中型建造企业项目部职能型组织结构，如图4－18所示。

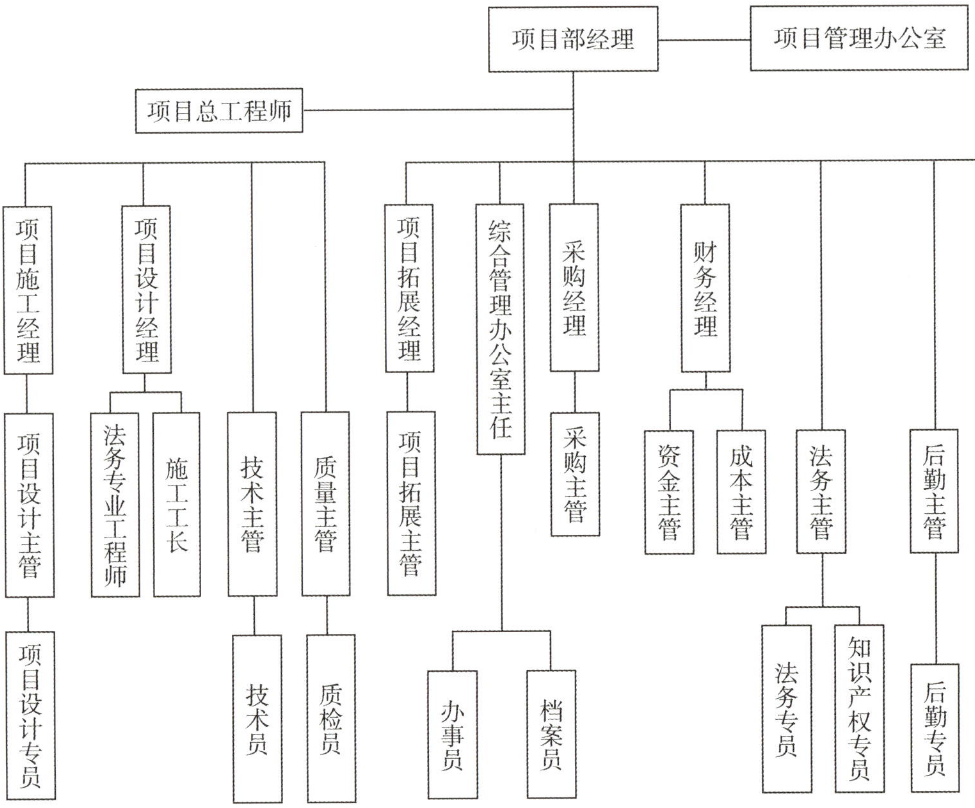

图4－18　某大中型建造企业项目部职能型组织结构

⑦某大中型企业项目部混合型组织结构，如图4－19所示。

大中型企业也可以根据实际情况采用混合型组织结构，即采用不同的组织结构开展不同的项目。混合型组织结构是指在一个公司中同时存在职能型组织结构、项目型组织结构和矩阵型组织结构等多种项目组织结构类型。

混合型组织结构的团队成员来自不同的职能部门，并且可能存在同一个职员同时在不同的项目中担任职务的情况。图4－19中左下角的职员，既在项目A（职能型组织结构）中负责某专业工作，又在项目B（矩阵型组织结构）中负责某专业工作。

混合型组织结构的优点：混合型组织结构让同一个专业人员在不同的项目组担任职务，能最大限度地发挥专业人员的技术优势，从而使企业的人力资源利用率达到最大化。这有利于培养一专多能的人才并充分发挥其作用。

混合型组织结构的缺点：在公司的项目管理方面容易造成混乱，项目的信息

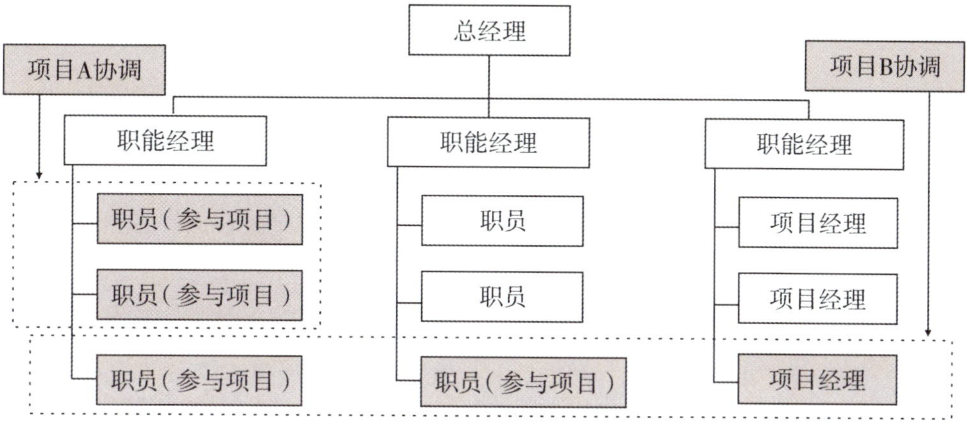

图 4-19 混合型组织结构

流、沟通等容易产生问题，公司管理制度不易得到较好的贯彻执行。

第5章　项目人力资源管理

【章节重点导图】人力资源永远是管理中的第一资源。本章的重点是项目人力资源规划、组建团队、建设团队和管理团队的思路、方法、工具和应用。如图5－1所示。

图5－1　项目人力资源的管理过程

（1）**项目人力资源管理：**项目人力资源管理是项目经理对项目团队进行科学规划、有效培训、合理分工、资源配置、准确评估和有效激励等一系列管理。

（2）**项目人力资源管理的重要性：**如图5－2所示。

（3）**项目人力资源管理具有以下特点：**

①团队目标的一致性。只有项目团队成员明确目标、团结协作，才能保证在规定的时间以较低的成本高效实现项目的目标。

②临时性。项目的临时性决定了项目团队的临时性，在项目的不同阶段需要不同的人才，项目完成后，项目团队就要接着开展下一个项目或者解散。

宝洁公司前董事长理查·杜普里：把我们的资金、厂房及品牌留下，把我们的人带走，我们公司会垮掉；如果你拿走我们的资金、厂房及品牌，而把我们的人留下，10年内我们将重建一切。

美国钢铁大王卡内基：将我所有的工厂、设备、市场、资金全部夺去，但只要保留我的组织人员，4年以后，我仍是一个钢铁大王。

图 5－2　项目人力资源管理的重要性

③阶段性。项目在不同阶段，需要的人力资源数量和类别都会有所不同。

（4）项目管理团队：项目管理团队是项目团队的一部分，负责项目管理和领导活动，也称为核心团队、执行团队或领导团队。

（5）项目经理的人力资源管理责任：

①明目标：明确项目人力资源管理的整体目标和阶段性目标。

②定规范：制定项目工作的岗位规范。

③取资源：与职能经理协商取得项目所需的人力资源。

④建手册：建立项目团队的联系手册。

⑤促培训：对人员进行相关培训，满足项目需要。

5.1　规划人力资源管理

表 5－1 描述了本过程的输入、工具与技术和输出。

表 5－1　规划人力资源管理：输入、工具与技术和输出

输入	工具与技术	输出
1. 项目章程	1. 专家判断	1. 人力资源管理计划
2. 项目管理计划	2. 数据表现	

（续表）

输入	工具与技术	输出
3. 项目文件	3. 人际交往	
4. 事业环境因素	4. 会议	
5. 组织过程资产		

一、规划人力资源管理的工具与技术

（1）专家判断。

（2）数据表现——组织结构图和职位描述。可采用多种形式来记录团队成员的角色与职责。这些形式主要有以下三类：层级型、文本型（见图5－3）和矩阵型。

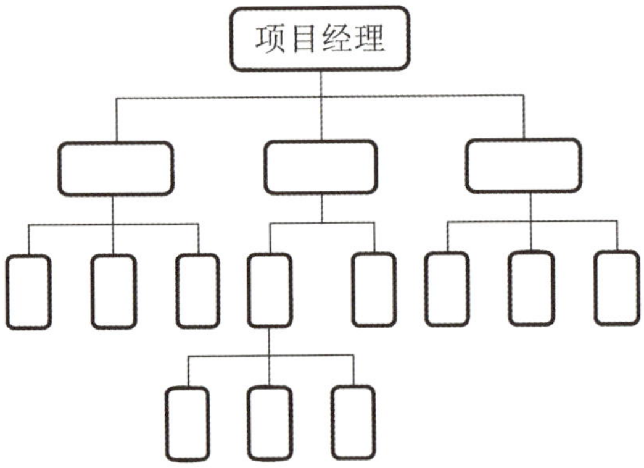

（A）组织结构（层级型）

（B）角色描述（文本型）

图5－3　项目组织形式

①层级型。层级型组织结构是传统的科层型组织结构，人力资源分解结构（RBS）是按资源类别和类型对资源的层级列表，有利于规划和控制项目工作。每向下一个层级都代表对资源的更详细描述，直到可以与工作分解结构（WBS）相结合。

②文本型。如图5－3所示，如果需要详细描述团队成员的职责，可以采用文本型。文本型文件通常以模板文档形式提供职责、职权、能力和资格等方面的信息。这种文件有多种名称，如职位描述、角色描述、职责表、职权表。

③矩阵型。责任分配矩阵（RAM）是将所分解的工作任务落实到项目有关部门或个人的方法和工具。

责任分配矩阵在工作分解结构的基础上建立，以表格形式展示完成工作分解结构中每项工作（活动）所需的人员。责任分配矩阵明确了每项工作（活动）由谁负责，由谁具体执行，并且明确了每个人在整个项目中的地位。责任分配矩阵还系统阐明了项目团队成员之间的相互关系，能使组织或个人充分认识到在与他人配合中应承担的责任，从而认识到自己的全部责任。

在大型项目中，可以制定多个层次的 RAM。例如，高层次 RAM 可定义项目团队中各小组分别负责的 WBS 中的工作，而低层次 RAM 则可在各小组内为具体活动分配角色、职责和职权。做到事事有人管，人人都管事。

RAM 的另一个例子是 RACI（R——负责，A——执行，C——咨询，I——知情）矩阵，如表 5－2 所示。图中最左边的一列表示有待完成的工作（活动）。分配给每项工作（活动）的资源可以是个人或小组。项目经理也可根据项目需要，选择“领导”“资源”或其他适用词语，来分配项目责任。如果团队是由内部和外部人员组成，RACI 矩阵对明确划分角色和期望特别有用。

表 5－2　项目 RACI 矩阵

任务	人员				
	林平	李华	赵文	刘海	何平
立项评估	A	R	C	C	I
制定章程	A	R	C	I	C
需求分析	A	R	I	I	I
初步设计	I	A	R	C	C
技术设计	I	A	R	R	C

（3）**人际交往**。人际交往是指在组织、行业或职业环境中与他人正式或非正式的互动。互信是人际交往的基础，建立人际关系网络既是一种技能，也是项目经理获取人力资源信息的主要途径。

人际关系网络的构建方式有正式和非正式两种：正式的方式主要有组织之间的公函来往，组织内部的文件传达、召开会议，组织规定的汇报制度等。非正式的方式主要有午餐会、私下交流、小道消息等。图 5－4 是通过人际关系网络获取人力资源信息的示意图。

（4）**会议**。在会议中，应该综合使用工具和技术，使所有项目管理团队成员对人力资源管理计划达成共识。

二、规划人力资源管理的输出

人力资源管理计划模板如表 5－3、表 5－4 所示。

图 5－4　通过人际关系网络获取人力资源信息

表 5－3　人力资源管理计划模板一

人力资源管理计划

项目名称：________　准备日期：________

角色、职权和职责：

角色	职权	职责
1.	1.	1.
2.	2.	2.
3.	3.	3.
4.	4.	4.
5.	5.	5.

项目组织结构图

表 5－4　人力资源管理计划模板二

人力资源管理计划

人员配备管理计划

人员招聘：

资源日历：

培训需求：

认可与奖励：

规则、标准与政策：

安全：

（1）**人力资源管理计划**。作为项目管理计划的一部分，人力资源管理计划提供了如何定义、配备、管理及最终遣散项目人力资源的指南。主要包括：

①角色和职责。角色是指在项目中某人承担的职务或分配给某人的职务，如销

售经理、售前工程师、安装技师和测试员等。

②项目组织结构图。它以图形方式展示项目团队成员及其关系。

（2）**人员招聘**。需要考虑一系列问题，例如：从组织内部招聘，还是从组织外部的签约供应商招聘；团队成员必须集中在一起工作还是远距离分散办公；各级技术人员的成本是否需要人力资源部门和职能经理提供协助。

（3）**资源日历**。项目管理团队可用资源直方图向所有干系人直观地展示人力资源按照项目时段分配的情况，如图5－5所示。

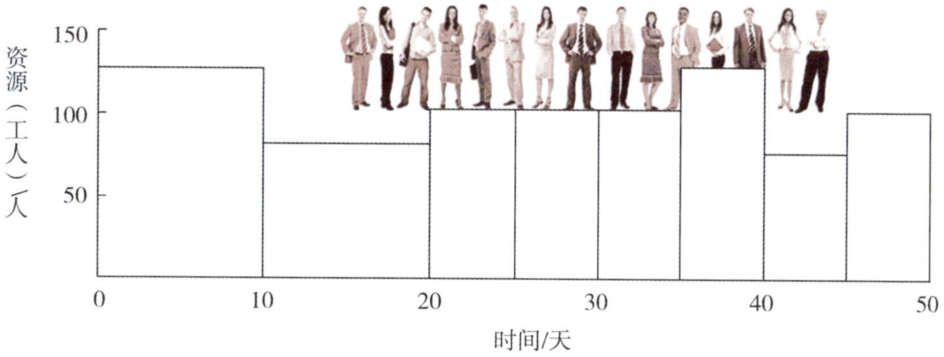

图5－5 人力资源需求和分布

5.2 组建项目团队

表5－5描述了本过程的输入、工具与技术和输出。

表5－5 组建项目团队：输入、工具与技术和输出

输入	工具与技术	输出
1. 人力资源管理计划	1. 预分派	1. 项目人员分派
2. 事业环境因素	2. 谈判	2. 资源日历
3. 组织过程资产	3. 招聘	3. 项目管理计划更新
	4. 虚拟团队	
	5. 多标准决策分析	

本过程的主要作用是组建一个结构合理、分工协作的高效项目团队。高效项目团队具有下列特征：

（1）**项目团队具有特定的目的**。项目团队在组建的同时就被赋予了明确的目标。项目团队的任务是完成项目范围内的工作，实现项目的目标。

（2）**项目团队是临时组织的**。项目团队是为完成项目任务和实现项目目标而专门组建的，一旦项目的任务完成，项目团队的使命也宣告结束，项目团队解散。

（3）**项目团队的领导是项目经理**。在一个项目团队中，项目经理是最高决策者和管理者。一般来说，项目的成败与项目经理的职业道德和能力有着密切关系。

（4）**项目团队强调合作精神**。要求团队成员具有高度的合作精神，有效沟通，相互信任，相互协调。团队合作精神是项目成功的有力保障。

（5）**项目团队成员的增减具有灵活性**。随着项目进展的需要，团队成员的人选也会进行相应调整。

（6）**项目团队建设和管理是项目成功的保障**。项目团队建设和管理包括对项目团队成员进行技能培训、绩效考核以及绩效跟踪和激励等。项目团队的团结、力量对于项目的重要性如图 5－6 所示。

图 5－6　项目团队的重要性（非洲黑蚁群团结起来可以吃掉大象、狮子等动物）

一、组建项目团队的工具与技术

（1）**预分派**。项目团队成员工作的预分派可在下列情况下发生：在竞标过程中承诺分派特定人员开展项目工作；项目不同阶段需要特定人员的专有技能；项目章程中指定了某些人员的工作。

（2）**谈判**。在许多项目中，通过谈判来完成项目人员的分派。例如，项目管理团队需要与下列各方进行谈判：

①职能经理。确保项目能够在需要时获得具备适当能力的人员，确保项目团队成员愿意并且有权在项目中工作，直到完成其职责。

②执行组织中的其他项目管理团队。合理分配稀缺或特殊人力资源。

③第三方。如外部组织、卖方、供应商、承包方等。获取合适的、稀缺的、特殊的、合格的、经认证的或其他诸如此类的特殊人力资源。

（3）**招聘**。分为内部招聘和外部招聘。项目团队成员的招聘程序见图 5－7。

图 5－7 项目人力资源规划：招聘程序

内部招聘是指在项目组织内部或项目所在公司的人力资源中，通过提升、工作调配和内部人员重新聘用等方式选出项目组织所需人员的一种方法。从内部招聘的人员对企业文化和项目比较了解，工作上手较快，可以节约大量的人员培训成本。此外，还能为项目组织的内部人员提供职业发展机会。

外部招聘是从项目所在公司之外获取项目所需人力资源的一种方法。与内部招聘相比，外部招聘的选择范围较为广泛，而且从外部招聘的人员能为项目组织带来创新思想。但是，外部招聘要花费很多的时间和成本，包括对新进人员进行适当的培训。

（4）**虚拟团队**。如图 5－8 所示，虚拟团队是指分散于不同的时间、空间和组织边界却具有共同愿景、共同目标或共同利益，为完成项目任务而组成的群体。现代沟通技术如电子邮件、电话会议、社交媒体、视频会议、短信息和微信等，使虚拟团队的沟通协作得以实现。

虚拟团队的优点：可以在组织内部处于不同地理位置的员工之间组建团队；为项目团队增加特殊技能，即使相应的专家不在相同的地理区域；把居家办公的员工纳入项目团队；在异地开展项目时，能减少昂贵的差旅费。虚拟团队可以通过电话、网络、传真或可视图文等方式来沟通和协调，如每天查收两次电子邮件，每天定时通一次电话等，便可以分工完成一项事先安排好的工作。

虚拟团队也有一些缺点，例如可能因为远距离沟通障碍而产生误解，有孤立感，团队成员之间难以分享知识和经验，采用通信技术的成本高等。虚拟团队的成败在于是否有强大的领导力和有效的沟通。

图 5－8　项目人力资源规划：虚拟团队沟通

（5）**多标准决策分析**。在组建项目团队的过程中，经常需要使用团队成员选择标准。通过多标准决策分析，制定出选择标准，并据此对候选团队成员进行定级或打分。根据各种因素对团队的不同影响，赋予选择标准不同的权重。

二、组建项目团队的输出

（1）**项目人员分派**。按项目需求、计划制作项目团队组织分工图、通讯录，把合适的人员分派到团队。

（2）**资源日历**。如图 5－9 所示，资源日历记录每个项目团队成员在项目中的工作时间段。必须很好地了解每个人的可用性和时间限制（包括时区、工作时间、休假时间、当地节假日和在其他项目中的工作时间），才能编制出可靠的进度计划。

图 5－9　项目人力资源规划：资源日历

5.3 建设项目团队

表 5－6 描述了本过程的输入、工具与技术和输出。

表 5－6 建设项目团队：输入、工具与技术和输出

输入	工具与技术	输出
1. 项目管理计划	1. 集中办公	团队绩效评估
2. 项目文件、项目人员分派	2. 虚拟团队	
3. 事业环境因素	3. 沟通技术	
4. 组织过程资产	4. 人际关系技能	
	5. 项目团队培训	
	6. 团队建设活动	
	7. 基本规则	
	8. 认可与奖励	
	9. 人事测评工具	

建设项目团队的工具与技术：

（1）**集中办公**。集中办公也被称为“紧密矩阵”，是指把许多或全部活跃的项目团队成员安排在同一个地点工作，以增强团队工作能力。集中办公可借助团队会议室（有时称“作战室”）及展示组织文化、价值观、项目目标、项目范围和项目进度计划的场所等增进沟通和集体感的设施。

（2）**虚拟团队**。详见本书第 65 页“虚拟团队”。

（3）**沟通技术**。详见本书第 16 章。

（4）**人际关系技能**。如图 5－10 所示，人际关系技能有时被称为“软技能”，是指富有情商，并能熟练掌握沟通技巧、影响团队建设的技能。团队成员在心情愉悦时比较乐于和他人交流，也相对容易接受外界信息。

（5）**项目团队培训**。培训指旨在提高项目团队成员能力的全部活动。培训可以是正式的或非正式的。培训方式包括课堂培训、在线培训、计算机辅助培训、在岗培训、辅导及训练。图 5－11 是某企业项目管理办公室就市场调研、需求分析、研发和生产过程中的关键路径进行培训和研讨。

培训成本通常包括在项目预算中，应该按人力资源管理计划中的安排来实施预

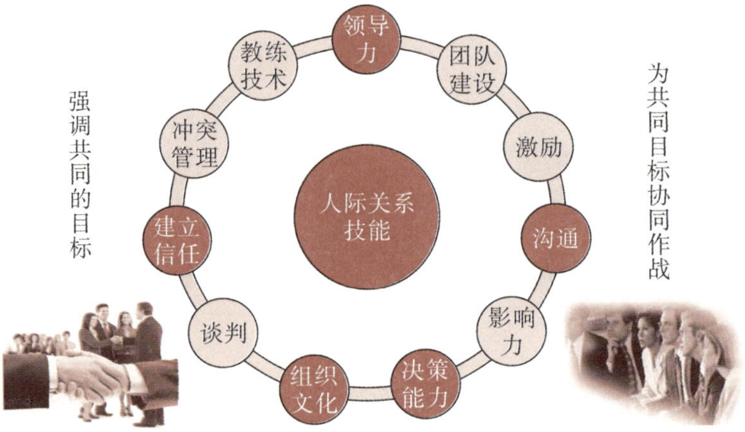

图 5－10　人际关系技能

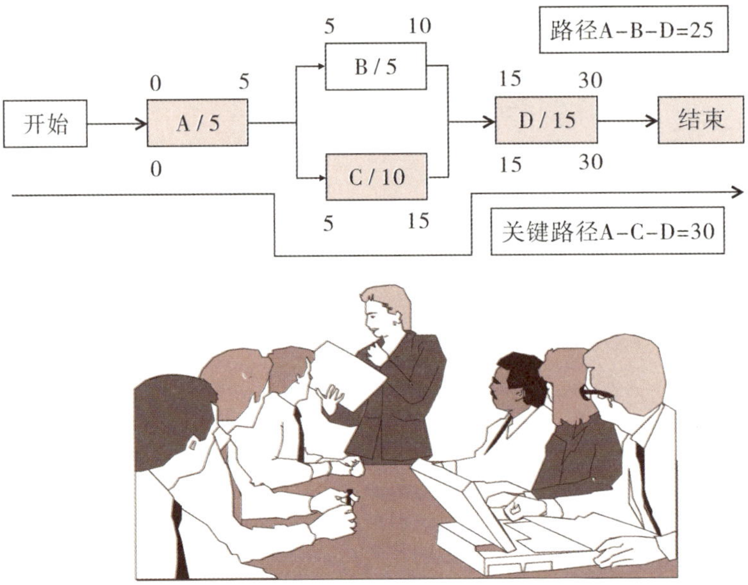

图 5－11　某企业培训中心的项目管理关键路径培训与研讨会

定的培训。项目人员培训一般包括如下过程：

①分析培训需求。这种分析主要是通过考虑员工和组织的绩效来判断培训是否有益，通过需求分析可以了解测评公司、团队或个人的能力与战略计划所要求的能力的契合度。

②确立培训目标，确定培训的师资、内容和培训效果评估表。

③选择适当的培训方式。培训方式可以有面授、在岗培训、在线培训、计算机辅助培训等多种方式，有效的培训方式的选择需要提前掌握学习理念、各种培训方

法和法律问题。

④评价培训效果。这是培训实施的最后一个环节，通过评价可以了解培训的内容是否合适、学员对知识的掌握程度以及培训的投入产出，并确定今后培训需改进的方向。

（6）团队建设活动。团队建设活动旨在帮助团队成员更加有效地协同工作，完成项目任务，包括项目启动会议、创建工作分解结构、团队拓展训练等等。团队建设是一个持续性过程，对项目至关重要。团队建设在项目前期必不可少，更是伴随着整个项目的生命期。

如图 5－12 所示，有一种关于团队发展过程的模型叫塔克曼阶梯理论，其中包括团队建设通常要经过的五个阶段。

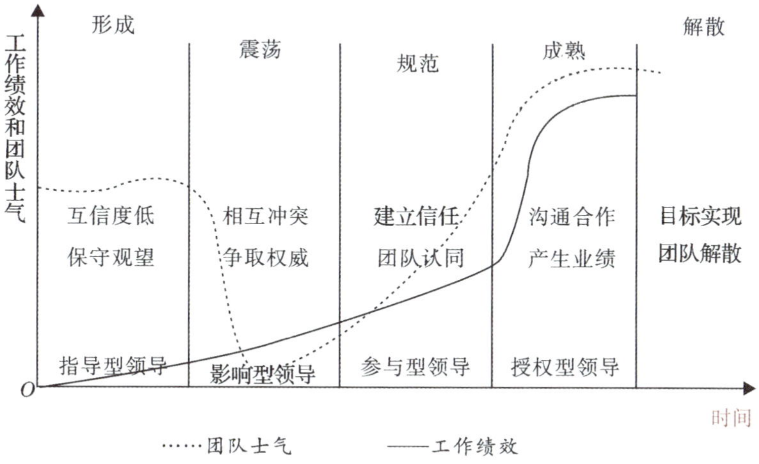

图 5－12 塔克曼团队建设五阶段模型

如果团队成员曾经共事过，那么项目团队建设也可跳过某个阶段。项目经理应当注意在不同阶段采取的工作方法。如表 5－7 所示。

表 5－7 塔克曼团队建设五阶段及其特点

阶段	成员状态	典型疑问行为	特点
形成	兴奋、期望	我的目标是什么 我的角色和任务是什么 我能和别人合得来吗	防卫、有礼貌 客观、有保留
震荡	挫折、愤怒、紧张、对立	我的职责是什么 我该如何配合别人 我知道他的缺点，可不知道如何帮助他	攻击、争吵、冲突否决、小圈子

（续表）

阶段	成员状态	典型疑问行为	特点
规范	相互信任、广泛交流	确定关系，接受团队规则，逐步有凝聚力	有组织、技能提高 自主解决问题 自主化解冲突
成熟	开放沟通、相互依赖	具有集体感、荣誉感，积极开放、配合默契	合作、高效、相互信任、主动帮助 有集体感、荣誉感
解散	完成所有工作，团队成员离开项目（一般开庆功会）		

①形成阶段。在项目团队发展的最初阶段，项目经理可能要将一些独立的员工转变成项目团队成员。这一阶段的特征是大家具有新鲜感和积极向上的精神，急于工作和表现自己，表现为希望、新鲜、好奇、激动、怀疑、焦急等。一方面，团队成员收集有关项目的信息，试图弄清项目是干什么的，自己的目标和分工是什么。另一方面，团队成员谨慎地研究和学习适宜的举止行为。他们从项目经理处寻找或相互了解，以期找到属于自己的角色——“我与别人能够合得来吗?”此时，项目经理要重视项目团队建设工作，说明项目的目标，并且公布项目的进度计划、质量标准、团队组织结构和每个成员在项目中的职位。

②震荡阶段。团队形成之后，大家已经明确了项目的工作以及各自的职责，于是开始执行分配到的任务。在实际工作中，各方面的问题逐渐显露出来，现实可能与当初的期望和计划发生较大偏离，于是，团队成员可能会消极地对待项目工作和项目经理，整个项目团队士气比形成阶段有明显的降低。

团队的冲突和不和谐是这一阶段的显著特点。团队成员由于生活阅历、受教育程度、工作背景、立场、观念、方法、行为等方面的差异而产生各种冲突，人际关系陷入紧张的局面，甚至出现敌视及向领导者挑战的情形。

此时，项目经理要成为影响型领导，对团队成员要进行适当的指导，并且引导每个团队成员对自己的角色及责任进行调整。

③规范阶段。图 5 - 13 表示某项目团队从震荡阶段向规范阶段的过渡。项目团队经过了一段时间的磨合后，就进入了正常发展的规范阶段。这一阶段的特征是，项目团队的矛盾程度降低，同时，随着项目团队成员的期望和实际情况的统一，他们的不满情绪也逐步减少。

随着团队成员之间开始相互信任，团队的信任得以建立。团队成员交流信息、观点和感情，合作意识增强，他们可以自由地、有建设性地表达自己的情绪及评论

图 5－13 项目团队从震荡阶段向规范阶段过渡

意见。此时的项目经理要逐步减少指导性工作，成为参与型领导，对团队成员的工作要给予支持，若他们取得成绩则给予表扬。

④成熟阶段。经过前一阶段，项目团队确立了行为规范和工作方式。这一阶段项目团队积极工作，急于实现项目目标，工作绩效很高，有集体感和荣誉感，信心十足。项目团队能开放、坦诚、及时地沟通，并根据实际需要，以团队、个人或临时小组的方式进行工作，相互依赖度高。此时，项目经理要逐步成为授权型领导。

⑤解散阶段。项目团队完成了项目任务，实现了项目目标，就会解散。这时，团队成员开始躁动不安，考虑自身今后的发展，思考“我以后可怎么办”。此时，项目经理最好采取措施，稳定人心，明确责任。同时，也要考虑团队成员以后如何安排的问题，把项目的收尾工作做好。

团队建设活动旨在沟通协作、改善人际关系，如定期举行项目状态会议，如果活动安排得当，那么也会增强团队的责任感，提高团队的凝聚力和项目绩效。

（7）**基本规则**。用基本规则对项目团队成员的可接受行为做出明确规定，即项目团队的行为规范。

（8）**认可与奖励**。常见的六种团队激励方式，如图 5－14 所示。

图 5－14 常见的六种团队激励方式

在建设项目团队的过程中，需要对成员的优良行为给予认可与奖励。最初的奖励计划是在规划人力资源管理过程中编制的。必须认识到，满足被奖励者某个重要需求的奖励，才是有效的奖励。在认可与奖励时，应考虑需求差异。

①物质激励。物质激励是项目团队采用最多的一种方式。物质激励一般包括工资和奖金等，它主要适合于一些基层的项目团队成员。

②环境激励。环境激励就是为项目团队成员营造一个良好的工作和生活环境，从而推动项目团队成员更加努力地投入工作。

③参与激励。参与激励是指让项目团队成员了解项目团队的运作情况，使他们以不同的方式参与到项目的管理中来，从而激发他们的主人翁意识。

④荣誉激励。通过荣誉激励可以满足项目团队成员获得尊重和荣誉的需求，它适合于知识丰富和层次较高的人员。

⑤榜样激励。人们常说“榜样的力量是无穷的”。榜样激励就是使优秀的项目团队成员成为整个项目团队学习的榜样，使他们有很大的满足感，从而达到激励目的。

⑥目标激励。项目团队有着明确的共同目标，每个成员都了解并认同它，都认为共同目标的实现是达到共同憧憬的有效途径。共同憧憬和共同目标包容了个人憧憬与个人目标，充分体现了个人的意志与利益，并且具有足够的吸引力，能够激发团队成员的激情。

（9）**人事测评工具**。如图 5－15 所示，人事评测工具能让项目经理洞察项目团队成员的优势和劣势。

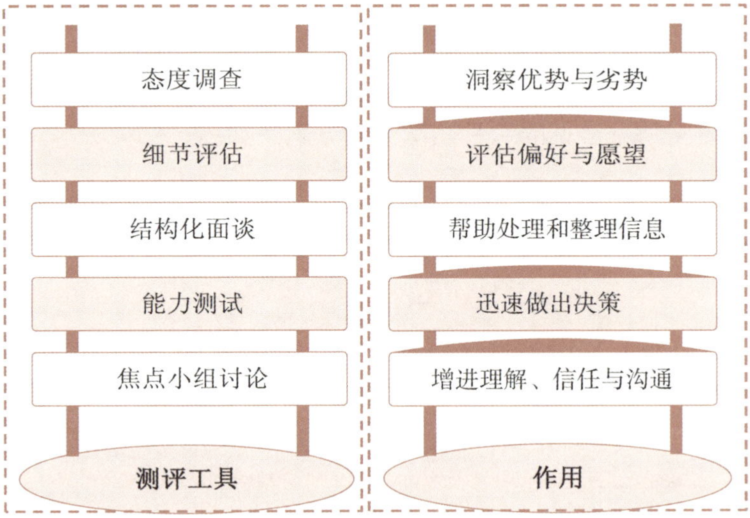

图 5－15　人事测评工具

上述建设项目团队的工具与技术，其中7种如图5－16所示。

人际关系技能
同情心、影响力、创造力及协调力

团队建设活动
帮助项目团队成员更加有效地协同工作

培训
提高项目团队成员能力的全部活动

集中办公
也被称为“紧密矩阵”，增强团队工作能力

基本规则
减少误解，提高生产力

人事测评工具
让项目经理洞察项目团队成员的优势和劣势

认可与奖励
提倡与强化期望行为的正规管理措施

图5－16 建设项目团队的7种工具与技术

5.4 管理项目团队

表5－8描述了本过程的输入、工具与技术和输出。

表5－8 管理项目团队：输入、工具与技术和输出

输入	工具与技术	输出
1. 项目管理计划	1. 观察与交谈	1. 变更请求
2. 项目文件	2. 项目绩效评估	2. 项目管理计划更新
3. 工作绩效报告	3. 冲突管理	3. 项目文件更新
4. 团队绩效评价	4. 人际关系技能	4. 事业环境因素更新
5. 事业环境因素		5. 组织过程资产更新
6. 组织过程资产		

管理项目团队的工具与技术：

（1）**观察与交谈**。可通过观察和交谈，随时了解项目团队成员的工作和态度。

（2）**项目绩效评估**。项目绩效评估的目的主要是：澄清角色与职责，向项目团队成员提供建设性反馈，发现未知或未决的问题，制订个人培训计划，以及确立未

来目标。

（3）**冲突管理**。

（4）**人际关系技能**。恰当地使用人际关系技能，可充分发挥全体团队成员的优势。人际关系技能是管理项目团队的基础。项目经理要经营管理好一个项目团队，应当以身作则，带领项目团队做好5个方面的工作：

①有共同目标。项目团队要有一个共同憧憬，这是它存在的主观原因。共同憧憬和共同目标包含了个人憧憬与个人目标，充分体现了个人的意志与利益，并且具有足够的吸引力，能够激发团队成员的工作激情。

②合理分工与协作。没有完美的个人，只有完美的团队。每个团队成员都应该明确自己的角色、权力、任务和职责，在目标明确之后，必须明确各个成员之间的相互关系。

③有高度凝聚力。凝聚力是指成员在项目团队内的团结与吸引力、向心力，也是维持项目团队正常运转的所有成员之间的吸引力。团队对成员的吸引力越强，成员坚守规范的可能性就越大。一个有成效的项目团队，必定是一个有高度凝聚力的团队，高度的凝聚力能使团队成员积极、热情地为项目成功付出必要的时间和努力。

④团队成员相互信任。成功团队的一个重要特征就是信任，一个团队的能力大小受到团队成员相互信任程度的影响。因此，团队在组建之初就应当建立信任。

⑤高效沟通。高效的项目团队还需具有高效沟通的能力，项目团队必须配置先进的信息技术系统与通信网络，以满足其高效沟通的需求。项目团队拥有各种各样的沟通渠道，能保证沟通直接、高效，层次少，无官僚习气，基本无滞延。项目经理要擅长运用座谈会等直接的沟通形式。

5.5　项目人力资源管理相关理论

（1）**马斯洛需求层次理论**。马斯洛需求层次理论是美国著名心理学家亚伯拉罕·马斯洛1943年在他的著作《人类动机理论》中首次提出来的，每个人都有5个层次的需求：生理的需求、安全的需求、社交或情感的需求、尊重的需求和自我实现的需求，如图5－17所示。

①生理的需求。这是任何动物都有的需求，只是不同的动物这种需求的表现形式不同而已。对人类来说，这是最基本的需求，如衣、食、住等。

②安全的需求。这是人们保护自己的身体和情感免受伤害的需求，包括人身安

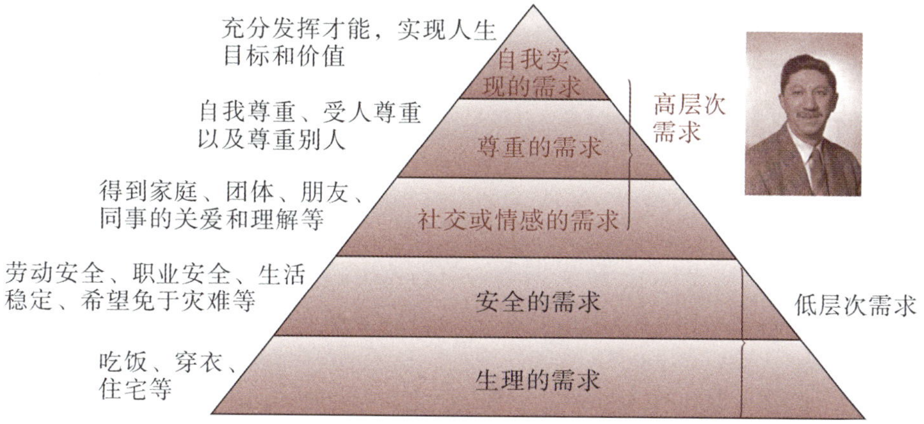

图 5－17　马斯洛需求层次理论

全和职业安全、前程无忧等。它又可以分为两类：一类是现在的安全需求，另一类是未来的安全需求。

③社交或情感的需求。它包括友谊、爱情、归属及接纳等方面的需求，主要产生于人的社会性。马斯洛认为，人是一种社会动物，人们的生活和工作都不是孤立地进行的。

④尊重的需求。尊重可分为内部尊重和外部尊重：内部尊重因素包括自尊、自主和成就感；外部尊重因素包括地位、认可和关注或者说受人尊重。自尊是指自己取得成功时有一种自豪感，它是人们奋发向上的推动力；受人尊重是指自己做出贡献时能得到他人的认可。

⑤自我实现的需求。它包括成长与发展、发挥自身潜能、实现理想的需求。这是一种追求个人能力极限的内趋力。这种需求一般表现在两个方面：一是胜任感方面，有这种需求的人希望控制事物或环境，而不是被动地等待；二是成就感方面，对有这种需求的人来说，工作的乐趣在于成果和成功，成功后的喜悦要比任何报酬都重要。该理论的主要观点有：

第一，人是有需求的动物，他的需求取决于他已经得到了什么，还缺少什么，只有尚未满足的需求才能够影响行为，已经得到满足的需求不再起激励作用。

第二，人的需求都是有层次的，前一层次的需求得到满足后，后一层次的需求才会出现。即只有前面的需求得到充分的满足后，后面的需求才会显示出激励作用。马斯洛将人的需求划分为高低两个层次：生理的需求和安全的需求称为低层次需求；而社交或情感的需求、尊重的需求与自我实现的需求称为高层次需求。低层次需求主要是从外部使人得到满足，而高层次需求则是从内部使人得到满足。

第三，每个人在某一特定时期总有某一层次的需求占据主导地位，这一层次的需求称为主导需求，其他需求则处于从属地位。主导需求产生激励人行为的主导动机。激励工作应主要针对激励对象的主导需求来采取措施。

第四，人的需求是处在连续的发展变化之中的，主导需求在不断变化，因而激励也应当是动态的。

马斯洛的理论简单明了、易于理解，具有内在的逻辑性，得到了实践中管理者的普遍认可。根据马斯洛的理论，如果你要激励某人，那么需要先知道他现在处于哪个需求层次上，然后去满足这些需求乃至更高层次的需求。

（2）麦克雷戈 XY 理论。如图 5－18 所示，麦克雷戈 XY 理论实质上是 XY 假设，是道格拉斯·麦格雷戈 1957 年在他著的《企业的人性面》一书中首次提出来的，后人称为 XY 理论。

（1）X理论认为人是消极的、懒惰的，设法逃避工作，缺乏进取心，逃避责任。

（2）Y理论认为人是积极的，愿意工作，愿意进步，愿意承担责任等。

（3）传统的管理比较偏向于X理论，现代管理越来越偏向于Y理论。

X理论	Y理论
➢ 管理工人的传统方法	➢ 如果有动力和支持，那么工作将做得很好
➢ 逃避工作，讨厌工作	➢ 高绩效期许
➢ 缺乏进取心及解决问题的技巧	➢ 有创造力、想象力、雄心和信心
➢ 逃避责任，缺乏主动性	➢ 自我约束、自我指导
➢ 以自我为中心，抵抗变化	➢ 追求责任感
➢ 受马斯洛低层次需求激励影响	➢ 受马斯洛高层次需求激励影响

图 5－18 麦格雷戈 XY 理论

X 理论认为人性懒惰，所以总是逃避责任。只有少数人才能克服这样的劣根性，成为有雄心壮志的人，但绝大多数人必须用“胡萝卜＋大棒”进行威逼利诱，使他们为完成既定的工作任务而努力。多少年来，企业主一直都在使用这样的管理方法，常常失效。

与 X 理论根本对立，Y 理论告诉管理者，要尊重和相信员工，要为他们提供工作和发展的条件和机会，要想办法激发和调动员工的工作积极性，使他们的智力、才能得到充分的发挥，在满足个人需求和实现个人目标的同时实现组织的目标。

（3）威廉·大内的 Z 理论。如图 5－19 所示，Z 理论是由日裔美国学者威廉·

大内在 1981 年出版的《Z 理论》一书中提出的，其研究内容为人与企业、人与工作的关系。

Z理论认为，一切企业的成功都离不开信任、敏感与亲密，因此主张以坦白、开放、沟通作为基本缘由来实行“民主管理”

日本企业的管理特点（乙型组织）	美国企业的管理特点（A型组织）
长期雇用制	短期雇用制
集体决策	个人决策
集体负责	个人负责
中等程度的专业化分工	高度的专业化分工
缓慢的提升	较快的提升
不太严格的控制	严格的控制
对员工很关心	对员工不关心

图 5－19 威廉·大内的 Z 理论

这一理论的提出是鉴于美国企业面临着日本企业的严重挑战。威廉·大内选择了日本、美国的一些典型企业进行研究，发现日本企业的生产率普遍高于美国企业，而美国在日本设置的企业，如果按照美国方式管理，其效率便低。

根据这一现象，威廉·大内提出了美国企业应结合本国的特点，向日本企业学习管理方式，形成自己的一种管理方式。他把这种管理方式归结为 Z 型管理方式，并对这种方式进行了理论上的概括，称为 Z 理论。

（4）赫茨伯格的双因素理论。见图 5－20，双因素理论也称为保健激励理论，由弗雷德里克·赫茨伯格提出。

保健因素（外在因素）	激励因素（内在因素）
与工作环境和工作关系相关的因素：	与工作本身或工作内容相关的因素：
企业的政策与行政管理	工作上的成就感
技术监督系统	工作中得到认可和赞赏
与上级主管之间的人事关系	工作本身的挑战性和兴趣
与同级之间的人事关系	工作职务上的责任感
与下级之间的人事关系	工作的发展前途
工作环境或工作条件	个人成长晋升的机会
薪水、福利	
个人的生活	
职务、地位	
工作的安全感	

图 5－20 赫茨伯格的双因素理论

1966 年，赫茨伯格写了一本书《工作与人性》，1968 年在著名的《哈佛商业评论》上发表了一篇题为《再论如何激励员工?》的文章。赫茨伯格发现人们工作的主要激励因素来自个人成绩表现以及由此获得的认可度，同时总结出激励因素包括工作成就、认可度、工作本身、责任、晋升和发展。

不是每个人都是可以激励的。事实上，在大多数情况下，项目经理所能做的只不过是创造一个适宜的环境，以期激励员工。这很像种地，农民能做的只是带回种子、播种、施肥，然后希望大自然赐予适宜的雨水、风和日照。项目经理也面临同样的情形，他必须创造一个适宜的工作环境来引导并鼓励团队成员，此后便只能靠团队成员的积极响应。

对项目经理来说，这具有两方面的含义：一是激励因素，在这方面，项目经理有一定的控制权；二是保健因素，这方面超出了项目经理的控制范围，项目经理可以引起管理层的关注，但是没有权力来改变。

把赫茨伯格的双因素理论与马斯洛的需求层次理论进行对比，可以发现它们有着共通之处。其对应关系如图 5－21 所示。

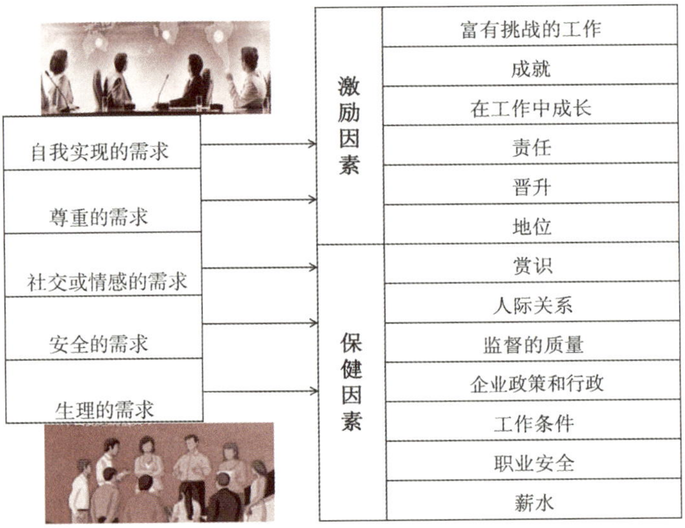

图 5－21　马斯洛的需求层次理论与赫茨伯格的双因素理论的对比

（5）**弗鲁姆的期望理论**。比较而言，对激励问题进行比较全面研究的，是激励过程的期望理论。这一理论是由美国心理学家维克托·弗鲁姆在 20 世纪 60 年代中期提出的。期望理论认为，人们只有预期到某一行为能给自己带来有吸引力的结果时，才会采取特定的行动。如图 5－22 所示。

根据这一理论，员工对待工作的态度依赖于对下列三种联系的判断：

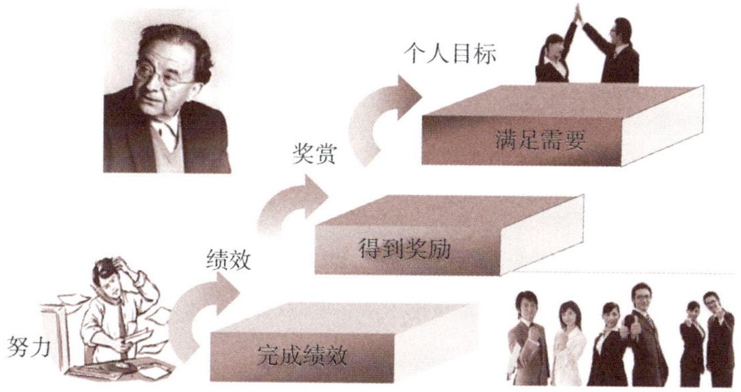

图 5－22 弗鲁姆的期望理论

①努力—绩效的联系。员工感觉到通过一定程度的努力而达到某一绩效水平的可能性。如需要付出多大努力才能达到某一绩效水平？是否真能达到这一绩效水平？达到这一绩效水平的概率有多大？

②绩效—奖赏的联系。员工对于达到一定绩效水平后即可获得理想的奖赏的信任程度。如达到这一绩效水平后，是否会得到奖赏？

③奖赏—个人目标的联系。工作完成后员工所获得的潜在结果或奖赏对他的重要性程度。如获得这一奖赏能否算是实现个人的目标？其吸引力有多大？

在这三种关系的基础上，员工在工作中的积极性或努力程度（激励力）是效价和期望值的乘积：$M = V \times E$，式中 M 表示激励力，V 表示效价，E 表示期望值。所谓效价，是指一个人对某项工作及其结果（可实现的目标）能够给自己带来的满足程度的评价，即对工作目标有用性（价值）的评价。期望值是指人们对自己能够顺利完成某项工作的可能性的估计，即对工作目标实现的概率的估计。效价和期望值的不同结合，会产生不同的激励力，一般存在以下几种情况：

$E_{高} \times V_{高} = M_{高}$；$E_{中} \times V_{中} = M_{中}$；$E_{低} \times V_{低} = M_{低}$

$E_{高} \times V_{低} = M_{低}$；$E_{低} \times V_{高} = M_{低}$

这表明，组织管理要收到预期的激励效果，要以激励手段的效价和激励对象获得满足的期望值都足够高为前提。只要效价和期望值中有一项值较低，就难以使激励对象在工作岗位上表现出足够的积极性。

期望理论的基础是自我利益，它认为每一个员工都在寻求获得最大的自我满足。其核心是双向期望，项目经理期望员工的行为，员工期望管理者的奖赏。

（6）亚当斯的公平理论。如图 5－23 所示，公平理论是美国心理学家约翰·斯塔希·亚当斯在 1965 年首先提出来的，也称为社会比较理论。

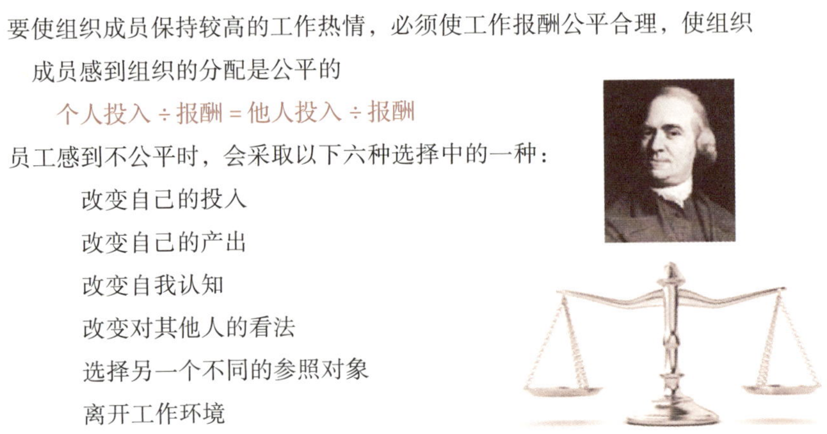

图 5－23　亚当斯的公平理论

这种理论的基础在于，员工不是在真空中工作的，他们总是在进行比较，比较的结果对于他们在工作中的努力程度有影响。员工选择与自己进行比较的参照类型有三种，分别是“其他人”“制度”“自我”。“其他人”是指在本组织中从事相似工作的人以及在别的组织中与自己能力相当的同类人，包括朋友、同事、学生甚至自己的配偶等。“制度”是指组织的工资政策与程序以及这种制度的运作。“自我”是指自己在工作中付出与所得的比率。

对某项工作的付出，包括教育、经验、努力和能力。通过工作获得的报酬，包括工资、表彰、信念和升职等。上述分析表明，公平理论认为在组织中员工不仅关心因自己努力工作而得到的绝对报酬，而且还关心相对报酬——自己的报酬与他人报酬之间的关系。他们对自己的付出与所得和别人的付出与所得进行比较，做出判断。如果发现这种比率和其他人相比不平衡，就会感到紧张，这样的心理进一步驱使员工追求公平和平等。公平理论对项目管理的启示是非常重要的，它告诉项目经理，工作任务以及公司的管理制度都有可能产生某种关于公平性的影响。

（7）麦克利兰的成就动机理论。如图 5－24，成就动机理论是指美国哈佛大学教授戴维·麦克利兰提出的管理者的三种高层次需要，又称三种需要理论。

图 5－24　麦克利兰的成就动机理论

①成就需要（need for achievement）：追求卓越、实现目标、争取成功的内驱力。具有高成就需要的人往往热衷于具有挑战性的工作，喜欢表现自己。他们追求的是个人成就，而不是成功的报酬本身，他们有一种欲望，希望事情做得比以前更好。

②权力需要（need for power）：影响和控制他人的欲望。具有高权力需要的人总是追求领导者的地位。组织中管理者的权力可分为个人权力和职位权力两种：追求个人权力的人围绕个人需要行使权力，在工作中倾向于亲自运作，需要及时地反馈。追求职位权力的人往往自觉遵守组织的纪律，在行使权力中得到一种满足，这种权力需要可使组织和社会做出建设性改进。

③归属需要（need for affiliation）：建立友好和亲密的人际关系的欲望。具有高归属需要的人喜欢合作性而非竞争性的工作环境，渴望相互理解的关系。这一类管理者往往重交情、轻原则，有时这会导致组织效率下降。

应用案例5－1　任正非：关于人力资本的增值

华为创始人任正非在讲话《华为的红旗到底能打多久》中说："我们坚持人力资本的增值大于财务资本的增值。我们尊重知识、尊重人才，但不迁就人才。不管你有多大功劳，绝不会迁就。我们构筑的这种企业文化，推动着员工的思想教育。"华为公司十分重视对员工的培训工作，每年对它的付出是巨大的。原因：一是中国还未建立起发育良好的外部劳动力市场，劳动力问题不能完全在市场上解决。二是我国的教育还处在发展中，应届毕业生在企业的上手能力还很弱。三是信息技术更替周期太短，老员工要不断地充电。

实战训练5－1　项目团队组织分工规划工具

如果您是项目经理（或者项目副经理、项目助理），新组建的项目团队成员已经完成培训，准备上岗。请研究图5－25，以下"三部曲"有助于项目团队的分工合作。

（1）尽快拿到一份项目团队成员花名册。

（2）根据项目团队成员应聘的岗位，研究他们的专长和经验，把他们的名字填入花名册。

（3）如果发现"岗位—专长—经验"不匹配的员工，那么找他们单独谈话，参考他们的兴趣、特长和工作经验等要素，协商调岗事宜。

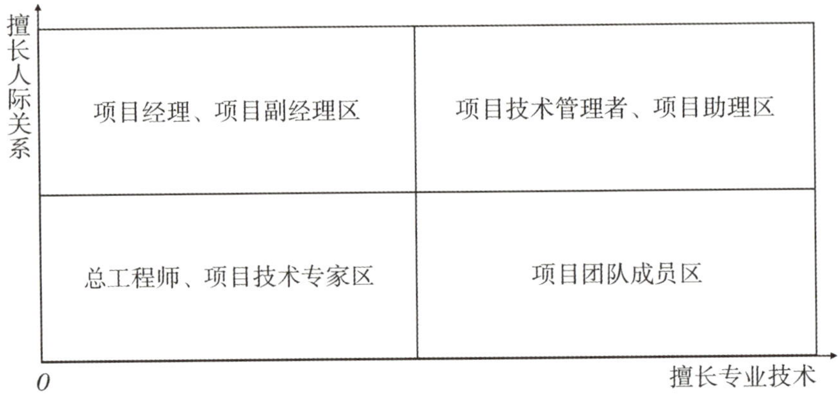

图 5－25　项目团队组织分工规划工具

实战训练 5－2　某大型生产设备进场安装、调试项目责任分配矩阵

某大型生产设备进场安装、调试项目责任分配矩阵如表 5－9 所示。

表 5－9　某大型生产设备进场安装、调试项目责任分配矩阵

工作分解		责任人		
		项目经理	工程师	质检员
整体规划		○	▲	
整体设计		○	▲	
设备安装	设备进场	□	○	▲
	设备安装	□	○	▲
	设备自检	□	○	▲
设备验收	设备测试	□	●	▲
	设备调试	□	●	▲
	现场验收	□	●	▲
设备试运行	设备使用说明	●	▲	
	培训运行人员	●	▲	

注：▲表示负责；●表示辅助；○表示审批；□表示通知。

实战训练5-3　项目团队成员需求申请表

项目团队成员需求申请表如表5-10所示。

表5-10　项目团队成员需求申请表

编号：　　　　　　　　　　　　　　　　　　　　　　　　申请日期：　　年　　月　　日

<table>
<tr><td>项目名称</td><td colspan="2"></td><td>项目经理</td><td colspan="2"></td></tr>
<tr><td>用人部门</td><td colspan="2"></td><td>需求人数</td><td colspan="2"></td></tr>
<tr><td>职　　位</td><td colspan="2"></td><td>希望到职日期</td><td colspan="2"></td></tr>
<tr><td colspan="6">申请原因（请在“□”内打“√”）</td></tr>
<tr><td colspan="6">□补　聘　　□临　时　　□计划内　　□计划外　　原因：________</td></tr>
<tr><td colspan="6">主要职责范围</td></tr>
<tr><td colspan="6">1.
2.
3.</td></tr>
<tr><td>学历/专业要求</td><td colspan="5"></td></tr>
<tr><td>工作经验要求</td><td colspan="5"></td></tr>
<tr><td>技能要求</td><td colspan="5"></td></tr>
<tr><td>个人性格要求</td><td colspan="5"></td></tr>
<tr><td>适应性要求（如出差等）</td><td colspan="5"></td></tr>
<tr><td>其他要求说明</td><td colspan="5"></td></tr>
<tr><td>项目经理意见</td><td></td><td>签字</td><td></td><td>日期</td><td></td></tr>
<tr><td>项目总监意见</td><td></td><td>签字</td><td></td><td>日期</td><td></td></tr>
<tr><td>人力资源部审核</td><td></td><td>签字</td><td></td><td>日期</td><td></td></tr>
</table>

实战训练5-4　编制项目团队成员招聘沟通协作流程

（1）请认真研究图5-26、表5-11，找到自己的岗位和工作流程。

（2）自己的“纵向工作流程”沟通协作是否顺畅？怎样改进？

（3）自己与两边的“横向工作流程”沟通协作是否顺畅？怎样改进？

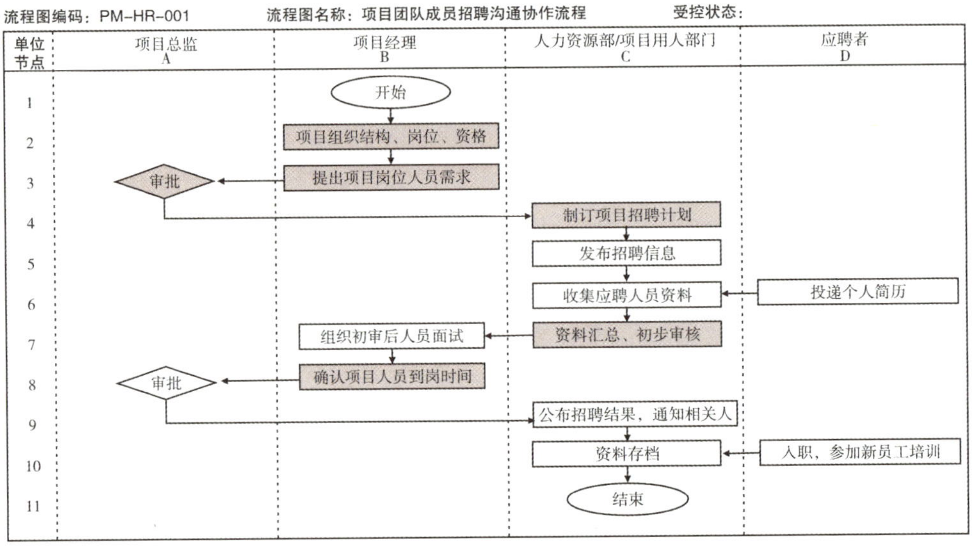

图5-26　项目团队成员招聘沟通协作流程

表5-11　项目团队成员招聘沟通协作流程

节点	工作重点、工具和技术速查指南	开始日期	结束日期
B2，项目组织结构、岗位、资格	项目经理根据客户需求、项目特点设计项目团队的组织结构，设定项目团队成员的岗位和资格		
B3，提出项目岗位人员需求	项目经理进一步提出项目岗位人员需求，交给项目总监审批		
A3，审批	项目总监审批项目组织结构，项目团队成员的岗位、资格		
C4，制订项目招聘计划	公司人力资源部和项目用人部门联合制订项目团队成员招聘计划		
C7，资料汇总、初步审核	公司人力资源部和项目用人部门联合汇总项目团队应聘人员资料并初步审核		
B8，确认项目人员到岗时间	项目经理负责确认项目人员到岗时间，并在项目总监审批之后公布招聘结果，通知相关人，最终资料存档		

实战训练 5－5　编制项目团队成员培训沟通协作流程

（1）请认真研究图 5－27、表 5－12，找到自己的岗位和工作流程。

（2）自己的“纵向工作流程”沟通协作是否顺畅？怎样改进？

（3）自己与两边的“横向工作流程”沟通协作是否顺畅？怎样改进？

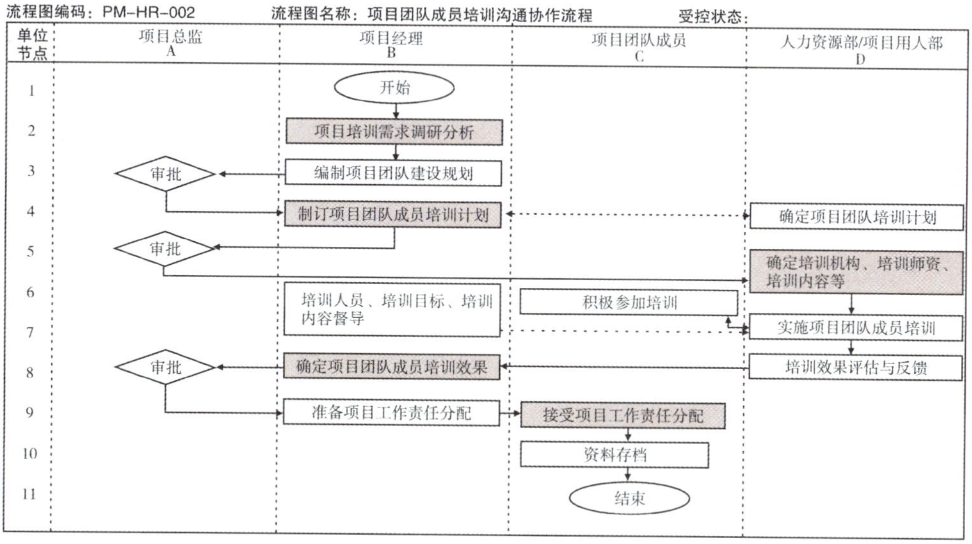

图 5－27　项目团队成员培训沟通协作流程

表 5－12　项目团队成员培训沟通协作流程

节点	工作重点、工具和技术速查指南	开始日期	结束日期
B2，项目培训需求调研分析	项目经理根据项目的特点、项目团队的组织结构、项目团队成员的岗位和资格，提出项目培训需求调研分析		
B4，制订项目团队成员培训计划	项目经理进一步制订项目团队成员培训计划，交给项目总监审批		
D6，确定培训机构、培训师资、培训内容等	公司人力资源部根据项目经理制订的项目团队成员培训计划确定培训机构、培训师资、培训内容等		
B8，确定项目团队成员培训效果	项目经理在收集学员反馈表等的基础上，确定项目团队成员培训效果		
C9，接受项目工作责任分配	项目团队成员在接受培训的基础上，由项目经理负责对他们进行项目工作责任分配		

实战训练 5－6　项目团队成员任用审核表

项目团队成员任用审核表如表 5－13 所示。

表 5－13　项目团队成员任用审核表

任职者基本情况					
拟任职者姓名		性别		年龄	
毕业院校		专业		学历	
工作时间		技术职称		现从事专业	
曾经历项目				曾任项目职务	
				曾任项目职务	
				曾任项目职务	
主要项目成就	1. 2. 3.				
项目失误、失职情况说明	1. 2. 3.				
拟任项目名称		拟任项目职务			
拟任项目规模		项目工期			
面试记录					
面试小组组长： 面试小组成员：			面试日期：　　年　　月　　日		

面试项目	评价等级					
	优	良	中	差	很差	备注
1. 仪表						
2. 语言表达						
3. 专业知识与技能						
4. 知识面						
5. 外语能力						

（续表）

面试项目	评价等级					
	优	良	中	差	很差	备注
6. 应变能力						
7. 责任心						
8. 个人品质						
9. 对环境的适应性						
10. 发展潜力						
审查意见						
项目经理任用意见	签章： 日期：　　年　　月　　日					
人力资源部任用意见	签章： 日期：　　年　　月　　日					
公司领导审批意见	签章： 日期：　　年　　月　　日					

实战训练 5－7 项目团队成员专长经验登记表

项目团队成员专长经验登记表如表 5－14 所示。

表 5－14 项目团队成员专长经验登记表

姓　名		性　别		出生年月	
籍　贯		学　历		现任职务	
专业特长		工作时间		联系电话	
家庭住址			身份证号码		

（续表）

<table>
<tr><td colspan="6">本人专业简历</td></tr>
<tr><td colspan="2">年　月至　　年　月</td><td colspan="4"></td></tr>
<tr><td colspan="2">年　月至　　年　月</td><td colspan="4"></td></tr>
<tr><td colspan="2">年　月至　　年　月</td><td colspan="4"></td></tr>
<tr><td colspan="2">年　月至　　年　月</td><td colspan="4"></td></tr>
<tr><td colspan="2">年　月至　　年　月</td><td colspan="4"></td></tr>
<tr><td colspan="6">家庭成员情况</td></tr>
<tr><td>姓　名</td><td>与本人关系</td><td>职　业</td><td>年　龄</td><td>工作单位</td><td>职　务</td></tr>
<tr><td></td><td></td><td></td><td></td><td></td><td></td></tr>
<tr><td></td><td></td><td></td><td></td><td></td><td></td></tr>
<tr><td>备 注</td><td colspan="5"></td></tr>
</table>

第三部分

项目论证与立项

XIANGMU GUANLI

第6章　项目的立项过程

【章节重点导图】 孙武曰：合于利而动，不合于利而止。2020年，互联网开始进入下半场，项目涉及跨行业、跨领域的利害关系日益复杂。在项目决策时必须注意：项目的主要来源和商业论证分别是什么？怎样编制项目建议书？怎样编制项目可行性研究报告和项目商业计划书？

6.1　项目的主要来源

如图6-1所示，项目有三个主要来源：

（1）**自选项目**：组织根据自己的战略规划、市场定位和业务发展需要，根据市场竞争的需要和客户的需求而选择的内部项目，如企业创业、基本建设、二次创业、转型，管理、产品、服务和科研成果升级，设备节能降耗，技术改造，管理和工艺流程改进等项目。

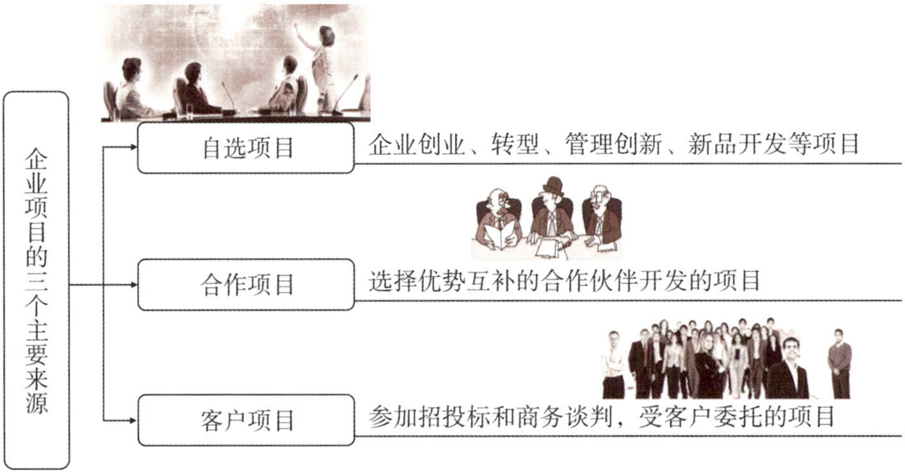

图6-1　企业项目的三个主要来源

（2）**合作项目**：企业创业或者N次创业，缺少某一方面的资源，为了规避风险及保证项目的成功而选择优势互补、风险共担的合作伙伴（包括政府、外资、企业或者个人）签订商务合同，共同投入资源开发的项目。

（3）**客户项目**：企业主动参加招投标和商务谈判，中标，与客户签合同，受客户委托而做的项目。政府投资的项目如电子政务、基于5G通信方式的智慧城市等。投资方就是项目发起方、项目发包方、业主或者客户，华为等中标方也称为项目承包方、项目执行组织或者供应商。

6.2 项目商业论证概述

对于图6-1所示的自选项目与合作项目，为了兴利除弊、防范风险，必须进行相应的项目商业论证。

6.2.1 项目商业论证的概念

"先谋后动，先论证，后决策"是现代项目管理的基本原则。项目商业论证是指项目发起人、投资者、委托组织等对拟实施项目的市场需求、社会需求，技术上的先进性、适用性，经济上的合理性、营利性，实施上的必要性、可能性、风险等进行全面科学的综合分析，为项目决策提供客观依据的一种关于市场研究、技术研究和经济研究的活动。

项目商业论证主要围绕市场需求、工艺技术、财务经济三个方面展开调查和分析，市场是前提，技术是手段，财务经济是核心，通过详细论证，要回答以下八个方面的问题：

①为什么要实施这个项目？

②客户或者市场的需求如何？

③项目将创造什么样的产品、服务或者成果？

④项目需要多少人力物力资源？供应条件如何？

⑤项目需要多少资金？自有资金和融资渠道如何？

⑥项目采用的技术是否先进适用？技术推广的市场潜力如何？

⑦项目需要多长时间完成？项目如果在户外实施，对环境有什么影响？

⑧项目可能遇到的自然、社会、政治、经济和环保等方面的风险有哪些？

6.2.2 项目商业论证的主要内容

项目商业论证的主要内容如图6－2所示。

图6－2 项目商业论证的主要内容

①项目必要性（市场需求、客户需求或者企业内部需求）的分析和论证。

②项目技术的先进性、可行性分析和论证。

③项目的实施环境、环保的可行性分析和论证。

④项目的投资回报、融资回报、财务可行性分析和论证。

⑤项目有可能遇到的自然、经济和环保等方面的风险的分析和论证。

项目立项阶段的商业论证文件主要包括项目建议书、项目可行性研究报告、项目商业计划书和项目立项评估报告等，表示项目决策者从商业角度提供必要的信息，决定项目的必要性及是否值得投资。

6.2.3 项目商业论证的主要作用

项目商业论证的作用主要体现在以下几个方面：

①项目商业论证是项目实施的依据。

②项目商业论证是筹措资金、融资或者向银行贷款的依据。

③项目商业论证是编制计划、设计、采购、施工以及资源配置的依据。

④项目商业论证是防范风险、提高项目效率和成功率的重要保证。

6.2.4 项目商业论证的主要过程

表6－1描述了本过程的输入、工具与技术和输出。

表 6-1 项目商业论证：输入、工具与技术和输出

输入	工具与技术	输出
1. 合作意向或者内部计划	1. 专家判断	项目商业论证
2. 项目前期调研资料	2. 引导技术	
3. 事业环境因素		
4. 组织过程资产		

项目商业论证是一个连续的过程，它包括提出问题、制定目标、拟订方案、分析评价，最后从多种可行的方案中选出一种最优方案，供项目发起人、投资者决策。一般有以下七个主要步骤：

（1）**明确项目范围和客户目标**。主要是要明确问题，包括弄清项目论证的范围以及客户的目标。

（2）**收集并分析相关资料**。包括实地调查以及技术研究和经济研究。每项研究所包括的主要内容：市场需求、价格、市场竞争及原材料、能源、工艺要求、运输、人力和外围工程、工艺技术的选择等。

（3）**拟订多种可行的能够相互替代的实施方案**。达到目标通常会有多种可行的方法，因而就形成了多种可行的能够相互替代的实施方案。项目论证的主要核心点是从多种可供实施的方案中选优，因此拟订相应的实施方案就是项目论证的关键一步。在列出实施方案时，既不能把实际上可能实施的方案漏掉，也不能把实际上不可能实施的方案当作可行方案列进去。否则的话，最后选出的方案可能不是实际最优的方案，缺乏可靠的实际基础，造成不必要的浪费。所以，在拟订各种可行的实施方案时，应当根据调查研究的结果和掌握的全部资料进行全面和仔细的考虑。

（4）**多方案分析、比较**。多方案分析、比较阶段包括：分析各种可行方案在技术上、经济上的优缺点；计算分析方案的各种技术经济指标，如投资费用、经营费用、投资回收期、投资收益率等；方案的综合评价与选优，如敏感分析以及对各种方案的求解结果进行比较、分析和评价，最后根据评价结果选择一个最优方案。

（5）**选择最优方案，进一步详细地、全面地论证**。包括进一步的市场分析，方案实施的工艺流程，项目的选址及服务设施、劳动力及培训，组织与经营管理，现金流量及经济财务分析，额外的效果等。

（6）**编制项目商业论证报告、环境影响报告书（环评报告）和采购方式审批报告**。项目商业论证报告的结构和内容常常有特定的要求，这些要求和涉及的步骤

在项目商业论证报告的编制和实施中可能对客户有帮助。

（7）**编制资金筹措计划和项目实施进度计划**。在做项目资金筹措方案时，已做过详细调查，其中一些潜在的项目资金会在贷款者进行可行性研究时冒出来。实施过程中期限和条件的改变也会导致资金的改变，这些都应根据项目前评价报告的财务分析做出相应的调整。同时应做出一个最终的决策，以说明项目可根据协议的实施进度及预算进行。

以上步骤只是进行项目商业论证的一般程序，而不是唯一程序。在实际工作中，根据所研究问题的性质、条件、方法的不同，可采用其他适宜的程序。

6.3 怎样编制项目建议书

经过项目的机会研究，形成了一个初步的结果，该结果最后表现为项目建议书的形式。

6.3.1 编制项目建议书的目的

编制项目建议书是建设项目决策最初阶段的工作，项目建议书是对项目提出一个初步设想，主要是从宏观上来考量开展项目的必要性、基本条件是否具备，是否值得投入人力物力做进一步的研究。

6.3.2 项目建议书的作用

项目建议书是项目商业论证的首要环节，同时又是立项的前提条件，其作用主要表现在以下几个方面。

①项目建议书是企业选择项目的早期依据，只有批准项目建议书才能开展下一步工作。

②项目建议书是进一步进行可行性研究的主要依据。

③项目建议书编制时所获得的资料是可行性研究的基础，可行性研究在此基础上深入调查分析，获取更为翔实的数据资料，确定项目的可行性。

6.3.3 项目建议书的内容

项目建议书的主要内容，如图 6－3 所示。

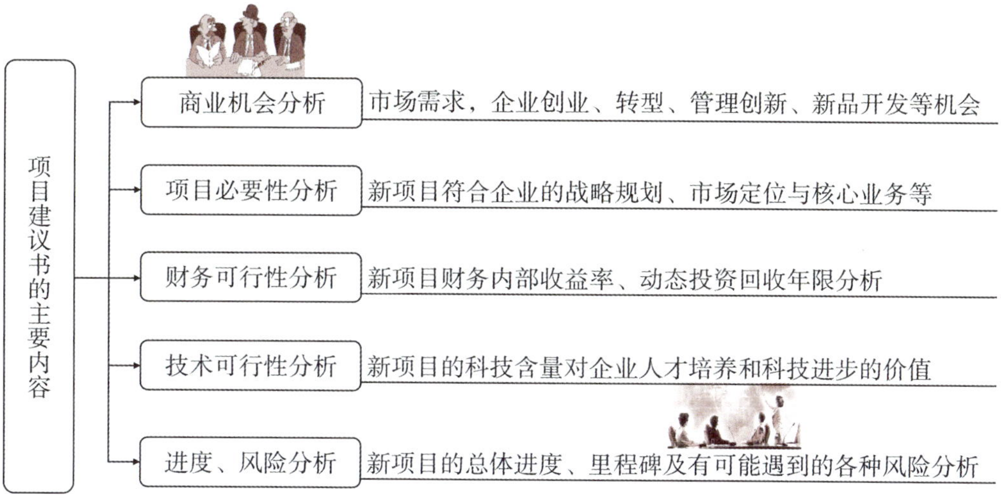

图 6－3　项目建议书的主要内容

（1）**项目总述**。

①项目名称。

②承办单位概况。

③拟建地点。

④建设内容与规模。

⑤建设年限。

⑥概算投资。

⑦效益分析。

（2）**项目建设的必要性和条件**。

①建设的必要性分析。

②建设条件分析。

③资源条件评价。

（3）**建设规模与产品方案**。

①建设规模。

②拟开发产品方案。

（4）**技术方案、主要设备方案和工程方案**。

①技术方案：生产方法；工艺流程。

②主要设备方案：主要设备选型；主要设备来源。

③工程方案：建构筑物的建筑特征、结构及面积（附平面图、规划图）；建筑

安装工程量及“三材”用量估算；主要建构筑物工程一览表。

（5）投资估算及资金筹措。

①投资估算：先总述总投资，后分述建筑工程费、设备购置安装费等；流动资金估算；投资估算表（总投资估算表、单项工程投资估算表）。

②资金筹措：自筹资金；其他来源。

（6）效益分析。

①经济效益：销售收入估算（编制销售收入估算表）；成本费用估算（编制总成本费用表和分项成本估算表）；利润与税收分析；投资回收期；投资利润率。

②社会效益。

（7）结论。

6.4 怎样编制项目商业计划书

6.4.1 编制项目商业计划书的主要目的

如图 6－4 所示，编制项目商业计划书的目的主要有三个方面：

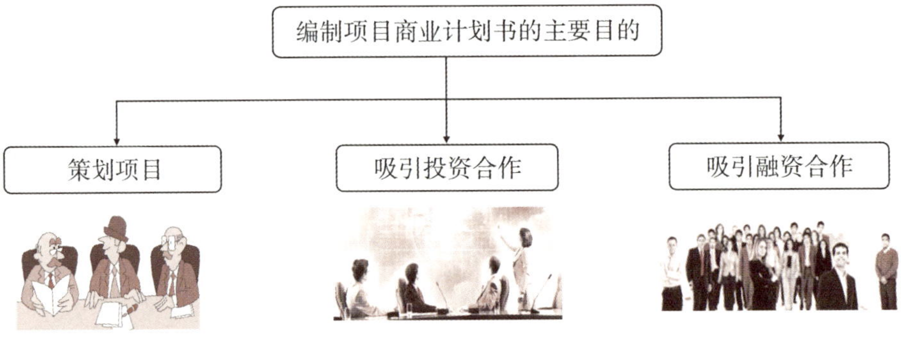

图 6－4 编制项目商业计划书的主要目的

（1）企业策划项目的需要。在项目建议书的基础上，对项目的必要性、可行性，以及项目完成后的商业运营做进一步分析。

（2）吸引商业合作伙伴加盟投资的需要。一个有价值的项目，加上项目商业计划书客观、准确、翔实的分析，是吸引合作伙伴投资的重要依据。

（3）吸引银行、财团、个人融资合作的需要。一个有价值的项目，加上项目商业计划书客观、准确、翔实的分析，也是吸引合作伙伴融资合作的重要依据。

6.4.2 编制项目商业计划书的主要过程

表 6 – 2 描述了本过程的输入、工具与技术和输出。

表 6 – 2 编制项目商业计划书的主要过程：输入、工具与技术和输出

输入	工具与技术	输出
1. 合作意向或者内部计划	1. 专家判断	项目商业计划书
2. 项目建议书与论证资料	2. 引导技术	
3. 事业环境因素		
4. 组织过程资产		

应用案例 6 – 1　任正非：选择项目，成败关键

好项目的机遇只垂青于真心追求的人。1987 年初，一直在寻找好项目的任正非开始接触程控交换机，他敏锐地发现当时我国的通信交换机市场是“七国八制”：日本的 NEC 和富士通、美国朗讯、加拿大北电、瑞典爱立信、德国西门子等共同瓜分中国的市场，利润空间高达 5 ～ 9 倍！

临渊羡鱼，不如退而结网。1987 年 10 月，43 岁的任正非和其他 5 个合伙人，投资 2.1 万元创办了一家微型企业，取名“华为”，寓意未来中华民族在世界通信市场和技术方面大有作为。2004 年中兴通信做“小灵通”，一年赚好几个亿元。华为许多高层纷纷动员任正非也参与进来。经过调查，任正非决定集中兵力，只做 4G、5G，以及未来的 6G。笔者当时在华为培养海内外项目经理，课后走进餐厅，只见餐厅贴满标语：“坚决不做小灵通！把 4G、5G 进行到底！”

回忆华为创业和发展历程，任正非感慨地说：华为成功的关键在于以客户为核心，以市场为导向，培养人才团队，选择好项目，做好项目。

应用案例 6 – 2　任正非选择创业项目的“三只眼睛”

《孙子兵法》中有一条作战原则就是“知彼知己，百战不殆”。所谓“知”就是仔细观察和调查研究。1987 年，43 岁的任正非与几位志同道合的青年知识分子，

用凑来的2.1万元人民币起家，创立了华为公司。高新技术企业是以持续的创新项目生存和发展的，在多次“创新，失败，再创新”的历练后，任正非与华为的同事总结出了选择创业项目、重大投资决策的“三只眼睛”法则，如图6-5所示。

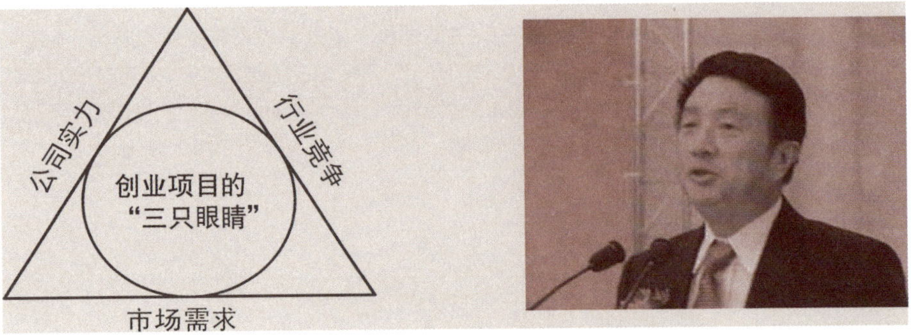

图6-5 任正非选择创业项目的“三只眼睛”

第一只眼睛要看清市场需求。 不但要关注客户对某一产品最近两三年的需求，更要关注他们未来5～10年，甚至更长远的需求。比如在2000年前后，小灵通手机因其低廉的价格风靡一时，赚得盆满钵满，华为许多高层为之心动，任正非却提出：“‘小灵通’是一种过渡技术和产品，我们应当有所不为，才有所为，集中资源把4G、5G进行到底!”

第二只眼睛要认清行业竞争的特点。 行业第1～5名是怎么做的？比如当年IT行业的龙头企业IBM是怎样做的？我们应当向他们学习什么？只有这样做，我们才可以超越自己，最终超越竞争对手，成为行业的领导者，而不是追随者。

第三只眼睛要明确自己公司的某一产品或服务在市场竞争方面的优势、劣势、机会和威胁。 通常科技含量越高的专利产品和服务，其行业竞争力越强，产品的生命期也越长，但相应的投资额度、投资回报期和失败的风险也越大，应当通过“项目立项可行性研究报告和评估”头脑风暴，集思广益，兴利除弊，全面评估，科学立项。

实战训练6-1 华为选择项目轻重缓急的工具

图6-6展示的是华为年度预选项目轻重缓急的工具，请您结合自己即将面对的几个项目，参考此工具排列一下先后顺序。

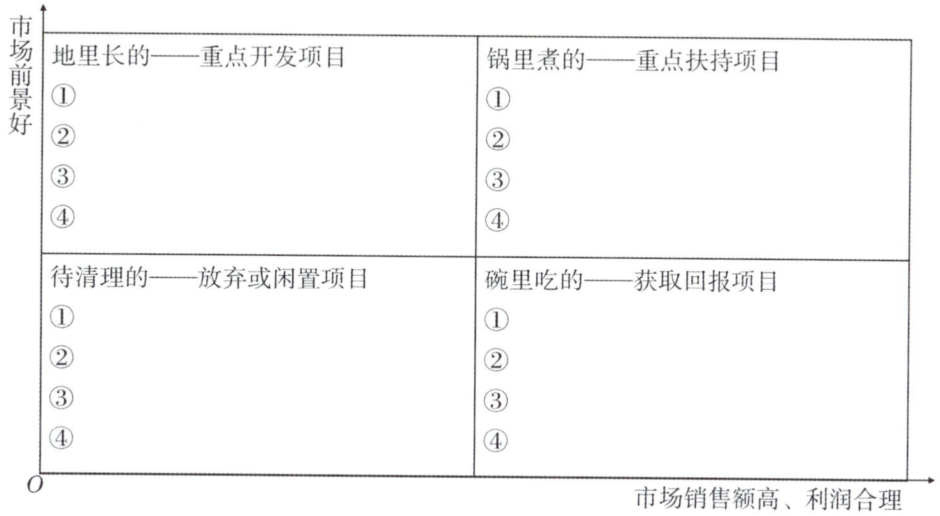

图 6－6　选择项目轻重缓急的工具

实战训练 6－2　华为选择项目的 SWOT 分析工具

图 6－7 展示的是华为年度预选项目的 SWOT 分析工具，请您结合自己即将面对的几个项目，参考此工具进行分析决策。

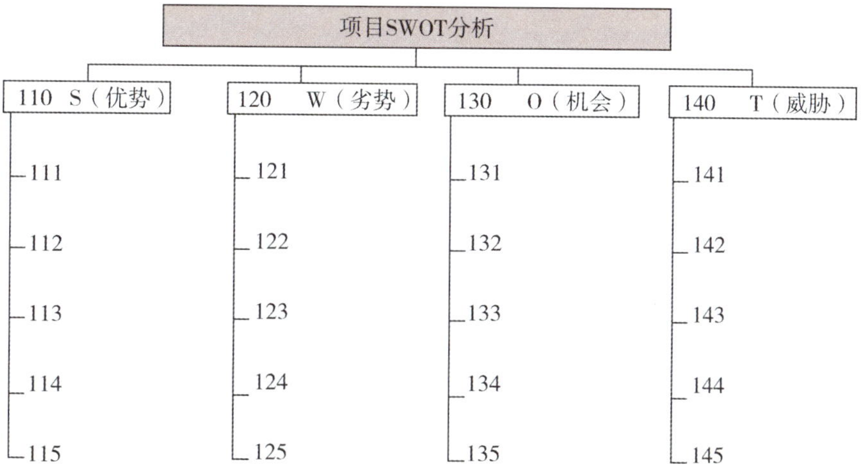

图 6－7　华为选择项目的 SWOT 分析工具

实战训练 6－3　编制项目选择沟通协作流程

（1）请认真研究图 6－8、表 6－3，找到自己的岗位和工作流程。

（2）自己的“纵向工作流程”沟通协作是否顺畅？怎样改进？

（3）自己与两边的“横向工作流程”沟通协作是否顺畅？怎样改进？

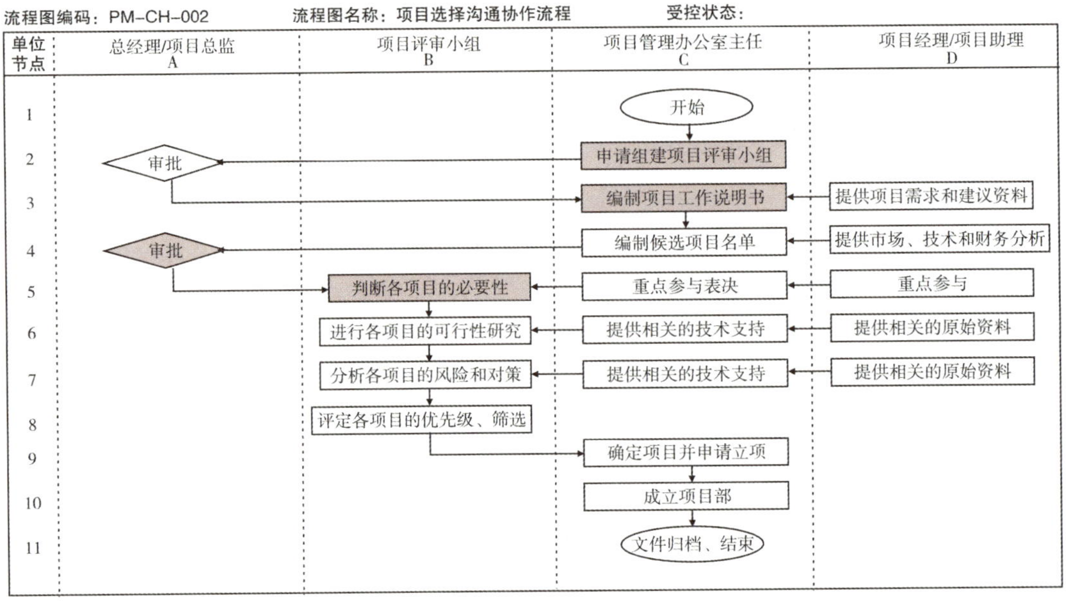

图6-8 项目选择沟通协作流程

表6-3 项目选择沟通协作流程

节点	工作重点、工具和技术速查指南	开始日期	结束日期
C2，申请组建项目评审小组	通常项目评审小组人员的构成：项目发起人（投资人）、项目管理办公室主任、客户代表、项目总监、项目经理。对于新项目，根据需要，可以聘请1～3名外部专家顾问参加，其人数比例大约为1/3		
C3，编制项目工作说明书	项目投资者、业主等相关方对项目最终产品、服务和成果所期望包含的特征和功能的总和，通常用产品说明书或者项目工作说明书提供的产品、服务和成果需求及各项技术指标、功能指标来确定		
A4，审批	通常根据项目的合同额、重要性的权限来决定是由总经理还是项目总监审批		
B5，判断各项目的必要性	属于项目可行性研究或者项目商业计划书的前端，主要包括项目是否来自客户需求，市场的潜力如何，项目是否与公司的发展战略、市场定位与核心业务相吻合，等等		

实战训练 6－4　研发项目立项申请表

研发项目立项申请表如表 6－4 所示。

表 6－4　研发项目立项申请表

<table>
<tr><td colspan="2">项目名称</td><td colspan="8"></td></tr>
<tr><td colspan="2">项目负责人</td><td colspan="3"></td><td colspan="2">所属部门</td><td colspan="3"></td></tr>
<tr><td colspan="2">项目参加人</td><td colspan="8"></td></tr>
<tr><td colspan="2">项目论证纪要</td><td colspan="8">（本项目的市场前景、基本内容、技术含量、重点和难点、理论意义和实践意义）
申报人：
日期：　　年　　月　　日</td></tr>
<tr><td>成果</td><td>时间</td><td colspan="6">成果名称、形式</td><td colspan="2">承担人</td></tr>
<tr><td rowspan="3">阶段成果</td><td></td><td colspan="6"></td><td colspan="2"></td></tr>
<tr><td></td><td colspan="6"></td><td colspan="2"></td></tr>
<tr><td></td><td colspan="6"></td><td colspan="2"></td></tr>
<tr><td rowspan="3">最终成果</td><td></td><td colspan="6"></td><td colspan="2"></td></tr>
<tr><td></td><td colspan="6"></td><td colspan="2"></td></tr>
<tr><td></td><td colspan="6"></td><td colspan="2"></td></tr>
<tr><td rowspan="4">费用预算</td><td>费用项目</td><td colspan="4">预算金额/元</td><td colspan="2">费用项目</td><td colspan="2">预算金额/元</td></tr>
<tr><td></td><td colspan="4"></td><td colspan="2"></td><td colspan="2"></td></tr>
<tr><td></td><td colspan="4"></td><td colspan="2"></td><td colspan="2"></td></tr>
<tr><td></td><td colspan="4"></td><td colspan="2"></td><td colspan="2"></td></tr>
<tr><td colspan="2">项目发起人表决</td><td>同意</td><td></td><td>反对</td><td></td><td>弃权</td><td></td><td>结果</td><td></td></tr>
<tr><td colspan="2">项目发起人意见</td><td colspan="8"></td></tr>
<tr><td colspan="2">项目发起人会签</td><td colspan="8"></td></tr>
</table>

实战训练 6－5　编制项目可行性研究沟通协作流程

（1）请认真研究图 6－9、表 6－5，找到自己的岗位和工作流程。

（2）自己的“纵向工作流程”沟通协作是否顺畅？怎样改进？

(3) 自己与两边的“横向工作流程”沟通协作是否顺畅？怎样改进？

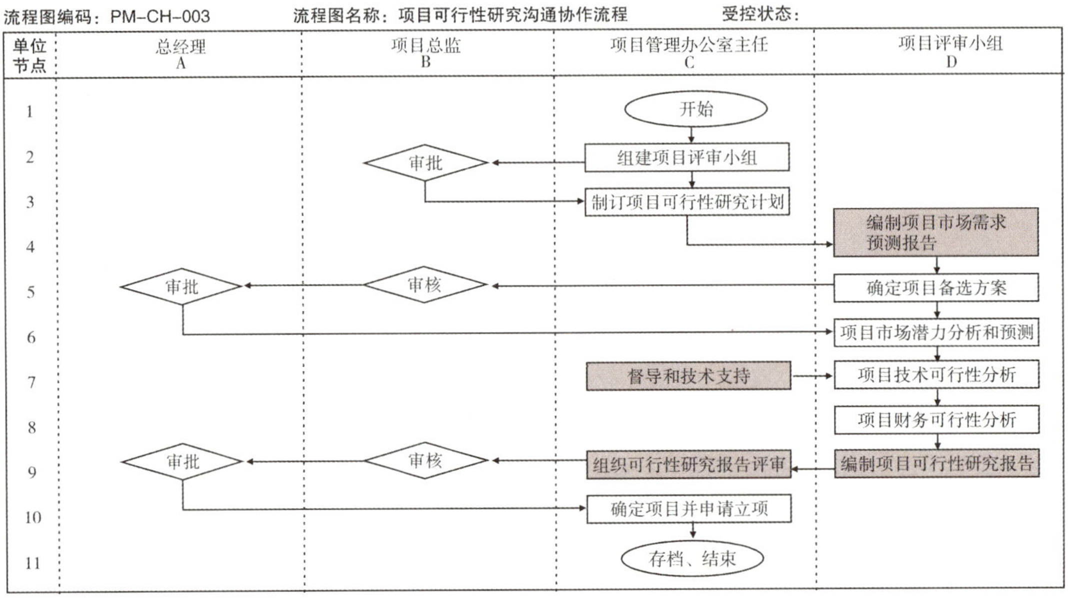

图6－9 项目可行性研究沟通协作流程

表6－5 项目可行性研究沟通协作流程

节点	工作重点、工具和技术速查指南	开始日期	结束日期
D4，编制项目市场需求预测报告	属于项目可行性研究或者项目商业计划书的前端，主要包括：市场需求分析（市场的最终消费者，消费者所在区域，消费者所在的行业、从事的职业，消费者的年龄、性别、类别），市场需求预测（老客户需求，现实的客户需求，潜在的客户需求，未来1～5年的需求，未来10年的需求）。通常采用专家判断法和类比法编制报告		
C7，督导和技术支持	作为项目评审小组的关键成员，项目管理办公室主任通常要对各项目的评审负责，提供类似项目的评审方法、工具、模板和案例等		
D9，编制项目可行性研究报告	项目可行性研究报告或者项目商业计划书，其主要内容包括市场需求分析和预测，技术可行性分析和预测，财务可行性分析，投资回报分析，运营的可行性分析，环境保护的可行性分析，等等		
C9，组织可行性研究报告评审	通常项目评审小组人员的构成：项目发起人（投资人）、项目管理办公室主任、客户代表、项目总监、项目经理。对于新项目，根据需要可以聘请1～3名外部专家顾问参加，其人数比例大约为1/3		

实战训练6－6　编制项目立项决策沟通协作流程

（1）请认真研究图6－10、表6－6，找到自己在某项目中的岗位和工作流程。

（2）自己的“纵向工作流程”沟通协作是否顺畅？怎样改进？

（3）自己与两边的“横向工作流程”沟通协作是否顺畅？怎样改进？

流程图编码：PM－CH－004　　流程图名称：项目立项决策沟通协作流程　　受控状态：

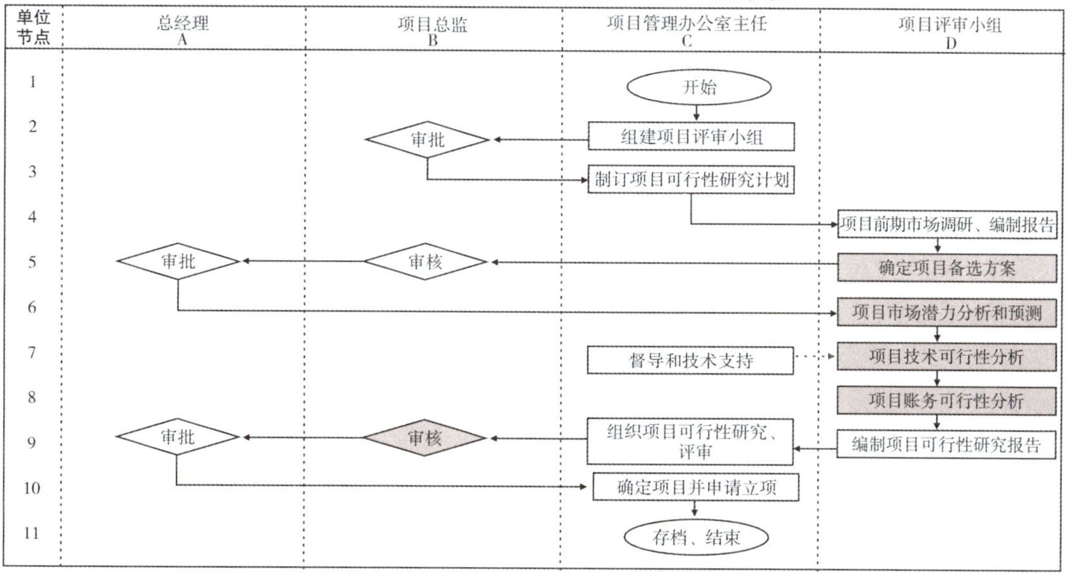

图6－10　项目立项决策沟通协作流程

表6－6　项目立项决策沟通协作流程

节点	工作重点、工具和技术速查指南	开始日期	结束日期
D5，确定项目备选方案	根据公司某部门或者客户需求，项目可行性研究报告的编制者通常需要提供2～3个解决方案，其中有1～2个备选方案。因其功能和造价有所不同，编制者需要对各个方案进行经济技术比较，供项目发起人（投资决策方）决策		
D6，项目市场潜力分析和预测	主要包括：老客户需求，现实的客户需求，潜在的客户需求，未来1～5年的需求，未来10年的需求。通常采用专家判断法和类比法编制报告		

（续表）

节点	工作重点、工具和技术速查指南	开始日期	结束日期
D7，项目技术可行性分析	主要包括：项目所需的具体技术，可供选择的各种技术，可供选择的各种技术解决方案，对各种解决方案进行经济技术比较，推荐最佳解决方案		
D8，项目财务可行性分析	主要包括：估算和分析项目回收期和投资回报的基本财务数据，财务基本报表，计算财务评价指标，分析投资风险，得出财务可行性分析结论。投资回报分析常用的方法：财务内部收益率，财务净现值，财务动态投资回收期，投资利润率		
B9，审核	审核可行性研究报告。通常项目评审小组人员的构成：项目管理发起人（投资人）、项目管理办公室主任、客户代表、项目总监、项目经理。对于新项目，根据需要可以聘请1 ～ 3 名外部专家顾问参加，其人数比例大约为1/3		

实战训练6－7　工程项目立项及报建表

工程项目立项及报建表如表6－7所示。

表6－7　工程项目立项及报建表

项目名称						
报建过程	计划工作日	实际办理起止日期	完成时间	备注	责任人	部门经理签字
立项						
画红线						
规划设计要点						
签订土地使用合同						
设计方案报建						
设计方案消防报建						
设计方案民防报建						
初步设计报建						

（续表）

报建过程	计划工作日	实际办理起止日期	完成时间	备注	责任人	部门经理签字
初步设计消防报建						
初步设计民防报建						
基础提前开工报建						
施工图消防报建						
施工图民防报建						
施工图报建						
办理投资许可证						
办理房地产预售许可证						
建筑工程规划验收						
档案移交						
房地产权初始登记						

实战训练6－8 工程项目合同会审表

工程项目合同会审表如表6－8所示。

表6－8 工程项目合同会审表

<table>
<tr><td>申报部门</td><td colspan="2"></td><td>申报时间</td><td></td></tr>
<tr><td>项目名称</td><td colspan="2"></td><td>合同编号</td><td></td></tr>
<tr><td>合同类别</td><td colspan="4">□前期类 □施工类 □材料设备类 □室外环境类 □营销包装类</td></tr>
<tr><td rowspan="3">签约单位</td><td>甲方</td><td colspan="3"></td></tr>
<tr><td>乙方</td><td colspan="3"></td></tr>
<tr><td>丙方</td><td colspan="3"></td></tr>
<tr><td rowspan="4">合同内容概要</td><td>承包范围</td><td colspan="3"></td></tr>
<tr><td>合同价款及单方造价</td><td></td><td>计价方式</td><td></td></tr>
<tr><td>付款方式</td><td></td><td>期限</td><td></td></tr>
<tr><td>质量要求</td><td></td><td>保修约定</td><td></td></tr>
</table>

（续表）

<table>
<tr><td rowspan="4">合作单位说明</td><td rowspan="2">合作单位说明及选择理由</td><td rowspan="2" colspan="3"></td><td colspan="2">招标资料编号</td><td></td></tr>
<tr><td colspan="2">审批表编号</td><td></td></tr>
<tr><td>目标成本总额</td><td colspan="3"></td><td colspan="2">与合同价款的差异</td><td></td></tr>
<tr><td>成本差异说明</td><td colspan="6"></td></tr>
<tr><td rowspan="2">会签栏</td><td>项目部</td><td></td><td>法务部</td><td></td><td>工程技术部</td><td colspan="2"></td></tr>
<tr><td>财务部</td><td></td><td>副总经理</td><td></td><td>总经理</td><td colspan="2"></td></tr>
</table>

实战训练6-9　工程项目合同摘要表

工程项目合同摘要表如表6-9所示。

表6-9　工程项目合同摘要表

项目名称		填写日期	
合同名称		合同编号	
承包单位			
序号	条款	内容	
1	合同范围		
2	合同总价及计价方式		
3	期限及付款方式		
4	质量要求		
5	甲方供应材料及设备		
6	甲方限价材料及设备		
7	甲方分包		
8	三方合同备注		
9	其他		
经办人		经办部门	

第7章 项目风险管理

【章节重点导图】项目的风险贯穿于项目的始终，决定项目的成败，本章重点介绍项目风险管理的思路、流程、方法、工具和应用。如图7-1所示。

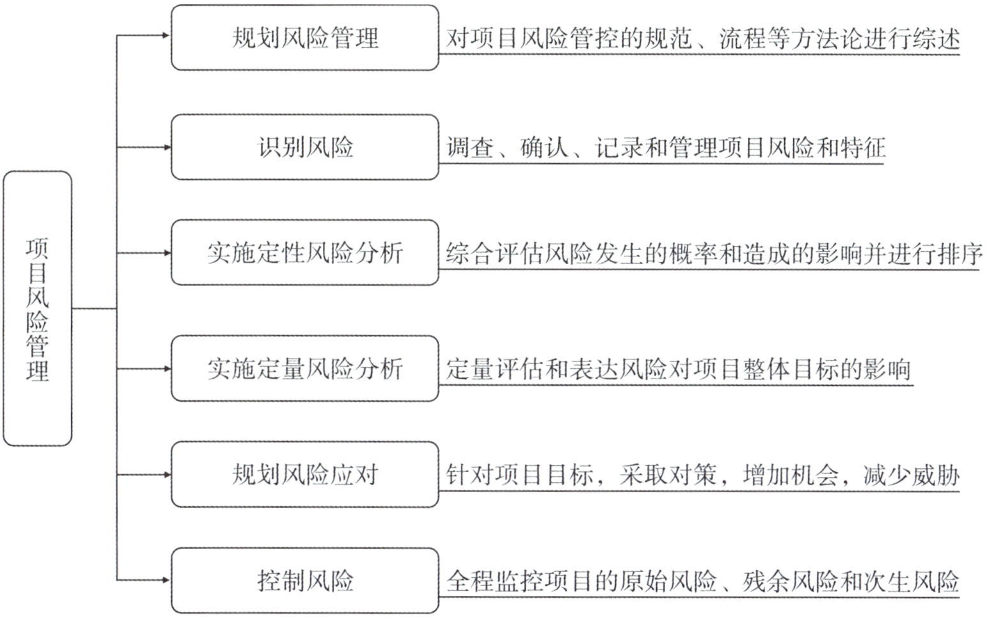

图7-1 项目风险管理过程

（1）**什么是风险？**风险是由事物的不确定性而导致的一种随机现象。总体表现为两个方面：风险可能会带来损失，如地震、台风、海啸、森林火灾等自然灾害造成的损失；风险也可能会带来机会。风险是一把双刃剑，风险管理在于兴利除弊，抓住机会，避免损失。

墨菲定律如图7-2所示。任何事都没有表面看起来那么简单；所有的事都会比你预计的时间长；会出错的事总会出错；如果你担心某种情况发生，那么它就更有可能发生。

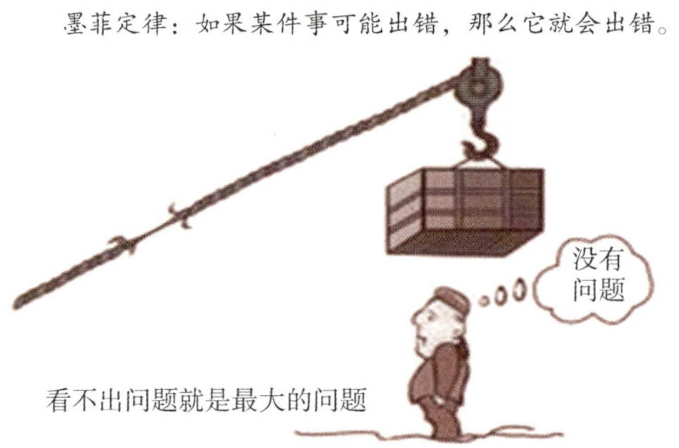

图7－2　项目风险管理：墨菲定律

（2）**什么是项目风险？**项目风险是指由于项目所处的环境和条件的不确定性，以及受项目相关方主观上不能准确预见或控制等因素的影响，项目的最终结果与期望产生偏离，并给项目相关方带来损失或者机会的可能性。其中包括：

①“已知—已知”风险：已经识别并分析过的风险，可采取应对措施。

②“已知—未知”风险：已知但又无法主动管理的风险，要分配应急储备。

③“未知—未知”风险：未知又无法进行主动管理的风险，需要分配管理储备。

要全面认识项目风险：风险不等于坏事；大多数风险都是可以预测和管理的；风险并不可怕，可怕的是对风险存在侥幸心理（轻视风险）；树立风险意识，积极主动管理风险。

（3）**风险的效用函数**。如图7－3所示，项目相关方对于风险的态度可以用风险效用函数来衡量。

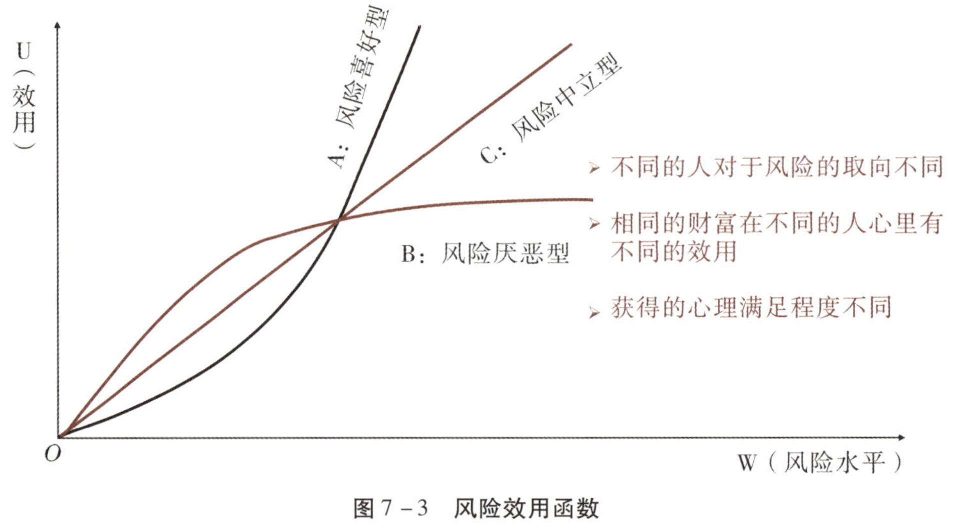

图7－3　风险效用函数

（4）**项目风险管理的目的**。风险是一把双刃剑，既可以带来问题，又可以带来机会，所以风险管理的主要目的在于兴利除弊。

提高项目中积极事件发生的概率和影响力；降低项目中消极事件发生的概率和造成的影响。

（5）**项目风险的五个特征**。

①客观性：多数风险是不以人的意志为转移的，人们可以降低风险发生的概率和减轻损失程度，而不能也不可能完全消除风险。

②普遍性：随着社会的进步、科学技术的发展，人口与资源一旦发生矛盾，风险便会增加，风险造成的损失也越来越大。

③偶然性：对于某一具体项目风险的发生来说，具有突发性，在后果上具有严重性。

④必然性：总体上来说，风险的发生具有规律性，这使人们利用概率论和数理统计方法去计算风险发生的概率和造成的损失成为可能。

⑤可变性：在一定条件下风险可以转化。如果客观条件发生变化，那么风险的性质、风险量可能会随之变化。

（6）**项目风险管理的作用**：作为项目管理的重要一环，项目风险管理对项目实施成功具有重要的作用和意义。

7.1 规划风险管理

表 7－1 描述了本过程的输入、工具与技术和输出。

表 7－1 规划风险管理：输入、工具与技术和输出

输入	工具与技术	输出
1. 项目管理计划	1. 数据分析	风险管理计划
2. 项目章程	2. 专家判断	
3. 相关方登记册	3. 会议	
4. 事业环境因素		
5. 组织过程资产		

一、规划风险管理的工具与技术

（1）**数据分析**。分析项目相关方对于风险的态度、风险概率的组合。

（2）**专家判断**。编制全面的风险管理计划时，应该征求资深专家小组的意见。

（3）**风险规划会议**。项目团队举行规划会议来制订风险管理计划。参会者可包括项目经理、选定的项目团队成员和项目相关方。风险规划会议的主要任务：

①分析、确定实施风险管理活动的总体目标和计划。

②在项目工作分解结构的基础上进一步确定项目风险分解结构。

二、规划风险管理的输出

规划风险管理的输出——风险管理计划是项目管理计划的组成部分，描述将如何安排与实施风险管理活动。风险管理计划包括以下内容：

①风险监控方法论。确定项目风险管理使用的方法、工具及数据来源。

②风险管理角色与职责。确定每个风险管理活动的领导者、支持者和参与者，并明确他们的职责。见表 7－2。

表 7－2　风险管理角色与职责

角色	职责						
	制订风险管理计划	风险识别	风险评估	编制风险应对计划	执行风险应对计划	风险监控	风险管理活动总结
项目经理	▲	●	●	●	○	○	▲
项目团队	●	●		●	●	●	●
项目风险分析人员		▲	▲	▲		▲	
风险计划执行人员				●			

注：▲表示负责；　●表示协助；　○表示监督。

7.2　识别风险

表 7－3 描述了本过程的输入、工具与技术和输出。

表 7－3　识别风险：输入、工具与技术和输出

输入	工具与技术	输出
1. 项目管理计划	1. 专家判断	风险登记册

（续表）

输入	工具与技术	输出
2. 项目文件、协议	2. 信息收集	
3. 采购文档	3. 核对表	
4. 事业环境因素	4. 假设分析	
5. 组织过程资产	5. SWOT 分析	

一、识别风险的工具与技术

（1）**专家判断**。

（2）**信息收集**。头脑风暴法、德尔菲法和访谈法等集思广益的方法都属于信息收集的范畴，它们已在风险识别中得到了广泛的应用。如表7－4所示。

表 7－4 信息收集

方 法	要 领
头脑风暴法	畅所欲言，获得一份综合的项目风险清单
德尔菲法	专家匿名参与、投票，保证数据的客观性公正性
访谈法	访谈主题专家和有经验的行家，全面地、细致地收集信息
根本原因分析法	采用鱼骨图等各种分析图表，找到风险及其深层原因

（3）**核对表**。表 7－5 列示了项目管理工作过程中可能出现的风险因素。

表 7－5 项目管理工作过程中可能出现的风险因素

项目管理工作过程	可能的风险因素
启动工作过程	目标不明确，范围不清，工作描述不全面，技术条件不成熟，目标未实现，等等
计划工作过程	时间计划没有机动性，资源分配不当，成本预算不合理，计划不够具体，整体计划不合理，等等
执行工作过程	缺乏高层管理者的支持，进度安排不合理，沟通不当，人员流失，资源短缺，等等
监控工作过程	项目计划没有机动性，管理不完善，外部环境不断变化，等等
收尾工作过程	项目中断，未达到项目预期目标，成本超出预算，等等

（4）**假设分析**。每个项目及其计划都是基于一套假设，分析各种引发风险的关键因素及其影响程度。假设分析的思路见图 7－4。

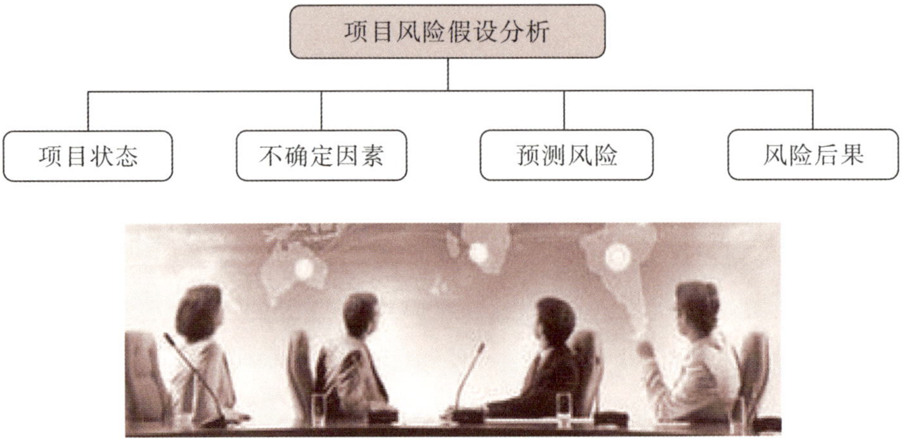

图 7－4　项目风险假设分析的思路

（5）**SWOT 分析**。从来自项目团队内部的优势（S）、劣势（W），外部的机会（O）、威胁（T）出发，对项目进行全面的分析，把产生于内部的风险都包括在内，从而更全面地分析各种可能出现的风险。如表 7－6 所示。

表 7－6　SWOT 分析

要素	内　　容
S——优势	
W——劣势	
O——机会	
T——威胁	

二、识别风险的输出

如表 7－7 所示，识别风险过程的主要输出就是风险登记册中的最初内容，记录风险分析和风险应对规划的结果。

表 7－7　项目风险登记册模板

风险登记册									
风险编号	风险描述	概率	影响				等级	应对	责任方
			范围	进度	质量	成本			

（续表）

修订后等级	修订后的影响				措施	状态	说明
	范围	进度	质量	成本			

（1）**已识别的项目风险**：可以通过定性的项目风险清单来表示，对每种风险来源、风险条件和可能影响做文字说明。

（2）**潜在应对清单**：在风险识别过程中，可确定风险的潜在应对措施。如项目人力资源变动导致关键路径上的重要活动所需工人严重不足，可采取补充措施等。

7.3 实施定性风险分析

表7－8描述了本过程的输入、工具与技术和输出。

表7－8 实施定性风险分析：输入、工具与技术和输出

输入	工具与技术	输出
1. 风险管理计划	1. 风险概率和影响评估	项目文件更新
2. 范围基准	2. 概率和影响矩阵	
3. 风险登记册	3. 数据收集、评估、表现	
4. 事业环境因素	4. 风险分类、专家判断、会议	
5. 组织过程资产	5. 人际关系与团队技能	

一般来说，对项目风险进行定性分析主要有以下几个目的：

（1）**确认项目风险的来源**。清晰地辨明项目所面临的风险来源于何处。

（2）**确认项目风险的性质**。对项目风险的性质进行确认，便于实施有针对性的管理。

（3）**估计项目风险的影响程度**。对项目风险的可能性进行分析，以明确其影响范围和程度，即对与风险相关联的项目各个部分进行损失估计。

（4）**为项目风险的定量分析提供条件**。项目风险分析方法要实现定性分析与定量分析的结合，即通过定性分析把握项目风险的概况，再通过定量分析深化。

实施定性风险分析的工具与技术：

（1）**专家判断、风险概率和影响评估**。旨在调查每个具体风险发生的可能性。

（2）**概率和影响矩阵**。通常用查询图或概率和影响矩阵来评估每个风险的重要性和所需的关注优先级。根据各种组合，该矩阵把风险划分为低风险、中风险、高风险。

如表7－9所示，红色、黄色、绿色在黑白复印机复印下对应的色彩是：深灰色区域（数值最大）代表高风险；浅灰色区域（数值介于最大和最小之间）代表中风险；白色区域（数值最小）代表低风险。

在表7－9中，组织可针对每个目标（如成本、时间和范围）评定风险等级。另外，也可制定相关方法为每个风险确定一个总体等级。最后，可以在同一矩阵中分别列出机会和威胁的影响水平定义，同时显示机会和威胁。

表7－9　项目风险的概率和影响矩阵分析

概率	影响				
	0.05	0.10	0.20	0.40	0.80
0.1	0.005	0.010	0.020	0.040	0.080
0.3	0.015	0.030	0.060	0.120	0.240
0.5	0.025	0.050	0.100	0.200	0.400
0.7	0.035	0.070	0.140	0.280	0.560
0.9	0.045	0.090	0.180	0.360	0.720

（3）**风险数据质量评估、表现**。风险数据质量评估是考察人们对风险的理解程度，以及考察风险数据的准确性、可靠性和完整性。

（4）**风险分类**。可以按照风险来源、受影响的项目工作或其他有效分类标准（如项目阶段）对项目风险进行分类，以确定受不确定性影响最大的项目区域。

7.4　实施定量风险分析

表7－10描述了本过程的输入、工具与技术和输出。

表 7－10 实施定量风险分析：输入、工具与技术和输出

输入	工具与技术	输出
1. 项目管理计划	1. 数据收集和分析	项目文件更新
2. 项目文件	2. 定量风险分析和建模	
3. 事业环境因素	3. 专家判断	
4. 组织过程资产	4. 人际关系和团队技能	

实施定量风险分析的工具与技术

（1）**数据收集和分析**。

①访谈。访谈技术利用经验和数据，对项目风险概率和影响进行量化分析。

②概率分布。在建模和模拟中广泛使用的连续概率分布，代表着数值的不确定性，如进度活动的持续时间和项目组成部分成本的不确定性。

（2）**定量风险分析和建模**。常用的技术有面向事件和面向项目的分析方法，包括敏感性分析。理解项目目标与各种不确定因素的变化之间存在的关联。

①龙卷风图。把所有不确定因素固定在基准值，考察每个因素的变化会对目标产生的影响。敏感性分析的典型表现形式是龙卷风图，用于比较很不确定的变量与相对稳定的变量之间的相对重要性和相对影响。见图 7－5。

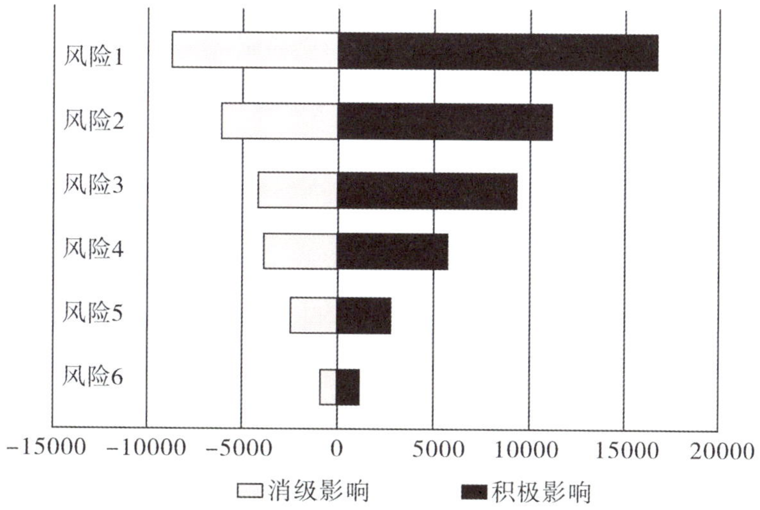

图 7－5 项目风险敏感性分析中的龙卷风图

②预期货币价值（EMV）分析。预期货币价值分析是当某些情况在未来可能发生或不发生时，计算平均结果的一种统计方法（不确定因素分析）。

（3）**专家判断**。用于识别风险对成本和进度的潜在影响，如概率分布。

7.5　规划风险应对

表7－11描述了本过程的输入、工具与技术和输出。

表7－11　规划风险应对：输入、工具与技术和输出

输入	工具与技术	输出
1. 项目管理计划	1. 消极风险或威胁的应对策略	1. 项目管理计划更新
2. 项目文件	2. 积极风险或机会的应对策略	2. 项目文件更新
3. 事业环境因素	3. 应急应对策略	
4. 组织过程资产	4. 专家判断	

项目风险应对的主要策略如图7－6所示。

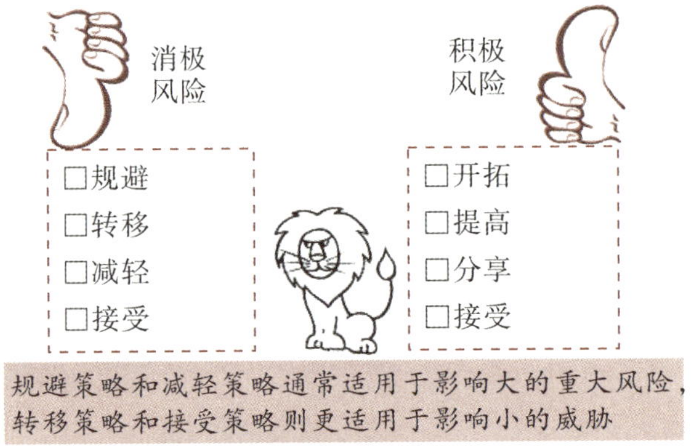

图7－6　项目风险应对的主要策略

项目风险评估的结果有两种可能：一种可能是项目风险超出了项目相关方的容忍范围；另一种可能是项目风险在项目相关方可接受的范围之内。

如果项目风险超出项目相关方的容忍范围，且无论采取何种措施都无法避免可能发生的重大损失，那么就应该停止、取消该项目；如果项目风险接近项目相关方的容忍底线，那么可以采取适当的应对措施来挽救项目，以避免或减轻项目风险带来的损失。

针对某些特定事件，可以专门设计一些应对措施。对于一些风险，项目团队可以制定应急应对策略和预案。

7.6 控制风险

表 7 – 12 描述了本过程的输入、工具与技术和输出。

表 7 – 12 控制风险：输入、工具与技术和输出

输入	工具与技术	输出
1. 项目管理计划	1. 风险再评估	1. 工作绩效信息
2. 风险登记册	2. 风险审计	2. 变更请求
3. 工作绩效数据	3. 偏差和趋势分析	3. 项目管理计划更新
4. 工作绩效报告	4. 技术绩效测量	4. 项目文件更新
	5. 储备分析	5. 组织过程资产更新
	6. 会议	

控制风险的工具与技术

（1）**风险再评估**。在项目风险监控过程中，风险发生概率和风险影响程度会随着项目的进展而发生变化，所以需要对项目风险进行监控和定期评估。

（2）**风险审计**。风险审计是按结构化、系统化方式检查并记录风险应对措施、处理已识别风险及其根源的有效性，以及风险管理过程的有效性。

（3）**偏差和趋势分析**。偏差分析技术是指将项目计划工作和实际已经完成的工作进行比较，从而找出两者之间的偏差，然后预测这种偏差发展趋势的一种技术。

（4）**技术绩效测量**。把项目执行期间所取得的技术成果与关于取得技术成果的计划进行比较。它要求定义关于技术绩效的客观的、量化的测量指标。

（5）**储备分析**。在项目实施过程中，可能发生一些对预算或进度应急储备有积极或消极影响的风险。

（6）**会议**。项目风险管理应该是定期状态审查会中的一项议程。经常开展风险管理，风险管理就会变得容易。

应用案例7-1　华为应对消极风险的策略

华为应对消极风险的思路与策略，如图7-7所示。

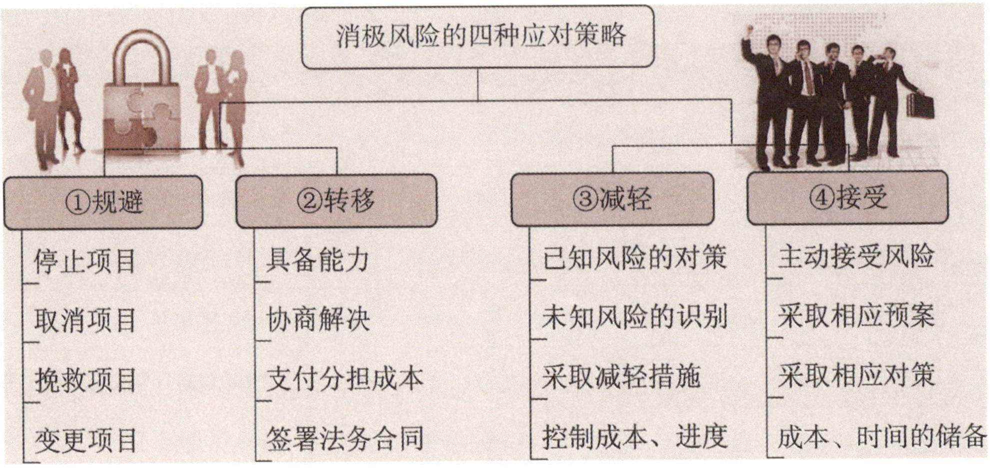

图7-7　应对消极风险的四种策略

通常用规避、转移、减轻这三种策略来应对威胁或可能给项目目标带来消极影响的风险。接受策略，既可用来应对消极风险或威胁，也可用来应对积极风险或机会。要根据风险发生的概率和风险对项目总体目标的影响选择不同的策略。规避策略和减轻策略通常适用于影响大的重大风险，而转移策略和接受策略则更适用于影响小的威胁。

（1）**规避**。对于后果非常严重、项目相关方难以承受的风险，可根据实际需要采取措施：第一，停止项目——长痛不如短痛；第二，取消项目——避免更大的损失；第三，挽救项目——采取补救措施，动用风险储备人力、资金等，挽回风险损失；第四，变更项目——改变项目管理计划，消除威胁。

（2）**转移**。风险转移是指项目团队把威胁造成的影响连同应对责任一起转移给第三方的风险应对策略。转移风险是把风险管理责任简单地推给另一方，而并非消除风险。转移不是把风险推给后续的项目，也不是未经他人知晓或同意就把风险推给他人。采用风险转移策略，几乎总是需要向风险承担者支付风险费用。

可以利用合同或协议把某些具体风险转移给另一方。转移风险主要有五种方式：出售、发包、免责合同、利用合同中的转移责任条款、保险与担保。

（3）**减轻**。风险减轻是指项目团队采取行动，降低风险发生的概率或造成的影响的风险应对策略。相对于风险规避而言，风险减轻是一种积极的风险处理手段，是指设法将风险发生的概率或造成的影响降低到可接受的界限值以下的一种风险应对计划技术。这是无预警信息项目风险的主要应对措施之一。

（4）**接受**。风险接受又叫风险承担，表明项目团队已决定不改变项目管理计划以应对风险，或者表明项目团队未能找到任何其他恰当的应对策略。当采取其他风险应对方法的费用超过风险事件造成的损失数额时，可采取风险接受的方法。风险接受是最省事的风险应对方法。接受风险可以是主动的，也可以是被动的。

应用案例7-2　华为应对积极风险的策略

华为应对积极风险的思路与策略：

以下四种策略中，前三种是专为对项目目标有潜在积极影响的风险而设计的。第四种策略，即接受，既可用来应对消极风险或威胁，也可用来应对积极风险或机会。下面对这些策略进行讨论，包括开拓、提高、分享和接受。

（1）**开拓**。见图7-8，如果组织想要确保机会得以把握，可对具有积极影响的风险采取开拓策略。直接开拓包括把组织中最好的资源分配给项目来缩短完成时间，或者采用全新或改进的技术来节约成本，缩短实现项目目标的持续时间。

开拓积极风险或机会：消除与某个特定积极风险相关的不确定性，确保机会出现。例如：把组织中最好的资源分配给项目来缩短完成时间；采用全新或改进的技术来节约成本，缩短实现项目目标的持续时间。

图7-8　对积极风险或机会的开拓

（2）**提高**。本策略旨在提高机会的出现概率和影响力。识别那些会影响积极风险发生的关键因素，并使这些因素最大化，以提高机会出现的概率。通过提高积极风险的发生概率和影响力，最大限度地激发项目的优势，提高项目有利机会的出现概率，为项目带来积极影响。

（3）**分享**。见图7-9，分享积极风险或机会是指把应对机会的部分或全部责任分配给最能为项目利益抓住该机会的第三方，优势互补，风险共担。例如建立风险共担的合作关系和团队，以便充分利用机会，使各方都从中受益。

分享积极风险或机会：把应对机会的部分或全部责任分配给最能为项目利益抓住该机会的第三方，优势互补，风险共担；建立风险共担的合作关系和团队，以及为特殊目的成立公司或联营体。

图 7－9　对积极风险或机会的分享

（4）**接受**。接受积极风险是指当积极风险发生时乐于利用，但不主动追求积极风险。

实战训练 7－1　项目风险分解结构模板

图 7－10 是华为在编制重点项目可行性研究报告中常用的风险分解结构（RBS）模板。请您参考模板分析过去或者准备开展的项目。

RBS 的作用有三：第一，可以作为分析项目风险的框架性模板；第二，对项目风险进行分类分析；第三，类似于质量原因分析的鱼骨图，激发项目团队群体思维，迅速找到项目的主要风险。

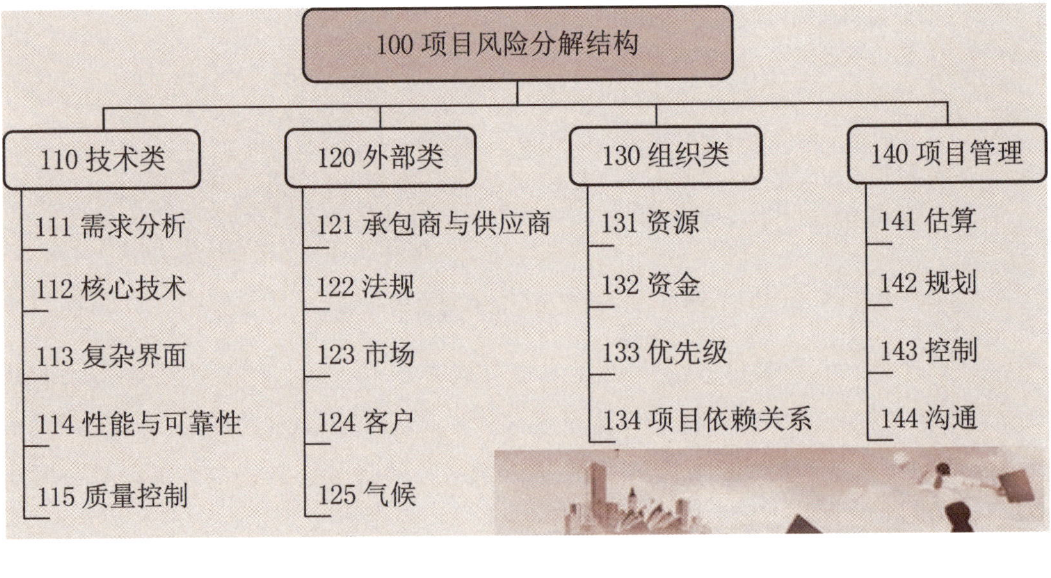

图 7－10　项目风险分解结构

实战训练 7－2 项目风险与机会 SWOT 分析模板

图 7－11 是华为在编制重点项目可行性研究报告中常用的风险与机会 SWOT 分析模板。请您参考模板分析过去或者准备开展的项目。

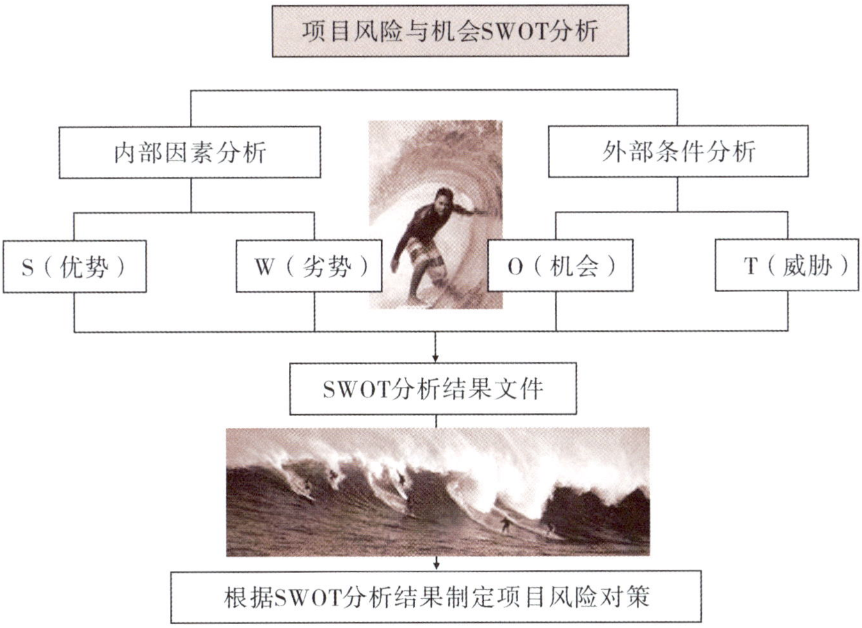

图 7－11 项目风险与机会 SWOT 分析流程

通过 SWOT 分析识别出由组织优势带来的各种项目外部机会，以及由组织劣势引发的各种外部威胁。在进行 SWOT 分析时，要对涉及同行竞争的经济、政治、技术、社会文化等因素尽量做全面考虑。

实战训练 7－3 项目风险决策树分析法

图 7－12 是华为在编制重点项目可行性研究报告中常用的风险决策树分析模板。请您参考模板分析过去或者准备开展的项目。

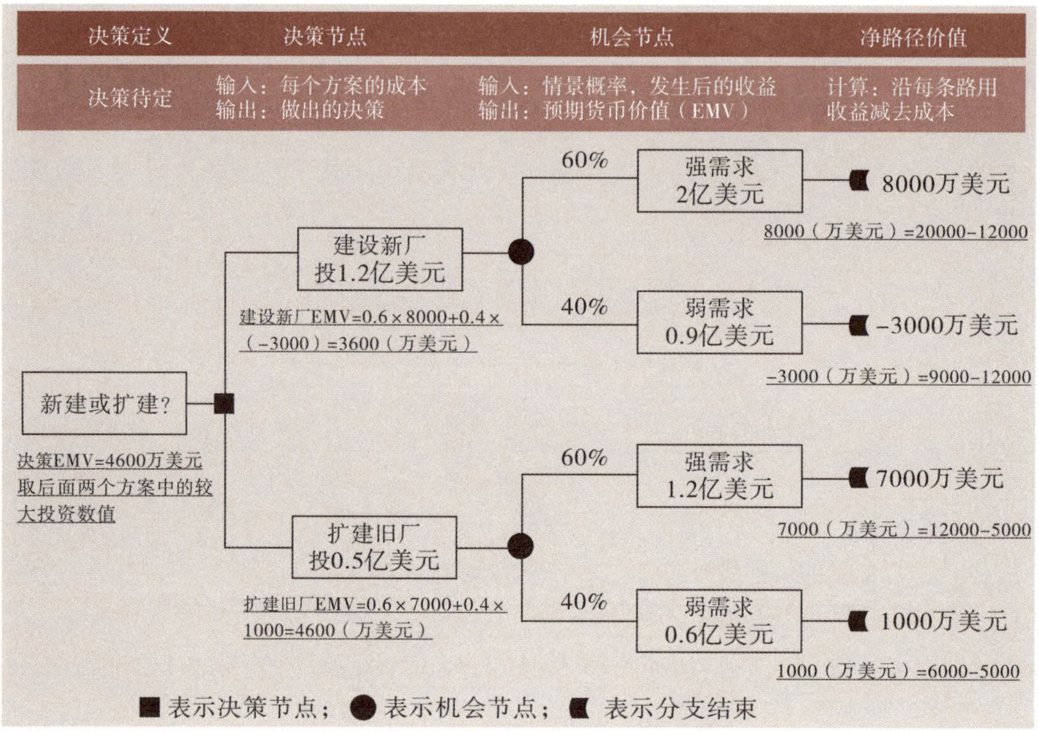

图 7－12　项目风险决策树分析典型案例

用决策树做出风险与效益对比的 EMV 分析：

①方案一：投资 1.2 亿美元建设新厂的 EMV 为 3600 万美元。

②方案二：投资 0.5 亿美元扩建旧厂的 EMV 为 4600 万美元。

③经过决策树形图对比，考虑到方案二投资风险低，回报高，决定采用方案二。

机会的 EMV 通常图示为正值，而威胁的 EMV 则图示为负值。EMV 是建立在风险中立的假设之上的，既不避险，也不冒险。把每个可能结果的数值与其发生的概率相乘，再把所有乘积相加，就可以计算出项目的 EMV。这种技术经常在决策树分析中使用。

实战训练 7－4　编制项目风险管理沟通协作流程

（1）请认真研究图 7－13、表 7－13，找到自己的岗位和工作流程。

（2）自己的“纵向工作流程”沟通协作是否顺畅？怎样改进？

（3）自己与两边的“横向工作流程”沟通协作是否顺畅？怎样改进？

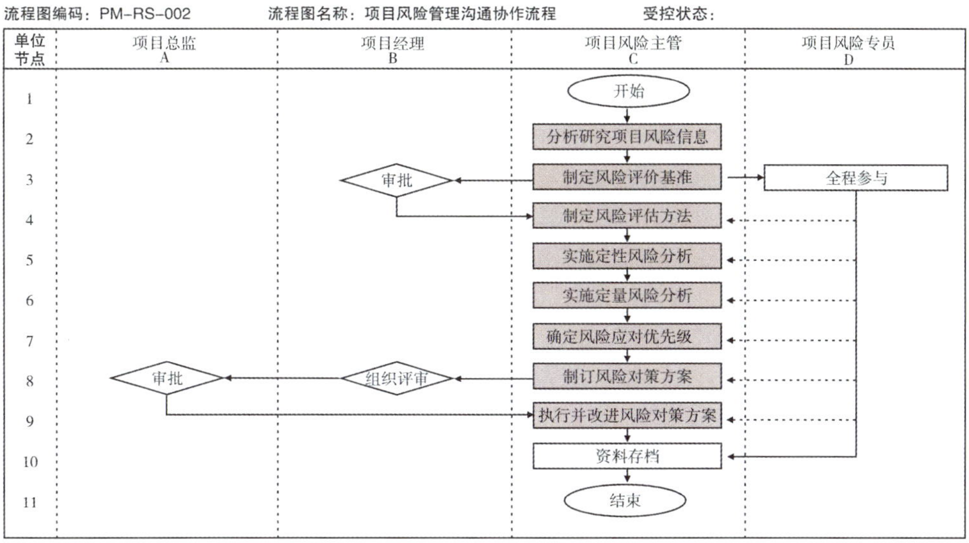

图 7-13　项目风险管理沟通协作流程

表 7-13　项目风险管理沟通协作流程

节点	工作重点、工具与技术速查指南	开始日期	结束日期
C2，分析研究项目风险信息	项目风险主管规划项目风险管理		
C3，制定风险评价基准	项目风险主管与项目风险专员共同分析、识别项目风险		
C4，制定风险评估方法	项目风险主管与项目风险专员共同实施定性风险分析，提交项目经理审核，项目总监审批		
C5，实施定性风险分析	项目风险主管与项目风险专员共同实施定性风险分析，编制风险概率－影响矩阵图		
C6，实施定量风险分析	项目风险主管与项目风险专员共同实施定量风险分析，提交项目经理审核，项目总监审批		
C7，确定风险应对优先级	项目风险主管与项目风险专员共同分析、编制效益－风险决策树		
C8，制订风险对策方案	项目风险主管与项目风险专员共同制订风险对策方案，提交项目经理审核，项目总监审批		

（续表）

节点	工作重点、工具与技术速查指南	开始日期	结束日期
C9，执行并改进风险对策方案	项目风险主管与项目风险专员指导项目团队执行风险对策方案，并不断改进		

实战训练 7-5　编制项目风险评估沟通协作流程

（1）请认真研究图 7－14、表 7－14，找到自己的岗位和工作流程。

（2）自己的“纵向工作流程”沟通协作是否顺畅？怎样改进？

（3）自己与两边的“横向工作流程”沟通协作是否顺畅？怎样改进？

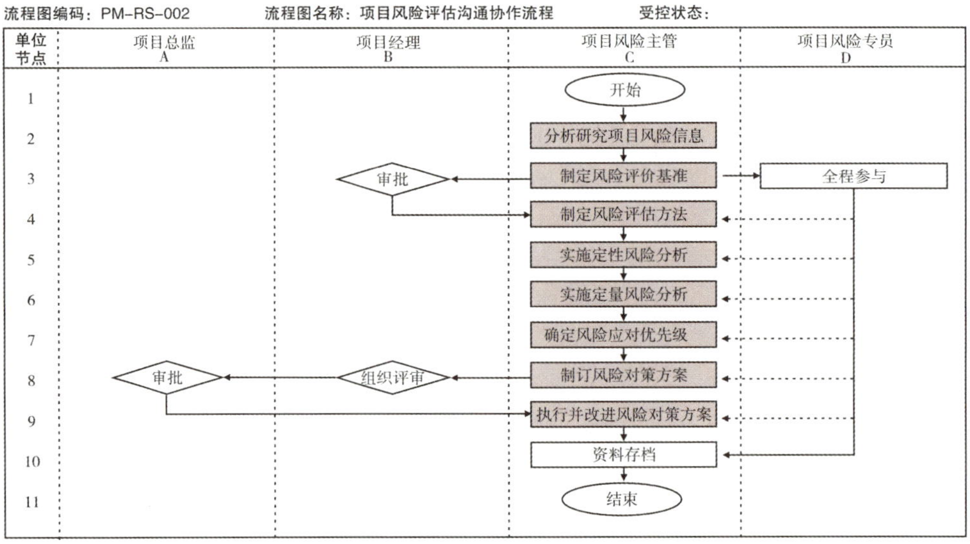

图 7－14　项目风险评估沟通协作流程

表 7－14　项目风险评估沟通协作流程

节点	工作重点、工具与技术速查指南	开始日期	结束日期
C2，分析研究项目风险信息	项目风险主管分析研究项目风险信息		
C3，制定风险评价基准	项目风险主管与项目风险专员共同研究制定风险评价基准，项目经理审批		

（续表）

节点	工作重点、工具与技术速查指南	开始日期	结束日期
C4，制定风险评估方法	项目风险主管与项目风险专员共同制定风险评估方法		
C5，实施定性风险分析	项目风险主管与项目风险专员共同实施定性风险分析，编制风险概率－影响矩阵图		
C6，实施定量风险分析	项目风险主管与项目风险专员共同实施定量风险分析，提交项目经理审核，项目总监审批		
C7，确定风险应对优先级	项目风险主管与项目风险专员共同确定风险应对优先级		
C8，制订风险对策方案	项目风险主管与项目风险专员共同制订风险对策方案，提交项目经理审核，项目总监审批		
C9，执行并改进风险对策方案	项目风险主管与项目风险专员指导项目团队执行风险对策方案，并持续改进		

实战训练7－6　重大创新项目投资风险应对系统

图7－15是华为在重点项目决策中常用的风险应对系统模板。请您参考模板分析过去或者准备开展的项目。

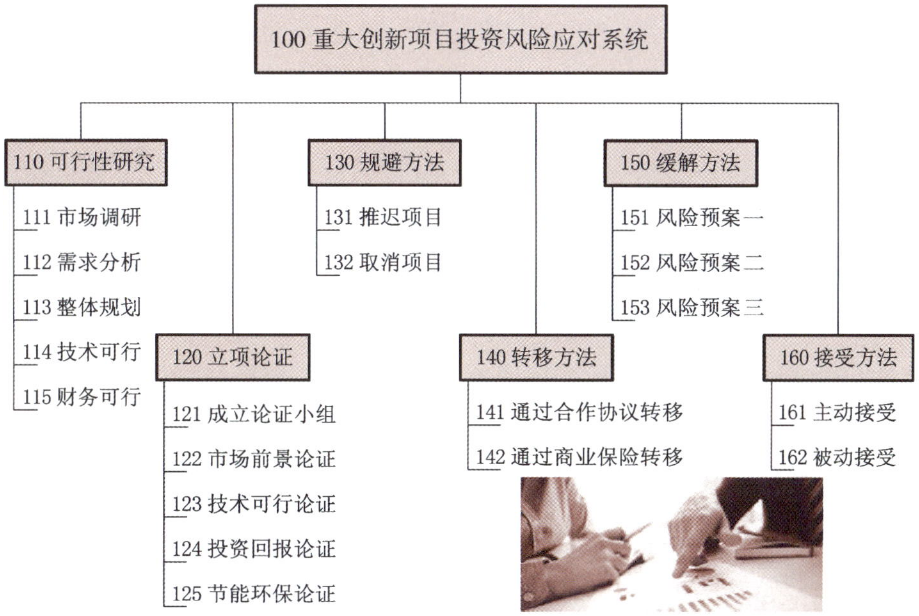

图7－15　重大创新项目投资风险应对系统

第8章　项目需求管理

【章节重点导图】需求是项目的龙头，收集项目需求是项目管理的关键。下面就此问题进行专题讨论。如图8－1所示。

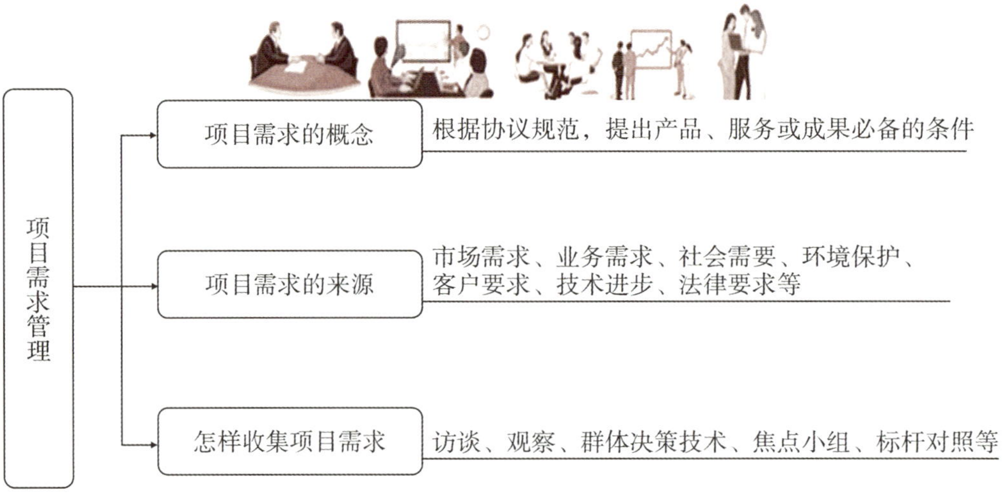

图8－1　项目需求管理过程

8.1　项目需求的概念

（1）**项目需求的定义**。项目需求是根据特定协议或其他强制性规范，提出项目必须满足的条件或能力，或者产品、服务或成果必须具备的条件或能力。

项目需求包括项目发起人、客户和其他项目相关方的已量化且书面记录下来的需要和期望，是整个项目管理的基础。

（2）**收集需求**。收集需求是指为实现项目目标而确定、记录并管理相关方的需求的过程。需求要明确化、具体化和书面化；应当在项目启动之后尽快弄清楚项目相关方对项目的具体需求。

（3）需求的分类。如图 8－2 所示。

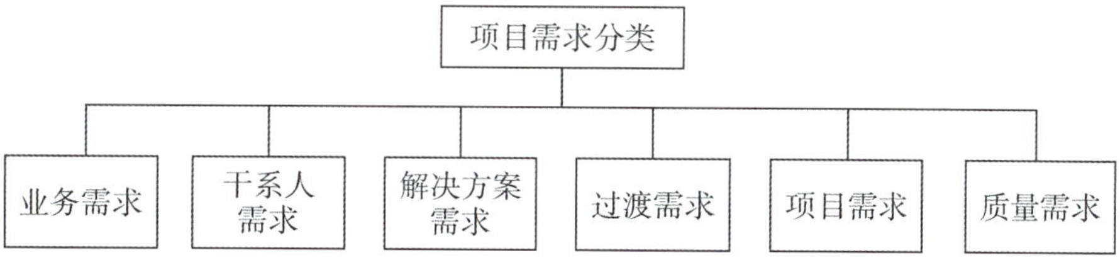

图 8－2 项目需求的分类

8.2 项目需求的来源

项目需求主要源于以下几个方面，如图 8－3 所示。

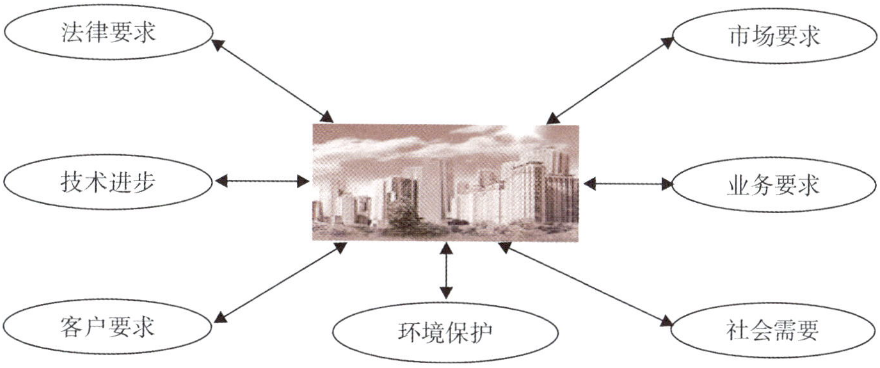

图 8－3 项目需求的主要来源

（1）市场需求。即由市场变化而引起的需求。

（2）业务需求。即由社会、经济和市场变化而带来的商业机会。

（3）社会需要。如南方某城市中间穿越的河流较多，为了缓解上下班高峰期桥梁的堵车问题，规划在两年之内需要在交通主干道上增加 6 座跨河大桥。

（4）环境保护。如某风景游览区为了提高游客对区内空气质量的满意度，正在规划一个项目，即用新型的太阳能电动环行旅游车取代原来的燃油车。

（5）客户要求。例如，某城建设计院正在设计和安装一套工程项目管理软件。

（6）技术进步。随着技术进步，公司必须开发或者购置技术含量更高的设备。

（7）法律要求。即由一个国家或地区的法律变化而引起的需求。如某城市环保部门颁布了一项法律条款，导致相关造纸厂产生定期搬迁的需求。

8.3 怎样收集项目需求

（1）**收集项目需求**：如表8－1所示。

表8－1 收集项目需求：输入、工具与技术和输出

输入	工具与技术	输出
1. 项目管理计划	1. 专家判断	1. 需求文件
2. 项目章程	2. 数据收集	2. 需求跟踪矩阵
3. 项目文件	3. 数据分析	
4. 商业文件	4. 决策	
5. 协议	5. 数据表现	
6. 事业环境因素	6. 人际关系与团队技能	
7. 组织过程资产	7. 系统交互图	
	8. 原型法	

（2）**收集项目需求的工具与技术**：如图8－4所示。

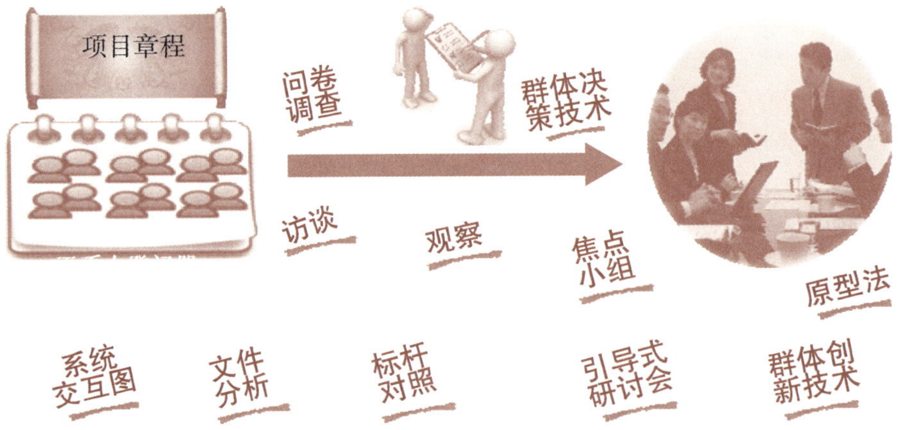

图8－4 收集项目需求的工具与技术

①访谈。如图 8－5 所示，访谈是通过与相关方直接交谈来获取信息的方法。典型做法是向被访者提出预定问题或即兴提问，并记录他们的回答。

项目需求访谈工作方法与流程

①在访谈开始前：做好需求分析和访谈准备，写出访谈提纲，发给客户

②在访谈过程中，要注意聆听、记录客户的全部需求

- 让被访者上司安排
- 两个人去访谈
- 聆听，不要指导
- 复述，复述，复述
- 旁敲侧击的方式
- 多看、多听、多问

③在访谈结束后：要给客户发送需求确认函和感谢信

图 8－5　收集项目需求的工具与技术：访谈

对于重要项目的需求访谈，最好派两个以上人员去访谈客户，其中一个负责交谈，至少有一个负责做好记录，对于关键性的项目数字信息，如项目范围、进度、预算和验收标准等，在记录之前最好请客户确认，以免错漏。

②焦点小组。焦点小组是指召集预定的相关方和主题专家，了解他们对所讨论的产品、服务或成果的期望和态度。由一位训练有素的主持人引导大家进行互动式讨论。焦点小组往往比访谈、更容易获得详尽的需求信息，由 8 ～ 12 个人组成，并在主持人的引领下，对某一主题或观点展开深入讨论。

③引导式研讨会。引导式研讨会是指把主要相关方召集在一起，通过集中讨论来定义产品需求。与会的相关方通过建立信任、增进关系、互动交流，最终达成共识。

④群体创新技术。群体创新技术是指通过组织一些群体思维创新活动来识别项目需求和产品需求。

· 头脑风暴法：此法成功的关键在于主持人，通过他的引导、启发，营造一种

和谐开放的氛围，可以充分激发每位与会者的智慧火花。与会专家轮流发言，相关负责人记录发言的内容。每位与会者都无条件地接纳意见，不加以评论。

· 名义小组技术法：该方法通过一个有组织的群体会议，实现将个体想法和判断整合为一致意见的目标。与参加传统会议一样，团队成员（以 5 ～ 10 人为宜）也需要出席会议，但他们并不进行直接交流，而是独立思考。

· 名义群体法：一般是由主持人做记录，从问题的表述开始，要求团队成员准备个人备选方案列表，称为“沉默—产生”阶段。此后，主持人召集每个参与者轮流陈述其方案列表上的想法，并将他们的阐述记录下来。投票的结果代表团队意见。

· 思维导图法：把从头脑风暴中获得的创意整合成一张图的技术，以反映创意之间的共性与差异，激发新创意。它能够将各种想法以及它们之间的关联性以图形呈现。

它是将中心概念与关联概念连接起来的一种方法，通过训练运用全脑思考，来刺激人们的想象力和创造力，具有简单易用、可视化、容易记忆、提纲挈领等优点。思维导图法的功能主要包括：

亲和图：用来对创意进行分类、分组的技术，以便进一步审查和分析。

多标准决策分析法：如图 8 - 6 所示，它是一种借助决策矩阵，设计诸如风险水平、不确定性和价值收益等多种标准，从而对众多方案进行评估和排序的技术。

⑤群体决策技术。群体决策系统是指一个群体在对项目活动方案进行分析、评价、比较的基础上，最终对方案做出选择的一种工具。

图 8 - 6　多标准决策分析法

一致同意：每个人都同意某个行动方案。

大多数原则：获得群体中超过50%人员的支持，就能做出决策。把参与决策的小组人数定为奇数，防止因平局而无法完成决策。

相对多数原则：根据群体中相对多数者的意见做出决策，即便未能获得大多数人的支持。通常在候选项超过两个时使用。

独裁：在这种方法中，由某一个人为群体做出决策。

群体决策技术还包括德尔菲法，如图8－7所示。

· 用来获得专家意见的常用方法，减少偏见和个人意见对结果的不合理影响

· 用途多：风险、范围、时间、成本、质量

· 使用问卷征求意见，然后收集各匿名专家的意见

遵守下列基本规则：

一人一票

专家之间背靠背

专家以匿名形式提出意见

旨在取得一致意见

图8－7　德尔菲法

⑥问卷调查。问卷调查是通过问卷形式间接收集研究材料的一种调查手段。调查者以问卷形式给出一系列与研究目的有关的问题，让被调查者做出回答，通过对问题答案的回收、整理、分析，获取有关信息。

⑦观察。观察是在不提出任何问题和不与被观察者交流的情况下，凭借调查者的直观感觉或借助某些摄录设备，分析、记录被观察者的行为模式，包括观察者，又包括观察现象。

⑧原型法。原型法是指通过引入实物模型（能方便解释那些难以直接观察到的事物之间关系的符号、公式、表格、实物等）将物理问题实际化。

⑨标杆对照。标杆对照是指将实际或计划的做法（如流程和操作过程）与其他可比组织的做法进行比较，以便识别最佳实践，形成改进意见，并为绩效考核提供依据。标杆对照选用的可比组织可以是内部的，也可以是外部的。

⑩系统交互图。系统交互图是范围模型的一个例子，它是对产品范围的可视化描绘，显示业务系统与人和其他系统（行动者）之间的交互方式。

（3）收集项目需求的输出。

①需求文件：与项目需求相关的文件，如图 8－8 所示。

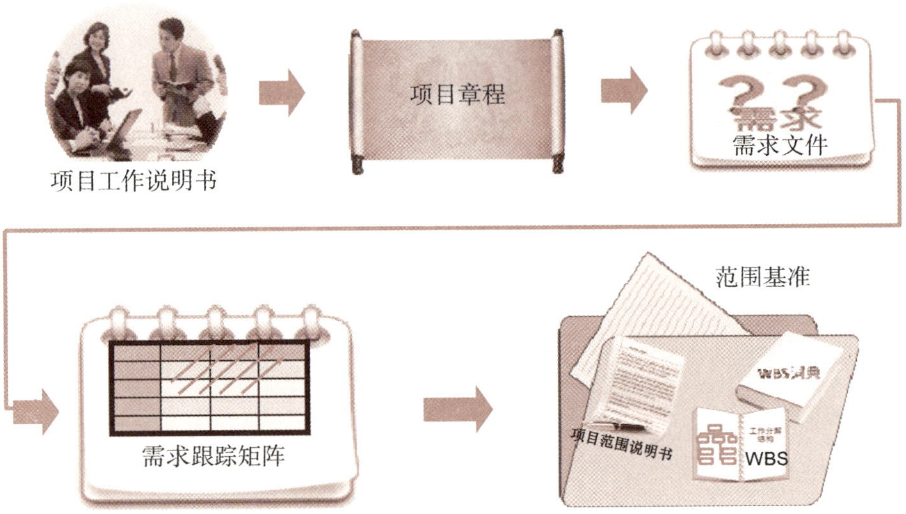

图 8－8　项目需求的相关文件

如表 8－2 所示，描述各种单一需求如何满足与项目相关的业务需求。

表 8－2　项目需求文件的模板

编号	需求	干系人	排序	验收标准	确认方法

②需求跟踪矩阵：如表 8－3 所示，需求跟踪矩阵是把产品需求从其来源连接到能满足需求的可交付成果的一种表格。

表 8－3　项目需求跟踪文件的模板

需求跟踪矩阵	
项目名称	
成本中心	
项目描述	

（续表）

编号	关联编号	需求描述	机会目标	项目目标	工作分解结构	产品设计	产品开发	测试用例
110	111							
	112							
	113							
	114							
120	121							
	122							
	123							

应用案例8－1　华为项目需求管理发展的三个阶段

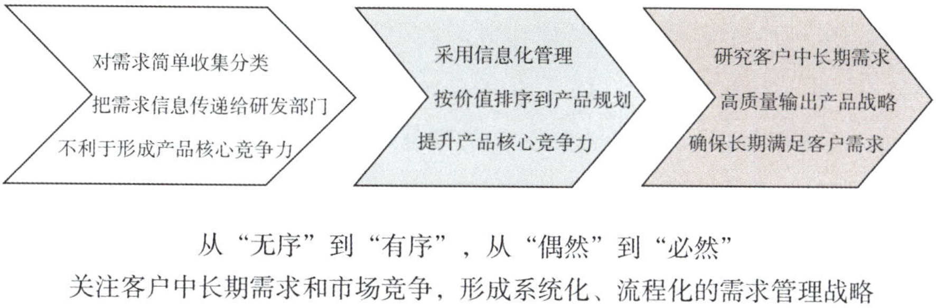

图8－9　华为项目需求管理发展的三个阶段

如图8－9所示，华为项目需求管理的早期阶段主要由区域市场部或者销售经理采用访谈和问卷调查等多种方法，对客户需求进行简单的收集和分类，并将其传递给研发部门。由于缺乏系统性，不利于形成适销对路的产品核心竞争力。所以，在第二阶段开始采用信息化技术，快速收集各个区域的客户需求，采用数字化分析技术，找出客户需求的共性、重点、难点，按照价值规律分类、排序，形成一部分平台产品，提升产品的核心竞争力。2005年以来，公司大规模引入国际项目经理认证体系以及集成产品开发方法，进军海外市场，注重研究客户中长期需求，高质量输出拥有自主知识产权、具有核心竞争力的产品和服务，确保长期满足客户需求，甚至拉动客户需求。比如，从3G到4G，再到5G。

应用案例8－2　华为早期项目需求管理存在的主要问题

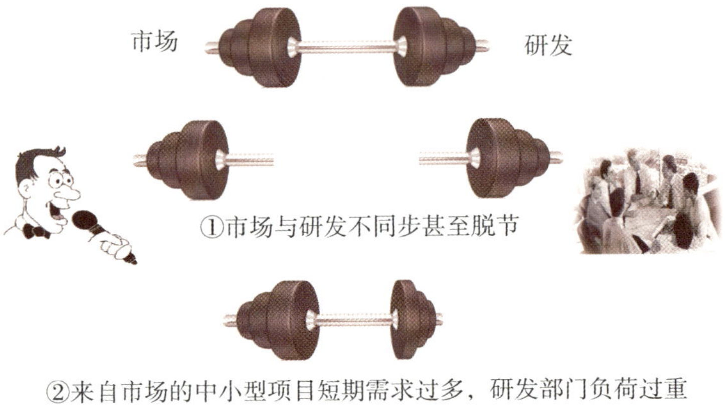

图8－10　华为早期项目需求管理存在的主要问题

如图8－10所示，由于在需求信息传递过程中容易出现“信息不对称”“信息远距离传输不便”“行政语言与技术语言不统一”“专业技术障碍”等问题，因此市场、销售人员与研发、设计人员对客户需求理解不同步，甚至脱节。另外，市场、销售人员急于拿单，经常提供来自市场方面的中小型项目短期需求，研发部门埋头苦干，加班加点制订各种解决方案，出现了许多问题：

（1）缺乏完整的需求定义和描述框架。华为的项目经理在长期的项目管理实践中发现：与需求相关的概念实在是非常多，比如客户欲望、客户抱怨、客户意见、客户需求、用户需求、市场需求、系统需求、设计需求、子系统需求、规格、参数等，不一而足，它们分别是什么含义？相互之间是什么关系？典型的问题是把客户对产品的抱怨和意见直接等同于客户需求。

华为在早期阶段，缺乏整体需求的概念和描述框架。客户需要的是一个完整的产品包，无论是B2B（商家对商家）还是B2C（商家对客户），都是如此。比如手机，客户购买的不仅仅是能够实现各种功能的有形实体，还包括软件、安全性、售后服务、品牌、使用体验、视觉体验等。

需求调研和分析不当可能导致失去市场机会，比如某省运营商向华为区域客户经理提出：希望在5G网上开发针对生产制造系统的位置服务业务，最好能在3个月内提供，以便率先开通。区域客户经理立即通过公司“客户需求电子流”提出申请。需求描述如下：“该业务是业界领先的信息技术，相对其他运营商具有差异化，但要尽快实施，3 个月开通实验局。”

需求接收部门对该申请的评价是：“业务申请对业务特性的描述不清楚，听不懂客户需求；该业务目前还没有应用实例，最终用户使用不能形成规模，市场前景不乐观；存在很大的开发风险，建议答复对方‘华为不准备立项’。”

3 个月后：某竞争对手与运营商合作开发了该项业务，并很快开通了实验局！

(2) **错误地认为需求是创造出来的**。有一种流行的说法是客户并不清楚自己需要什么，需求是创造出来的，尤其是由一些像乔布斯这样的天才创造出来的，持这种观点的人忽视市场调研和需求调研，并且振振有词地说“乔布斯从来不做市场调研”。在这种观念的指导下，研发出的产品满足了自己创造的需求，客户却不埋单。

(3) **无节制、无底线地满足客户需求**。如果没有正确的理念和方法作为引导，那么将导致一系列问题：产品数量众多，它们看似不同，却又存在共通之处，给企业带来大量重复性的研发和维护成本。研发人员的主要时间和精力都被紧急需求、量身定制产品所占据，没有时间和精力探索客户的未来需求，更不能提升核心技术能力，无法平台化、系列化地研发产品。这是国内企业存在的典型问题，初期企业因以客户需求为中心而得以发展，可谓“成也萧何，败也萧何”。

(4) **长中短期需求分布不合理**。忙于满足客户提出的短期需求，忽视了客户中长期需求和竞争对手动向，以及周边领域发展对本行业的影响。

哈佛大学教授、营销学创始人西奥多·莱维特发现，19 世纪的大公司都是铁路公司，但到 20 世纪大多数都不存在了，原因就在于这些企业专注于满足铁路客户的现有需求，不断改进铁路技术和相关的运营服务，忽略了公路运输对铁路运营的挑战，还有后来的航空业对长途运输的部分替代。

(5) **以产品为中心而非以需求为中心经营企业**。以产品为中心而不是以需求为中心，尤其是以自己能研发、生产、销售的产品为中心，往往会忽略满足需求的其他方式，当新的技术出现时，自己擅长的满足需求的方式就可能显得笨拙，最终被淘汰。

应用案例8－3　华为项目需求管理创新和改进方法

产品管理部：结构化、系统化、长期积累比个别牛人重要

①只对中长期、系统化构建产品的核心竞争力负责

②不属于研发部，对项目产品设计的技术过程不负责

③不属于市场部，对某一个具体项目的成功不负直接责任

图8－11　华为项目需求管理创新与改进方法

2005年以来，华为公司进军海外市场，走国际化、规范化、项目化管理模式，并在项目管理领域做了三件大事：一是计划10年以内培养上万名项目经理，大规模引入国际项目经理认证体系；二是引入集成产品系统集成开发方法，注重研究客户中长期需求，高质量输出拥有自主知识产权、具有核心竞争力的产品和服务，确保长期满足客户需求，甚至拉动客户需求；三是成立产品管理部，负责整个公司的产品和服务的知识管理和开发，协调市场部与研发部之间的沟通与协作问题。产品管理部只对中长期、结构化、系统化构建自主知识产权和专利以及具有核心竞争力的产品和服务负责。比如，从3G到4G，再到5G的产品和服务，并逐步构建了完整的分层需求描述方法，如图8－11所示。

应用案例8－4　华为怎样构建完整的分层需求描述方法

（1）客户需求是分层次的。 华为项目需求管理计划模板如表8－4、表8－5所示。

先看看下面这段话，区别一下哪些是客户需求，哪些不是客户需求，哪些是需求管理的对象。

表 8－4　华为项目需求管理计划模板一

需求管理计划
项目名称：__________　日期：__________
需求收集
需求分析
需求分类
需求记录
需求排序

表 8－5　华为项目需求管理计划模板二

需求管理计划
需求测量指标
需求跟踪结构
需求跟踪
需求报告
需求确认
需求配置管理

“这台手机配置太低，希望屏幕是 6 英寸（1 英寸 = 2.54 厘米）、内存是 2G、CPU（中央处理器）是 4 核的。”

上面这段话表达了客户遇到的问题、期望和对产品的抱怨，以及对产品提出的改进建议。这些都是需求，是不同层次的需求，都需要关注。我们要构建一些概念，来对需求进行分层次管理。

客户在使用产品过程中遇到的问题；有的需求可以在下一代产品中满足；有的需求需要很长时间才能满足。对于我们来说，既要关注短期需求，也要关注中长期需求。

（2）需求的分层描述。 需求 = 问题 + 解决方案，需求最终来源于客户要解决的问题。问题是期望和现状之间的差距。这是产品需求的第一个层次。有支付能力的客户就一定会购买吗？这是客户购买产品的理由，也就是说产品的卖点是什么。对客户而言就是买点是什么。吸引客户购买的不是产品本身，而是产品实现这些功能的程度，也就是通常说的“卖点”。这是产品需求的第二个层次。产品需求的第三个层次才是对产品本身狭义的需求，也就是把产品作为一个黑盒子的要求，称之为系统需求，分为功能性需求和非功能性需求。

如图 8－12 所示，在需求的这三个层次之间还必须建立起跟踪关系，也就是系统需求满足后必须能提供某种功能或能力，帮助形成产品的特性，也就是产品的卖点或客户的购买理由，并最终解决客户的问题。需求的分层描述有助于正确认识和处理客户需求，当客户提出某种需求时，要识别他是在谈期望，还是在谈面临的问题和挑战，或者是在谈自认为的解决方案。

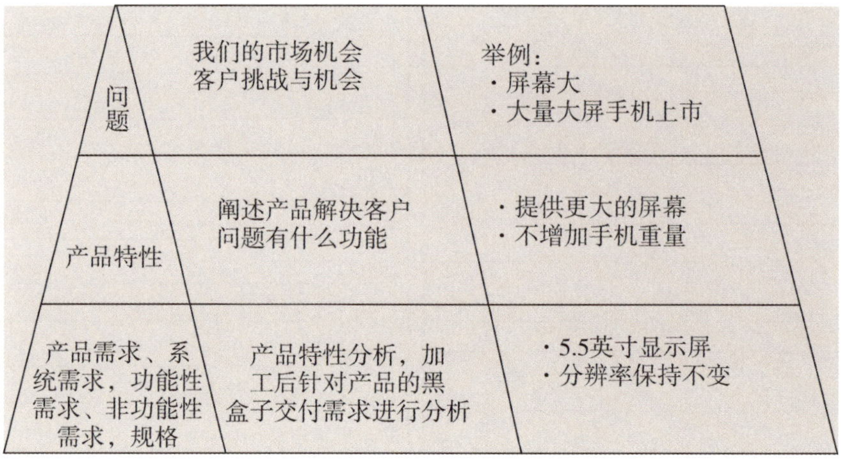

图 8－12　华为项目需求的分层描述方法

（3）**用一致的框架完整描述客户需求。** 每个人都有这样的体验：看中了某款产品，但价格实在太高；价格和质量都不错，却因为“没听说过这个牌子”而犹豫不决；维修不太方便；等等。任何一个方面没有做好，都会影响客户购买决定。一个产品究竟需要满足客户哪些方面的需求？是否有通用的框架来描述客户需求？

应用案例 8－5　　华为把客户需求作为项目管理的根基

（1）**华为把客户需求作为项目管理的根基。** 不同的记者，在不同场合问过任正非三个问题：

①华为的商业模式是什么？

②华为成功的秘诀是什么？

③华为的价值观是什么？

任正非对这三个问题的回答是统一的：

①满足客户需求是我们生存的唯一理由；

②我们的商业模式是以客户需求为导向。

任正非传递的是一种理念，相信很多企业家也有类似的理念，但更为重要的是如何让理念落地，真正做到以客户需求为中心。与很多企业把以客户需求为中心作为口号不同，华为内部针对“需求”专门设定了流程和组织，以及相应的绩效管理和激励机制，以确保整个公司都围绕客户需求进行运作。

（2）**需求端到端管理流程：**需求也是有生命的。

“全心全意满足客户需求”“以客户需求为中心”称得上是一种“高大上”的理念，但在如何满足客户需求上却要“现实”一些，不是所有客户提出的需求都要满足，不是客户提出的所有需求都要满足，也不是要立即满足。切实可行的做法是要规划好在什么时候满足哪些客户的哪些需求。其中涉及三个方面的工作：

①满足哪些客户的需求：市场细分和定位。

②满足哪些需求：需求收集，需求分析。

③什么时候满足：需求分配，产品路标规划。

沿着这条线索形成需求管理流程，包括需求的收集、分析、分配、实现和验证等五个阶段。

（3）**需求的探索和收集：**从源头严格把关。

需求管理流程的第一步是针对流程中识别出来的细分市场进行原始需求信息的调研、探索和收集。需求信息来源非常广泛，总体上包括内部和外部两个渠道。外部来源包括客户、行业分析报告、竞争对手、各种展览、报纸杂志、第三方认证和监管机构等。内部来源包括公司高层、公司规划部门、产品开发项目团队、市场部门、研发部门、售后服务部门、质量管理部门等。

明确了需求的来源渠道，就可采用各种方法进行需求的探索和收集工作，包括调研访谈、客户满意度调查、现场客户支持、客户高层交流、招投标、专家交流、竞争对手产品研究等。从需求收集渠道和收集方法的多样性可以看出，参与需求收集的人员也是跨部门的，包括公司高层、市场人员、销售人员、售后服务人员、研发人员、各领域专家等。

（4）**需求分析：**对原始需求进行加工提炼。

需求收集阶段得到的需求信息构成原始需求库，这些需求往往是随机、零散、鱼龙混杂的，也没有进行优先级排序。所以，需要通过深入分析对需求进行二次加工。需求分析包括对需求进行解释、过滤、分类、排序和证实：

①解释：用正式的语言对需求进行描述，并使需求可度量和可验证。

②过滤：包括去粗取精和去伪存真，前者是对各种需求信息进行归纳总结，后者是去掉虚假信息和个别客户需求，抓住细分市场的共同需求。

③分类：可按时间维度、类别维度和层次维度进行分类。根据时间维度可把需

求分为长期需求、中期需求、短期需求。

④排序：不同细分市场客户对需求的重视程度是不同的，为了让产品的投入产出比更高，需要对需求的重要性和投入产出比进行排序。

⑤证实：在需求收集和分析过程中，信息可能被误读，传递过程也可能失真，所以需要对经过分析的需求进行验证，确保和客户的真实需求保持一致。需求验证是一个端到端的过程。

需求的收集和分析是一个探索过程，也是需求管理的核心工作。这两个阶段的工作往往相互交叉。

（5）需求的实现和验证：与其他流程并行。

在产品开发流程的概念阶段，来自各方面的需求形成产品包需求，同时来自各领域的系统工程师在产品系统工程师的带领下探索产品包需求的实现方案，也就是产品概念。

如图 8－13 所示，V 模型有助于我们理解需求的实现和验证的端到端过程。我们把商业计划实现这条线也加入这个 V 模型中，称之为“双 V”模型。V 模型的精妙之处在于，在水平线上，“V”左边的需求逐层分解过程和“V”右边的需求逐层测试验证过程相互对应。

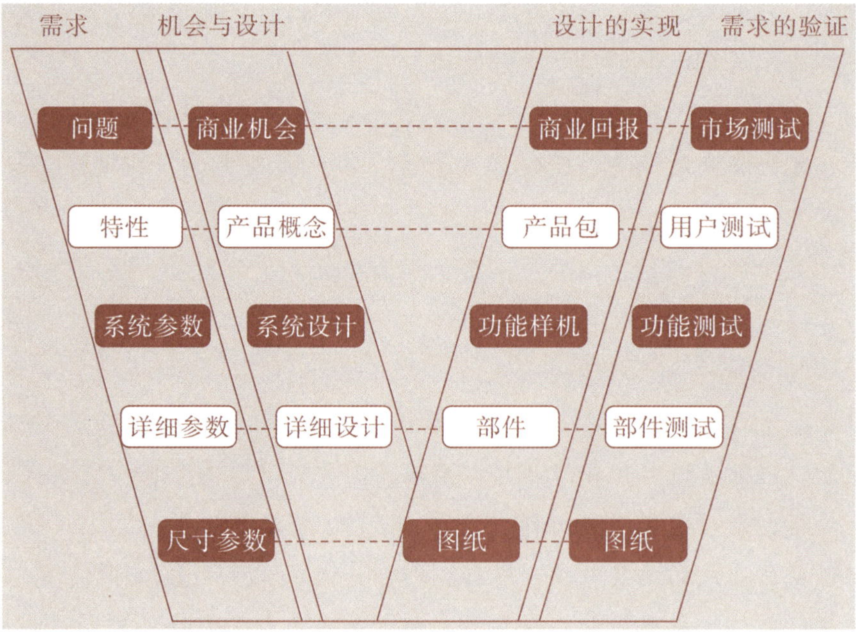

图 8－13　华为项目需求实现和验证的“双 V”模型

（6）**需求管理需要团队作战。**

企业的所有工作都是围绕需求展开的，整个企业就是一部“需求加工机”，所以需求工作一定是跨部门的。需求管理是一项日常工作，需要有特定的部门或岗位来承担，把跨部门需求工作协同起来。在组织形式上，市场调研与分析、需求管理、产品规划等职能密切相关，为了减少不必要的跨部门沟通和协调，可统一管理，对于规模不大或者产品比较简单的公司，甚至由一个岗位来承担这项工作。

实战训练 8－1 调查项目需求过程中的沟通与协作

（1）请认真研究图 8－14，找到企业所处的坐标位置，并用星号标注。

（2）分析企业处境不佳的原因是什么，下一步应当朝哪里走，怎样改进。

（3）怎样获取更好的项目？怎样通过高效能的项目管理提升企业的综合业绩？

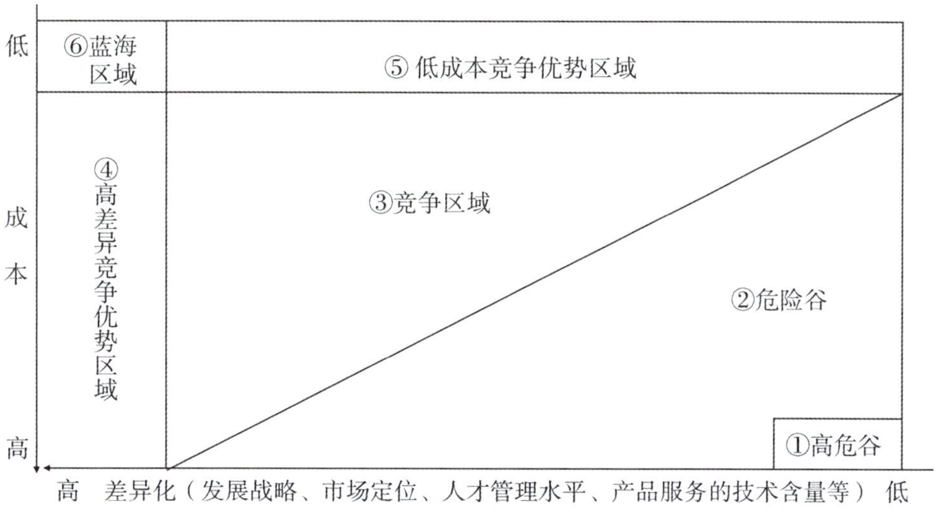

图 8－14 调查项目需求过程中的沟通与协作

实战训练 8－2 编制项目需求识别沟通协作流程

（1）请认真研究图 8－15、表 8－6，找到自己的岗位和工作流程。

（2）自己的“纵向工作流程”沟通协作是否顺畅？怎样改进？

（3）自己与两边的“横向工作流程”沟通协作是否顺畅？怎样改进？

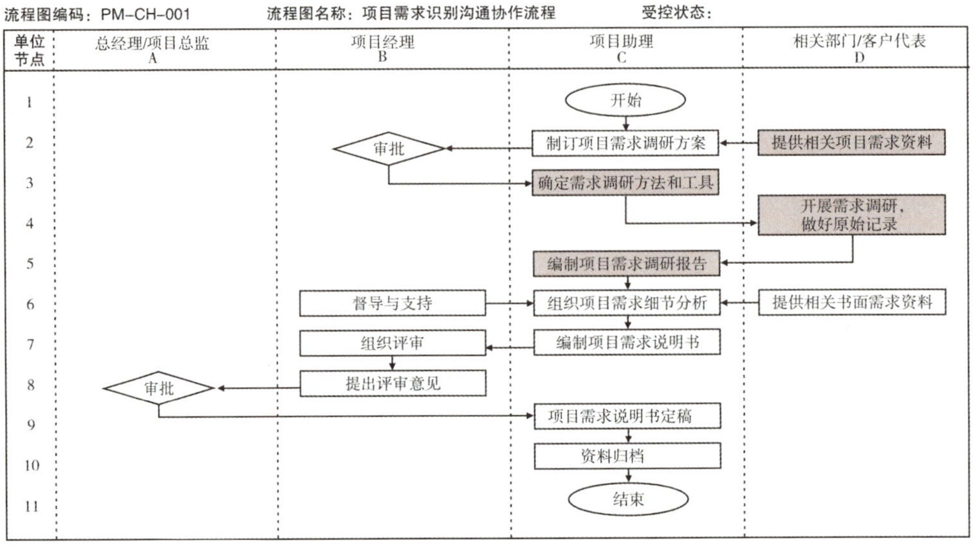

图 8－15　项目需求识别沟通协作流程

表 8－6　项目需求识别沟通协作流程

节点	工作重点、工具和技术速查指南	开始日期	结束日期
D2，提供相关项目需求资料	通常由市场营销人员会同项目经理负责记录公司某部门或者客户的需求		
C3，确定需求调研方法和工具	根据 PMBOK－2018，需求调研的主要方法和工具有访谈、头脑风暴法、标杆对照、焦点小组、问卷调查等。详见本书第 8 章		
D4，开展需求调研，做好原始记录	如果是内部项目，那么原始记录由项目需求部门书面提供；如果是外部项目，通常由市场营销人员会同项目经理（或者项目专员）负责记录客户需求		
C5，编制项目需求调研报告	上这个项目的原因、主要目的，项目最终产品、服务和成果，项目的范围、总工期、成本、质量标准，项目需要的人力、财力、物力，项目发起人，项目的风险以及项目发起人对于风险的态度、对策		

第四部分

项目启动与计划

XIANGMU GUANLI

第9章　项目的前期准备

【章节重点导图】怎样制定项目章程？怎样组织项目启动会议？怎样制订项目管理计划？

9.1　怎样制定项目章程

项目章程是项目发起人在项目立项后准备启动项目的最高纲领性文件——项目许可证，以确保项目名正言顺。如图9－1。

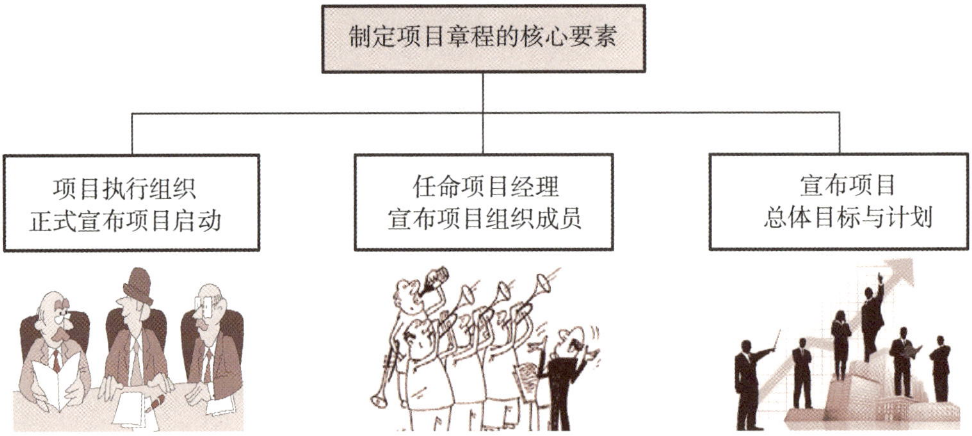

图9－1　制定项目章程的核心要素

项目章程可以由项目发起人编写，也可以授权项目管理办公室主任或者项目经理编写，包括项目发起人正式批准项目、确定项目总体目标并授权项目经理在项目活动期间可使用组织资源等。

一、项目章程的主要内容

（1）**宣布项目正式立项**。项目发起人、投资者、项目执行组织等高层宣布某项目正式立项，批准项目的背景和项目执行的原因，以及项目的目标、成果和验收标准。

（2）**确定项目经理的责任边界**。高层项目相关方明确定义项目开始，确定项目经理和项目管理团队的责任边界（从项目启动到最终验收），确立项目在组织中的正式地位，公布和表明他们对项目经理的授权和支持态度。（见图9－2）

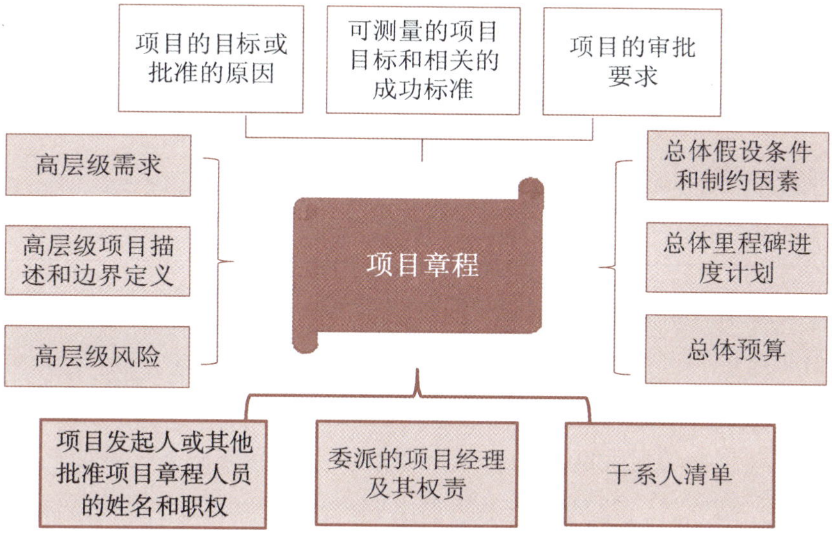

图9－2 项目章程的主要内容

（3）**高层项目相关方确定项目的需求、总体目标和阶段性目标**。其中包括确定项目相关方清单，需求分析，项目的产品、服务和成果，对项目的范围、进度、成本、质量标准等的总体描述。通常用项目的生命期、里程碑图来表示项目进度。

（4）**项目执行组织（后称“管理层”）选择和委派项目经理，并确定其权责**。管理层应尽早确认并任命项目经理，最好在制定项目章程时就任命（最好让项目经理也参加项目章程的编制，以便对项目需求有基本的了解）；对于项目经理的任命必须在项目计划开始之前。

通过项目章程，明确项目经理和项目管理团队的责任与义务，并授予项目经理和项目管理团队调配组织资源开展项目的权力。管理层可以在项目章程中写明公司职能部门应当对项目和项目经理提供哪些支持。

（5）**项目章程必须由项目发起人或者项目执行组织负责人批准和变更**。项目章程通常由项目发起人颁发，如在承包的项目中，签署的合同就是提供给卖方的项目章程。因此，项目章程也可称为项目许可证。

无论是在项目启动前还是项目启动后，只有项目发起人或者项目执行组织负责人才能对项目章程进行修改；如果修改，就意味着项目将会有重大变更。

二、制定项目章程的主要过程

表9－1描述了本过程的输入、工具与技术和输出。

表9－1　制定项目章程：输入、工具与技术和输出

输入	工具与技术	输出
1. 项目工作说明书（SOW）	1. 专家判断	项目章程
2. 商业论证	2. 引导技术	
3. 协议		
4. 事业环境因素		
5. 组织过程资产		

（1）**制定项目章程的输入**：输入见表9－1。

①项目工作说明书。项目工作说明书是对项目需要提交的产品、服务或成果进行叙述性的说明。

对于内部项目，项目发起人根据业务需要及对产品或服务的需求提供项目工作说明书；对于外部项目，项目工作说明书由客户提供，可以是招标文件（如建议邀请书、信息邀请书、投标邀请书）的一部分，或者合同的一部分。

表9－2展示的是项目工作说明书的主要内容，项目执行组织可以根据项目相关方的实际需要进行删减或者添加相关内容。

表9－2　项目工作说明书的主要内容

项目名称		项目产品描述	
项目发起人		项目验收标准	
项目客户代表		项目假设条件	
项目经理		项目制约因素	
项目团队分工		项目主要风险	
项目支持部门		项目风险对策	
项目立项结论		冲突解决	
项目总体目标		项目变更管理	
项目阶段性目标		主要相关方签字	

②商业论证。详见本书第 6 章。

③协议。多种形式的商务协议如图 9－3 所示。它表明了启动和开展项目的主要目的。商务协议有多种形式，包括合同、谅解备忘录、服务品质协议、协议书、意向书等，在项目管理中必须使用正式的书面法律合同。

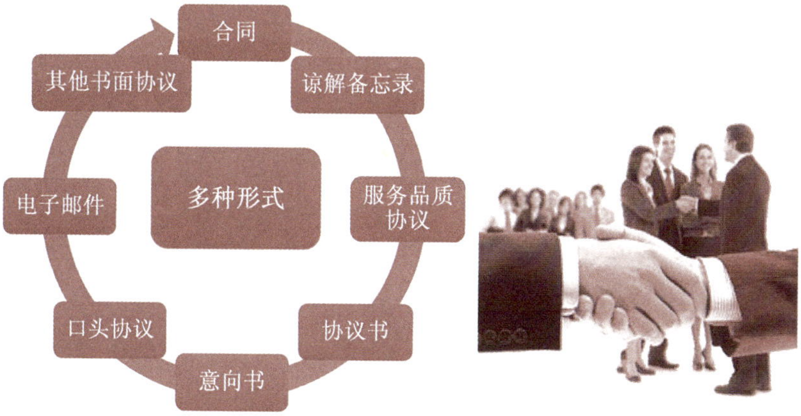

图 9－3 多种形式的商务协议

④事业环境因素。事业环境因素指项目团队不能控制的限制性因素，是项目执行组织、公司、地方政府等有可能对项目产生影响、限制或指令作用的各种条件：大多数规划过程的输入，可能提高或限制项目管理的灵活性，也可能对项目结果产生积极或消极的影响。事业环境因素包括组织文化、结构和治理，设施和资源的地理分布，现有人力资源状况，政府或行业标准，政治氛围，人事管理制度，基础设施，公司的工作授权系统，市场条件，相关方风险承受能力，组织已有的沟通渠道，商业数据库，项目管理信息系统，等等。

⑤组织过程资产。项目执行组织所特有并使用的计划、流程、政策、程序和知识库，包括来自任何（或所有）项目参与组织的，可用于执行或治理项目的任何产物、实践或知识。

流程与程序：包括指南和标准，产品和项目的生命期，风险登记册，工作分解结构，进度网络图，风险控制程序，沟通方式，项目管理流程、政策和程序。

知识库：知识库中有经验教训和历史信息，可能还包括完整的项目技术档案、进度计划、风险数据和挣值数据；知识库是人们主动要利用的；在项目全过程中，团队成员通常有责任对组织过程资产进行必要的更新和补充。

（2）**制定项目章程的输出**：项目章程，如前所述。

三、制定项目章程的工具与技术

如图9－4所示，制定项目章程的主要工具与技术：一是专家判断；二是引导技术。这种工具与技术的特点是专业、全面，高屋建瓴、兴利除弊，把专家的专业判断与项目相关方的集体智慧相结合。

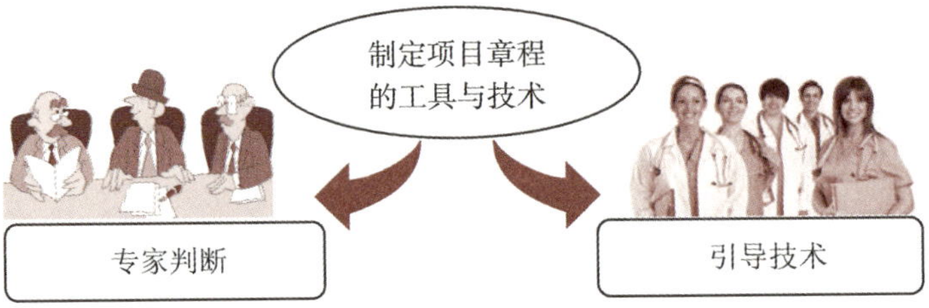

图9－4　制定项目章程的工具与技术

（1）**专家判断**。专家判断常用于评估制定项目章程的前提条件。专家判断可以对项目活动中的所有里程碑、专业技术和管理细节进行判断。专家判断可来自具有专业知识或受过专业培训的任何小组或个人，可从许多渠道获取，主要包括组织内的其他部门、管理或者技术顾问、项目相关方，还包括客户或项目发起人、专业与技术协会、行业团体、主题专家和项目管理办公室等。

专家判断的优点是能利用专家个人的创造能力，不受外界影响，简单易行，成本不高。但是，过于依赖专家个人的判断，容易受专家的知识面、思想深度以及所占资料是否充分和对所判断问题有无兴趣影响，有可能带有片面性和经验主义。所以，这种方法最好与引导技术结合使用。

（2）**引导技术**。引导技术可用于指导项目章程的制定。常见的引导技术有头脑风暴、冲突处理、问题解决和会议管理等，这都是引导者可以用来帮助团队和个人完成项目活动的关键技术。“偏听则暗，兼听则明。”引导技术是在专家判断的基础上，通过引导会议进行集体分析判断，将专家个人的见解综合起来，寻求一致结论的预测方法。这种方法参加的人数多，所拥有的信息量远远大于个人所拥有的信息量，因而能集思广益，凝聚众多的智慧，弥补专家判断的不足。

9.2　怎样组织项目启动会议

项目启动过程是在项目立项之后，项目的发起方、投资方、赞助方、执行方等选择适当的时机，通过正式的授权文件方式，把项目交给项目经理和项目团队负责并对其授权的过程。项目启动会议是启动项目的一种常用方式。

9.2.1 项目启动会议准备工作

项目启动时，项目发起人已经有项目章程、项目经理和项目管理团队。

（1）**项目发起人关注的问题**。何时投入资源并正式启动、完成这个项目？应当制定什么样的正式文件来表达项目的发起方、执行方对于项目立项的决策？下一步由谁来负责这个项目？由什么样的组织来实施这个项目？执行这个项目应当实现什么目标？最终交付什么成果？项目全程可能出现什么风险？如何规避风险？怎样应对风险？

（2）**项目相关方沟通协作的问题**。孙武说："上兵伐谋，其次伐交，其下攻城。"在项目启动过程中的关键问题之一就是项目发起人、项目执行组织、项目经理和项目团队要善于表达自己的需求和期望，甚至表达自己的诉求。提倡把问题放在桌面上谈（伐交），在项目资源尚未大规模投入之前发现问题、解决问题，给组织带来的风险和损失最小。在项目正式启动之前，项目相关方应当通过事先的协商，求同存异，统一目标、统一思想、统一行动。见图9－5。

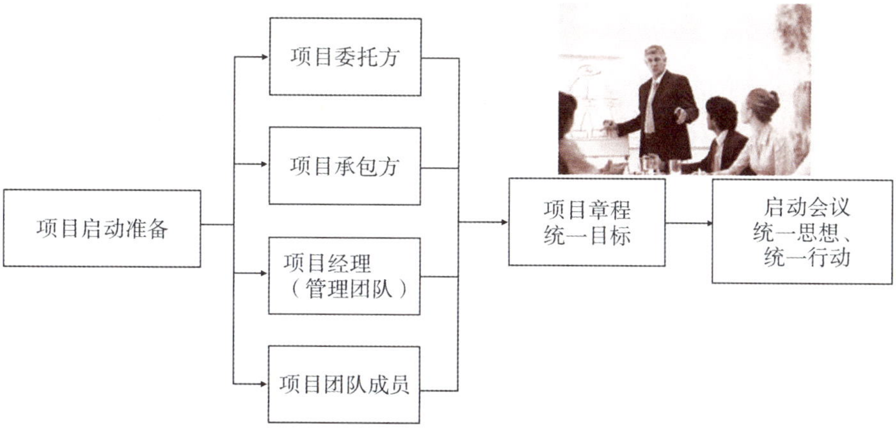

图9－5 项目启动准备工作：统一目标、统一思想、统一行动

9.2.2 项目经理的责任边界

项目启动会议之后，项目的具体领导者和责任人是项目经理和项目管理团队。项目经理应当关注的问题：项目的发起方、执行方为什么把项目委托给我们？项目的背景是什么？项目的主要利益相关者有哪些？项目的商业需求和项目产品的功能是什么？项目的范围是什么？尤其要明确项目的目标和责任边界等信息。

图9－6描述了某企业研发项目产品生命期与项目生命期，其中包括项目经理的责任边界。

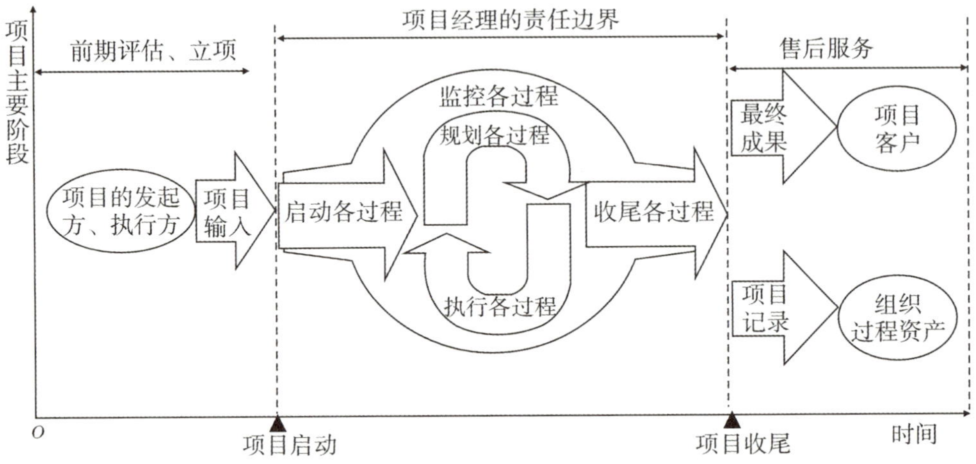

图9－6　项目经理的责任边界

图中，在“项目启动”里程碑的左边，项目的发起方、执行方等已经完成了对项目的立项评估，其中包括对客户调研、访谈、项目建议书、项目可行性研究报告、项目商业计划书以及项目立项评估报告的评审。也可能是涉及采购、服务或者工程外包的招投标项目，已经完成了招标、投标和评标以及委托方与承包方的签约。

企业高层管理者、部门经理及项目管理办公室不可能对每一个项目都亲力亲为，需要委托项目经理和项目管理团队来共同完成，项目经理的责任边界是从项目启动到项目验收、项目收尾，见图9－6。项目经理的上级领导通过项目章程来制定项目游戏规则，“目标驱动，计划到点（里程碑），责任到人，结果导向”是成功地启动项目的方法。

9.2.3　项目启动会议的重点

（1）**明确项目启动会议的两种类型：**第一种是宣布正式开始一个新项目；第二种是宣布正在开展的项目开始进入一个新的阶段。见图9－7。

（2）**明确项目启动会议的参与人员：**项目的发起方代表或者执行方代表主持，相关部门代表、项目经理、项目管理团队和项目骨干人员参加。

（3）**明确项目启动会议的目的：**项目的重要阶段需要仪式感。召开项目启动会议的主要目的在于：项目发起人或者项目执行组织负责人介绍项目的评估和立项背景；宣布项目正式开始；明确项目的主要目标、范围、进度、成本、风险及其对策，以及项目经理、项目管理团队、项目组织结构；等等。

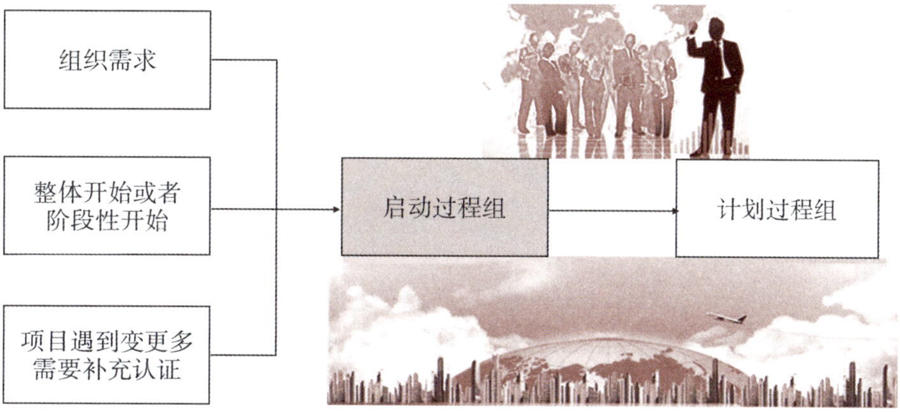

图 9－7 项目启动会议

9.3 怎样制订项目管理计划

一、项目计划与项目目标的关系

如图 9－8 所示，项目计划是对项目的预先安排，是为实现项目目标而设计和选择最佳行动路线和资源。

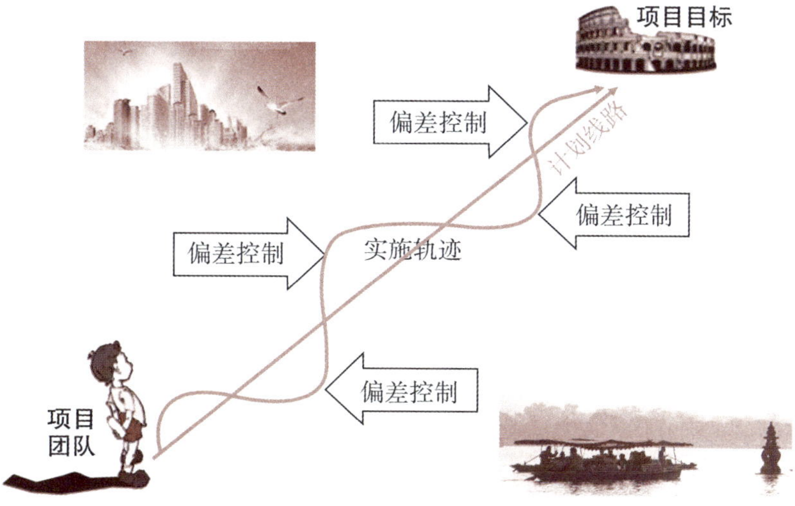

图 9－8 项目计划与项目目标的关系

二、什么是项目管理计划

如图 9－9 所示，项目管理计划是实现项目目标的最佳行动路线，包括三种情况：一是开始一个新项目；二是开始项目的某一个阶段；三是开始实施某一个项目的变更计划。

项目管理计划是通过策划形成计划文件的活动。策划是指针对所要制订的计划进行调查、分析、研究、优化、决策等。形成计划文件是指策划的结果是形成计划文件。

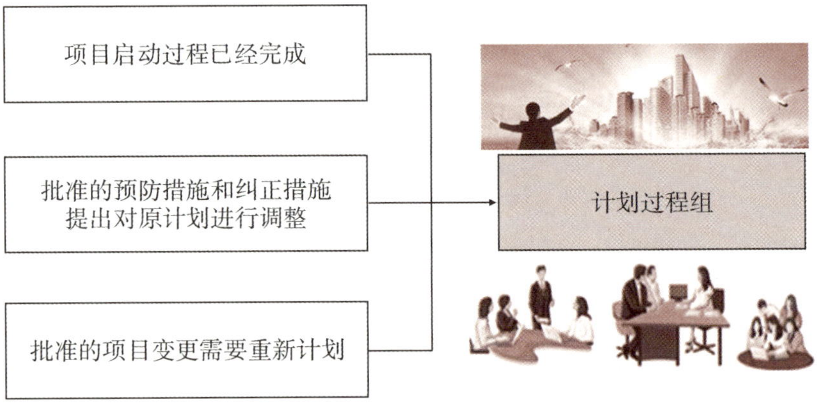

图 9－9　项目管理计划

三、为什么要编制项目管理计划

有句格言说得好：“凡事预则立，不预则废。”其中，“预”就是对计划最简明的定义。

项目管理实践表明，“先谋后动，计划先行”是项目成功的关键因素之一。凡事有计划，则项目成功就有保证。

如图 9－10 所示，项目组织是否认真制订项目管理计划的差别：有切实可行的计划，先难后易；没有切实可行的计划，先易后难。项目计划的要点和作用可以归纳为：

①项目经理和项目团队共同制订项目管理计划，由项目经理总负责和整合。

②需要项目相关方正式认可的、经过管理层批准的、切实可行的项目管理计划，可为项目执行、管理控制和绩效考核提供范围、进度、成本等基准。

③项目管理计划奠定了管理层、客户等项目相关方有效沟通的基础；在项目执行中，项目管理计划的变更必须经过变更控制委员会（CCB）批准。

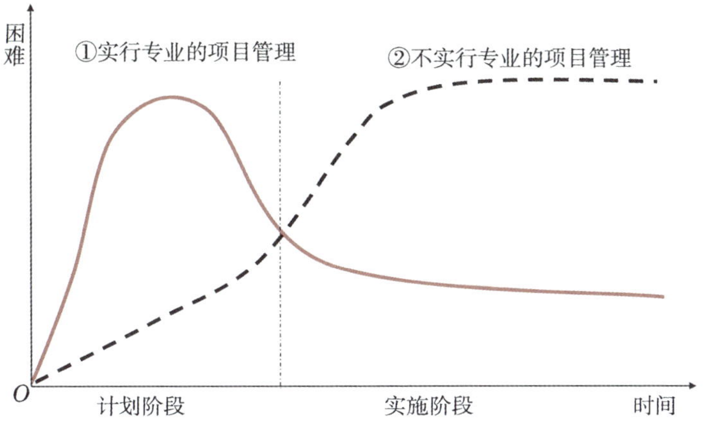

图 9－10　项目组织是否认真制订项目管理计划的差别

四、项目管理计划与项目基准

（1）**项目管理计划的构成**。如图 9－11 所示，我们平时说的项目管理计划实质上是项目管理计划“家族”，制订项目管理计划的核心内容是有机联系的整体，在项目目标方面主要是范围、进度、成本和质量等，在项目资源方面主要有人力资源、沟通、风险和采购等。

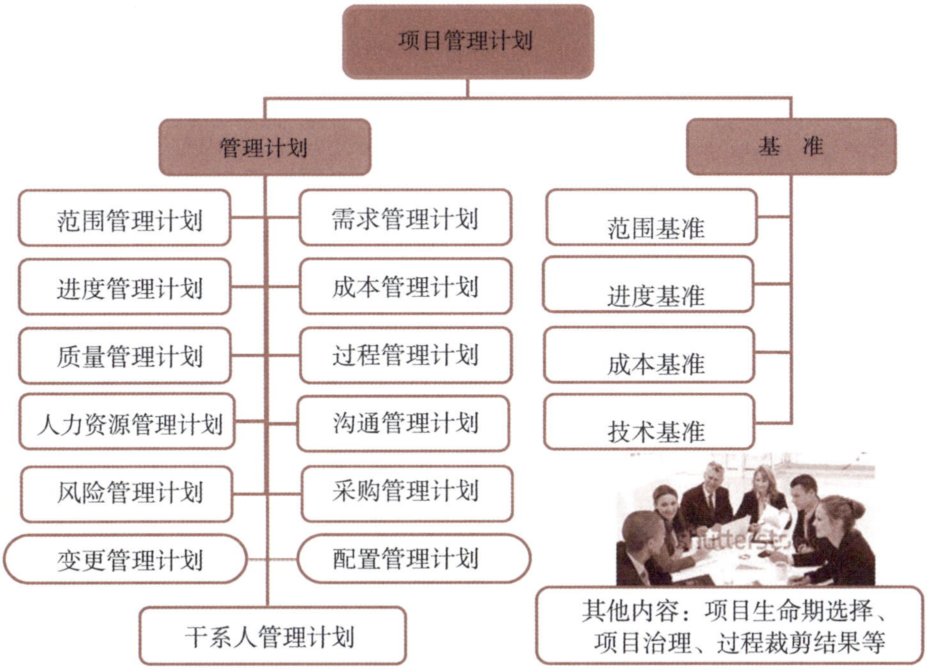

图 9－11　项目管理计划“家族”的主要“成员”

（2）**项目基准**。项目基准是经批准的项目管理计划加上或减去经批准的变更，作为比较的基础，考核项目执行绩效，确定绩效是否在可接受的偏差范围内。

①基准的内涵：基准是一种特殊版本的项目管理计划，其中包括范围基准、进度基准、成本基准和技术基准（选择的质量标准）。通常把范围基准、进度基准和成本基准整合起来，形成绩效测量基准，有时也可以包括技术基准。

②基准的应用：基准必须经过高级管理层和主要项目相关方批准，除非另行说明，不然都是以已经批准的最新版本的项目管理计划作为当前基准。计划用于指导实施，内容更新与时俱进；基准用来测量绩效，其变更需要更严格的审批手续。基准的变更，只有变更控制委员会才有权批准，项目经理无权随意变更。

（3）**项目管理计划的误区**。项目管理计划的误区有以下这些：计划赶不上变化，因而可以不做计划；做计划浪费时间，不如干活；只做进度计划，忽视质量计划、成本计划和资源计划；做计划是给领导和客户看的，做了计划便束之高阁；把计划扭曲成了事后的记录；不强调计划的严肃性，不严格地按照计划执行；等等。

制订项目管理计划，为了使得企业管理可视化、透明化，应当本着“金图、银表、铜文字”的原则：首先，尽可能用图表来表示项目管理思想和技术路线，图表不仅是工程师的语言，也应当成为现代企业管理者和全体工作人员的语言，现代企业设备多用图表说话，用数据说话，文字描写应当成为对图表的解释。其次，项目管理计划是重复的、迭代的，也就是说，项目管理计划有可能与实际情况存在一定的偏差，需要不断地补充和更新。

五、制订项目管理计划

表 9－3 描述了本过程的输入、工具与技术和输出。

表 9－3　制订项目管理计划：输入、工具与技术、输出

输入	工具与技术	输出
1. 项目章程	1. 专家判断	项目管理计划
2. 其他过程的输出	2. 引导技术	
3. 事业环境因素		
4. 组织过程资产		

（1）**制订项目管理计划的输入**。

（2）**制订项目管理计划的工具与技术**。

①专家判断：可根据项目需要而编制项目管理过程；编制应包括项目管理计划中的技术与管理细节；确定项目所需的资源与技能水平；确定项目工作的优先级，确保把项目资源在合适的时间分配到合适的工作环节。

②引导技术：广泛应用于各项目管理过程，可指导项目管理计划的制订。如头脑风暴、冲突处理、问题解决和会议管理等。

（3）**制订项目管理计划的输出**。见表9－4、表9－5。

表9－4 项目管理计划的模板一

项目管理计划

项目名称：________ 准备日期：________

项目生命期

阶段	关键可交付成果

项目管理过程和裁剪决策

知识领域	过 程	裁剪决策
整合		
范围		
进度		
成本		
质量		
人力资源		
沟通		
风险		
采购		

表9－5 项目管理计划的模板二

项目管理计划

过程工具与技术

知识领域	工具技术
整合	
范围	
进度	
成本	
质量	
人力资源	
沟通	
风险	
采购	
干系人	

偏差和基准管理

范围偏差临界值	范围基准管理
进度偏差临界值	进度基准管理
成本偏差临界值	成本基准管理

如前所述，制订项目管理计划的最终成果是项目管理计划文件，它是多个单项项目管理计划的汇总。项目管理计划一旦被确定为基准，就只有在提出变更请求并在实施整体变更控制过程批准后才能变更。

应用案例9－1 华为的项目章程模板

华为的项目章程模板如表9－6、表9－7、表9－8、表9－9所示。

表 9－6　华为的项目章程模板一

项目章程

项目名称　：____________________

项目发起人：________　准备日期：________

项目经理　：________　项目客户：________

项目目标或批准项目的原因

高层级项目描述

高层级需求

高层级风险

表 9－7　华为的项目章程模板二

项目章程

	项目目标	成功标准	批准人员
范围			
进度			
成本			
其他			

总体里程碑	到期日

表 9－8　华为的项目章程模板三

项目章程

预算

干系人	角色

项目经理职权层级

人员配备决策

预算管理和偏差

表 9－9　华为的项目章程模板四

项目章程

技术决策

冲突解决

批准

项目经理签字：________　发起人或委托人签字：________

项目经理姓名：________　发起人或委托人姓名：________

日期：________　日期：________

应用案例 9－2　华为校园招聘项目章程模板

笔者在华为大学给华为项目经理做 PMP 培训时发现：华为的项目经理在开展项目管理的过程中特别注意组织开发、积累和共享项目管理模板。华为校园招聘项目章程模板如表9－10所示，可以作为企业制定项目章程的参考模板，读者可以根据项目相关方的实际需要进行删减或者添加相关内容。

表9－10 华为校园招聘项目章程模板

项目名称	校园招聘人才	项目起止时间	2017年3月1～30日
项目发起人	李婷	项目成本预算	×万元
项目客户代表	××大学学生管理处	项目验收标准	品格良好、成绩优异 乐观上进、技能熟练
项目经理	赵志成	项目假设条件	与××大学的毕业生推荐约定不变
项目团队分工	李婷指导，赵志成、何军平等执行	项目制约因素	同时保证应聘人员的质量和数量
项目支持部门	人力资源部、5G研发部、销售部	项目成功激励	对项目团队成员每人增加季度绩效奖金2%
项目立项结论	总经理会议，李婷批准按项目计划完成校园招聘	项目失败负激励	对项目团队成员每人减少季度绩效奖金1%
项目总体目标	招聘146名合格人才，补充科研人才	风险预案	联系20名有意应聘者作为人才库的备选人才
项目成果描述	新人品格良好、成绩优异、乐观上进、专业技能熟练	主相关方签字	赵志成、何军平

实战训练9－1 编制项目章程沟通协作流程

（1）请认真研究图9－12、表9－11，找到自己的岗位和工作流程。

（2）自己的“纵向工作流程”沟通协作是否顺畅？怎样改进？

（3）自己与两边的“横向工作流程”沟通协作是否顺畅？怎样改进？

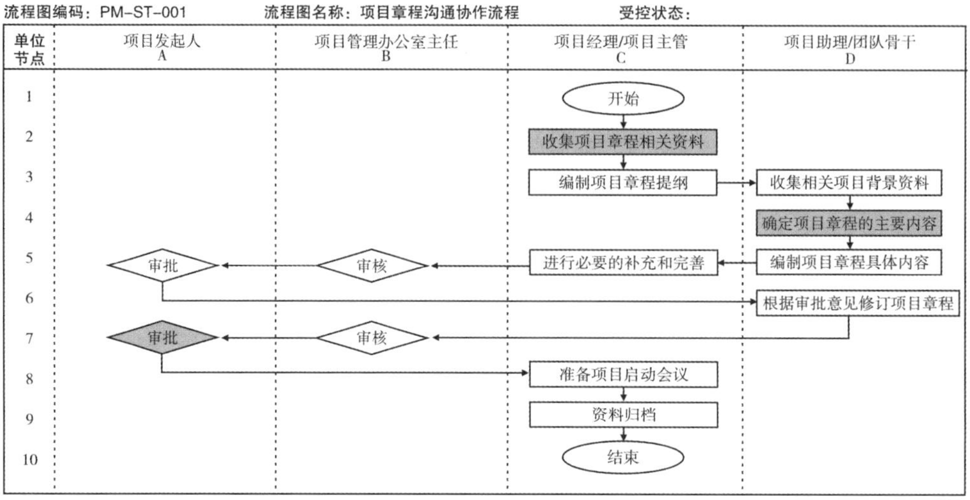

图 9－12　项目章程沟通协作流程

表 9－11　项目章程沟通协作流程

节点	工作重点、工具和技术速查指南	开始日期	结束日期
C2，收集项目章程相关资料	收集由项目发起人或者授权项目经理编写的正式批准项目、确定项目总体目标并授权项目经理在项目活动期间使用组织资源的文件等前期文档		
D4，确定项目章程的主要内容	主要包括：①项目发起人、投资方、委托方等高层项目相关方宣布某项目正式立项，批准项目的背景和项目执行的原因，以及项目的目标、成果和验收标准；②确定项目经理的责任边界，包括高层项目相关方明确定义项目开始，确定项目经理和项目管理团队的责任边界，确立项目在组织中的正式地位，向其他项目相关方公布和表明他们对项目和项目经理的授权和支持态度；③高层项目相关方确定项目的需求、总体目标和阶段性目标，包括确定项目相关方清单，需求分析，项目将要提交的产品、服务和成果清单，对项目的范围、进度、成本、质量标准等进行总体描述。组织在项目启动阶段，通常用项目的生命期、里程碑图来表示项目进度。详见本章 9.1“怎样制定项目章程”		
A7，审批	主要包括：项目发起人、投资方等对项目章程各个条款的评审和签署		

实战训练9-2 编制项目启动会议沟通协作流程

（1）请认真研究图9-13、表9-12，找到自己的岗位和工作流程。

（2）自己的“纵向工作流程”沟通协作是否顺畅？怎样改进？

（3）自己与两边的“横向工作流程”沟通协作是否顺畅？怎样改进？

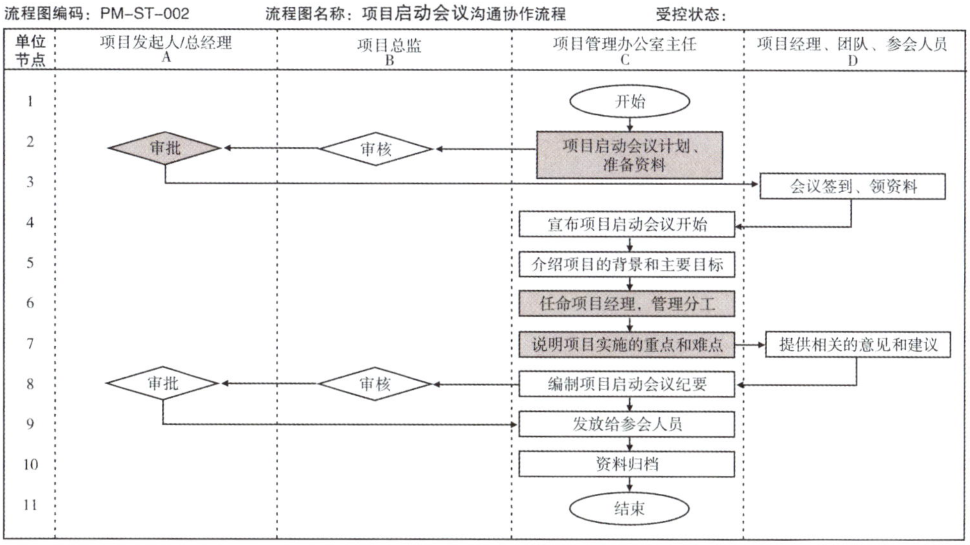

图9-13 项目启动会议沟通协作流程

表9-12 项目启动会议沟通协作流程

节点	工作重点、工具和技术速查指南	开始日期	结束日期
C2，项目启动会议计划、准备资料	参会人员：项目发起人（投资人）、项目管理办公室主任、客户代表、项目总监、项目经理和项目管理层。主要议程：宣布项目章程，介绍项目客户、客户需求、项目的背景、目标（范围、进度、成本、质量标准等）；任命项目经理和其他管理人员，确定组织结构；宣布项目的支持部门和可动用的资源权限		
A2，审批	主要包括：项目发起人、投资方等对项目章程各个条款的评审和签署		
C6，任命项目经理，管理分工	主要包括：任命项目经理、项目团队其他管理人员并用组织结构图、工作流程图和工作标准明细描述出来		
C7，说明项目实施的重点和难点	主要包括：预测项目开展过程中可能会遇到的相关方的沟通、协作问题；项目的主要风险和对策；项目的范围、进度、成本、质量的变更和对策；项目涉及的核心技术的重点、难点和解决方案		

实战训练9-3 编制项目管理计划沟通协作流程

（1）请认真研究图9-14、表9-13，找到自己的岗位和工作流程。

（2）自己的“纵向工作流程”沟通协作是否顺畅？怎样改进？

（3）自己与两边的“横向工作流程”沟通协作是否顺畅？怎样改进？

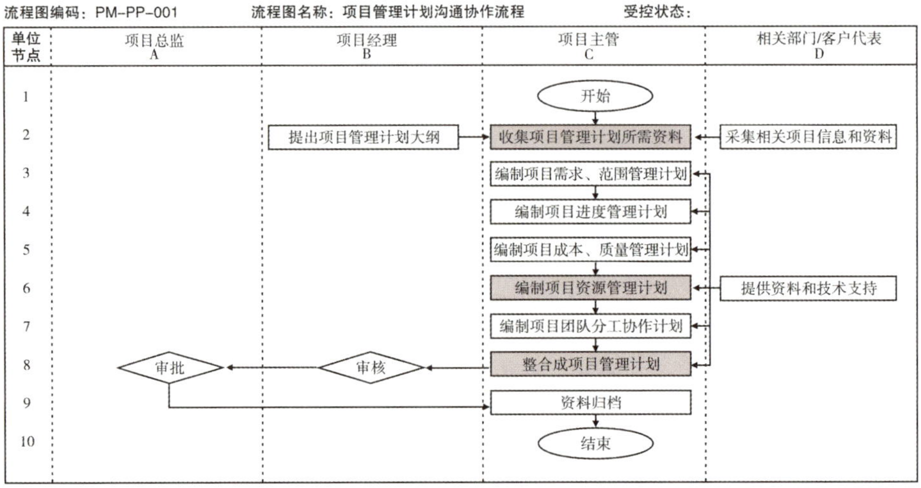

图9-14 项目管理计划沟通协作流程

表9-13 项目管理计划沟通协作流程

节点	工作重点、工具和技术速查指南	开始日期	结束日期
C2，收集项目管理计划所需资料	主要包括：客户或者公司内部的业务需求；项目工作说明书；项目可行性研究报告或者项目商业计划书；项目立项论证；类似项目的资料，包括流程、标准、方案、计划、经验教训等		
C6，编制项目资源管理计划	主要包括：人力、专业资格、工种、市场、材料、设备、信息、知识库、管理软件、资料和科学技术方法等资源		
C8，整合成项目管理计划	项目管理计划是对项目的预先安排，是为实现项目目标而设计和选择最佳行动路线。由多个分计划有机组合而成，包括需求管理计划、范围管理计划、进度管理计划、成本管理计划、质量管理计划、人力资源管理计划、沟通管理计划、风险管理计划、采购管理计划、过程管理计划、配置管理计划等。管理层在审核、审批了项目管理计划后，把审批后的范围、进度、成本作为项目基准。详见本章9.3“怎样制订项目管理计划”		

实战训练 9-4 编制项目管理计划审批沟通协作流程

（1）请认真研究图 9-15、表 9-14，找到自己的岗位和工作流程。

（2）自己的“纵向工作流程”沟通协作是否顺畅？怎样改进？

（3）自己与两边的“横向工作流程”沟通协作是否顺畅？怎样改进？

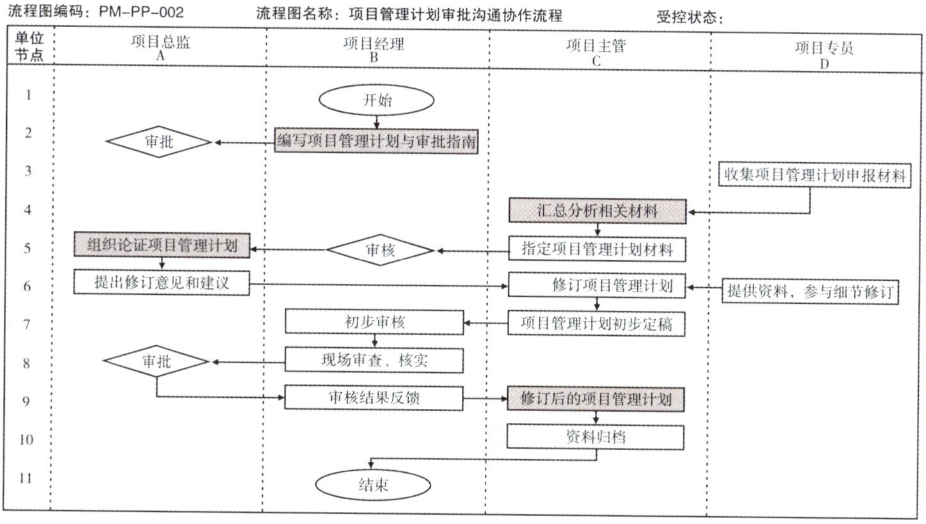

图 9-15 项目管理计划审批沟通协作流程

表 9-14 项目管理计划审批沟通协作流程

节点	工作重点、工具和技术速查指南	开始日期	结束日期
B2，编写项目管理计划与审批指南	主要包括：项目管理计划的审核人（项目经理），审核的重点是项目管理计划的需求、范围等 12 个要素；项目管理计划的审批人（总经理或者项目总监）审批的重点是项目管理计划中的范围、进度、成本、质量、风险、采购等		
C4，汇总分析相关材料	主要包括项目管理计划、编制项目管理计划的依据等。比如：客户需求调研报告，项目工作说明书，项目范围、进度管理初步计划，在项目实施期间的人工费、材料费的行业预算依据、调差系数，等等		
A5，组织论证项目管理计划	中小型项目管理计划的论证，主要由项目总监或者项目管理办公室主任负责主持；大型项目管理计划的论证，通常由总经理、项目发起人共同主持		
C9，修订后的项目管理计划	这也是项目发起人、执行方代表正式签署的项目管理计划，其中包括项目基准，项目经理和项目团队可以用这一计划指导项目的执行、监控和验收		

第 10 章　项目范围管理

【章节重点导图】 项目范围管理主要解决“项目做什么，不做什么”的问题，包括客户需求和项目执行方对做项目的具体要求。如图10－1所示，本章重点介绍对项目目标和项目范围进行管理的思路、流程、方法、工具和应用。

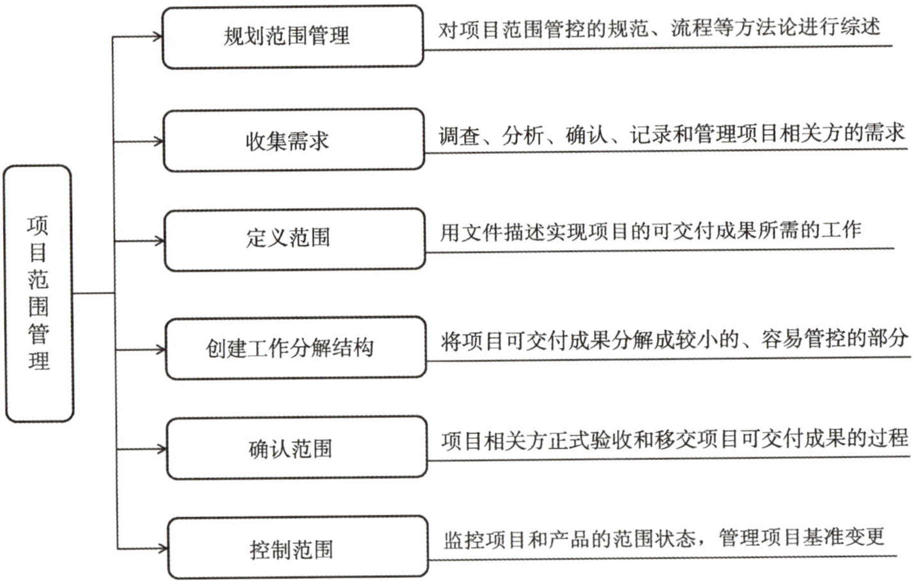

图 10－1　项目范围管理的过程

项目范围管理指确保项目团队做且只做所需的全部工作，以成功完成项目的各个过程。某项目范围内的全部工作如图 10－2 中的内部椭圆部分所示。

项目范围管理过程细化和量化客户的需求，逐步细化项目的目标，其主要作用在于计划、确定和监控哪些工作应该包括在项目内，哪些不包括在项目内。

（1）**项目范围的定义**。项目范围是指为了实现项目目标而必须完成的全部工

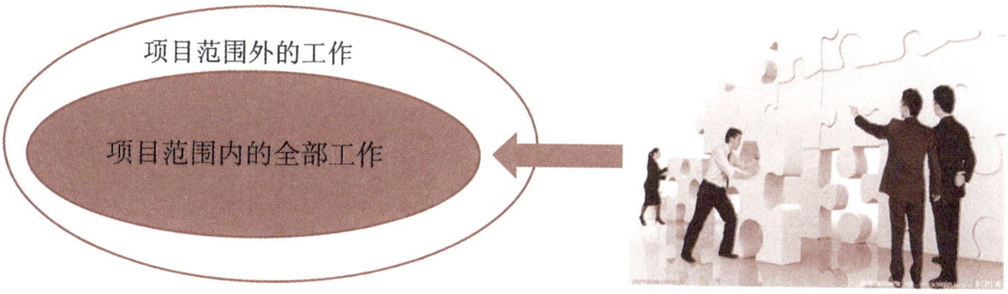

图 10－2 项目范围内的全部工作

作。该定义包含以下两层含义：

全部的工作——为了实现项目目标而必须做的所有的工作。任何工作都不能遗漏，否则将会导致项目范围萎缩，可能会在将来查漏补缺，导致项目进度拖延、成本超支、返工和企业品牌美誉度受损等。

必做的工作——为了实现项目目标而必须做的工作。如果不进行此项工作就无法实现项目目标；工作范围不含那些超出项目可交付成果需求的多余工作，否则将导致项目范围的蔓延、失控，造成资源浪费等。

（2）产品范围与项目范围的区别。

产品范围：项目投资者、业主等相关方对项目最终产品、服务和成果所期望包含的特征和功能的总和。通常用产品说明书或者项目工作说明书提供的产品、服务和成果需求及各项技术指标、功能指标来计划、确定、监控和验收产品范围。验收产品依据需求和功能。

项目范围：项目承包方、项目执行组织等相关方为了交付满足产品范围要求的产品或服务所必须完成的全部工作的总和。通常用项目范围说明书、项目工作分解结构、项目工作分解结构词典等形成的项目范围基准计划来确定、监控和验收项目范围。项目范围有时也包括产品范围。验收项目依据计划和成果。

例如，图 10－3 展示了华为总部办公楼作为产品的范围与作为项目的范围的主要区别：前者强调大楼的各项技术指标、功能指标，后者强调建成大楼所必须完成的勘测、设计与施工等工作任务的总和。

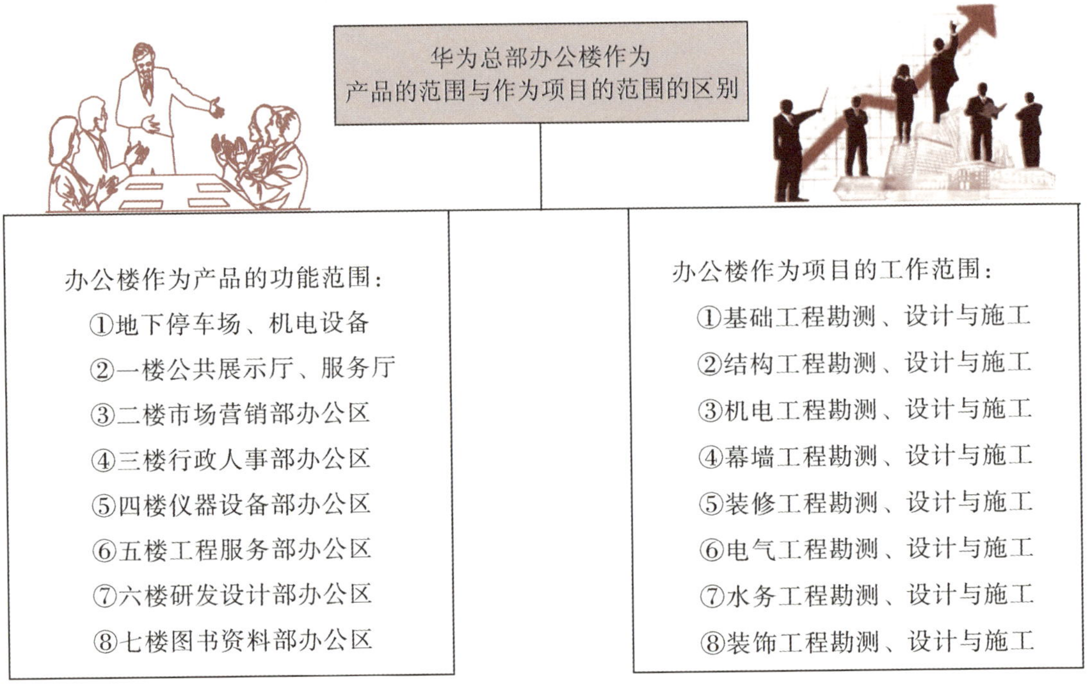

图 10－3　华为总部办公楼作为产品的范围与作为项目的范围的区别

（3）**项目范围基准**。如图 10－4 所示，项目范围基准由项目范围说明书、项目工作分解结构（WBS）、项目工作分解结构词典三要素构成，其中项目工作分解结构是关键要素。

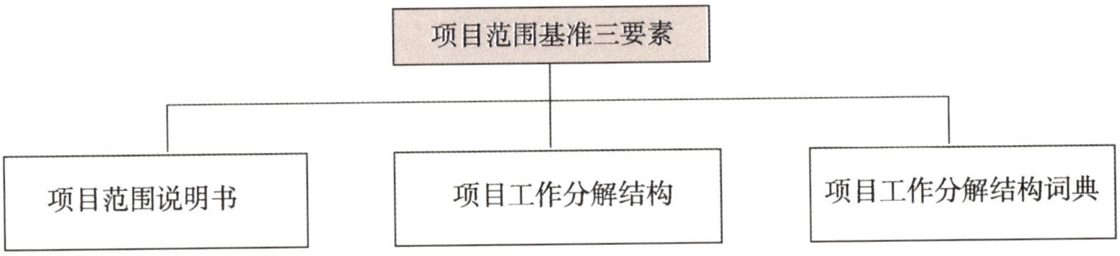

图 10－4　项目范围基准三要素

（4）**项目范围管理的作用**。项目范围管理包括了项目相关方对项目的要求和期望等，是项目能否成功的决定性因素，项目执行组织在界定项目范围时，还必须确定“本项目应当做什么，不做什么”的问题。

10.1 规划范围管理

表 10－1 描述了本过程的输入、工具与技术和输出。

表 10－1 规划范围管理：输入、工具与技术和输出

输入	工具与技术	输出
1. 项目管理计划	1. 专家判断	1. 范围管理计划
2. 项目章程	2. 会议	2. 需求管理计划
3. 事业环境因素		
4. 组织过程资产		

本过程的主要作用是，为管理项目范围提供指南。

一、规划范围管理的工具与技术

（1）**专家判断**。具有与制订范围管理计划相关的专业学历、知识、技能、经验或培训经历的任何个人或者组织，都可以提供专业判断。

（2）**会议**。召集项目管理会议，通过头脑风暴、思维导图和集思广益的办法来制订范围管理计划。参加会议的人员可能包括项目发起人、项目经理、项目团队成员和其他项目相关方。

二、规划范围管理的输出

（1）**范围管理计划**。范围管理计划是制订项目管理计划的基础。其中包括这些：制定详细的项目范围说明书；根据详细的项目范围说明书创建工作分解结构；批准和维护工作分解结构；正式验收已完成的项目可交付成果和项目范围变更处理；等等。

（2）**需求管理计划**。需求管理计划是管理项目需求的正式文件，是项目管理计划的重要组成部分，描述如何分析、记录、跟踪和管理项目的需求。

10.2 定义范围

如表 10－2 所示，定义范围的主要作用是，明确所收集的需求哪些包含在项目范围内，哪些排除在项目范围外，从而明确项目、服务或成果的边界。

表 10－2　定义范围：输入、工具与技术和输出

输入	工具与技术	输出
1. 项目管理计划	1. 专家判断	1. 项目范围说明书
2. 项目章程	2. 产品分析	2. 项目文件更新
3. 需求文件	3. 备选方案生成	
4. 组织过程资产	4. 引导式研讨会	

一、定义范围的工具与技术

（1）**专家判断**：专家的专业知识可用来处理项目范围说明书所需的技术细节。

（2）**产品分析**：产品分析技术包括产品分解（PBS）、系统分析、需求分析、系统工程、价值工程和价值分析（价值＝功能÷成本）等。

（3）**备选方案生成**：制订多种备选方案，进行经济技术比较，选择最优方案。

（4）**引导式研讨会**：组织具有不同专业知识的关键人物参加项目范围管理会议，有助于对客户需求和项目目标达成共识。

二、定义范围的输出

（1）**项目范围说明书**。项目范围说明书如图 10－5 所示。项目范围说明书与项目章程不同：项目章程包括高层级的项目决策信息，而项目范围说明书则是在此基础上对项目范围信息的详细描述，可以在项目的推进过程中逐步完善。

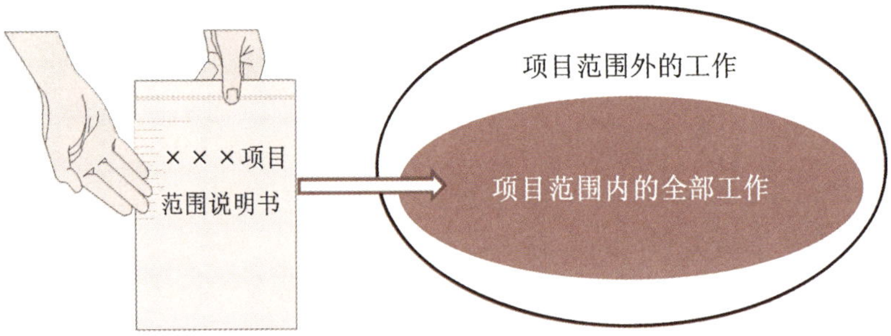

图 10－5　项目范围说明书

（2）**项目文件更新**。项目文件更新包括相关方登记册、需求文件、需求跟踪矩阵。

在编制项目范围说明书时要注意的两个要素：

①制约因素：对项目的计划和执行过程有影响的限制因素，包括客户或者项目执行组织事先确定的预算，强制性日期，组织结构，合同条款，等等。

制约因素的特征：通常事先知道；限制项目团队选择的因素；具有原则性，通常不会改变，不会渐进明细，比如环境保护条款。

②假设条件：不需要验证即可视为正确、真实或者确定的因素，其特点是：以当时所能得到的最准确信息为基础；渐进明细，具有时限；往往涉及一定的风险；应当记录在案，并经常检查回顾假设是否正确。

10.3 创建工作分解结构

（1）**工作分解结构（WBS）的含义**：如图 10－6 所示。创建 WBS，就是按照自上而下的方法把整个项目和项目可交付成果按照层级规则，分解成较小的、可视化的，便于计划、管理和控制的过程。

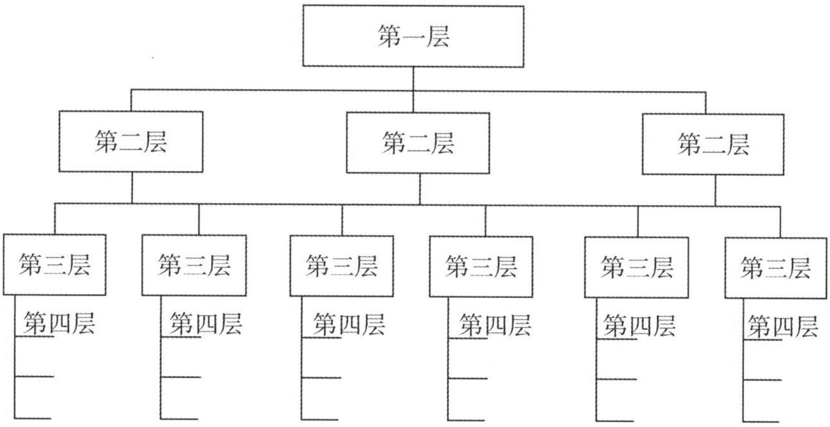

图 10－6　WBS 示意图

（2）**WBS 的特点**：定义了项目的总范围，包含全部的产品和项目工作；以可交付成果为导向的工作层级分解；每下降一个层级就表示对项目工作的更详细定义；项目计划和管控的基础、项目绩效考核的依据；没有 WBS，就没有项目的范围计划、进度计划、成本计划、风险计划等计划；对于某个项目，如果无法编制出 WBS，一般不宜开始制订项目计划。

（3）**WBS 对项目相关方的沟通作用**：利用清晰、直观的图表，让项目相关方对项目成果达成共识。如图 10－7 所示。

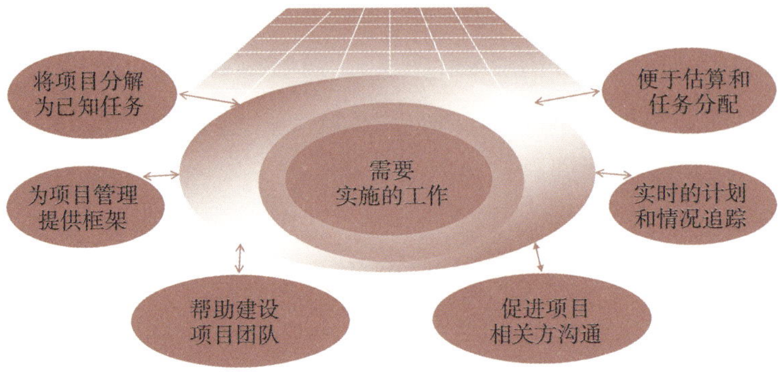

图 10－7　WBS 对项目相关方的沟通作用

（4）WBS 对项目计划和管控的作用：WBS 是项目管理的基础和前提，如果一个项目组织无法编制出 WBS，最好不要开始接下来的其他项目规划工作，更不要开始实施工作，以免目标不清导致资源浪费。

如果项目工作分解得不好，在实施的过程中项目就会执行不到位，甚至有可能会打乱项目的进程，造成返工、延误工期和增加成本等问题。另外，WBS 是一种层次化的树形结构，是将项目按一定的方法划分为更容易管理的项目单元，通过控制这些项目单元的费用目标、进度目标和质量目标，使它们之间的关系协调，从而达到控制整个项目目标的目的。

WBS 的特点及对项目计划和管控的主要作用，如图 10－8 所示。

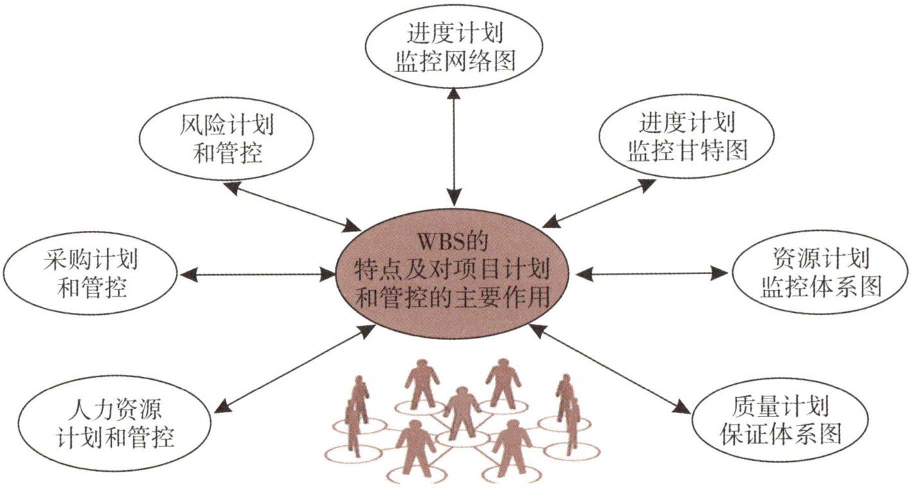

图 10－8　WBS 的特点及对项目计划和管控的主要作用

①简明易懂，把握范围——一图解千文，WBS 可以使项目的内涵和层级关系更加直观、透明，使项目的概况和组成更加明确、清晰，使人们对项目一目了然。

②进度计划基础——在创建 WBS 的树形结构之后，使用同样的分解方法可以把 WBS 的工作包分解为相应的活动，并在此基础上确定完成各项活动所需的持续时间，准确地编制项目进度计划监控网络图、进度计划监控甘特图和进度计划监控里程碑图，找到决定项目进度的关键路径，为控制项目进度、赶工、压缩工期奠定良好的基础。

③资源分配基础——根据 WBS 的成果（WBS 的树形结构），可以直接编制账目分解结构（ABS），进一步编制项目的资源预算和采购计划，按照轻重缓急将所需要的人力、设施、设备、仪器、材料、资料等资源合理地分配到各个项目单元，统筹兼顾，优化资源。

④风险分解基础——通过 WBS 的树形结构，可以直接编制风险分解结构（RBS），有利于项目相关方清晰地识别风险可能发生的部位、层级和根源，进行定性风险分析、定量风险分析并设计出相应的风险对策，开展具有针对性的项目风险监控。

⑤组织分工基础——根据 WBS 的树形结构，可以直接编制项目组织分解结构（OBS），WBS 可与 OBS 有机地对应、结合在一起，使得组织工作责任和资源分配更加明确。

⑥沟通协作基础——作为项目报告系统的对象，WBS 是各部门进行沟通协调的主要手段。尤其是现代大中型复杂项目，一般会涉及大量的资源，涉及供应商、承包方等，有时还会有政府部门的高技术设施或资金投入，因而要求的综合信息数量和信息沟通次数往往相当大。

WBS 为项目相关方提供了一个共同的信息沟通协作的基础，这些项目相关方包括业主、供应商、承包方、项目管理人员以及设计、施工、安装、调试的人员等。

⑦过程管控基础——WBS 代码的应用使所有进入系统的信息都是通过一个统一的定义方法做出来的，这样就能确保项目相关方把所有收集到的数据与同一基准比较，这对于项目控制的意义是显而易见的。

10.3.1　创建 WBS

表 10－3 描述了本过程的输入、工具与技术和输出。

表 10－3 创建 WBS：输入、工具与技术和输出

输入	工具与技术	输出
1. 范围管理计划	1. 分解	1. 范围基准
2. 项目范围说明书	2. 专家判断	2. 项目文件更新
3. 需求文件		
4. 事业环境因素		
5. 组织过程资产		

一、创建 WBS 的工具与技术

（1）**分解**。分解是一种把项目范围和项目可交付成果逐步划分为更小、更便于管理的组成部分的技术。工作包是 WBS 最低层的组件，可对成本和持续时间进行估算和管理。把一个项目分解为几层比较合适？分解的程度（层级）取决于所需的控制程度，以实现对项目的高效管理。对于 2 ～ 3 个月完成的中小型项目，分解到 3 ～ 4 层即可；对于 4 个月以上完成的大中型项目，通常分解到 5 ～ 6 层即可。工作包的详细程度因项目规模和复杂程度而异。

要把整个项目工作分解为工作包，通常需要开展以下活动：识别和分析可交付成果及相关工作；确定 WBS 的结构和编排方法；尽量使用已有的 WBS 模板；使用组织特定的指南；自上而下逐层细化分解；为 WBS 组件制定和分配标识编码；审核可交付成果分解的程度是否恰当。

（2）**专家判断**。专家判断和专业知识可用来处理有关项目范围的各种技术细节，并协调各种不同的意见，以便用最好的方法对项目整体范围进行分解。

①WBS 的结构：可以采用多种形式。例如：在建筑物装修过程中，以项目生命期的各阶段或者控制账户作为分解的第二层，把产品和项目的规划包（可交付成果）放在第三层。如图 10－9 所示。

②控制账户：在该控制点上，把范围、预算、实际成本和进度加以整合，并与挣值相比较，以测量绩效。控制账户设置在 WBS 中选定的管理节点上。一个控制账户可以包含一个或多个工作包，但是一个工作包只能属于一个控制账户。

③规划包：位于控制账户之下，工作内容已知，但详细的进度活动未知；一个控制账户可以包含一个或多个规划包。

④工作包：是 WBS 最低层的组件，可以外包。工作包只是在 WBS 中，不再细分，通常还要由负责具体工作包的人把它分解成活动（在 WBS 外进行）。如项目规模比较大，工作包相当于子项目。

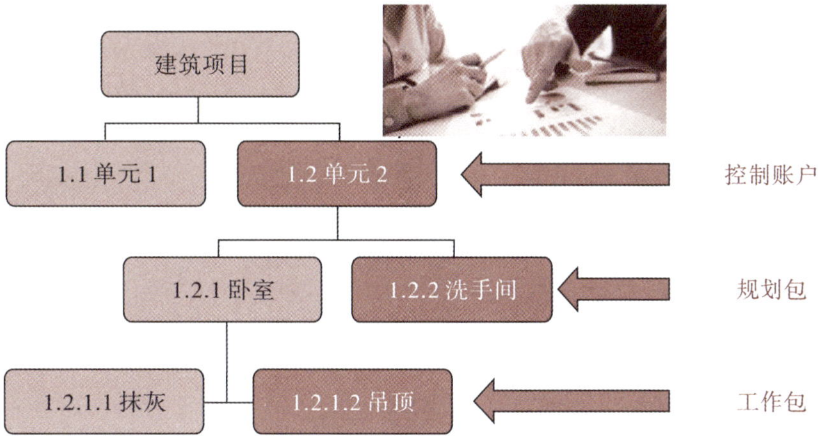

图 10－9 创建 WBS 的控制账户、规划包、工作包

潜规则：划分的工作包必须在 80 个小时（10 个标准工作日）或 40 个小时（5 个标准工作日）内完成，否则将分成两个或者多个工作包，便于管控和验收。

工作包的特征：规模较小，可以在短时间内完成；从逻辑上讲，不能再分；所需要的时间和资源等已经可以比较准确地估算和控制；可以把工作“打包后”外包出去，由承包方进一步细分。

⑤创建 WBS 的方法：常用的方法包括自上而下的方法、使用组织特定的指南和使用 WBS 模板。可以使用自下而上的方法对 WBS 子组件进行整合。

⑥分解到可以执行的层级：多数情况是 4 ～ 5 层。不同的可交付成果可以分解到不同的层级。某些可交付成果只需分解到下一层即可到达工作包的层级，而另一些则须分解更多层。工作分解得越细致，对工作的规划、管理和控制就越有力。但是，过细的分解会造成管理努力的耗费，应当适可而止。

⑦滚动式规划：在编制 WBS 和其他项目管理计划时，由于受客户需求变化等诸多不确定因素的制约，第一轮计划很难做到一步到位，需要两次甚至多次刷新，这一过程称作滚动式规划。

⑧100% 规则：WBS 包含了全部的产品和项目工作，包括项目管理工作。把 WBS 低层的所有工作逐层向上汇总，以确保既没有遗漏的工作，也没有多余的工作，这被称为 100% 规则。

二、创建 WBS 的输出

（1）**范围基准**。范围基准是经过项目经理的上级管理层批准的项目范围说明书、WBS 和相应的 WBS 词典等。

①项目范围说明书。项目范围说明书包括对项目范围、主要可交付成果、假设条件和制约因素的框架性描述。

②WBS。WBS 是对项目团队为实现项目目标、创建所需可交付成果而需要实施的全部工作的层级分解。

③WBS 词典。WBS 词典是针对每个 WBS 组件，详细描述可交付成果、活动和进度信息的文件。WBS 词典中的内容可能包括：账户编码标识；工作描述；假设条件和制约因素；对工作包负责的小组；进度里程碑；相关的进度活动；所需资源；成本估算；质量要求；验收标准；技术参考文献和协议信息。

（2）**项目文件更新**。可能需要更新的项目文件包括需求文件，需要在需求文件中反映经批准的变更。

10.4 确认范围

表 10－4 是项目相关方正式验收已完成的项目可交付成果的过程。

表 10－4　确认范围：输入、工具与技术和输出

输入	工具与技术	输出
1. 范围管理计划	1. 检查	1. 范围基准
2. 项目范围说明书	2. 群体决策技术	2. 项目文件更新
3. 需求文件		
4. 事业环境因素		
5. 组织过程资产		

确认范围的工具与技术

（1）**检查**。检查是指开展测量、审查与确认等活动，以判断工作和可交付成果是否符合需求和产品验收标准。

（2）**群体决策技术**。当项目团队和其他项目相关方对项目范围进行确认时，可以使用群体决策技术。

10.5 控制范围

表 10－5 描述了本过程的输入、工具与技术和输出。

表 10 – 5 控制范围：输入、工具与技术和输出

输入	工具与技术	输出
1. 项目管理计划	偏差分析	1. 工作绩效信息
2. 需求文件		2. 变更请求
3. 需求跟踪矩阵		3. 项目管理计划更新
4. 工作绩效数据		4. 项目文件更新
5. 组织过程资产		5. 组织过程资产更新

控制范围的工具与技术

偏差分析：有比较才能有鉴别。偏差分析就是把项目执行的实际范围与范围基准进行比较，检查实际与计划的偏差。

通过开展测量、审查与确认等活动，来判断工作和可交付成果是否符合需求和产品验收标准。项目范围变更的核心流程如图 10 – 10 所示。

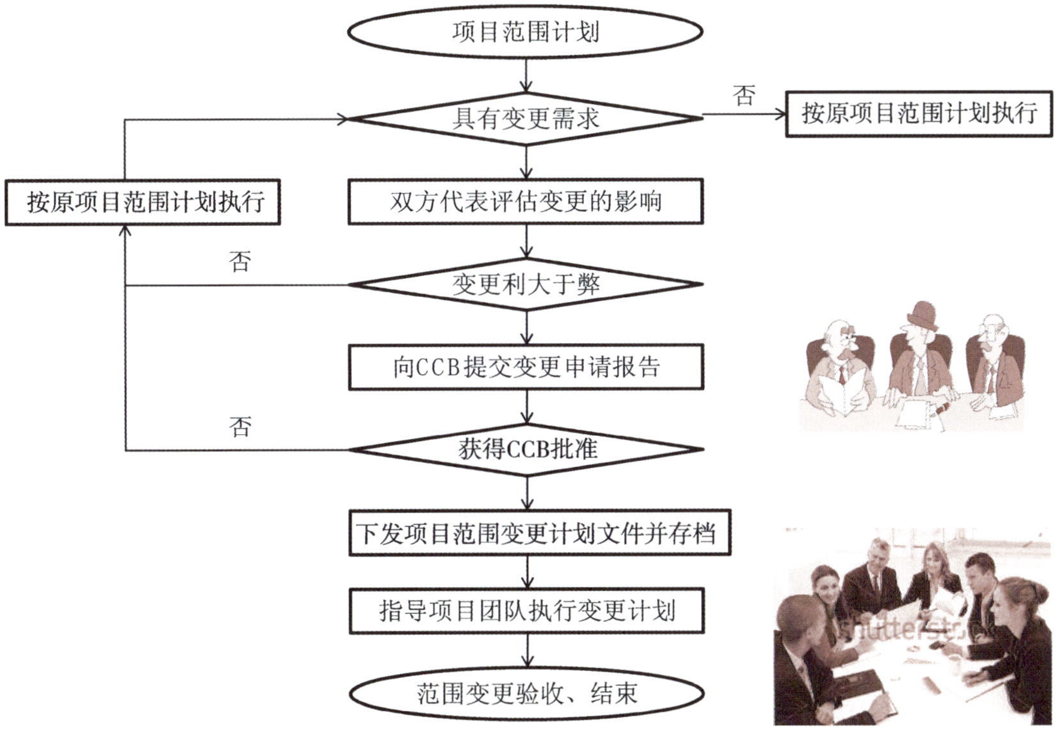

图 10 – 10 项目范围变更的核心流程

10.6 创建 WBS 的步骤

10.6.1 创建 WBS 的基本思路

创建 WBS 的基本思路如图 10－11 所示。

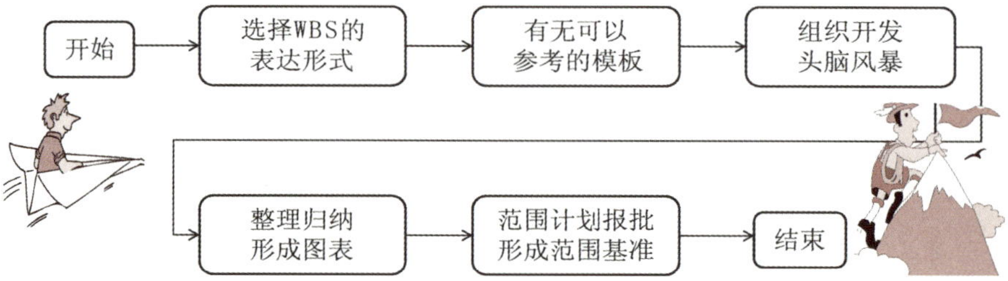

图 10－11 创建 WBS 的基本思路

（1）**关于 WBS 的表达形式**。通常可以根据项目的特点和项目管理的需要，按照项目的工作过程、工作成果、产品或者服务的功能来选择其中一种。

①基于项目工作过程的 WBS：如图 10－12 所示。如果项目执行组织、管理层、项目经理和项目团队的关注焦点在于项目的启动、计划、执行、监控与收尾这个整体过程和资源分配，通常使用基于项目工作过程的 WBS。注意：这种 WBS 特别强调从第二层开始，按照项目生命期进行排列。

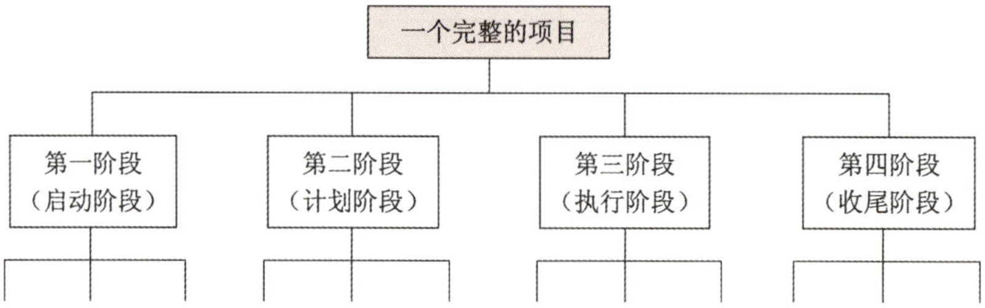

图 10－12 基于项目工作过程（项目生命期）的 WBS

②基于项目工作成果的 WBS：如图 10－13 所示。如果项目发起人、投资者、业主、客户代表、监理公司代表的关注焦点在于项目可交付成果是否符合要求，以及能否通过验收，通常使用基于项目工作成果的 WBS。

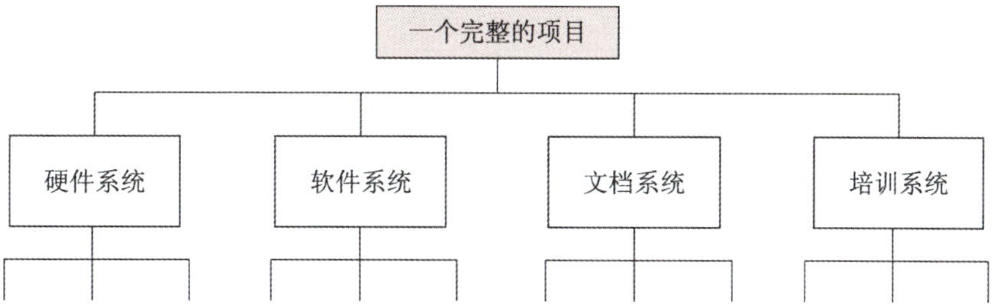

图 10－13　基于项目工作成果的 WBS

③基于项目产品或者服务功能的 WBS：如图 10－14 所示。如果项目委托方、监理公司、项目执行组织的总工程师、技术总监、工程技术和研发人员的关注焦点在于项目可交付成果能否实现预期的功能，通常使用基于项目产品或者服务功能的 WBS。

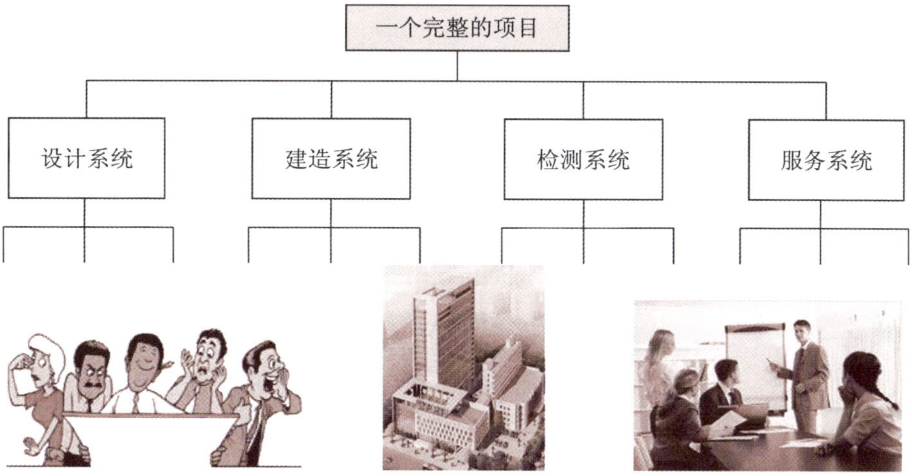

图 10－14　基于项目产品或者服务功能的 WBS

（2）**关于 WBS 的参考模板**。如图 10－15 所示。一个组织过去所实施项目的 WBS 常常可以作为新项目的 WBS 的模板。

虽然每个项目都是独一无二的，但许多项目或者子项目都存在着某种相似之处。许多应用领域都有标准的或接近标准的 WBS 作为模板供参考，在组织开发 WBS 之前应当注意：

①数据库、资料库、项目团队成员或者其他项目相关方有没有类似的项目模板、子项目模板可以套用。

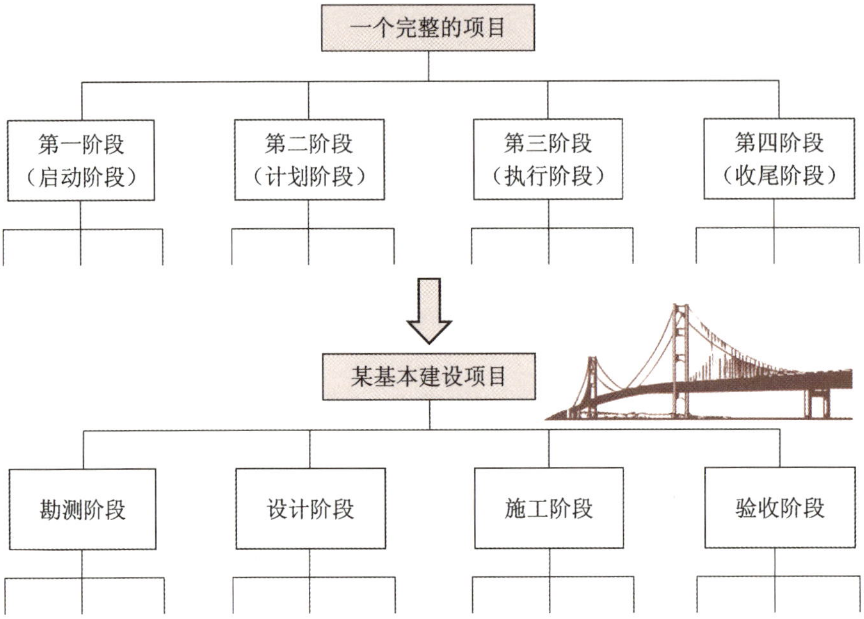

图 10－15　利用过去的 WBS 模板开发新的 WBS

②数据库、资料库、项目团队成员或者其他项目相关方有没有相接近的项目模板、子项目模板可以参考？如果有，项目团队就可以采用模仿方式开发。

③如果数据库、资料库、项目团队成员或者其他项目相关方的 WBS 资料比较短缺，项目经理可以邀请骨干人员预先设计出 WBS 的框架图，然后组织项目团队采用头脑风暴、举一反三的方法有针对性地开发新的 WBS。

10.6.2　创建 WBS 的主要步骤

（1）创建 WBS 的主要步骤如图 10－16 所示。

第一步（图中第一层）：确定项目名称（项目目标、项目可交付成果、服务的总和）。

第二步（图中第二层）：WBS 的规划包，确定项目生命期的阶段性目标、可交付成果和服务。在进行这一步时需要解答的问题是：要实现项目的目标需要完成哪些主要工作。项目的主要工作是指贯穿项目始终的工作。

第三步（图中第三层）：确定项目生命期可交付子成果和服务；确定每个可交付成果的详细程度是否已经达到了足以编制恰当的成本估算和历时估算的水平。“恰当”的含义可能会随着项目的进程而发生变化，因为对将来产生的一项可交付成果进行分解也许是不大可能的。

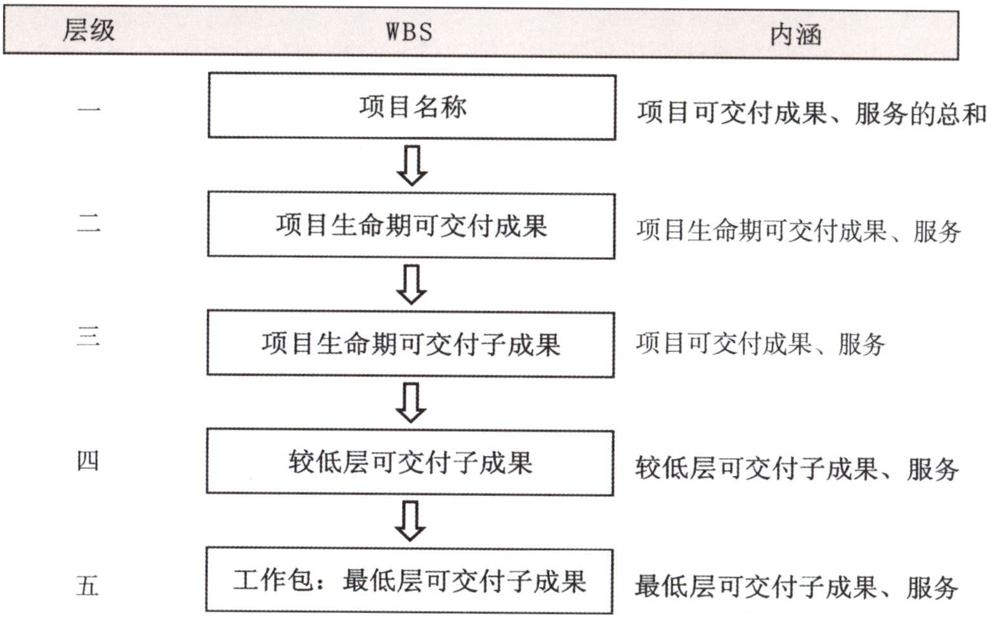

图 10－16　创建 WBS 的主要步骤

第四步（图中第四层）：确定项目生命期较低层可交付子成果和服务。

第五步（图中第五层）：确定工作包——项目生命期最低层可交付子成果和服务。这一步要解决的问题是：要完成上述各组成部分，有哪些更具体的工作要做。对于各组成部分更小的构成部分，应该说明需要取得哪些可以核实的结果以及完成这些更小构成部分的先后顺序。另外，还要检查 WBS 的正确性。重点检查下列问题：

①最低层项对项目分解来说是否必要而且充分呢？如果不是，那么必须修改组成元素（添加、删除或重新定义）。

②每项的定义是否清晰完整？如果不完整，则需要修改描述。

③每项是否都能够恰当地编制进度和预算？是否都能够分配到接受职责并圆满完成这项工作的具体组织单元（例如部门、项目团队或个人）？如果不能，那么需要做必要的修改，以便提供合适的管理控制。

（2）**大中型项目创建 WBS 时应当注意的问题**。

①有些简单的基本建设项目可直接以工程分解结构（EBS）作为 WBS，但是在很多情况下，由于考虑到由不同的承发包方式、采购模式和分包合同内容确定的合同分解结构（CBS），因此不能直接以 EBS 作为 WBS。

②创建 WBS 应当综合考虑项目组织分解结构（OBS）、项目账目分解结构

（ABS）等。OBS 描述每个项目活动对应的组织单元。ABS 是按照与 WBS、OBS 相适应的规则将投资进行分解而形成的相应的、便于管理的分解结构。ABS 是组织单元承担分项工作而对投资进行管理的一种工具，可以作为项目投资测定、衡量和控制的基准。项目经理和项目其他工作人员要善于将项目按照产品或服务的结构进行划分，以及项目按照项目组织的责任进行划分等有机结合起来。也就是说，我们应该将项目的 WBS、OBS 和 ABS 加以综合运用。

③建立 WBS 工作包必须满足的条件，如图 10－17 所示。

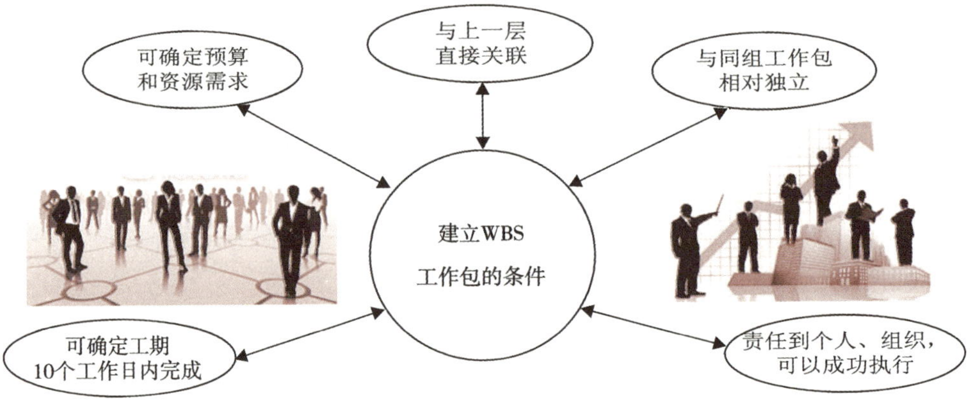

图 10－17　建立 WBS 工作包的条件

·任何一个工作包都必须与上一层分解的可交付成果直接关联。

·某一个工作包与同组的其他工作包在责任人、进度、预算、可交付成果和验收等方面具有明确的独立性，所以，可以把工作包外包出去，由承包方完成。

·工作包的关键点就是必须责任到个人、组织，可以成功地把可交付成果外包出去。任何一个工作包都有一个责任人，责任人具有工作积极性、组织能力和执行能力，能够保质保量、按时提交工作包对应的可交付成果。

·根据工作包能够确定实际成本估算、预算、人员和资源等方面的需求。对于工作包，一般要有全面、详细和明确的文字说明。对于较大的项目来说，可能会有许多工作包。因此，常常需要把所有工作包的文字说明汇集到一起，编成一个 WBS 词典。WBS 词典一般包含工作包描述以及计划编制信息，如进度计划、成本预算和人员安排，以便需要时查阅。

·根据工作包可确定工期，时间跨度最短，通常规定在 10 个工作日（80 个小时）内完成。时间跨度的长短反映组织对工作包项目进度控制的要求，时间跨度的上限应根据这个原则来制定。

·在战略目标正确的前提下，细节可以决定成败，但是这不等于说 WBS 做得越细就越好。实践证明：WBS 分为 3 ～ 6 层比较合适，如果分得太粗糙，将会导致基层执行人员难以实施；反之，将会导致项目经理和项目团队在 WBS 的编制上耗费过多的时间和资源，还有可能导致基层执行人员受困于复杂的工作包，不能根据实际情况的变化灵活地组织实施工作包。国内外的项目管理经验表明：为了规避风险、及时发现和处理问题，项目执行小组执行和完成一个工作包的时间通常不超过 10 个工作日（80 个小时）。如果一个工作包的工期超过 10 个工作日，就应该在这个工期内设立检查点或监视点。

④关于 WBS 图的变更问题。WBS 图一旦确定，除非特殊情况，一般不能随便改动。如果遇到必须改动的情况，就得召开各方会议，如部门主管、项目经理、执行人员、客户和承包方等参与的大会，就项目目标、WBS 等共同磋商，并达成一致意见，且加以确认。注意：变更前的 WBS－01，在变更之后的新版本用 WBS－02 表示，并且立刻通知项目相关方开始执行 WBS－02 版本。

（3）编制 WBS 词典的方法。

项目有许多工作包，为了把它们分解为一系列活动，编制项目的进度计划、成本计划、质量计划等计划，需要对它们有全面、详细和明确的文字说明并且将其汇总在一起，形成 WBS 词典，以便需要时查阅。

（4）选择制定 WBS 的数位法编码系统的方法。

WBS 中的每一项工作单元都要编上号码，这些号码的组合构成编码系统。WBS 有两套常用的编码系统：数位法编码系统和图书目录法编码系统。图 10－18、图 10－19 是用数位法编码系统编制 WBS 树形图和 WBS 列表法的典型案例。

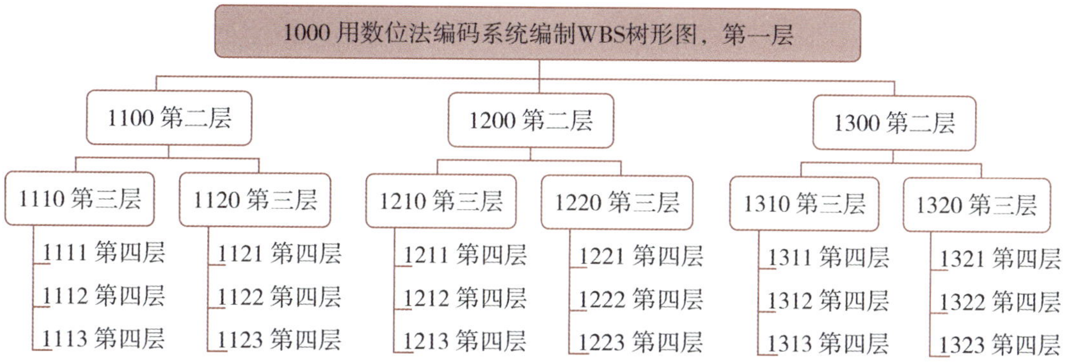

图 10－18 用数位法编码系统编制 WBS 树形图

1000 用数位法编码系统编制WBS列表法（同缩进法表示不同的层级）

1100 第二层		1200 第二层		1300 第二层	
1110 第三层	1120 第三层	1210 第三层	1220 第三层	1310 第三层	1320 第三层
1111 第四层	1121 第四层	1211 第四层	1221 第四层	1311 第四层	1321 第四层
1112 第四层	1122 第四层	1212 第四层	1222 第四层	1312 第四层	1322 第四层
1113 第四层	1123 第四层	1213 第四层	1223 第四层	1313 第四层	1323 第四层

图 10－19　用数位法编码系统编制 WBS 列表法

利用数位法编码技术对 WBS 进行信息交换，可以简化 WBS 的信息交流过程。编码设计与结构设计是有对应关系的。结构的每一层级代表编码的某一位数，有一个分配给它的特定的代码数字。结合图 10－18、图 10－19，不难看出数位法编码系统的编码规则：

①WBS 分解为几层，就用几个数位。例如图 10－18 中的 WBS 分解为四层，采用的数位就是 1000 四个数位，其中千位数“1”代表第一层，百位数“0”代表第二层，以此类推，用这种方法编码可以覆盖到 1 ～ 4 层的各个分解单元。

②如果 WBS 分解的层级增加几层，就增加几个数位。如果将图 10－18、图 10－19中的 WBS 分解增加为五层，采用的数位就增加为 10000 五个数位，用这种方法编码可以覆盖到第十层的工作包。

③WBS 的分解单元在第几层，其编码系统就包含几个非零数字。例如图 10－18、图 10－19 中 WBS 的第一层——1000，包含一个非零数字；第二层——1100，1200，1300，各包含两个非零数字；第四层——1111，1211，1311，各包含四个非零数字。

④100% 法则。在 WBS 编码中，任何一层的工作单元，都是全部下一层工作单元的总和。如第二个数字代表子工作单元，也就是把原项目分解为更小的部分。于是，整个项目就是子项目的总和。所有子项目编码第一个数字相同，而代表子项目的数字不同，紧接着后面两位数字是零。再下一层的工作单元的编码依次类推。

WBS 的数位法编码系统简明扼要、比较直观、易于更改，因此通常用于大中型项目的可行性研究和立项论证，以及中小型项目的计划编制。

应用案例 10-1　华为定义项目范围的有关文件

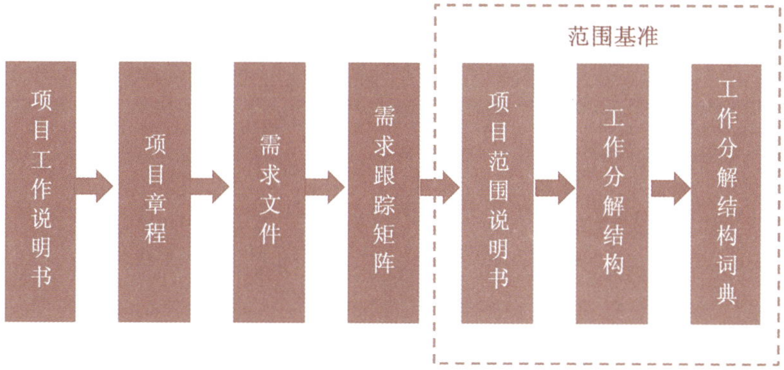

图 10-20　华为定义项目范围的有关文件

应用案例 10-2　华为项目范围管理计划模板

华为项目范围管理计划模板如表 10-6、表 10-7 所示。

表 10-6　华为项目范围管理计划模板一

范围管理计划
项目名称：＿＿＿＿＿＿　日期：＿＿＿＿＿
编制项目范围说明书
WBS
WBS 词典

表 10-7　华为项目范围管理计划模板二

人力资源管理计划
范围基准维护
范围变更
可交付成果验收
范围和需求整合

应用案例10-3　华为校园招聘项目范围说明书模板

华为在从事项目管理30多年的实践中，总结出了许多通用模板。典型的企业项目范围说明书包含的具体内容见表10-8。

项目范围说明书以正式的组织文件形式确定了项目范围的基本框架。为了便于管理相关方的期望，项目范围说明书还可以明确指出哪些工作不属于本项目范围。一般来说，项目范围说明书要由项目经理组织项目团队骨干人员编制初稿，在定稿前征求管理层、客户代表和项目团队成员的意见和建议。项目范围说明书可以作为项目经理、项目班子和项目委托者签订协议的基础。

表10-8　华为校园招聘项目范围说明书模板

项目名称	华为从校园招聘人才	项目起止时间	2019年3月23日至2019年4月3日
项目发起人	李志军	项目成本预算	×万元
项目客户代表	××大学	项目验收标准	品格良好、成绩优异 乐观上进、技能熟练
项目经理	何平	项目假设条件	与××大学的毕业生推荐约定不变
项目团队分工	李志军指导，何平、李文等执行	项目制约因素	同时保证应聘人员的质量和数量
项目支持部门	人力资源部、招聘员工的职能部门	项目成功激励	对项目团队成员每人奖励×元人民币
项目立项结论	用人部门总经理批准按项目计划完成校园招聘	项目失败负激励	对项目团队成员每人扣除×元人民币
项目总体目标	招聘360名合格人才，做好部门人才梯队建设	风险预案	网络联系36名有意应聘者作为人才库的备选人才
项目成果描述	新员工品格良好、成绩优异、乐观上进、专业技能熟练	相关方签字	李志军、何平、李文

应用案例 10-4 华为校园招聘项目工作分解结构树形图模板

用树形图表示华为校园招聘项目工作分解结构，如图 10－21 所示。

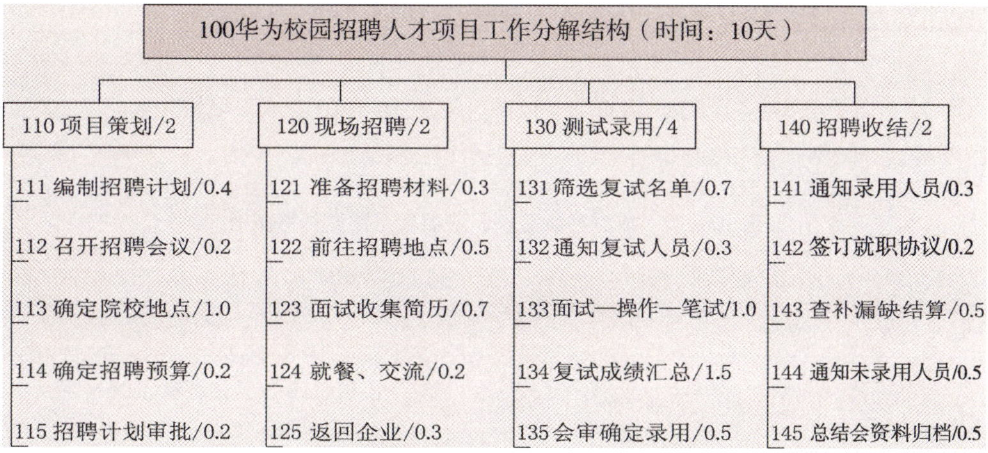

图 10－21 华为校园招聘项目工作分解结构树形图模板

应用案例 10-5 华为项目工作分解结构词典模板

华为项目工作分解结构词典模板如表 10－9 所示。

表 10－9 华为项目工作分解结构词典模板

<table>
<tr><td colspan="10">工作分解结构词典</td></tr>
<tr><td colspan="5">项目名称：</td><td colspan="5">准备日期：</td></tr>
<tr><td colspan="5">工作包名称：</td><td colspan="5">账户代码：</td></tr>
<tr><td colspan="5">工作描述：</td><td colspan="5">假设条件和制约因素：</td></tr>
<tr><td colspan="5">里程碑：</td><td colspan="5">到期日期：</td></tr>
<tr><td rowspan="2">编号</td><td rowspan="2">活动</td><td rowspan="2">资源</td><td colspan="3">人工</td><td colspan="3">材料</td><td rowspan="2">总价</td></tr>
<tr><td>小时</td><td>单价</td><td>合计</td><td>数量</td><td>单价</td><td>合计</td></tr>
<tr><td></td><td></td><td></td><td></td><td></td><td></td><td></td><td></td><td></td><td></td></tr>
<tr><td></td><td></td><td></td><td></td><td></td><td></td><td></td><td></td><td></td><td></td></tr>
<tr><td></td><td></td><td></td><td></td><td></td><td></td><td></td><td></td><td></td><td></td></tr>
<tr><td colspan="10">质量需求：</td></tr>
</table>

（续表）

验收标准：
技术信息：
合同信息：

实战训练 10－1 华为产品需求调研项目范围说明书模板

华为产品需求调研项目范围说明书模板如表 10－10 所示。请您结合实际工作，参考此模板制作项目范围说明书。

表 10－10　华为产品需求调研项目范围说明书模板

项目名称	××产品需求调研	项目起止时间	2019 年 9 月 1 日至 2019 年 9 月 30 日
项目发起人	刘新平	项目成本预算	×万元
项目客户代表	电信、移动、联通、广电	项目验收标准	按时提供客观、全面的××产品需求调研报告
项目经理	陈志刚	项目假设条件	与电信、移动、联通等客户代表的合作意向书不变
项目团队分工	陈志刚指导，万城、徐丽等执行	项目制约因素	职能型组织难以保证调研人员的专项工作时间
项目支持部门	销售部、售后服务部、研发部、工艺部、生产部	项目成功激励	对项目团队成员每人奖励×元人民币
项目立项结论	投资×万元，×个月完成产品升级前期调研	项目失败负激励	对项目团队成员每人扣除×元人民币
项目总体目标	投资×万元，×个月完成产品升级前期调研	风险预案	委托专业市场调研公司
项目成果描述	客观、全面的需求报告	相关方签字	刘新平、陈志刚

实战训练 10－2 华为产品需求调研项目工作分解结构树形图＋数位编码法模板

用树形图表示华为产品需求调研项目工作分解结构，用数位法进行编码。如图 10－22 所示。请您结合实际工作，参考此模板制作项目工作分解结构。

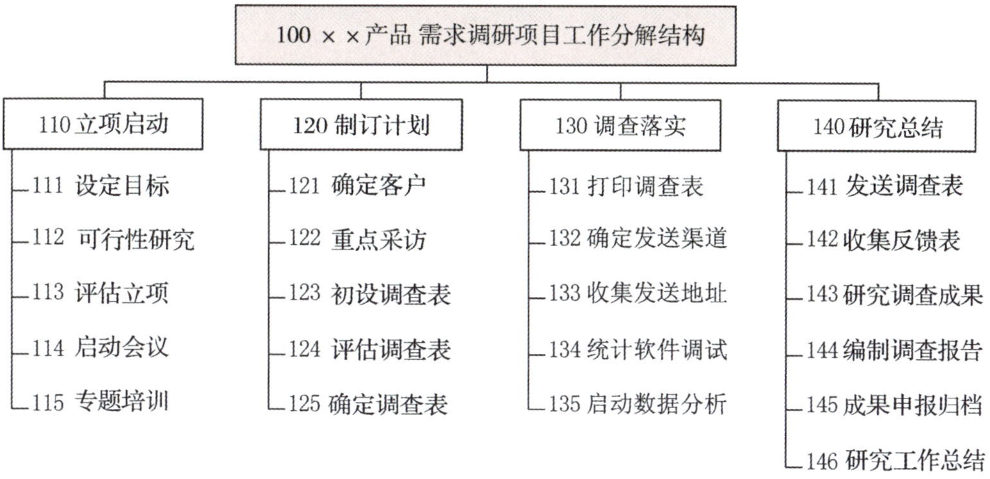

图 10－22 华为产品需求调研项目工作分解结构数位编码法模板

实战训练 10－3 华为产品需求调研项目工作分解结构列表法模板

用列表法表示华为产品需求调研项目工作分解结构，用图书目录法进行编码。如表 10－11、表 10－12 所示。请您结合实际工作，参考此模板制作项目工作分解结构。

表 10－11 华为产品需求调研项目工作分解结构列表法模板一

产品需求调研项目工作分解结构	
1. ××产品需求调研项目工作分解结构	
1.1 立项启动	1.2 制订计划
1.1.1 设定目标	1.2.1 确定客户
1.1.2 可行性研究	1.2.2 重点采访
1.1.3 评估立项	1.2.3 初设调查表
1.1.4 启动会议	1.2.4 评估调查表
1.1.5 专题培训	1.2.5 确定调查表

表 10－12　华为产品需求调研项目工作分解结构列表法模板二

产品需求调研项目工作分解结构	
1.3 调查落实	1.4 研究总结
1.3.1 打印调查表	1.4.1 发送调查表
1.3.2 确定发送渠道	1.4.2 收集反馈表
1.3.3 收集发送地址	1.4.3 研究调查成果
1.3.4 统计软件调试	1.4.4 编制调查报告
1.3.5 启动数据分析	1.4.5 成果申报归档
	1.4.6 研究工作总结

实战训练 10－4　华为产品需求调研项目工作分解结构树形图＋图书目录编码法模板

用树形图表示华为产品需求调研项目工作分解结构，用图书目录法进行编码。如图 10－23 所示。请您结合实际工作，参考此模板制作项目工作分解结构。

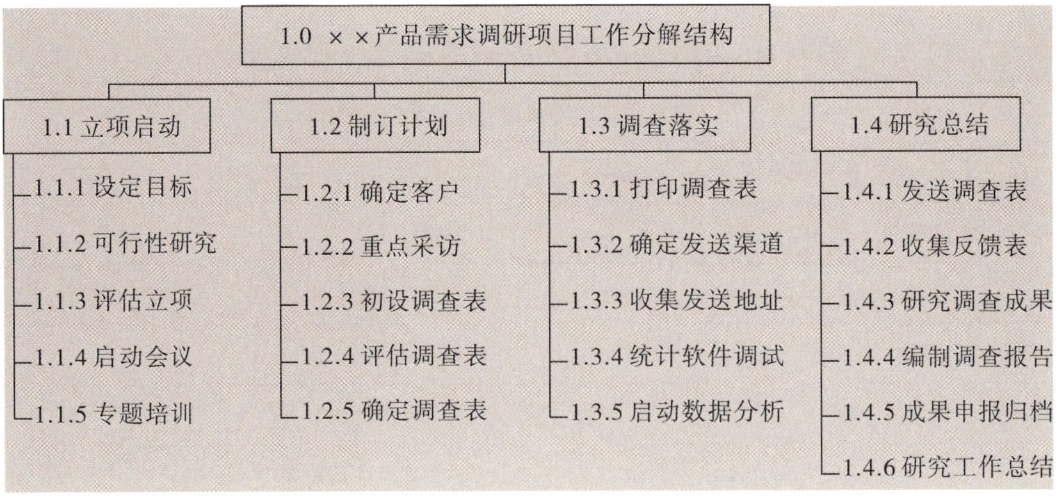

图 10－23　华为产品需求调研项目工作分解结构图书目录编码法模板

实战训练10-5 编制项目范围管理计划沟通协作流程

（1）请认真研究图10-24、表10-13，找到自己的岗位和工作流程。

（2）自己的“纵向工作流程”沟通协作是否顺畅？怎样改进？

（3）自己与两边的“横向工作流程”沟通协作是否顺畅？怎样改进？

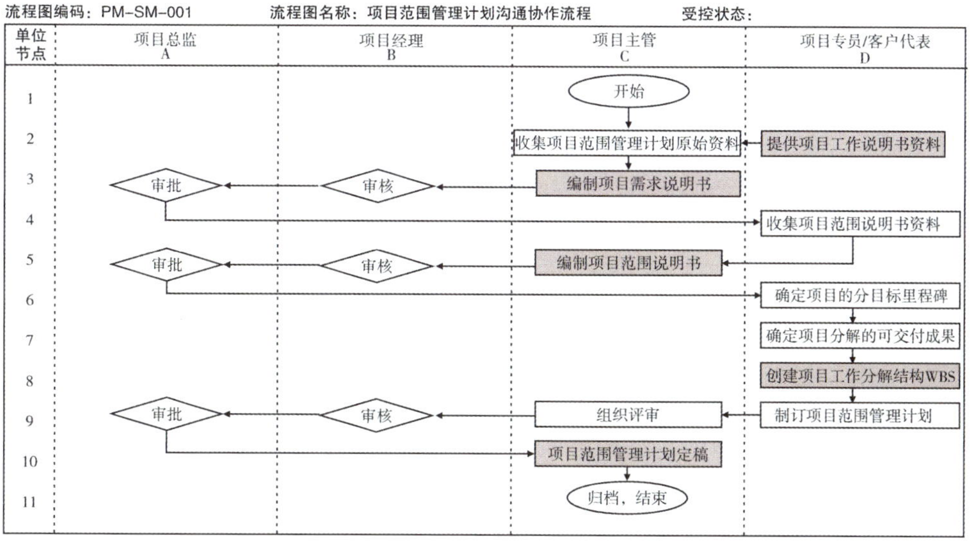

图10-24 项目范围管理计划沟通协作流程

表10-13 项目范围管理计划沟通协作流程

节点	工作重点、工具和技术速查指南	开始日期	结束日期
D2，提供项目工作说明书资料	项目投资者、业主等相关方对项目最终产品、服务和成果所期望包含的特征和功能的总和，通常用产品说明书或者项目工作说明书提供的产品、服务和成果需求及各项技术指标、功能指标来确定		
C3，编制项目需求说明书	主要包括：上这个项目的原因、主要目的，项目最终产品、服务和成果，项目的范围、总工期、成本、质量标准		

（续表）

节点	工作重点、工具和技术速查指南	开始日期	结束日期
C5，编制项目范围说明书	主要包括：上这个项目的原因、主要目的，项目负责人，项目的主要范围、进度、预算、可交付成果、验收标准，项目成功的激励，项目失败的负激励，假设条件和制约因素等		
D8，创建项目工作分解结构	按照自上而下的方法把整个项目和项目可交付成果（较大的工作单元）按照层级规则，分解成较小的，可视化的，便于计划、管理和控制的工作单元		
C10，项目范围管理计划定稿	主要包括三部分：项目范围说明书、项目工作分解结构、项目工作分解结构词典。		

实战训练 10-6　编制项目工作分解结构沟通协作流程

（1）请认真研究图 10－25、表 10－14，找到自己的岗位和工作流程。

（2）自己的“纵向工作流程”沟通协作是否顺畅？怎样改进？

（3）自己与两边的“横向工作流程”沟通协作是否顺畅？怎样改进？

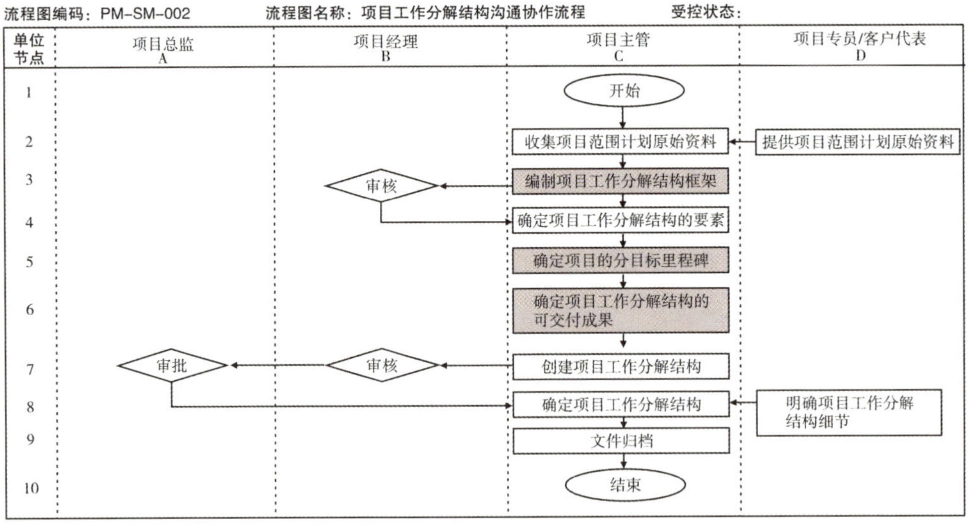

图 10－25　项目工作分解结构沟通协作流程

表 10－14　项目工作分解结构沟通协作流程

节点	工作重点、工具和技术速查指南	开始日期	结束日期
C3，编制项目工作分解结构框架	项目投资者、业主等相关方对项目最终产品、服务和成果所期望包含的特征和功能的总和，通常用产品说明书或者项目工作说明书提供的产品、服务和成果需求及各项技术指标、功能指标来确定		
C5，确定项目的分目标里程碑	用里程碑表示项目的分目标或者阶段性目标。里程碑即项目中的重大事件或者某一个主要可交付成果完成的时间（标识）点，既不占用时间，也不消耗资源		
C6，确定项目工作分解结构的可交付成果	主要包括项目可交付成果。项目可交付成果是一种可以看得到的、独特的，可以进行检测、验证的产品、服务和成果。项目可交付成果必须是有形的，是可以度量、检测和核实的		
C7，创建项目工作分解结构	按照自上而下的方法把整个项目和项目可交付成果（较大的工作单元）按照层级规则，分解成较小的，可视化的，便于计划、管理和控制的工作单元		

第 11 章　项目时间管理

【章节重点导图】《孙子兵法》中的作战原则之一就是“兵贵神速”。面对互联网下半场，企业的成败在于两个关键点：客户需求和对客户需求的反应速度。本章重点介绍项目时间管理的思路、流程、方法、工具和应用。如图 11－1 所示。

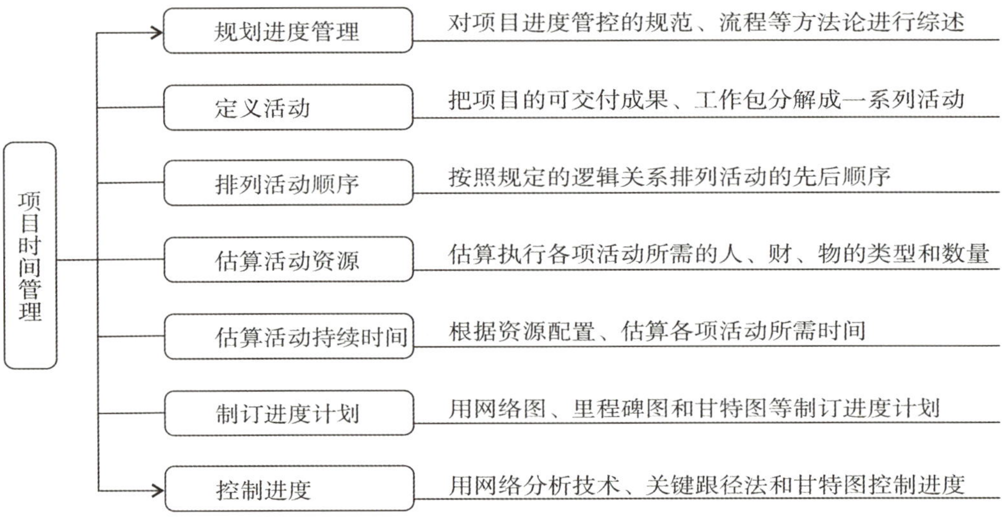

图 11－1　项目时间管理过程

项目时间管理是指为了确保能够在规定的时间内实现项目目标，对项目活动进度及日程安排进行管理的过程。

11.1　规划进度管理

规划进度管理的主要作用是为管理整个项目的进度、保证项目按时完成任务提供方向和方法论，见表 11－1。

表 11－1　规划进度管理：输入、工具与技术和输出

输入	工具与技术	输出
1. 项目管理计划	1. 专家判断	进度管理计划
2. 项目章程	2. 分析技术	
3. 事业环境因素	3. 会议商定	
4. 组织过程资产		

规划进度管理的工具与技术

（1）**分析技术**：需要选择项目进度估算和规划的战略方法，例如进度规划方法论，进度规划工具与技术、估算方法。还需详细描述对项目进度进行快速跟进或赶工的方法，如并行或者交叉的工作方式。

（2）**会议商定**：项目团队可能举行规划会议来制订进度管理计划。参会人员可能包括项目发起人、客户代表、项目经理、团队核心成员等。

11.2　定义活动

定义活动过程的实质就是把工作分解结构的工作包进一步细分为更小的组成部分，即活动。活动代表着为完成工作包所需的工作过程。

定义活动过程的主要作用是将工作包分解为活动，作为对项目工作进行估算、进度规划、执行、监督和控制的基础。见表 11－2。

表 11－2　定义活动：输入、工具与技术和输出

输入	工具与技术	输出
1. 项目进度管理计划	1. 分解	1. 活动清单
2. 范围基准	2. 滚动式规划	2. 活动属性
3. 事业环境因素	3. 专家判断	
4. 组织过程资产	4. 会议商定	

一、定义活动的工具与技术

（1）**分解**。定义活动过程中的分解是一种把项目范围和项目可交付成果（工作包）逐步划分为更小、更便于管理的活动的技术。定义活动与定义范围的对象和结果具有原则性的区别：定义范围的结果是可交付成果和工作包等，是可以测量和验收的；定义活动通常是对完成工作包的过程进行分解，最终输出的是一系列活动

过程而不是可交付成果。

（2）**滚动式规划**。如图 11－2 所示，滚动式规划是一种渐进明细的规划技术，即详细规划近期要开展的活动，对于信息不够明确的中远期活动，暂时只在 WBS 的较高层级上做粗略规划，待今后信息明确之后再予以增补。如图 11－2 所示灰色模块部分，在早期的进度规划阶段，由于掌握的信息不够明确，某些工作包只能分解到“不确定”的活动。一旦信息明确，就可以分解到全部“确定”的活动。

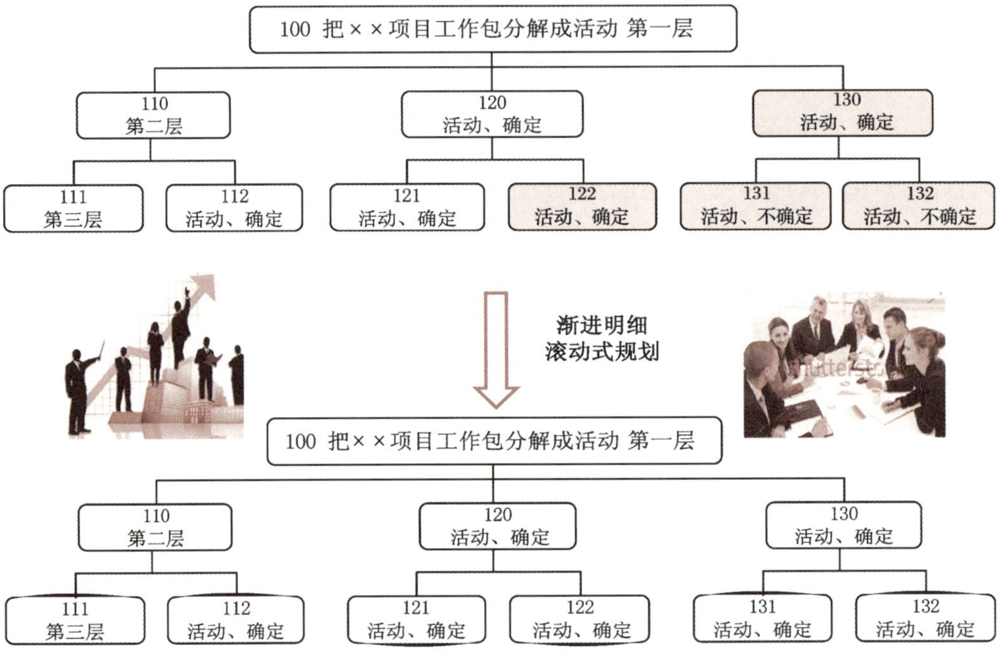

图 11－2　滚动式规划

二、定义活动的输出

（1）**活动清单**。活动清单是一份包含项目所需的全部进度活动的综合清单，包括每个活动具体内容的标识及工作范围详述。

（2）**活动属性**。活动属性包括活动持续时间、工作内涵和资源等。

11.3　排列活动顺序

表 11－3 描述了本过程的输入、工具与技术和输出。

表 11－3 排列活动顺序：输入、工具与技术和输出

输入	工具与技术	输出
1. 项目进度管理计划	1. 紧前关系绘图法	1. 项目进度网络图
2. 活动清单	2. 确定依赖关系	2. 项目文件更新
3. 活动属性	3. 提前量和滞后量	
4. 里程碑清单		
5. 项目范围说明书		
6. 事业环境因素		
7. 组织过程资产		

一、排列活动顺序的工具与技术

（1）**紧前关系绘图法（PDM）**。PDM 过去也称为前导图法，用节点表示活动，并用箭线连接节点，以显示活动的实施顺序。PDM 包括四种常用的依赖关系，如图 11－3 所示，其中紧前活动 A 是排在紧后活动 B 前面的活动。

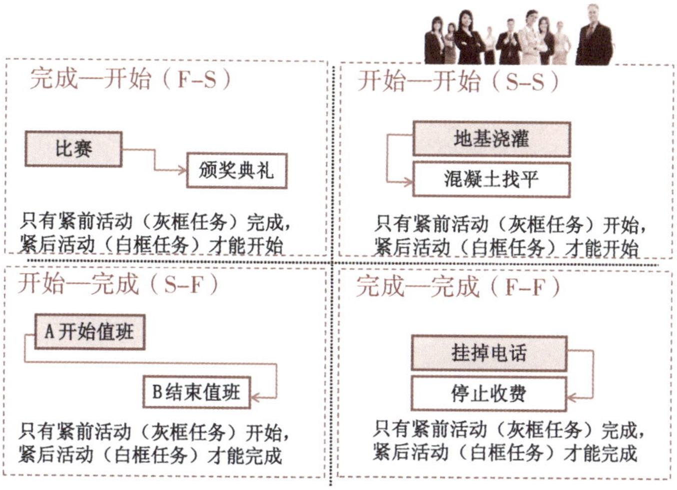

图 11－3 PDM 包括的四种常用的依赖关系

①完成—开始（F－S）。表示只有紧前活动 A 完成，紧后活动 B 才能开始的逻辑关系。例如，在企业咨询管理过程中，只有诊断问题（紧前活动）结束，提出解决方案（紧后活动）才能开始。

②开始—开始（S－S）。表示只有紧前活动 A 开始，紧后活动 B 才能开始的逻辑关系。例如，开始某种产品试验之后，才能开始进行产品试验记录。

③完成—完成（F-F）。表示只有紧前活动 A 完成，紧后活动 B 才能完成的逻辑关系。例如，只有完成文件的编写（紧前活动），才能完成文件的汇总（紧后活动）。

④开始—完成（S-F）。表示只有紧前活动 A 开始，紧后活动 B 才能完成的逻辑关系。例如，只有第二班的值班人员开始接班，上一班的值班人员才能结班。

其中，“完成—开始”是最常用的逻辑关系类型，“开始—完成”很少使用。

（2）**确定依赖关系**。依赖关系可能是强制或选择的，内部或外部的。如图 11-4 所示，这四种依赖关系可以组合成强制性外部依赖关系、强制性内部依赖关系、选择性外部依赖关系或选择性内部依赖关系。

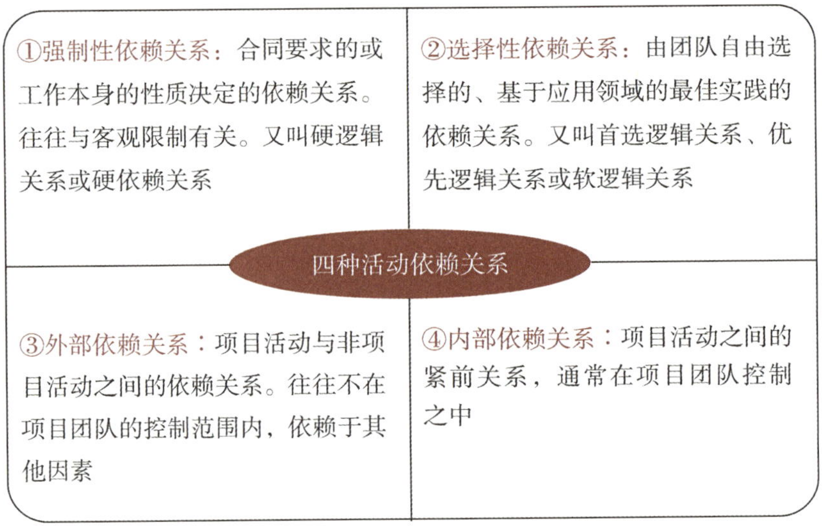

图 11-4　四种典型的活动依赖关系

①强制性依赖关系。强制性依赖关系往往与客观限制有关。例如，在设备制造过程中，只有在生产者、生产图纸、设备和零部件等都到位之后才能进行总装。强制性依赖关系又称硬逻辑关系或硬依赖关系，多具有“完成—开始”的特点。

②选择性依赖关系。选择性依赖关系有时又称首选逻辑关系、优先逻辑关系或软逻辑关系。基于具体应用领域的最佳实践来建立选择性依赖关系，可以提高企业的劳动生产率。比如企业构建计算机网络时，一方面组建机房，另一方面开发应用软件，用这种活动画出的流程图多具有并联或者交叉的特点。

③外部依赖关系。外部依赖关系是项目活动与非项目活动之间的依赖关系。这

些依赖关系往往不在项目团队的控制范围内。例如，某厂址的投资项目立项论证工作，可能要在地方建设部门和环保部门检查审批之后才能开始。

④内部依赖关系。内部依赖关系是项目活动之间的紧前关系，通常在项目团队的控制之中。例如，只有生产设备组装完毕，专家才能对其测试。

（3）**提前量和滞后量**。提前量是相对于紧前活动，紧后活动可以提前的时间量。滞后量是相对于紧前活动，紧后活动需要推迟的时间量。例如，图 11－5 中左边表示活动 B 在活动 A 完成之前 3 天开始，用“FS－3”表示；右边表示活动 B 在活动 A 完成之后 3 天开始，用“FS＋3”表示。

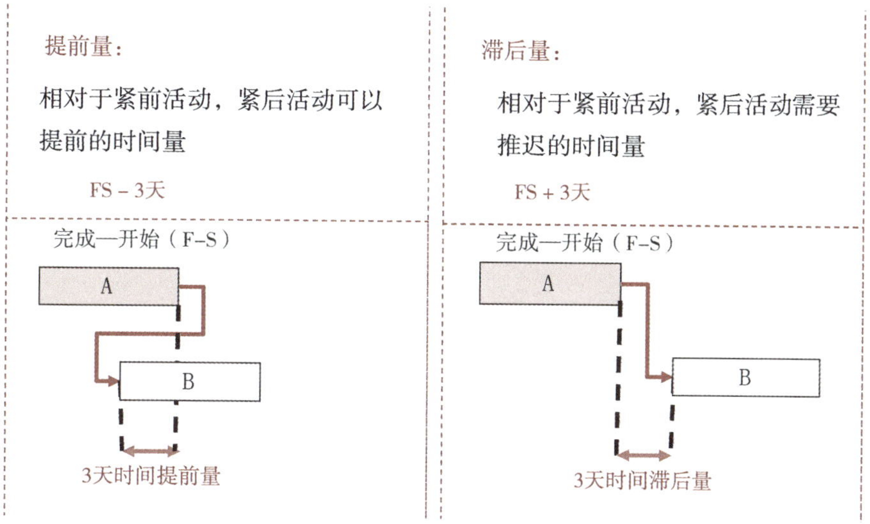

图 11－5　典型的提前量和滞后量关系

二、排列活动顺序的输出

项目进度网络图是排列活动顺序的输出之一，是表示项目进度活动之间的逻辑关系（依赖关系）的图形。该图可以是没有工期的，加上工期估算的信息，再放到日历上去，才能形成进度计划，可包括项目的全部细节，也可只列出概括性活动。简单的项目进度网络图可手工绘制，复杂的可借助项目管理软件来绘制。项目进度网络图应附有简要的文字描述，说明活动排序所使用的基本方法。

图 11－6 是项目进度网络图的一个示例。其中活动 A、活动 B、活动 C、活动 D 具有串联关系；而活动 B 与活动 C 如果同时开始、同时结束，就具有并联关系，否则就是交叉关系。

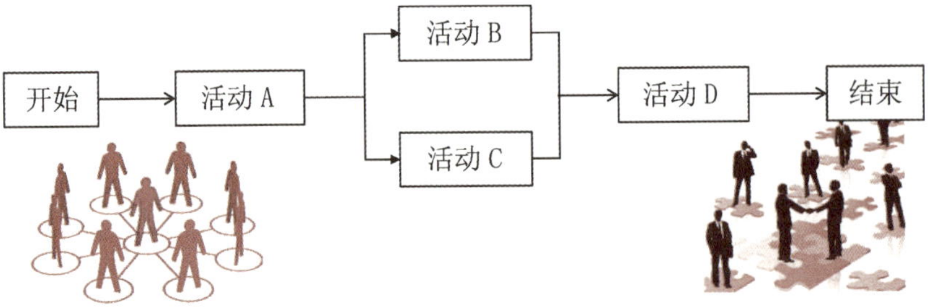

图 11－6　典型的项目进度网络图

11.4　估算活动资源

资源是一切具有现实价值和潜在价值的事物。根据市场细分趋势，未来企业的胜出者有三大类：资源的开发者，资源的整合者，资源的放大者。资源主要包括自然资源、人造资源、内部资源、外部资源、有形资源、无形资源等等。

通常资源可以用 7 M 来表示，分别为：man（人）、material（材料）、machine（机器）、money（资金）、message（信息）、method of science & technology（科学技术方法）、market（市场）。

估算活动资源是估算执行各项活动所需的人员、材料、设备或用品的种类和数量的过程。表 11－4 描述了本过程的输入、工具与技术和输出。

表 11－4　估算活动资源：输入、工具与技术和输出

输入	工具与技术	输出
1. 项目进度管理计划	1. 专家判断	1. 活动资源需求
2. 活动清单	2. 备选方案分析	2. 资源分解结构
3. 活动属性	3. 自下而上估算	3. 项目文件更新
4. 资源日历	4. 估算数据发布	
5. 风险登记册	5. 项目管理软件	
6. 活动成本估算		
7. 事业环境因素		
8. 组织过程资产		

一、估算活动资源的工具与技术

（1）**专家判断**：具有资源规划与估算专业知识的任何小组或个人，都可以提供这种专家判断。

（2）**备选方案分析**：备选的实施方案包括使用能力或技能水平不同的资源、不同规模或类型的机器、不同的工具，以及自制、租赁或购买相关资源。

（3）**自下而上估算**：如图 11－7 所示，自下而上估算是一种估算项目持续时间或成本的方法。通常从工作包开始，自下而上逐层汇总 WBS 组件的估算而得到项目估算。如果 WBS 所需的资源信息不够明确，则应将活动中的工作包进一步细化，然后估算资源需求。这种方法简明易行，比较流行。

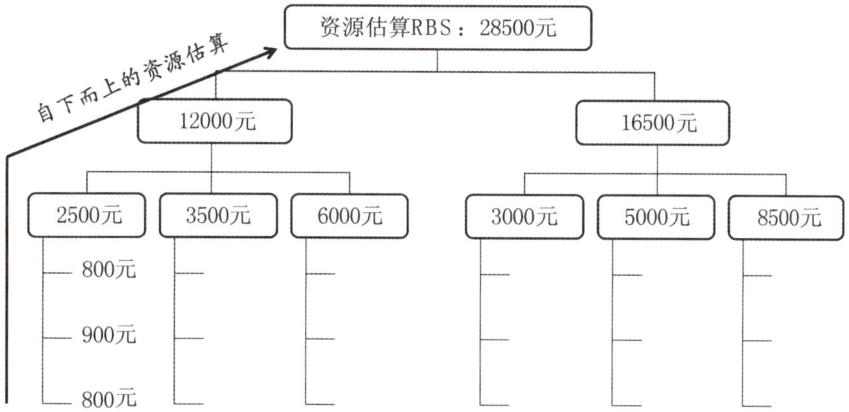

图 11－7　估算活动资源的工具与技术：自下而上

（4）**估算数据发布**：一些组织会定期发布最新的生产率信息与资源成本信息，这涉及门类众多的人力资源、材料和设备，覆盖许多国家和地区。

（5）**项目管理软件**：利用先进的进度规划软件，可以确定资源分解结构（RBS）、资源可用性、资源费率和各种资源日历，从而优化资源使用。

二、估算活动资源的输出

（1）**活动资源需求**：活动资源需求明确了工作包中每个活动所需的资源类型和数量。然后把这些需求汇总成每个工作包和每个工作时段的资源估算。

（2）**资源分解结构**：如图 11－8 所示，资源按照类别和类型分，包括人力、技能水平、材料、设备和用品等。

（3）**项目文件更新**：可能需要更新的文件包括活动清单、活动属性、资源日历。

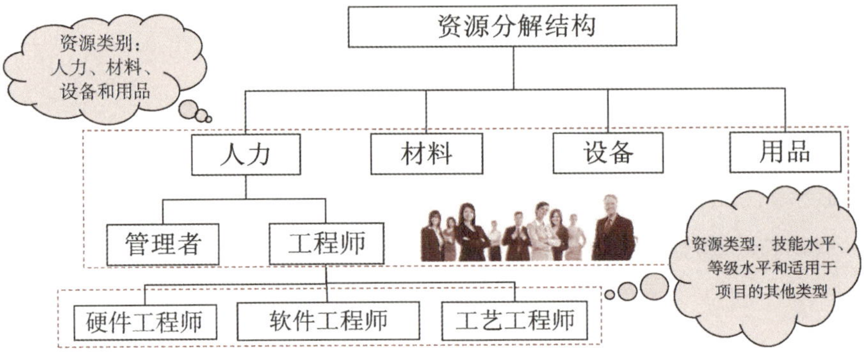

图 11－8　估算活动资源的输出：资源分解结构

11.5　估算活动持续时间

表 11－5 描述了本过程的输入、工具与技术和输出。

表 11－5　估算活动持续时间：输入、工具与技术和输出

输入	工具与技术	输出
1. 项目进度管理计划	1. 专家判断	1. 活动持续时间估算
2. 活动清单	2. 类比估算	2. 项目文件更新
3. 活动属性	3. 参数估算	
4. 活动资源需求	4. 群体决策技术	
5. 资源日历	5. 储备分析	
6. 项目范围说明书	6. 三点估算	
7. 风险登记册		
8. 资源分解结构		
9. 事业环境因素		
10. 组织过程资产		

估算活动持续时间依据的信息包括活动工作范围、所需资源类型、估算的资源数量和资源日历。

估算活动持续时间的工具与技术

(1) **专家判断：**通过借鉴历史信息，专家判断能提供持续时间估算所需的信息，或根据以往类似项目的经验，给出活动持续时间的近似值。

（2）**类比估算**：专家判断法的一种，常用于项目初期，是一种粗略的估算方法，通常成本较低、耗时较少，但准确性也较低。如果以往活动是本质上而不是表面上类似，相隔的时间不太长，那么类比估算就最为可靠。

（3）**参数估算**：它是一种基于历史数据和项目参数（如建筑施工中的平方米），使用某种算法来计算成本或持续时间的估算技术。参数估算可以针对整个项目或项目中的某个部分，并可与其他估算方法一起使用。

例如，华为某智慧城市 5G 通信电缆铺设项目，如果所用的资源每小时能够铺设 25 米电缆，那么铺设 2000 米电缆的持续时间是 80 个小时。

（4）**群体决策技术**：如图 11－9 所示，项目经理和骨干人员事先绘制好工作分解结构草图，召集项目团队采用头脑风暴法、德尔菲法或名义小组技术等方法估算项目活动的持续时间，可以通过图像激发项目团队成员的创造性思维，提高估算的准确性，并增强他们对估算结果的认同感和责任感。

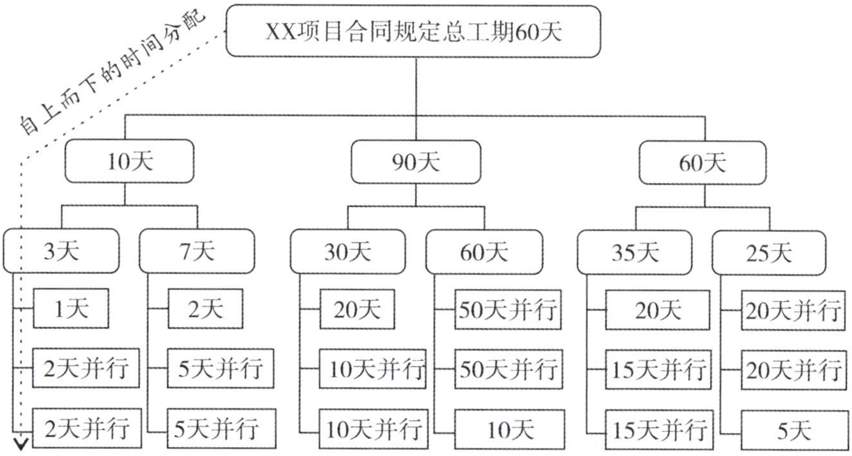

图 11－9 估算活动持续时间的工具与技术：群体决策技术

（5）**储备分析**：在进行持续时间估算时，需考虑和管理储备。

①应急储备：有时称为时间储备或缓冲时间；用来应对进度方面的“已知—未知”风险；作为进度基准的一部分。

②管理储备：用来应对项目范围中不可预见的工作；应对会影响项目的“未知—未知”风险；不包括在进度基准中，但属于项目总持续时间的一部分。

（6）**三点估算**：通过概率计算方法，考虑估算中的不确定性和风险，可以提高活动持续时间估算的准确性。其计算公式和概率分布如图 11－10、图 11－11 所示。

■通过考虑估算中的不确定性和风险，可以提高活动持续时间估算的准确性

* 基于贝塔分布

期望值：$Mean = \frac{P + 4M + O}{6}$

O：最乐观时间

M：最可能时间

P：最悲观时间

标准差公式：$\delta = \frac{P - O}{6}$

方差公式：$\delta^2 = \left(\frac{P - O}{6}\right)^2$

基于三角分布时，

$Te = (To + Tm + Tp) / 3$

图 11－10　估算活动持续时间的工具与技术：三点估算

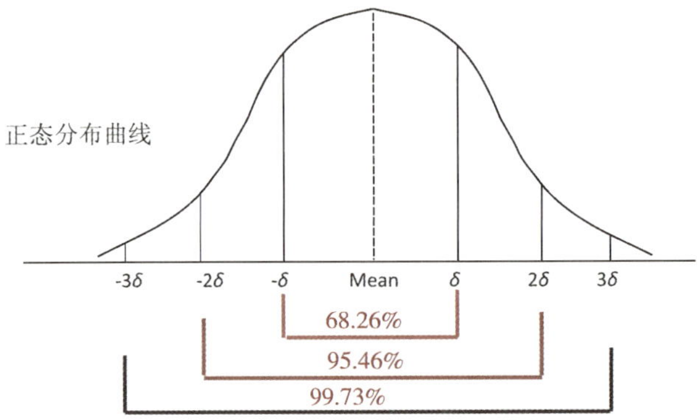

概率通过标准正态分布表，查表求出

图 11－11　估算活动持续时间的工具与技术：正态分布曲线

活动持续时间估算方法的比较，如表 11－6 所示。

表 11－6　各种估算方法比较

方　法	说　明	估算准确条件
类比估算	属于专家判断	类似的，时间间隔比较短，估算人员有经验
参数估算	采用数字模型	参考历史数据，建立变量之间的比例关系模型
自下而上估算	先做 WBS	从最低层工作包开始计算，自下而上
三点估算	概率估算	适合存在多种不确定因素的估计

11.6 制订进度计划

表 11 –7 描述了本过程的输入、工具与技术和输出。

表 11 –7 制订进度计划：输入、工具与技术和输出

输入	工具与技术	输出
1. 项目进度管理计划	1. 进度网络分析	1. 进度基准
2. 活动清单	2. 关键路径法	2. 项目进度计划
3. 活动属性	3. 关键链法	3. 进度数据
4. 项目进度网络图	4. 资源优化技术	4. 项目日历
5. 活动资源需求	5. 建模技术	5. 项目管理计划更新
6. 资源日历	6. 提前量和滞后量	6. 项目文件更新
7. 活动持续时间估算	7. 进度压缩	
8. 项目范围说明书	8. 进度计划编制工具	
9. 风险登记册		
10. 项目人员分配		
11. 资源分解结构		
12. 事业环境因素		
13. 组织过程资产		

一、制订进度计划的工具与技术

（1）**进度网络分析**：详见 11.8.4。

（2）**关键路径法**：详见 11.8.4。

（3）**关键链法**。关键链法是项目资源受限情况下的关键路径方法。允许在任何项目进度路径上设置“非工作进度活动”等缓冲时间，以应对资源限制和项目不确定性带来的风险。这种方法建立在关键路径法之上，考虑了资源分配、资源优化、资源平衡和活动历时不确定性对关键路径的影响。资源约束型关键路径就是关键链。如果某项工作要靠人工去完成，则工作量、工作人数、工期三者的关系为：

工作量 = 工作人数 × 工期

上述公式表明：如果一个项目在工作量已经确定的前提下，存在着资源（人力、设施、设备、资料、原料）等方面的不确定性风险，就有可能延长工期。

在项目受到资源约束的前提下，为了预防项目延期风险，关键链法设置了缓冲时间和缓冲管理。用统计和经验方法确定缓冲时间，作为各活动的安全冗余，放置在项目进度路径的特定节点，用来应对资源限制和项目不确定性。如图 11－12 中的灰色模块所示。

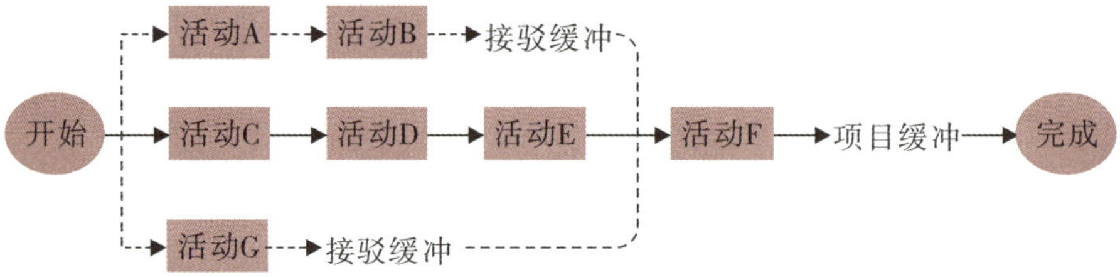

说明：中间的支路是“关键链”，上、下支路是“非关键链”。

图 11－12　关键链法

①项目缓冲：放置在关键链末端的缓冲称为项目缓冲，用来保证项目不因关键链的延误而延误。

②接驳缓冲：放置在非关键链与关键链的活动接合点，用来保护关键链不受非关键链延误的影响。

应该根据相应活动持续时间的不确定性来决定每个缓冲时间的长短。一旦决定，就可以按可能的最晚开始日期与最晚结束日期来安排计划活动。

（4）**资源优化技术**。资源优化技术是根据资源供需情况来调整进度模型的技术，包括资源平衡和资源平滑，如图 11－13 所示。

①资源平衡。资源平衡是为了在资源需求与资源供给之间取得平衡，根据资源限制对开始日期和结束日期进行调整的一种技术。工期不变，减少资源波动。

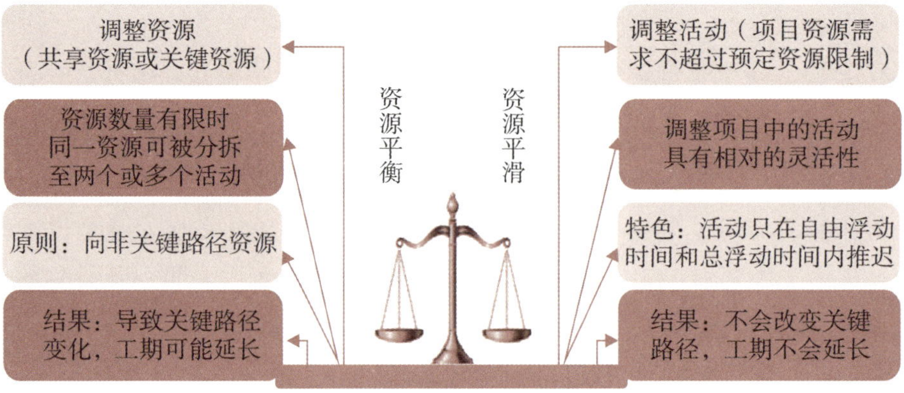

图 11－13　资源平衡与资源平滑

②资源平滑。资源平滑是对进度模型中的活动进行调整，从而使项目资源需求不超过预定资源限制的一种技术。相对于资源平衡而言，资源平滑不会改变项目关键路径，工期也不会延长。

（5）建模技术。

①假设情景分析。假设情景分析就是“如果情景 X 出现，那么情况会怎样？怎样应对风险”。例如推迟某主要部件的交货日期，怎么办？延长某设计工作的时间，怎么办？

②模拟。模拟是指基于多种不同的活动假设（通常使用三点估算）计算出多种可能的项目工期，以应对不确定性。

（6）提前量和滞后量。提前量和滞后量是网络分析中使用的调整方法，通过调整紧后活动的开始时间来编制一份切实可行的进度计划。提前量是在条件许可的情况下提早开始紧后活动；而滞后量是在某些限制条件下，在紧前活动和紧后活动之间增加一段不需消耗资源的自然时间。

（7）进度压缩。如图 11－14 所示，进度压缩是指在不缩减项目范围的前提下，缩短进度工期，以实现进度制约因素、强制日期或其他进度目标。在进行进度压缩时，项目经理和项目团队应当画出流程图，找出关键路径并且把关注的焦点放在关键路径和资源分配上。

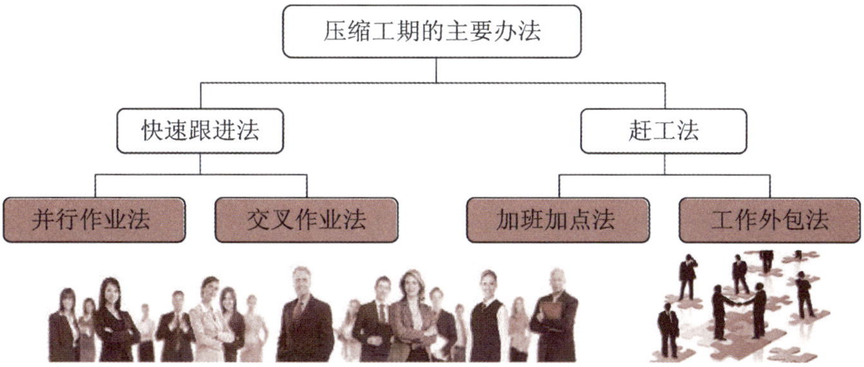

图 11－14　压缩工期的主要办法

①快速跟进法。包括图 11－14 中的并行作业法和交叉作业法。快速跟进法是一种进度压缩技术，将正常情况下按顺序进行的活动或阶段改为至少是部分并行或者交叉（局部并行）的方式进行。

②赶工法。包括图 11－14 中的加班加点法和工作外包法。赶工法是通过增加资源，以最低成本的增加来压缩进度工期的一种技术。通过工作外包，批准加班，

增加额外的优势人力资源、设施、设备、原料或支付加急费用，来加快关键路径上的活动进度。

（8）**进度计划编制工具：**网络图、甘特图、里程碑图和进度表。

二、制订进度计划的输出

（1）**进度基准**。进度基准是经过批准的进度计划模型，只有通过正式的变更控制程序才能进行变更，用作与实际结果进行比较的依据。

（2）**项目进度计划**。项目进度计划至少要包括每个活动的计划开始日期与计划结束日期。通常采用以下一种或多种图形来呈现，见图 11－15。

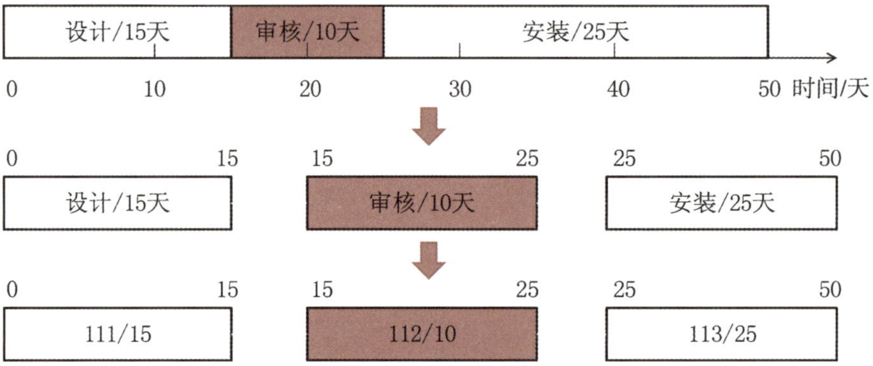

图 11－15　标准网络图（紧前关系图）的演进过程

①项目进度网络图。这种图形通常用节点法绘制，显示活动及其相互关系。紧前关系图的演进过程如图 11－15 所示，在编制网络图之前已经完成了项目的工作分解结构（WBS），图中的 111、112 和 113 在 WBS 中分别代表项目的设计、审核和安装三项活动。图 11－15 对应的甘特图与里程碑图如图 11－16 所示。

②横道图。横道图也称为甘特图，是展示进度信息的一种方式。在横道图中，日期排于横轴，进度活动列于纵轴，活动持续时间则表示为按开始日期和结束日期定位的水平条形。横道图容易制作、简明易懂，所以比较通用。

③里程碑图。里程碑图与横道图类似，但仅标示主要可交付成果和关键外部接口的计划开始或完成日期。

④进度表。用传统列表的方式表示进度，适用于小型、工期比较短的项目。

（3）**进度数据**。进度数据至少包括进度里程碑、进度活动、活动属性，以及已知的全部假设条件与制约因素。

（4）**项目日历**。在项目日历中规定可以开展进度活动的工作日和工作班次，把

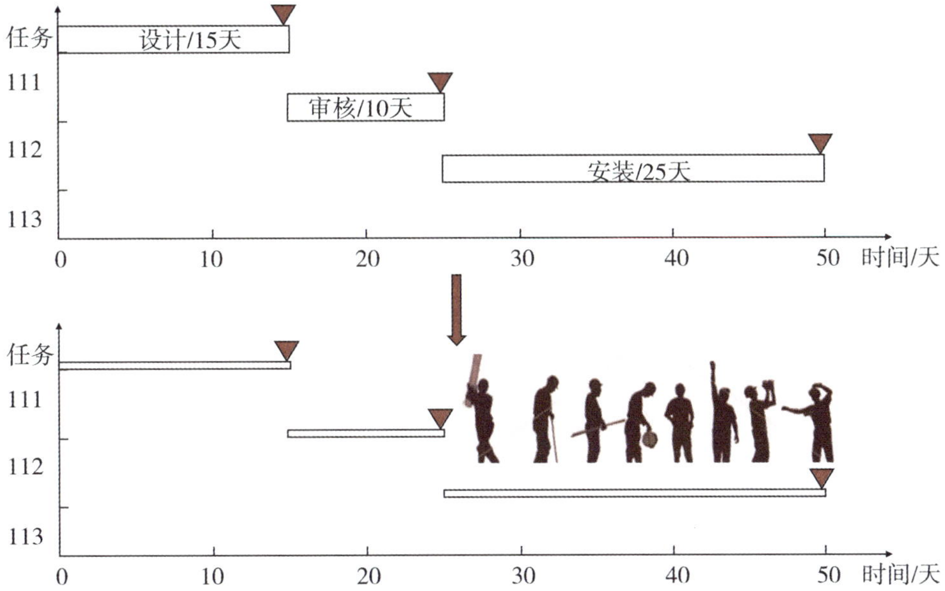

图 11－16 甘特图、里程碑图的演进过程

可用于开展进度活动的工作日与非工作日区分开来。

（5）**项目管理计划更新**。项目管理计划中可能需要更新的内容包括进度基准。

（6）**项目文件更新**。资源平衡改变了项目资源需求，就需要对项目文件进行更新。

11.7 控制进度

表 11－8 描述了本过程的输入、工具与技术和输出。

表 11－8 控制进度：输入、工具与技术和输出

输入	工具与技术	输出
1. 项目管理计划	1. 绩效审查	1. 活动持续时间估算
2. 项目进度计划	2. 项目管理软件	2. 项目进度计划
3. 工作绩效数据	3. 资源优化技术	3. 变更请求
4. 项目日历	4. 建模技术	4. 项目管理计划更新
5. 进度数据	5. 提前量和滞后量	5. 项目文件更新
6. 组织过程资产	6. 进度压缩	6. 组织过程资产更新
	7. 进度计划编制工具	

控制进度的工具与技术

（1）**绩效审查**。如图 11 －17 所示，绩效审查是指测量、对比和分析进度绩效，如实际开始和完成日期、已完成工作量及当前工作的剩余时间。

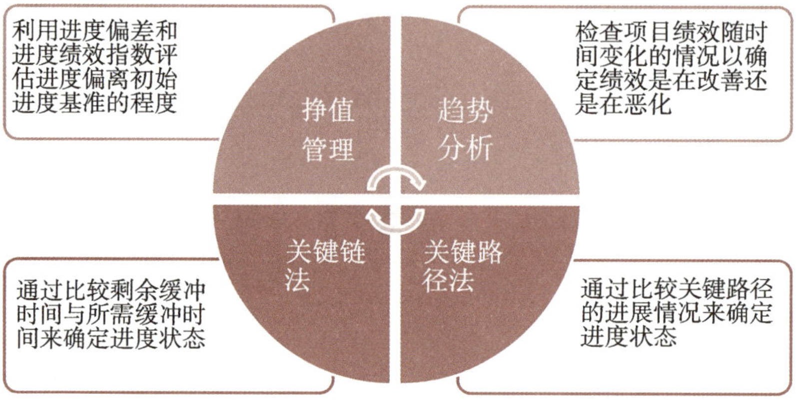

图 11 －17　控制进度的工具与技术：绩效审查

（2）**项目管理软件**。借助项目管理软件，对照进度计划，跟踪项目执行实际日期，报告进度计划与进度基准的差异和项目进展，并预测各种变更对项目进度模型的影响。

（3）**资源优化技术**。资源优化技术是在同时考虑资源可用性和项目时间的情况下，对活动和活动所需资源进行进度规划的一种技术。

（4）**建模技术**。通过建模技术和风险监控，对各种不同的情景进行审查，以便使进度模型与项目管理计划和批准的进度基准保持一致。

（5）**提前量和滞后量**。在网络分析中调整提前量和滞后量，设法使进度滞后的活动赶上计划。

（6）**进度压缩**。采用进度压缩技术使进度落后的活动赶上计划，对剩余工作可以使用快速跟进或赶工的方法。

（7）**进度计划编制工具**。需要更新进度数据，并把新的进度数据应用于进度模型，来反映项目的实际进展和待完成的剩余工作。

11.8　制订项目进度计划的方法论

如图 11 －18 所示，目前制订项目进度计划主要有五种方法：列表法、甘特图法、里程碑图法、关键路径法、计划评审技术法。

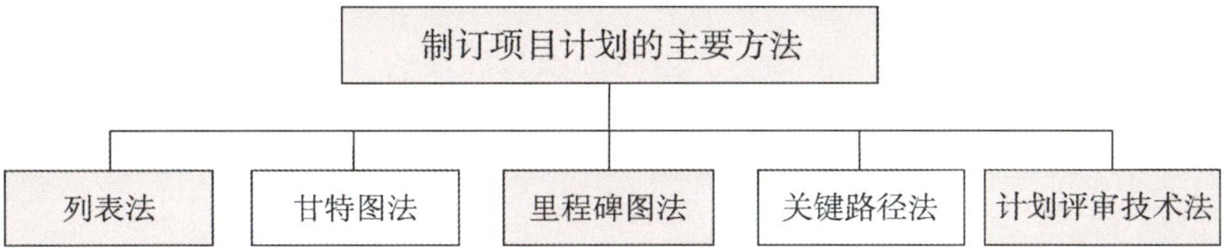

图 11－18 制订项目进度计划的主要办法

11.8.1 怎样用列表法编制项目进度计划

列表法是制订项目进度计划最常用的方法。采用这种方法的主要前提是：

①项目的目标、总工期与投资规模比较明确。

②以前做过类似项目，在完成工作包、活动的时间上具有成功的经验借鉴。

11.8.2 怎样用甘特图法编制项目进度计划

（1）**甘特与甘特图**。1917 年，亨利·甘特最早用水平线条图（条形图）说明员工完成项目或者生产任务的进展情况，如图 11－19 所示。这种图表对管理部门和员工都有帮助，管理部门能够根据图表指出缺点所在，并把改进的办法告诉员工，而员工也能直观地看到自己的工作成效。

甘特与甘特图：1917年，科学管理运动的先驱者——亨利·甘特（Henry Gantt）发明了著名的甘特图。甘特图既可以用在项目管理上，也可以用于日常工作流安排。由于甘特当过教师、工程师、军工企业管理者，注重理论联系实际，因而他注意用简单的图表形式对复杂的项目管理和日常运营管理进行生动的说明。

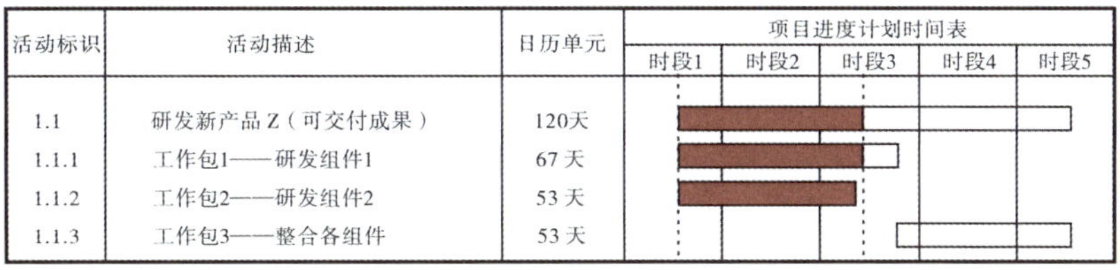

图 11－19 甘特与甘特图

（2）**甘特图的主要内涵**。

①以图形或表格的形式显示各种活动。

②是一种通用的、直观地显示项目或者任务进度的方法。

③应包括实际日历天数和持续时间，不要将周末和节假日算在进度之内。

（3）绘制甘特图的主要步骤。首先明确项目涉及的各项活动。内容包括项目名称（包括顺序）、开始时间、工期、任务类型（依赖/决定性）和依赖的任务。绘图的四个步骤如图 11 －20 至图 11 －23 所示。

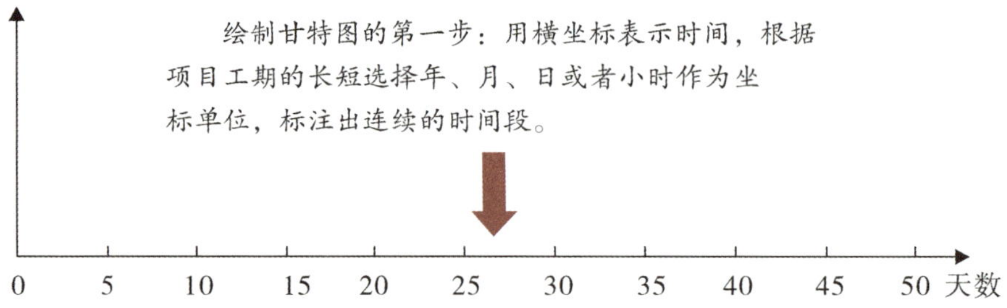

图 11 －20　绘制甘特图的第一步：绘制时间横坐标

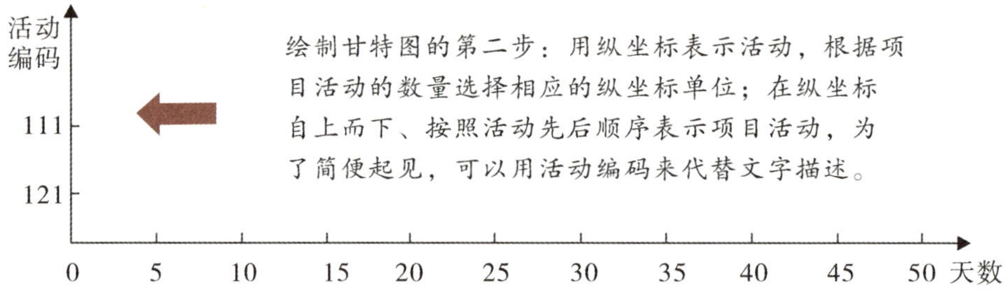

图 11 －21　绘制甘特图的第二步：绘制活动纵坐标和活动编码

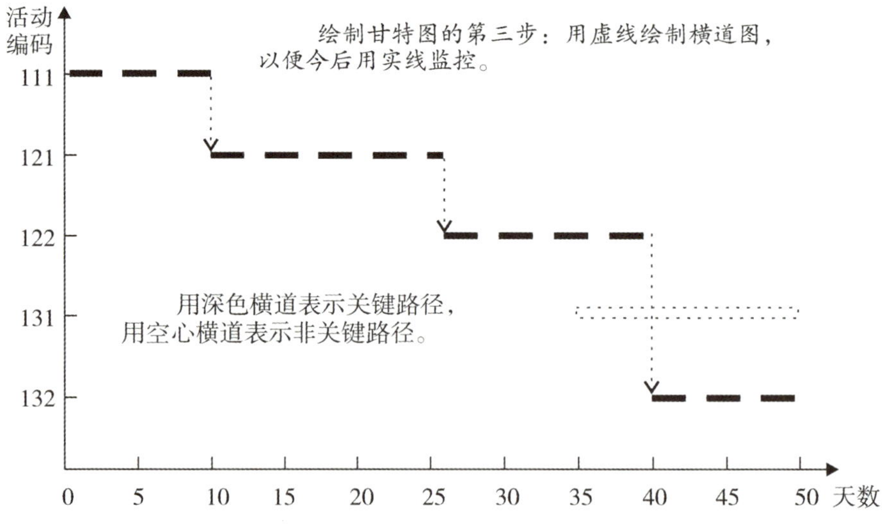

图 11 －22　绘制甘特图的第三步：在坐标平面上依次绘制各项活动

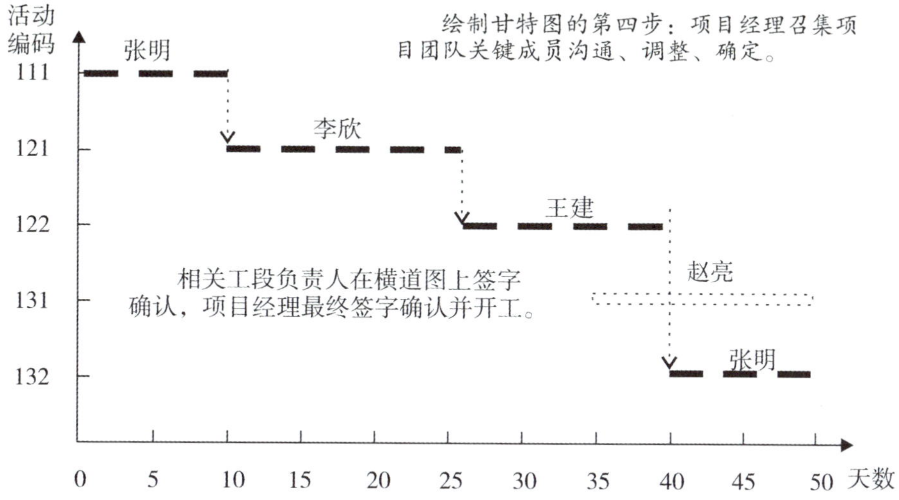

图 11－23 绘制甘特图的第四步：项目经理召集项目团队关键成员沟通、调整、确定

（4）**绘制甘特图的缩短坐标技术**。例如某小型项目工期为 25 天，其中：启动（111）1 天，制订计划与审批（112）3 天，执行（113）20 天，验收（114）1 天。怎样绘制甘特图？怎样用甘特图表示执行（113）20 天？

解决方法如图 11－24 所示，采用压缩横坐标法则即在横坐标上用压缩符号“SS”表示缩短坐标，就可以避免横坐标延长而导致的绘图困难。

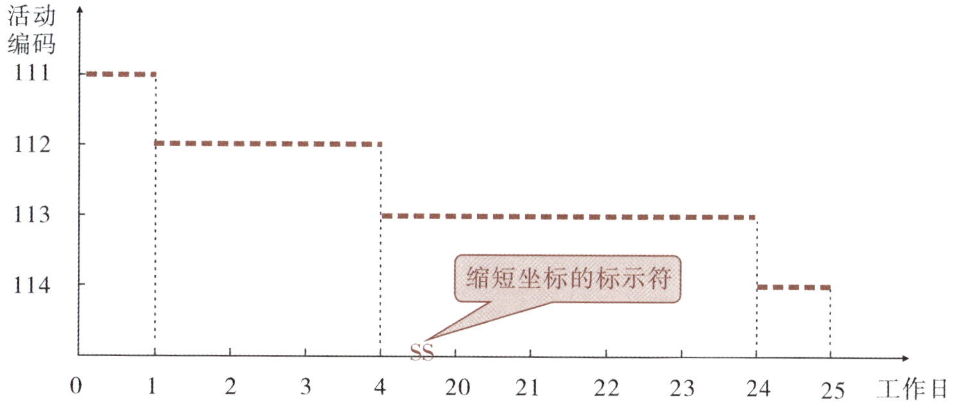

图 11－24 绘制甘特图的缩短坐标技术

（5）**怎样用项目管理软件工具绘制甘特图**？甘特图直观简单、容易制作、便于理解。最近十几年相继开发出项目管理软件来弥补其弱点。因本书篇幅所限，详细内容参见微软 Project－2010 和 Project－2018 的相关培训资料。

11.8.3 怎样用里程碑图法编制项目进度计划

（1）**里程碑**：表示项目重要可交付成果的时间点。

（2）**里程碑编码图**：如图11－25的各甘特图线条终点编码①～④所示。

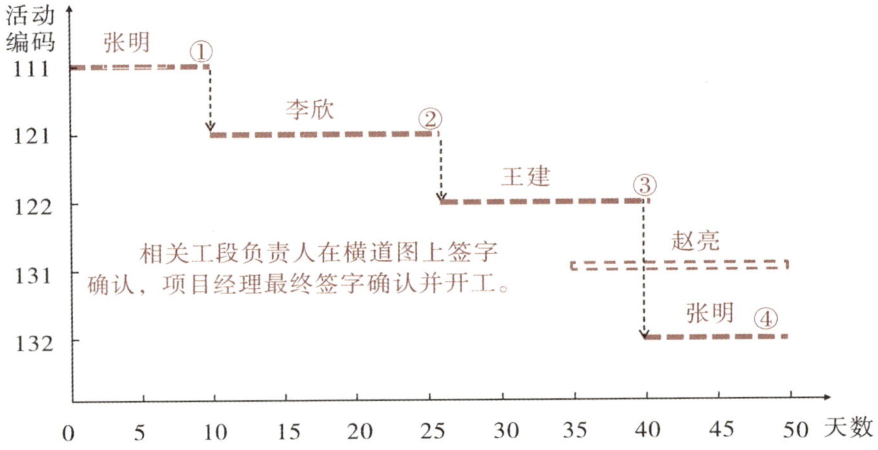

图11－25 绘制甘特图＋里程碑编码图案例

（3）**里程碑控制表**：在编制项目进度计划时，把里程碑图与甘特图、里程碑控制表结合起来，事先设定项目里程碑提交时间、提交人、验收人、是否通过、再验收日期等信息，简明易懂，对项目重要节点控制可以起到事半功倍的效果。如表11－9所示。

表11－9 里程碑控制表案例

里程碑号	提交人	验收成果				验收人	备注
		提交时间	通过	未通过、原因	再验收日期		
①	张明					徐志文，李忠	
②	李欣					徐志文，李忠	
③	王建					徐志文，李忠	
④	张明					徐志文，李忠	

11.8.4 怎样用关键路径法编制项目进度计划

（1）**进度网络分析（网络计划技术）**：起源于20世纪50年代末期，为把庞大而复杂的科研和工程项目合理而有效地组织起来，使之相互协调，在有限的资源下以最短的时间和最低的费用完成任务而形成的一种数学分析技术。主要包括：

①关键路径法：项目不受资源限制的进度计划方法。

②关键链法：项目受资源限制的进度计划方法。

③假设情景分析：考虑风险的进度计划方法。

④资源优化技术：根据资源限制对项目进度计划进行调整，保证资源平滑。

其中最常用的是关键路径法。1957 年美国杜邦公司在兰德公司的配合下，首次提出用图解理论的方法来制订一个投资上千万美元的化工项目计划。结果该项目不但缩短了建设周期，还节省了近 10% 的投资费用。当时用的图解理论方法就是今天的关键路径法（CPM）。

（2）进度网络分析的有关术语：

活动（Activity）：项目实施过程中的工作单元。一个活动通常具有预计的时间、预计的成本和预计的资源需求。活动也可以细分为单个任务。

节点（Node）：项目网络图中被定义的点，它与其他点通过独立的路径连接起来。

路径（Path）：项目网络图中一组顺序相连的活动。

项目网络图（Project Network Diagram）：任何表示项目活动逻辑关系的图形。为了反映项目和活动历时，项目网络图总是从左向右、从上往下绘制的。

关键路径（Critical Path）：项目网络图中，决定项目最早结束时间的所有活动形成的路径，也是项目网络图中最长的路径。关键路径可能随着某些活动提前完成或延迟完成而改变。关键路径上的活动具有最少浮动时间，即总时差为 0。

关键活动（Critical Activity）：位于关键路径上的活动。

最早开始时间（Earliest Start Time，用 ES 代替）：根据网络逻辑和进度限制，未完成部分的一项活动最早可能开始的时间。

最晚开始时间（Latest Start Time，用 LS 代替）：在不延迟项目完工时间的前提下，一项活动最晚可能开始的时间。

总时差（Total Float，TS）：在不延迟项目完成时间的情况下，一项活动从最早开始时间算起，可以延迟的时间，也被称为总浮动时间。总时差等于最晚开始时间与最早开始时间之差。

自由时差（Free Slack，FS）：在不推迟任何后续活动最早开始时间的情况下，本活动可以推迟的时间。

正推法（Forward Pass）：确定每项活动最早开始时间和最早结束时间的网络计

算方法。通过沿着网络逐步向前对每个活动进行计算而得到。

逆推法（Backward Pass）：确定所有未完成活动的最晚开始时间和最晚结束时间的网络计算方法，通过从后往前推导得到。

前置活动（Predecessors）：在后面的活动启动之前必须完成的活动。与某活动直接相连的前置活动称为它的紧前活动。

后续活动（Successors）：在前面的活动没有完成之前不能开始的活动。这些活动跟在前置活动的后面。与某活动直接相连的后续活动称为它的紧后活动。

计划评审技术（Program Evaluation and Review Technique，PERT）：一种基于事件的可能性技术。

（3）**关键路径**：它是项目网络图中耗时最长的路径，决定了项目工期的长短。如图 11－26 的灰色框所示，连接活动序列 A－C－D 的长箭头就形成了关键路径。

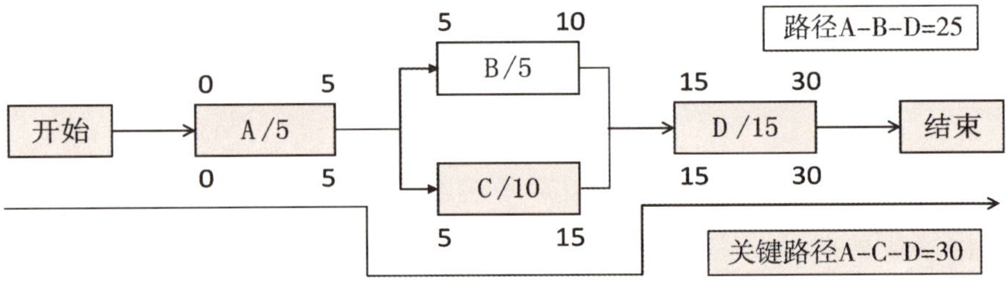

图 11－26　关键路径

· 关键路径是项目进度计划网络图中总工期最长的路径。
· 关键路径决定了完成项目的最短工期。
· 项目的关键路径至少有一条，通常不止一条。
· 项目的关键路径可能随时发生变化。
· 关键路径越多，项目的进度风险就越大。

（4）**关键路径法**：用来在进度模型中估算项目最短工期，确定网络逻辑路径的进度灵活性的一种方法。这种进度网络分析技术在不考虑任何资源限制的情况下，用耗时最长路径的方法或者采用沿进度网络路径正推与逆推分析的方法，计算出所有活动的最早开始、最早结束、最晚开始和最晚结束的时间。

（5）**正推法**：确定每项活动最早开始时间和最早结束时间的网络计算方法。通过沿着网络逐步向前对每个活动进行计算而得到。如图 11－27 所示，用正推法得出，该活动的最早结束时间为 18 天。

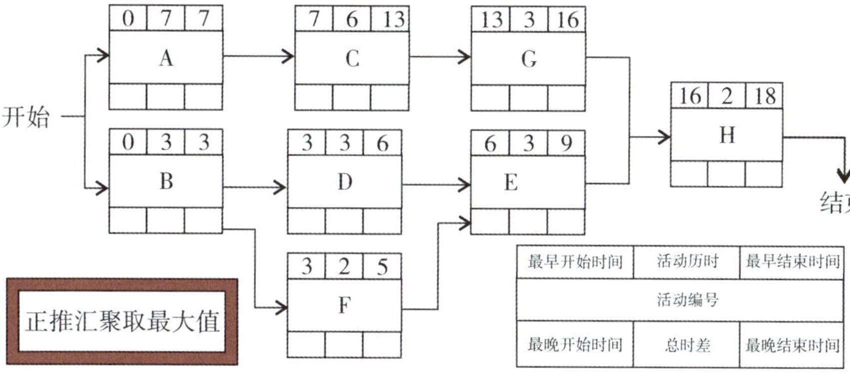

图 11－27 正推法

最早结束时间（EF）＝最早开始时间（ES）＋活动持续时间（DU）

紧后活动的最早开始时间（ES）＝紧前活动的最早结束时间（EF）

（6）**逆推法：**确定所有未完成活动的最晚开始时间和最晚结束时间的网络计算方法，通过从后往前推导得到。如图 11－28 所示，用逆推法得出，该活动的最晚结束时间为 18 天。

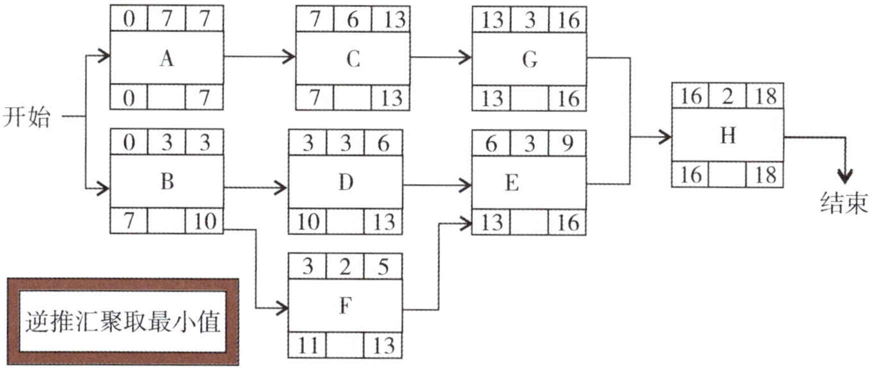

图 11－28 逆推法

最晚开始时间（LS）＝最晚结束时间（LF）－活动持续时间（DU）

紧前活动的最晚结束时间（LF）＝紧后活动的最早开始时间（ES）

（7）**总时差：**总时差，也叫浮动时间、总浮动时间或路径浮动时间，是在不延误项目完成时间的情况下，活动自最早开始时间起可以推迟的时间。如图 11－29 所示。

根据总时差，如果活动持续时间是不变的，那么活动的最早开始时间和最晚开始时间的差值与最早结束时间和最晚结束时间的差值是一样的，即总时差也可按公式计算：

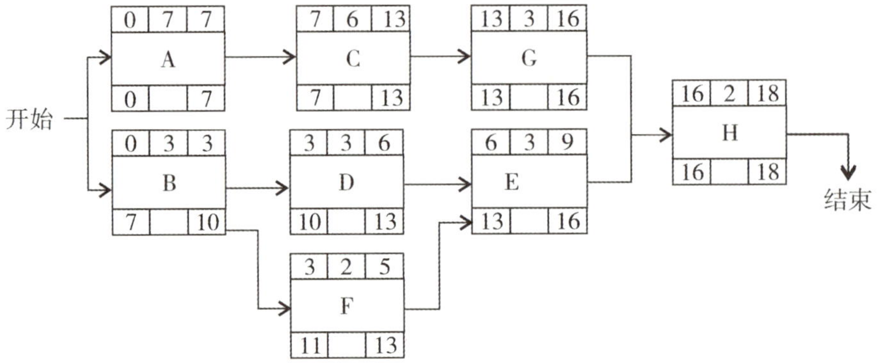

图 11－29　总时差

总时差（TS）＝最晚开始时间（LS）－最早开始时间（ES）

总时差（TS）＝最晚结束时间（LF）－最早结束时间（EF）

参见图 11－29，用正推法和逆推法可以算出：非关键路径B－D－E－F 与 B－F－E－H 的总时差都是 7 天。

总时差可以是负值，当最晚开始时间晚于最早开始时间或最晚结束时间晚于最早结束时间时，总时差就为负值。负的总时差意味着项目将要延迟。

（8）**总时差的应用：**总时差表明在保证项目如期完成的情况下各项活动的机动时间或时间潜力，总时差越大，说明机动时间或时间潜力也越大。

①总时差为正值：表明该条路径上各项活动花费的时间总量可以延长，而不会影响项目如期完工。

②总时差为负值：表明该条路径上的各项活动要加速完成，以减少整个路径上花费的时间总量，保证项目按期完成。

③总时差为零：表明该条路径上的各项活动不用加速完成，但也不能拖延时间。

④注意在某一路径上总时差的“公用特性”：某一路径上的总时差是该条路径上的所有活动共有的，如果某项活动占用了该条路径上的部分或全部总时差，那么该条路径上的其他活动的可用时差就会相应减少，正因为如此，总时差也叫路径浮动时间或路径时差。

（9）**自由时差：**在总时差中我们讨论过，如果一项活动所用的时间长于估计的持续时间，也就是说如果一项活动占用了总时差，相应路径上其他活动的可用时差就会减少。然而，有时候某些活动有另一种时差，活动对这种时差的使用不会对其后续活动产生任何影响，这种时差就是自由时差。

自由时差也叫自由浮动时间，是指某项活动在不推迟其任何紧后活动的最早开始时间的情况下可以延迟的时间。

根据自由时差的含义，计算自由时差可采用如下公式：

自由时差 = 紧后活动的最早开始时间（ES）– 紧后活动的最早结束时间（EF）–0（第一个活动从 0 开始）

自由时差 = 紧后活动的最早开始时间（ES）– 紧后活动的最早结束时间（EF）–1（第一个活动从 1 开始）

显然，在某项活动的紧后活动有多个的情况下，公式中“紧后活动的最早开始时间”应取最早开始时间值最小的那个紧后活动的最早开始时间值，只有这样才不会推迟活动的任何紧后活动的最早开始时间。

总时差与自由时差的区别如图 11 –30 所示。

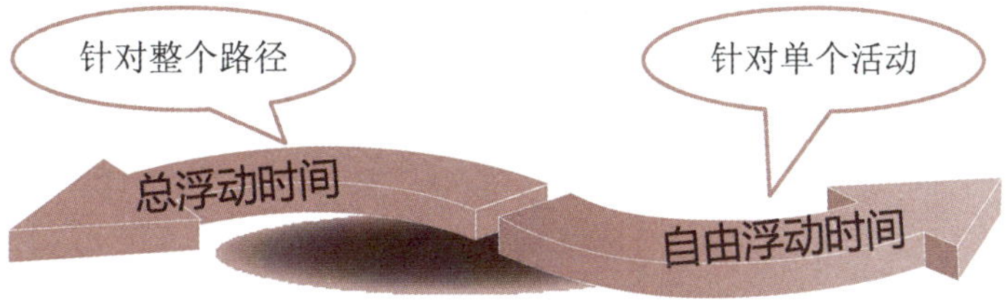

总浮动时间 = 最晚开始时间 – 最早开始时间 = 最晚结束时间 – 最早结束时间

自由浮动时间 = 紧后活动的最早开始时间 – 紧后活动的最早结束时间 –1（第一个活动从 1 开始）

图 11 –30 总时差与自由时差的区别

（10）绘制网络图的基本规则：

①绘制网络图之前，必须确定活动的优先次序，即所有的活动必须按照逻辑连接起来，一些是前置活动，另一些是后续活动。

②一般来说，网络图的流向是从左至右。

③一项活动必须等到与它关联的所有前置活动都结束后才能开始。

④网络图上的箭线代表优先次序和逻辑流向。箭线可以交叉，但为了使网络图更清晰，应尽量避免交叉。

⑤每个活动都应有一个唯一的标识与之对应，比如用数字、字母、编码等标识。通常每个活动的标识都应大于其前置活动的标识。

⑥网络图中不允许存在活动回路。

11.8.5 三种项目进度计划图的比较

表 11－10 展示了三种项目进度计划图的简单比较。

表 11－10 三种项目进度计划图的比较

图式	优势	作用
网络图	直观地表示活动之间的逻辑关系	为项目团队制订专业而详细的进度计划
甘特图	简明易懂，表示活动之间的逻辑关系	客户代表、管理层、项目团队通用
里程碑图	简明易懂，报告重大可交付成果时间点	客户代表、管理层、项目团队通用

应用案例 11－1 最常用的项目进度计划表

最常用的项目进度表，如表 11－11 所示。

表 11－11 最常用的项目进度计划表

编号： 日期： 年 月 日

序号	工作事项	开始时间	持续时间	完工时间	上一工序	______月			______月			______月		
						1 日	11 日	21 日	1 日	11 日	21 日	1 日	11 日	21 日
1														
2														
3														

应用案例 11－2 企业厂房结构图设计活动类型预算方法

计划：18 天设计 100 张图，总费用 200000 元。在第 11 天结束后，共设计 40 张图。另外，该项目还将产生图纸审查费 10000 元，设计院行政管理费 10000 元。问：目前（第 11 天结束时）的独立型活动、依附型活动、支持型活动的计费如何？

活动类型可以分为：

◆独立型活动（分立型投入）Discrete Effort（DE）

◆依附型活动（分摊型投入）Apportioned Effort（AE）

◆支持型活动（人力投入量）Level of Effort（LOE）

同一项活动的属性可能会随着项目的推进而改变。表 11－12 反映了上述三种活动类型的不同

属性。

表 11－12 项目活动的三种类型

类型	属性	事例
DE	对于具体的工作分解结构组成部分的完成，有直接识别的贡献	编写书的某一章用了 30 天
AE	分配在项目工作上的投入，且此投入对该工作来说不易再分解成分立型投入，但与可计量的分立型投入成正比	为保证书的质量而进行的校对工作
LOE	不产生在有形的终端产品的支持型活动上的投入。一段时间内匀速进行，LOE 任务不会产生进度偏差	与供货商或顾客的联系；为编一本好书，每周召开编辑人员会议

（1）厂房结构设计是独立型活动，按实际完成情况计费。

$$DE = 40 \times (200000 \div 100) = 80000\ (\text{元})$$

（2）图纸审查属于依附型活动，与实际工作的完成比例对应。

$$AE = 10000 \times (40 \div 100) = 4000\ (\text{元})$$

（3）行政管理属于支持型活动，根据时间进展计算。

$$LOE = 10000 \times (6 \div 18) \approx 3333.3\ (\text{元})$$

应用案例 11－3　企业项目活动排序工具与技术的演进过程

在绘制企业项目活动排序流程图时，许多教材经常表达得过于复杂，甚至出现错误，因此有必要说明企业项目活动排序方法的演进过程。1960 年导入网络分析技术时，项目管理者经常用图 11－31 所示的“数轴＋不等式”的方法表示项目活动，其优点是直观易懂，缺点是按比例绘制工作量比较大，打印也有一定难度。最近几年，逐步形成了图 11－32 所示的“数字法”表示项目活动的标准。

图 11－31 中的 110、120、130 分别表示活动编码，斜线后面的数字 10、5 和 45 分别表示各个活动所需的工作日；各个活动模块的左上角和右上角分别表示活动对应的坐标起点和坐标终点。例如，图 11－31 中模块之二的 10 和 15 表示审批从第 10 天以后开始，到第 15 天结束。注意：审批时间不包括第 10 天，而是 15 天－10 天＝5 天，即在第 11 天到第 15 天这 5 天内进行审批。

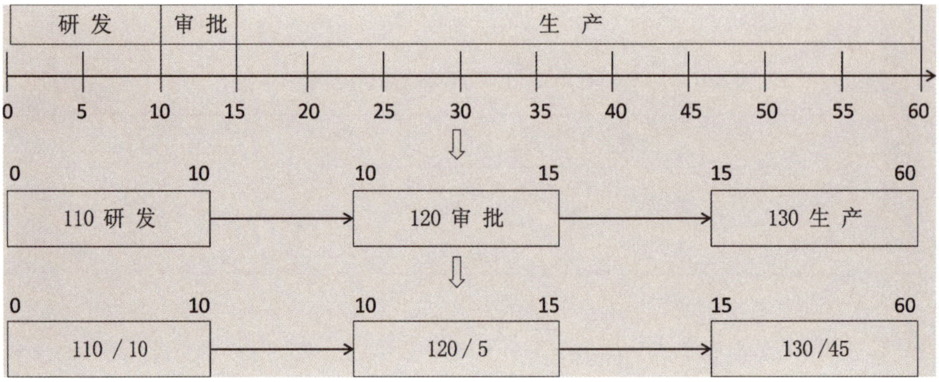

图 11－31　企业项目活动排序工具与技术的演进过程

应用案例 11－4　下班回家时间概率计算

如果不堵车，那么最快 30 分钟；如果堵车，那么最慢 120 分钟，大多数情况是 60 分钟。请估算 80 分钟内回家的概率是多少？

①平均估算值＝（最可能持续时间 ×4＋最乐观时间＋最悲观时间）÷6

＝（60×4＋30＋120）÷6＝65（分钟）。

②标准差＝（最悲观时间－最乐观时间）÷6＝（120－30）÷6＝ 15（分钟）。

③绘制正态分布图，见图 11－32。

④80 分钟回家概率＝50%＋68.26%÷2＝ 84.13%（见图 11－32）。

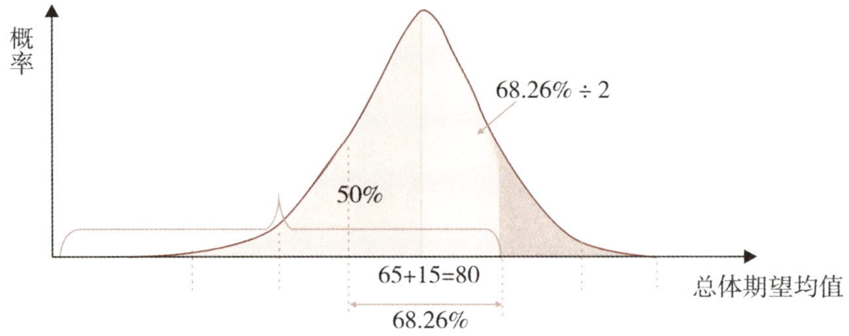

图 11－32　估算活动持续时间的典型案例

应用案例11－5 华为怎样通过“并—交—串”模式提高工作效率

图11－33、图11－34表示华为编制客户洽谈会项目范围工作分解结构（WBS）、进度计划网络图的典型过程。

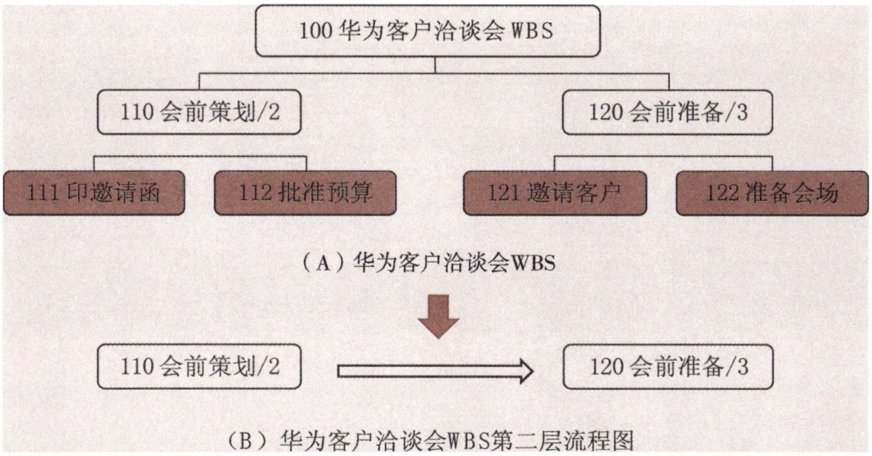

图11－33 华为编制项目范围、进度计划网络图的典型过程一

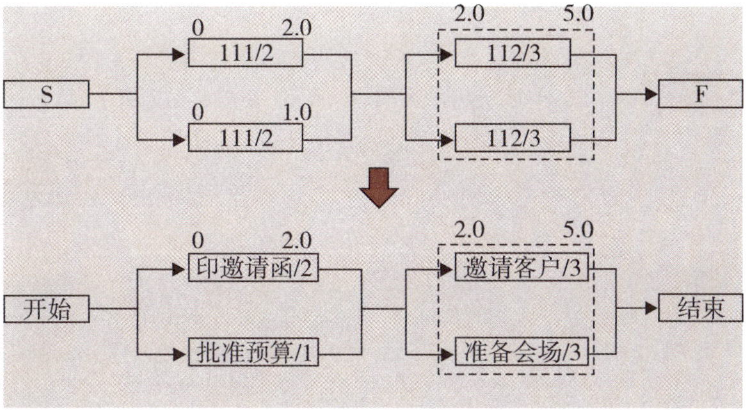

图11－34 华为编制项目范围、进度计划网络图的典型过程二

其中的活动：印邀请函111工期为2天，批准预算112工期为1天，它们之间属于局部并联的交叉连接关系；邀请客户121工期为3天，准备会场122工期也是3天，可以并行工作，它们之间属于并联关系，所以，在绘图时可以采用虚线辅助方式，减少一次时间坐标的重复标注。

在项目范围确定，进度计划网络图设计、审批完成后，向项目团队发布时，应当注意把图 11－33 与图 11－34 结合在一起，这样团队成员就可以全面理解图 11－34中代码111、112、121、122 所对应的具体活动内容。

在图11－35 的上部分图中，如果活动120 比原图提前1 天，怎样表示？答案见图11－35 的下部分图，项目原计划 5 天完成，因进度计划提前1 天（FS－1），实际4 天完成。

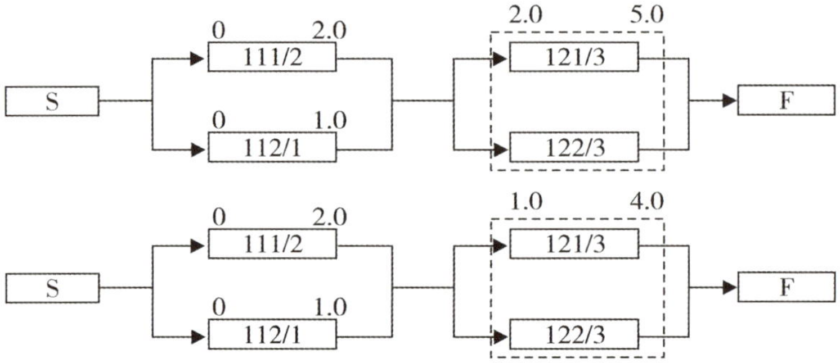

图 11－35　项目活动排序过程中提前量的表示

我们注意到并行工作比交叉工作、串行工作效率高，而交叉工作比串行工作效率高。所以，为了提高工作效率，在绘制项目活动排序图时，要特别注意“先选择并行，再选择交叉，最后考虑串行”，尽可能采用所谓的“并—交—串”模式。

实战训练 11－1　怎样表示企业项目活动中的“提前”与“滞后”

在图 11－36 中，如果活动 120（121、122）比原图滞后 3 天，怎样表示？答案见图 11－36 的下部分图，项目原计划 5 天完成，因进度计划滞后，实际 8 天完成。

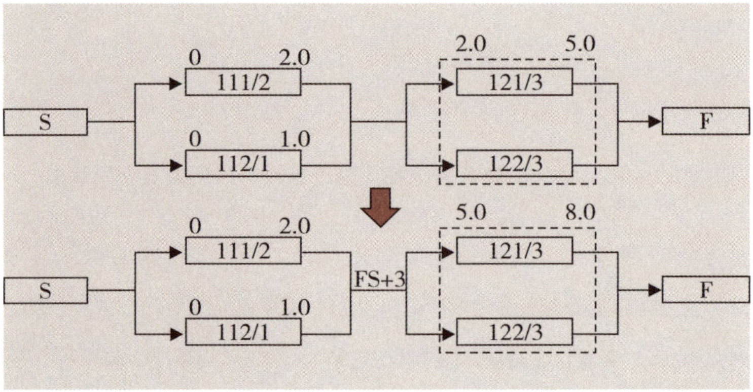

图 11－36　项目活动排序过程中滞后量的表示

企业项目活动中的进度变更往往使进度“提前”或者“滞后”，在绘制流程图时，通常采用“桥接”的方法加以解决。图 11－35 中的“FS－1”表示把后续活动 120（121、122）提前 1 天的“桥接”；图 11－36 中的“FS＋3”则表示把后续活动 120（121、122）推迟 3 天的“桥接”。

请用上述“桥接”的方法表示您正在做的项目。

实战训练 11－2 华为怎样在大型项目网络分析中平衡和优化资源

华为怎样用关键路径法优化资源、缩短项目工期？如果您遇到类似问题，请参考以下几个步骤：

（1）确定项目目标。确定项目目标是指决定将网络计划技术应用于哪个项目，并提出对项目和有关技术经济指标的具体要求。如在工期、成本方面要达到什么要求。

（2）项目工作分解、活动分解，列出活动清单。一个项目是由许多活动组成的，在绘制网络图前就要将项目分解成各项活动。活动项目划分的粗细程度视项目内容以及不同要求而定，通常情况下，活动包含的内容多，项目大多可分粗些，反之则细些。活动项目分得越细，网络图的节点就越多。对于高层领导和管理者，网络图可绘制得粗些，主要是通观全局、分析矛盾、掌握关键、协调工作、进行决策；对于基层管理部门和项目团队，网络图可绘制得细些，以便具体组织和指导工作。在项目工作包分解成活动的基础上，还要进行活动分析，以明确先行活动（紧前活动）、平行活动和后续活动（紧后活动）。明确在某项活动开始前哪些活动必须先期完成，哪些活动可以同时平行进行，哪些活动必须后期完成，或者在该活动进行的过程中，哪些活动可以与之平行交叉地进行。

（3）绘制网络图，进行节点编号。根据活动时间明细表，可绘制网络图。网络图的绘制方法有正推法和逆推法。

正推法，即从起点时间开始，根据每项活动的紧后活动，按顺序依次绘出各项活动的箭线，直至终点时间为止。

逆推法，即从终点时间开始，根据每项活动的紧前活动，按逆箭头方向逐一绘出各项活动的箭线，直至起点时间为止。

同一项任务，用上述两种方法画出的网络图是相同的。习惯于按反工艺顺序安排计划的企业，如机器制造企业，采用逆推法较方便；而建筑安装等企业，则大多采用正推法。按照各项活动之间的关系绘制网络图后，要进行节点编号。

（4）计算网络时间，确定关键路径。根据网络图和活动时间，就可以计算出全部网络时间和时差，并确定关键路径。具体计算网络时间并不太难，但比较烦琐。在实际工作中影响计划的因素很多，要耗费很多的人力和时间。

（5）进行网络计划的优化。找出关键路径，也就初步确定了完成整个计划任务所需要的工期。这个总工期是否符合合同或计划规定的时间要求，是否与劳动力、物资供应、成本费用等计划指标相适应，需要进一步综合平衡，通过优化，选择最优方案。然后正式绘制网络图，编制相应的甘特图、进度表，以及工程预算等各种计划文件。

网络计划的优化方法：根据资源限制条件的不同，可分为时间优化、时间—费用优化、时间—资源优化三种类型。

①时间优化：在人力、物力、财力等基本有保证的前提下，寻求缩短工程周期的措施，使项目周期符合目标工期的要求。主要包括压缩活动时间、进行活动分解和利用时间差三种途径。

②时间—费用优化：是指找出一个缩短项目工期的方案，使得项目完成所需总费用最低。遵循关键路径上的活动优先，直接费用变化率小的活动优先，逐次压缩活动时间以不超过赶工时间为限三个基本原则。

③时间—资源优化：分为两种情况，一是在资源一定的条件下，寻求最短工期；二是在工期一定的条件下，寻求工期与资源的最佳结合。

（6）网络计划的贯彻执行。网络计划工作不仅要正确地编制计划，更重要的是组织计划的实施。要发动项目团队成员讨论计划，加强实施管理工作，采取切实有效的措施，保证计划任务的完成。可以利用计算机对网络计划的执行进行监督、控制和调整，只要将网络计划及其执行情况输入计算机，它就能自动运算、调整，并输出结果，便于指导和控制项目。

资源平衡的一种情况是在项目工期不变的前提下，尽可能合理地、均衡地分配每天投入的资源，减少资源的波动和浪费。图 11－37 表示华为在某通信网络优化建设项目中的两个可选方案，其中方案二是在不改变资源总量（总工作量 = ∑人工数 × 工作日）的前提下，采取“削峰填谷”的方法进行资源平滑，调整前后的工作量 $A_1 = A_2$，分别为：

$A_1 =$（150 × 10）+（50 × 10）+（150 × 5）+（50 × 5）+（100 × 5）+

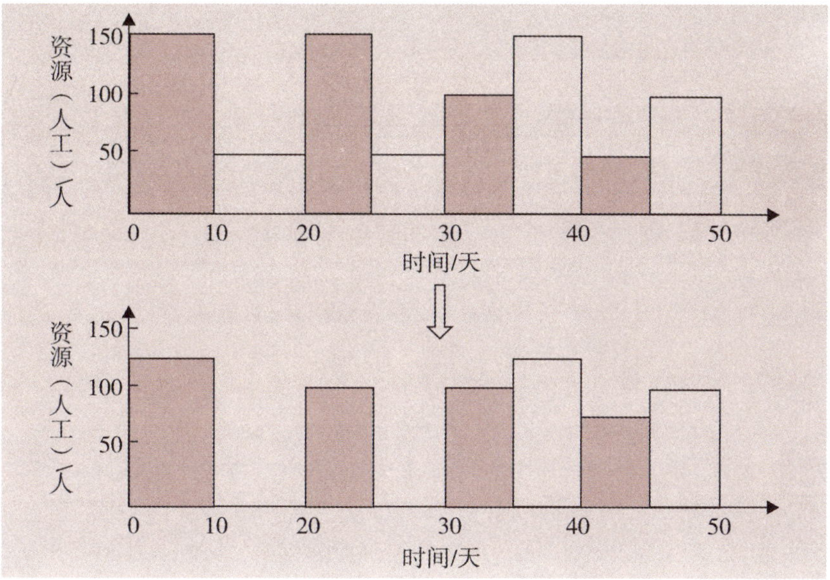

图 11－37 资源平滑的一种情况

（150×5）+（50×5）+（100×5）=5000（人工日），其中有 20 天人力资源需求峰值达到 150 人。

A_2 =（125×10）+（75×10）+（100×5）+（100×5）+（100×5）+（125×5）+（75×5）+（100×5）=5000（人工日），其中只有 15 天人力资源需求峰值达到 125 人。

对比 A_2 与 A_1，很明显，进行资源平滑后的 A_2 可以更有效地降低人力资源峰值和其他资源峰值，在项目资源安排方面更加切实可行。

实战训练 11－3 华为怎样在中小型项目流程设计中平衡和优化资源

华为在项目细节上怎样分工合作、优化资源？如果您遇到类似问题，那么请参考以下几个步骤：

资源平衡的另一种情况是在项目工期不变的前提下，尽可能合理地、均衡地分配每天投入的资源，减少资源的波动和浪费。图 11－38 表示某小型项目既可以 2 天完成，也可以 3 天完成。显然，进行资源平衡后，3 天完成比较合理。

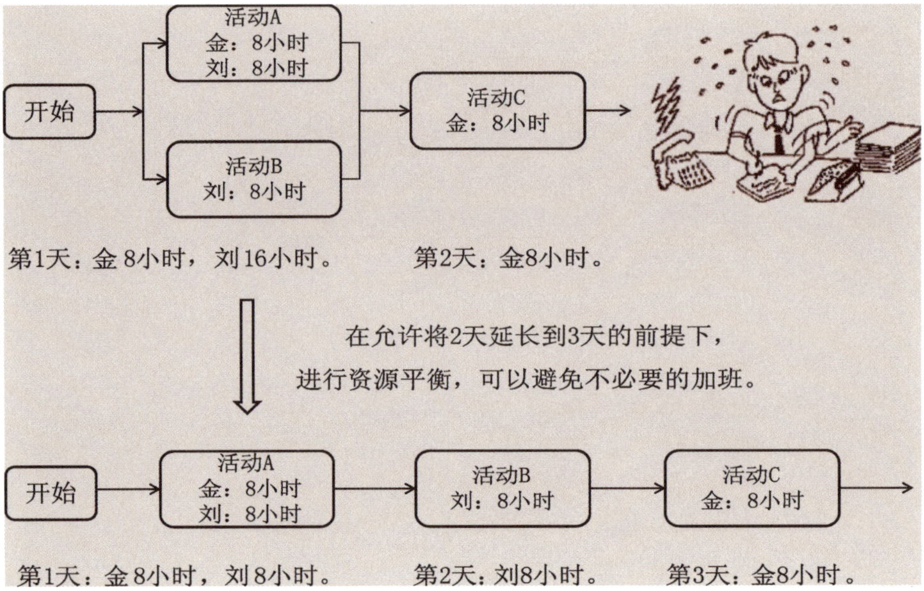

图 11－38　资源平衡的另一种情况

实战训练 11－4　编制项目进度管理计划沟通协作流程

（1）请认真研究图 11－39、表 11－13，找到自己的岗位和工作流程。

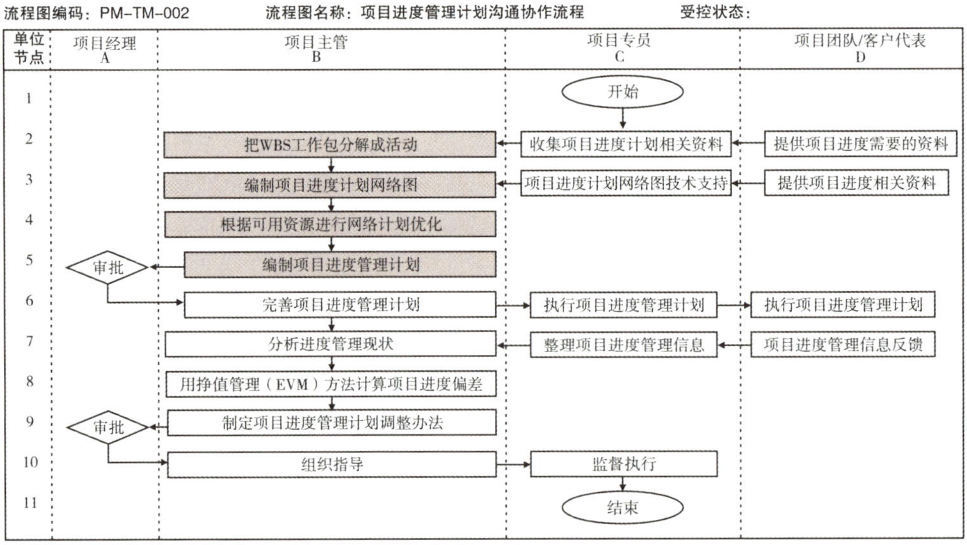

图 11－39　项目进度管理计划沟通协作流程

（2）自己的“纵向工作流程”沟通协作是否顺畅？怎样改进？

（3）自己与两边的“横向工作流程”沟通协作是否顺畅？怎样改进？

表 11－13 项目进度管理计划沟通协作流程

节点	工作重点、工具和技术速查指南	开始日期	结束日期
B2，把 WBS 工作包分解成活动	活动是实现 WBS 工作包的一系列思路和步骤；分解是一种把工作包逐步划分为更小、更便于管理的活动的技术		
B3，编制项目进度计划网络图	项目进度计划网络图是表示项目进度活动之间的逻辑关系（依赖关系）的图形。该图可以是没有工期的，加上工期估算的信息，再放到日历上去，才能形成进度计划，可包括项目的全部细节，也可只列出概括性活动		
B4，根据可用资源进行网络计划优化	网络计划的优化方法：根据资源限制条件的不同，可分为时间优化、时间—费用优化和时间—资源优化三种类型		
B5，编制项目进度管理计划	项目进度计划展示活动之间的相互关联，以及计划日期、持续时间、里程碑和所需资源。通常采用以下一种或多种图形来呈现：网络图、里程碑图、甘特图		

第 12 章　项目成本管理

【章节重点导图】 做项目的目的是保证各投入方获得合理合法的利润，而项目的利润 = 总合同额 - 总成本。本章应当掌握的重点是项目成本估算、预算和控制的思路、流程、方法、工具和应用。如图 12 - 1 所示。

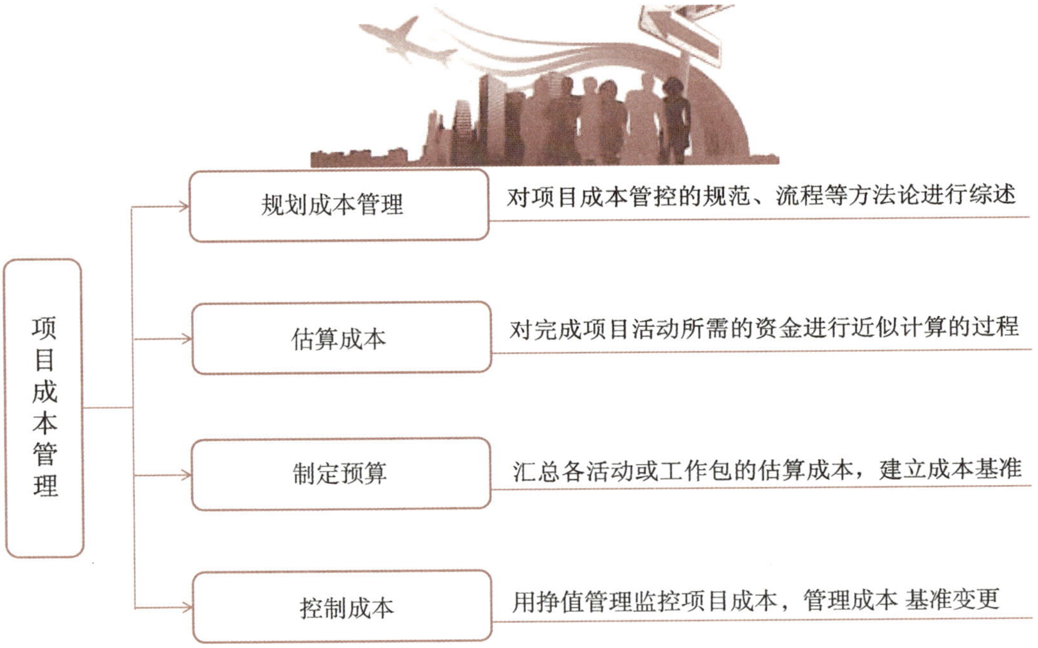

图 12 - 1　项目成本管理过程

项目成本，也称项目费用或项目造价，是指为实现项目目标而开展各项活动所消耗资源的货币总和。项目成本管理包含为保证项目在批准的预算范围内完成而对成本进行规划、估算、预算、融资、筹资、管理和控制的各个过程。

项目成本管理主要包含规划成本管理、估算成本、制定预算、控制成本四个过程。

12.1 规划成本管理

规划成本管理是为规划、管理、花费和控制项目成本而制定政策、程序和文档的过程。表 12－1 描述了本过程的输入、工具与技术和输出。

表 12－1 规划成本管理：输入、工具与技术和输出

输入	工具与技术	输出
1. 项目管理计划	1. 专家判断	成本管理计划
2. 项目章程	2. 数据分析	
3. 事业环境因素	3. 会议	
4. 组织过程资产		

一、规划成本管理的输出

成本管理计划是规划成本管理的输出，是项目管理计划的组成部分，描述如何规划、安排和控制项目成本。

项目成本的类别如表 12－2 所示。

表 12－2 项目成本的类别

名称	含义	举例
直接成本	可以直接记录某项目的成本	材料费、人工费
间接成本	不易直接记录，多项目分摊成本	水电、通信、房租、管理费用
固定成本	不会随着产品生产数量变动而变动	写字楼、计算机
可变成本	随着产品生产数量变动而变动	人工、原材料、能耗
机会成本	选择一个项目就必须放弃另一个项目，被放弃的项目可以带来的利益就是被选项目的机会成本	如：项目 A 净现值是 1 万元，项目 B 净现值是 2 万元，选择项目 B，放弃项目 A，则选择项目 B 所产生的机会成本为 1 万元。做决策时，应考虑机会成本

（续表）

名称	含义	举例
沉没成本	任何已经发生的成本，与是否合理无关	在决定项目是否应该立项时，立项前的调研就属于沉没成本。做决策时，不能考虑沉没成本
生命周期成本	考虑整个产品生命周期的成本	设计、建造、安装、运维、处置

二、规划成本管理的工具与技术

（1）**专家判断**。基于历史信息，专家判断可以对项目环境及以往类似项目的信息提供有价值的见解。

（2）**数据分析**。在制订成本管理计划时，可能需要选择项目筹资的战略方法，如自筹资金、股权投资、借贷投资等。可用的方法包括回收期、投资回报率、内部报酬率、现金流贴现和净现值。

（3）**会议**。项目团队可能举行规划会议来制订成本管理计划。参会人员可能包括项目发起人、项目经理、选定的项目团队成员、选定的干系人、项目成本负责人，以及其他相关人员。

12.2 估算成本

表 12－3 描述了本过程的输入、工具与技术和输出。

表 12－3 估算成本：输入、工具与技术和输出

输入	工具与技术	输出
1. 项目成本管理计划	1. 专家判断	1. 活动成本估算
2. 人力资源管理计划	2. 类比估算	2. 估算依据
3. 项目基准	3. 参数估算	3. 项目文件更新
4. 项目进度计划	4. 自下而上估算	
5. 风险登记册	5. 三点估算	
6. 事业环境因素	6. 储备分析	
7. 组织过程资产	7. 质量成本	
	8. 项目管理软件	

（续表）

输入	工具与技术	输出
	9. 卖方投标分析	
	10. 群体决策技术	

一、估算成本：项目阶段性成本的构成

如图 12－2 所示，项目生命期的成本是指贯穿于整个项目生命期的总成本。对于大型项目，通常按项目生命期阶段来划分成本。

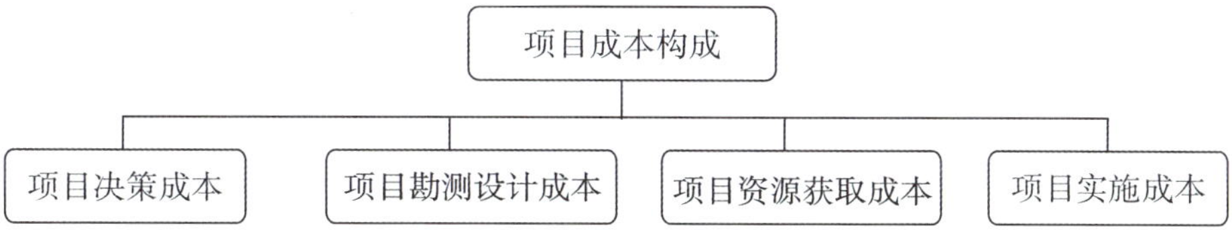

图 12－2　按项目生命期划分项目成本

项目决策成本。它是指在项目启动过程中，用于信息收集、可行性研究、项目选择以及项目目标确定等一系列的决策分析活动的成本。

项目勘测设计成本。它是指用于项目勘测设计工作的成本，如项目现场勘查成本、初步设计成本和技术施工设计成本、新产品开发成本等。

项目资源获取成本。它是指为获取项目的各种资源而花费的成本，如对于项目所需物资设备的建议书、招标、询价、供应商选择、合同谈判与合同履约等的管理所发生的成本（人力、财力、物力），但不包括所获资源的价格成本。

项目实施成本。它是指为实现项目目标而耗用的各种资源所发生的成本，是项目总成本的主要构成部分。项目实施成本具体包括人力资源成本、物料成本、设备成本、顾问成本、不可预见成本和其他成本。

项目产品、服务运行与维护成本。项目产品、服务在验收后的运维成本。在进行项目成本估算时，应当统筹兼顾项目生命期的成本。

二、估算成本的工具与技术

（1）**专家判断**。基于历史信息，专家判断可以对项目环境及以往类似项目的信息提供有价值的见解。

（2）**类比估算**。见图 12－3，类比估算是指以过去类似项目的参数值（如范围、成本、预算和持续时间等）或规模指标（如尺寸、重量和复杂性等）为基础，估算当前项目的同类参数或指标。

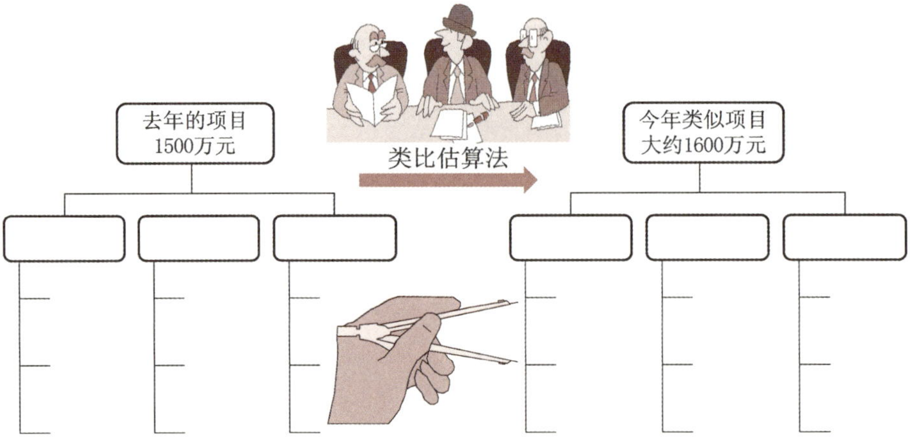

图 12－3　类比估算

通常，在项目的早期阶段或者当项目的详细资料难以得到时，这是一种估算项目总费用行之有效的方法。类比估算通常成本较低、耗时较少，但准确性也较低。可以针对整个项目或项目中的某个部分，进行类比估算。

当先前的项目与目前的项目不仅在形式上而且在实质上相同时或者对项目进行预估计时，类比估算更为可靠和实用。

（3）**参数估算**。参数估算是指利用历史数据之间的统计关系和其他变量之间的比例关系来进行项目工作的成本估算。参数估算的准确性取决于参数模型的成熟度和基础数据的可靠性。

（4）**自下而上估算**。见图 12－4，自下而上估算是对工作组成部分进行估算的一种方法。首先对单个工作包或活动的成本进行具体、细致的估算，然后把这些成本向上汇总或“合并”到更高层次，用于后续报道和跟踪。

自下而上估算的优点：与高层管理人员相比，直接参与项目建设的人员更为清楚项目涉及活动所需要的资源量；由于费用出自参与项目实际工作的人员之手，因此可以避免引起争执和不满。

（5）**三点估算**。具体方法与“时间计划”相关章节相似。

（6）**储备分析**。如表 12－4 所示，为应对成本的不确定性，成本估算中可以包括应急储备（有时称为“应急费用”）和管理储备。

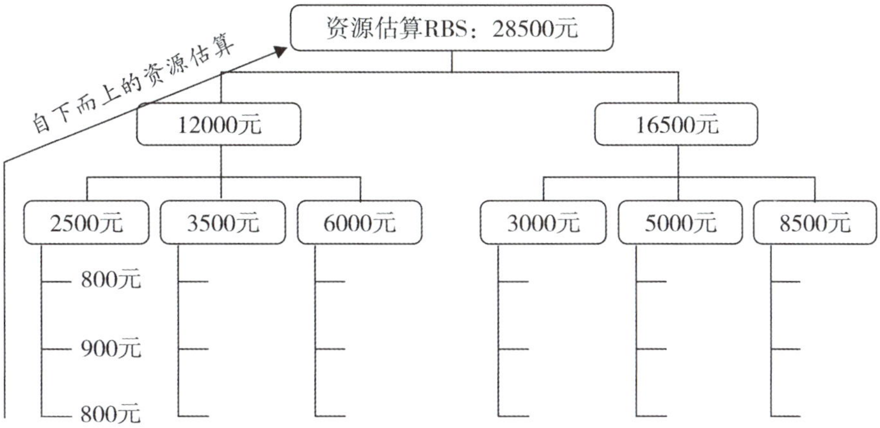

图 12－4 自下而上估算

表 12－4 储备分析

应用前提	储备类型	
	应急储备	管理储备
成本管理过程	估算成本的工具	制定预算的工具
用来应对哪类事件	处理预期但不确定的事件，即“已知—未知”事件	处理未计划但有可能需要的项目范围和成本变更，即“未知—未知”事件
是否属于成本基准	属于成本基准	不属于成本基准，但属于项目总预算
项目经理权限	项目经理可自由使用	项目经理需经管理层批准才可使用

（7）**质量成本**（COQ）。在估算活动成本时，应当计入质量成本的各种假设。

（8）**项目管理软件**。项目管理应用软件、电子表单、模拟和统计工具等，可用来辅助成本估算。

（9）**卖方投标分析**。在成本估算过程中，可能需要根据合格卖方的投标情况，分析项目成本。

（10）**群体决策技术**。如头脑风暴法、德尔菲法或名义小组技术等，可以促使团队成员积极参与，提高估算的准确性。

12.3 制定预算

表 12－5 描述了本过程的输入、工具与技术和输出。

表 12－5　制定预算：输入、工具与技术和输出

输入	工具与技术	输出
1. 成本管理计划	1. 成本汇总	1. 成本基准
2. 范围基准	2. 储备分析	2. 项目资金需求
3. 活动成本估算	3. 专家判断	3. 项目文件更新
4. 估算依据	4. 历史关系	
5. 项目进度计划	5. 资源限制平衡	
6. 资源日历		
7. 风险登记册		
8. 协议		
9. 组织过程资产		

一、制定预算的工具与技术

（1）**成本汇总**：采取自下而上的算法，即先把成本估算汇总到 WBS 中的工作包，再由工作包汇总至 WBS 更高层次，最终得出整个项目总成本。

（2）**储备分析**：如表 12－4 所示。通过储备分析，可以计算出项目的应急储备与管理储备。

①应急储备。应急储备是包含在成本基准内的一部分预算，用来应对已接受的已识别的风险，以及已制定应急或减轻措施的已识别的风险。应急储备通常是预算的一部分，用来应对会影响项目的“已知—未知”风险。应急储备在项目总费用中所占的比例一般为 5% ～ 10%。

②管理储备。管理储备是为了管理控制项目而特别留出的预算，用来应对项目范围中不可预见的工作。应对会影响项目的“未知—未知”风险。管理储备不包括在成本基准中，但属于项目总预算和资金需求的一部分。

二、制定预算的输出

成本基准是制定预算的输出之一。如图 12－5 所示，成本基准是经过批准的、按时间段分配的项目总预算，不包括任何管理储备，用作与实际结果进行比较的依据。

首先汇总各项目活动的成本估算和应急储备，得到相关工作包的成本。然后汇总各工作包的成本估算及其应急储备，得到控制账户的成本。最后汇总各控制账户的成本，得到成本基准。

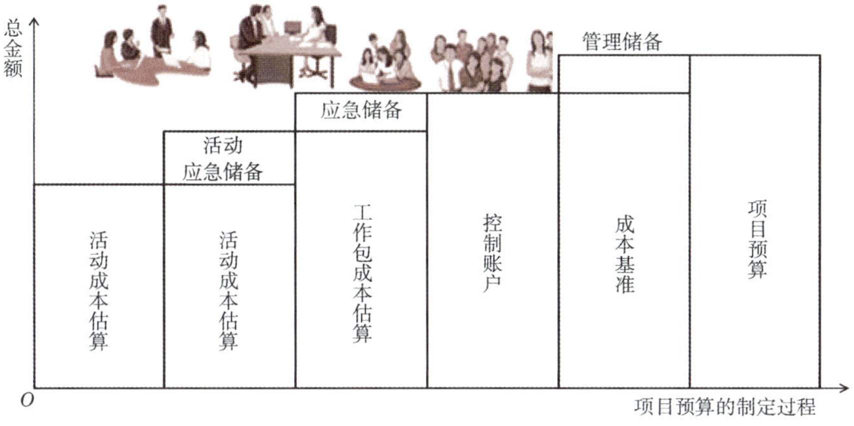

图 12－5　项目预算过程

由于成本基准中的成本估算与进度活动直接关联，因此可按时间段分配成本基准，得到一条 S 曲线，如图 12－6 所示。

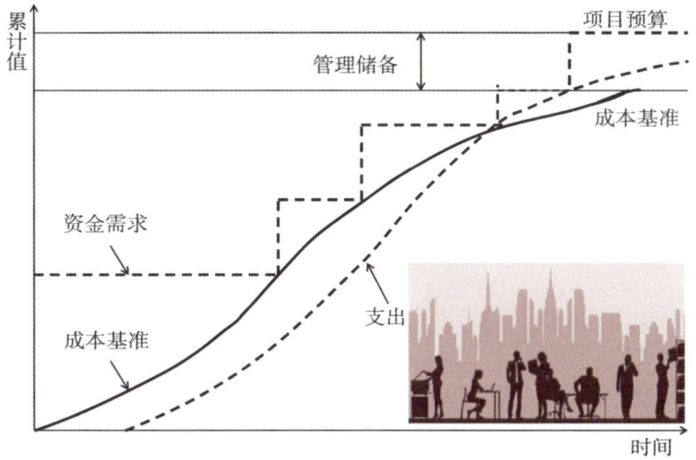

图 12－6　项目的成本基准、支出与资金需求

当进度计划按所有活动的最早开始时间或最晚开始时间或者两者之间的某一个时点开始来安排时，就形成了不同形状的 S 曲线，又称为香蕉曲线，它反映了项目进度允许调整的余地。香蕉曲线图不仅可以用于项目的费用控制，还可以用于项目的进度控制。

12.4 控制成本

表 12－6 描述了本过程的输入、工具与技术和输出。

表 12－6 控制成本：输入、工具与技术和输出

输入	工具与技术	输出
1. 项目管理计划	1. 挣值管理	1. 工作绩效信息
2. 项目资金需求	2. 预测	2. 成本预测
3. 工作绩效数据	3. 完工尚需绩效指数	3. 变更请求
4. 组织过程资产	4. 绩效审查	4. 项目管理计划更新
	5. 项目管理软件	5. 项目文件更新
	6. 储备分析	6. 组织过程资产更新

一、控制成本：工具与技术

（1）**挣值管理**（EVM）。如图 12－7 所示，挣值管理是把范围、进度和资源绩效综合起来考虑，以评估项目绩效和进展的方法。把范围基准、成本基准和进度基

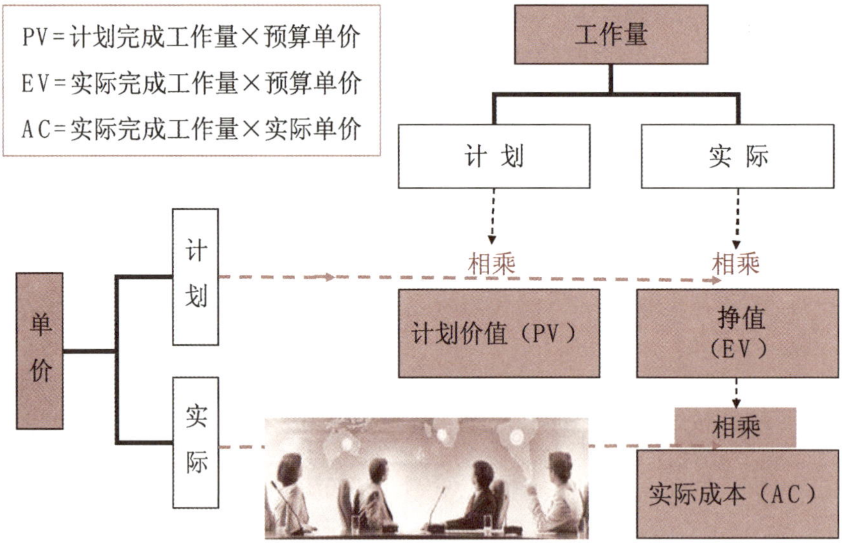

图 12－7 挣值管理原理

准整合起来，形成绩效基准，在既定的范围内追求进度绩效和成本绩效的综合最优。

作为一种项目管理技术，挣值管理要求建立整合基准，用于测量项目实施期间的绩效。挣值管理的原理适用于所有行业的所有项目。挣值管理如图 12 －8 所示。

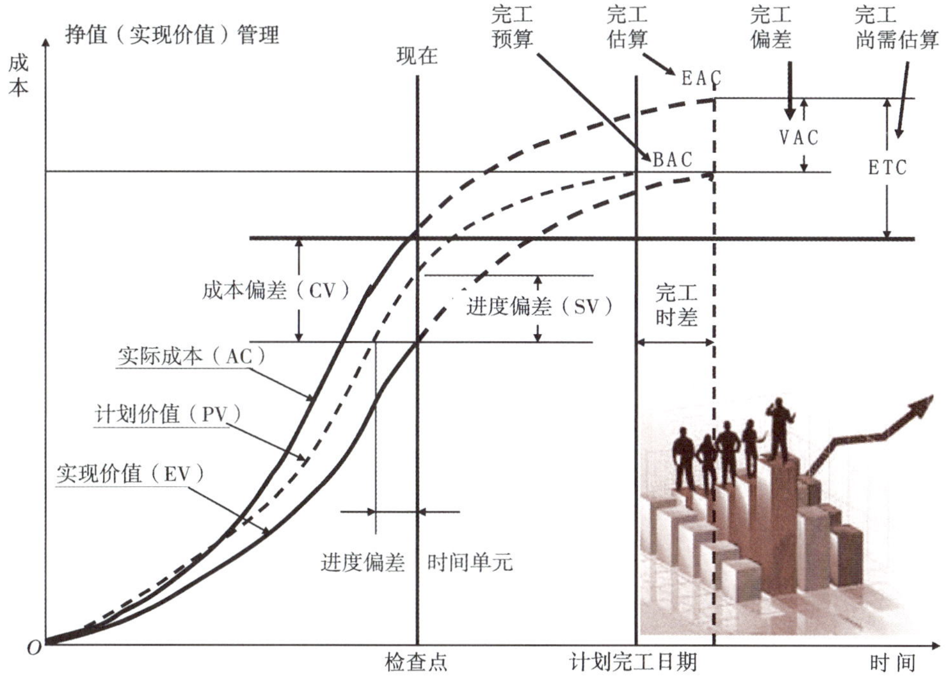

图 12 －8 **挣值管理**

挣值管理针对每个工作包和控制账户，计算并监测以下三个关键指标：

①计划价值（PV）。计划价值是为计划工作分配到的、经批准的预算。它是为完成某活动或 WBS 组件而准备的一份经批准的预算，不包括管理储备。应该把该预算分配至项目生命期的各个阶段。在某个给定的时点，计划价值代表应该已经完成的工作。PV 的总和有时被称为绩效测量基准（PMB），项目的总计划价值又被称为完工预算（BAC）。

②挣值（EV）。挣值是对已完成工作的测量值，用分配给该工作的预算来表示。它是已完成工作对应的、经批准的预算。EV 的计算应该与 PMB 相对应，且所得的 EV 值不得大于相应组件的 PV 总预算。EV 常用于计算项目的完成百分比。应该为每个 WBS 组件规定进展测量准则，用于考核正在实施的工作。项目经理既要监测 EV 的增量，以判断当前的状态，又要监测 EV 的累计值，以判断长期的绩效

趋势。

③实际成本（AC）。实际成本是在给定时段内执行某工作而实际发生的成本，是为完成与 EV 相对应的工作而发生的总成本。AC 的计算口径必须与 PV 和 EV 的计算口径保持一致（例如，都只计算直接小时数，都只计算直接成本，或都计算包含间接成本在内的全部成本）。AC 没有上限，为实现 EV 而花费的成本要计算进去。

挣值管理有两个重要偏差——监测实际绩效与基准之间的偏差：

①进度偏差（SV）。进度偏差是测量进度绩效的一种指标，表示为 EV 与 PV 之差。它说明了在某个给定的时点，项目提前或落后的进度，等于 EV 减去 PV。SV 是一种有用的指标，可表明项目进度是落后还是提前于进度基准。

由于当项目按照进度计划完工时，全部的 PV 都将实现（即成为 EV），因此 SV 最终将等于零。最好把 SV 与关键路径法和风险管理一起使用。公式：SV = EV－PV。

②成本偏差（CV）。成本偏差是在某个给定时点的预算亏空或预算盈余，表示为 EV 与 AC 之差。它是测量项目成本绩效的一种指标，等于 EV 减去 AC。项目结束时的 CV，就是 BAC 与 AC 之间的差值。

CV 由于指明了实际绩效与成本支出之间的关系，因此非常重要。负的 CV 一般是不可挽回的。公式：CV = EV－AC。还可以把 SV 和 CV 转化为效率指标，以便把项目的进度绩效和成本绩效与其他项目做比较，或在同一项目组合内的各项目之间做比较。可以通过偏差来确定项目状态。

挣值管理有两个重要绩效指数：

①进度绩效指数（SPI）。进度绩效指数是测量进度效率的一种指标，表示为 EV 与 PV 之比。它反映了项目团队利用时间的效率。有时与成本绩效指数（CPI）一起使用，以预测最终的完工估算（EAC）。当 SPI 小于 1.0 时，说明已完成的工作量未达到计划要求；当 SPI 大于 1.0 时，则说明已完成的工作量超过计划要求。

由于 SPI 测量的是项目总工作量，因此还需要对关键路径上的绩效进行单独分析，以确定项目是比计划完成日期提前完工或推迟完工。公式：SPI = EV/PV。

②成本绩效指数（CPI）。成本绩效指数是测量预算资源成本效率的一种指标，表示为 EV 与 AC 之比。它是最关键的 EVM 指标，用来测量已完成工作的成本效率。当 CPI 小于 1.0 时，说明已完成工作的成本超支；当 CPI 大于 1.0 时，则说明到目前为止成本有结余。该指标对于判断项目状态很有帮助，并可为预测项目成本和进度的最终结果提供依据。公式：CPI = EV/AC。

对 PV、EV 和 AC 这三个参数，既可以分阶段（通常以周或月为单位）进行监测和报告，也可以针对累计值进行监测和报告。

（2）**预测**。随着项目推进，项目团队可根据项目绩效，对 EAC 进行预测，预测的结果可能与 BAC 存在差异。如图 12－9 所示。

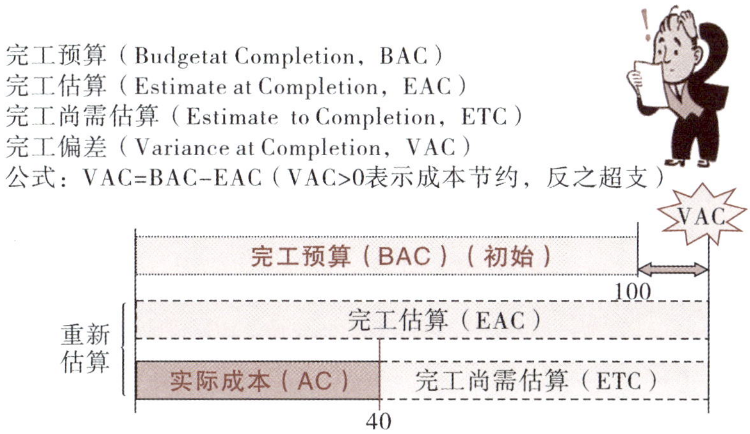

图 12－9　预测原理

如果 BAC 已明显不再可行，那么项目经理应考虑对 EAC 进行预测。预测 EAC 是指根据当前掌握的绩效信息和其他信息，预计项目未来的情况。预测要根据项目执行过程中所提供的工作绩效数据来产生、更新和重新发布。工作绩效信息包含项目过去的绩效，以及可能在未来对项目产生影响的任何信息。

在计算 EAC 时，通常用已完成工作的 AC 加上剩余工作的 ETC 来表示。项目团队要根据已有的经验，考虑实施 ETC 工作可能遇到的各种情况。把 EVM 方法与手工预测 EAC 方法结合起来使用，效果更佳。由项目经理和项目团队手工进行的自下而上的汇总方法，就是一种最普通的 EAC 预测方法。

自下而上 EAC 估算，就是以已完成工作的 AC 为基础，并根据已积累的经验为剩余项目工作编制一个新估算法。公式：EAC ＝AC＋自下而上的 ETC。

不同情况下的项目绩效的预测计算公式如图 12－10 所示。

✓ 假设按预算单价完成ETC，项目将不会出现类似偏差：
ETC=BAC-EV
EAC=AC+（BAC-EV）

✓ 假设当前CPI完成剩余工作，今后项目将按现在的偏差情况发展下去：
ETC=（BAC-EV）/CPI
EAC=AC+（BAC-EV）/CPI
=BAC/CPI

✓ 全新估算，原有假设和预算不再适用：
ETC=自下而上的ETC
EAC=AC+自下而上的ETC

✓ 当前偏差已发生，而又必须按期完工，假设SPI和CPI将同时影响未来ETC工作，在这种预测中，需计算一个由SPI与CPI综合决定的效率指标，并假设今后项目按该效率指标完成：

CPI×SPI的结果又称关键比率（CR）
ETC=（BAC-EV）/（CPI×SPI）
EAC=AC+（BAC-EV）/（CPI×SPI）

图 12－10　不同情况下的预测计算公式

（3）**完工尚需绩效指数**（TCPI）。完工尚需绩效指数是为了实现特定的管理目标（如 BAC 或 EAC），剩余工作的实施必须达到的成本绩效指标，是完成剩余工作所需的成本与剩余预算之比。

如果 BAC 已明显不再可行，则项目经理应考虑使用 EAC 进行 TCPI 计算。经过批准后，就用 EAC 取代 BAC。基于 BAC 的 TCPI 公式：TCPI = （BAC – EV）/（BAC – AC）。

TCPI 的概念可用图 12－11 表示。其计算公式为用剩余工作（BAC 减去 EV）除以剩余资金（可以是 BAC 减去 AC，或 EAC 减去 AC）。

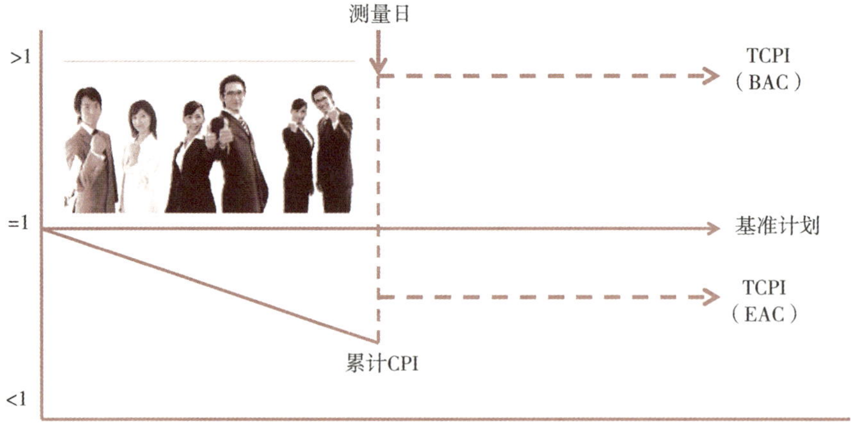

图 12－11　完工尚需绩效指数

如果累计 CPI 低于基准，如图 12－11 所示，那么项目的全部剩余工作都应立即按 TCPI（BAC）（图 12－11 中最高的那条线）执行，才能确保实际总成本不超过批准的 BAC。至于所要求的这种绩效水平是否可行，就需要综合考虑多种因素（包括风险绩效、进度绩效和技术绩效）才能判断。如果不可行，就需要把项目未来所需的绩效水平调整为 CPI（EAC）（图 12－11 中右下方的那条虚线）。基于 EAC 的 TCPI 公式：TCPI＝（BAC －EV）/（EAC － AC）。

（4）**绩效审查**。绩效审查的对象包括：成本绩效随时间的变化、进度活动或工作包超出和低于预算的情况，以及完成工作所需的资金估算。如果采用 EVM，那么需要进行以下分析：

①偏差分析。在 EVM 中，偏差分析用以解释成本偏差（CV ＝ EV － AC）、进度偏差（SV＝EV－ PV）和完工偏差（VAC ＝ BAC－ EAC）的原因、影响和纠正措施。成本偏差和进度偏差是最需要分析的两种偏差。

②趋势分析。趋势分析旨在审查项目绩效随时间变化的情况，以判断绩效情况是在改善还是在恶化。图形分析技术有助于了解截至目前的绩效情况，并把发展趋势与未来的绩效目标进行比较，如 EAC 与 BAC 的比较、预测完工日期与计划完工日期的比较。

③挣值绩效。将实际的进度及成本绩效与绩效测量基准进行比较。如果不采用 EVM，那么需要对比分析已完成工作的实际成本与成本基准，以考察成本绩效。

二、控制成本的输出

（1）**工作绩效信息**：WBS 各组件（尤其是工作包和控制账户）的 CV、SV、CPI、SPI、TCPI 和 VAC 都需要记录下来，并传达给干系人。EVM 方法计算公式如表 12－7 所示。

表 12－7 EVM 方法计算公式

术语	描述	公式
SV	进度偏差	SV＝EV－PV （计算偏差，EV 在前）
CV	成本偏差	CV＝EA－AC （计算偏差，EV 在前）
SPI	进度绩效指数	SPI＝EV/PV （计算指数，EV 在上）
CPI	成本绩效指数	CPI＝EV/AC （计算指数，EV 在上）
ETC	完工尚需估算	ETC＝EAC－AC
EAC	完工估算	EAC＝AC＋ETC EAC＝BAC/CPI

（续表）

术语	描述	公式
VAC	完工偏差	VAC = BAC - EAC
PC	完工百分率	PC = EV/BAC，判断 EV 良好的法则：偏差 >0；指数 >1
完工尚需绩效指数：基于 BAC，TCPI = （BAC - EV）／（BAC - AC） 基于 EAC，TCPI = （BAC - EV）／（EAC - AC）		

（2）**成本预测**：无论是计算得出的 EAC 值，还是自下而上估算的 EAC 值，都需要记录下来，并传达给干系人。

（3）**变更请求**：分析项目绩效后，可能会就成本基准或项目管理计划的其他组成部分提出变更请求。变更请求可以包括预防措施或纠正措施。

（4）**项目管理计划更新**：项目管理计划可能需要更新的内容包括以下几个方面。

成本基准。在批准对范围、活动资源或成本估算的变更后，需要对成本基准相应做出变更。有时成本偏差太过严重，以至于需要修订成本基准，以便为绩效测量提供现实可行的依据。

成本管理计划。成本管理计划需要更新的内容包括：用于管理项目成本的控制临界值或要求的准确度。要根据干系人的反馈意见，对它们进行更新。

（5）**项目文件更新**。

（6）**组织过程资产更新**：可能需要更新的组织过程资产包括偏差的原因，采取的纠正措施及其理由，财务数据库，从项目成本控制中得到的经验教训。

应用案例 12－1　华为某项目成本预算的切段分配法

华为为了抓住市场商机，满足客户的紧迫需求，希望赶在海外竞争对手之前完成某新产品研发项目，其进度按时间段来分配资金，如图 12－12 所示。

这种模式主要用于需要快速决策和执行重大项目任务的项目型组织结构或者强矩阵型组织结构，项目经理的财权比较集中，按进度绩效自上而下分配资金额度。优点是能够有效地控制成本，资金使用效率较高，缺点是难以适应大项目的管理，灵活性较差，容易忽略一线的具体情况，难以适应突发事件。因此，切段分配法往往适用于时间紧迫、资金短缺的项目。

序号	任务	1月	2月	3月	4月	5月	6月
1	前期论证	10天					
2	组建公司		22天				
3	招聘员工		20天				
4	员工培训		30天				
5	软件开发			40天			
6	加工样品			30天			
7	系统测试			10天			
8	制作模型				20天		
9	申报检验			3天			
10	通过检验					30天	
11	委托加工					25天	
12	试点安装						30天
13	试点验收						3天
成本预算		250000元	150000元	200000元	100000元	100000元	250000元
成本累计		250000元	400000元	700000元	850000元	950000元	250000元

图 12－12 项目成本的切段分配法

应用案例 12－2 华为某项目成本预算的切块分配法

切块分配法如图 12－13 所示，根据工作性质按分工部门分配资金。这种模式的特点是财权相对分散，按工作负荷自下而上申报开支预算。

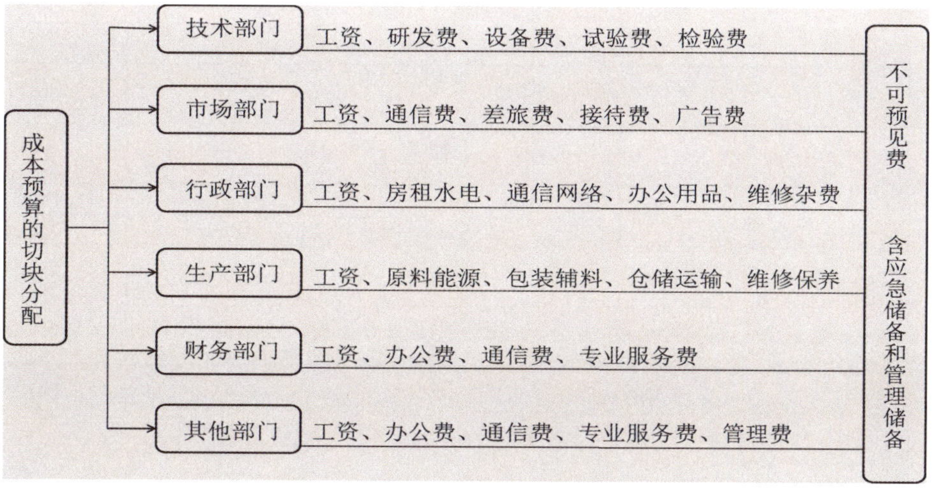

图 12－13 项目成本的切块分配法

切块分配法适用于工程项目型企业。优点是能适应大项目的管理，且由于财权分散，资金的使用相对灵活并比较切合实际，对突发事件反应迅速。缺点是难以控制成本，资金使用效率低，各下属单位可能为争夺资源，岁初虚报预算，岁末突击花钱，往往造成严重浪费。

小项目往往直接采用切段分配法，效果比较好。大项目常将切段分配法和切块分配法结合使用，原则是固定成本部分以切块分配法为主，而变动成本部分用切段分配法。

实战训练 12－1　通用项目前期总估算表

通用项目前期总估算表如表 12－8 所示。

表 12－8　通用项目前期总估算表

项目名称：　　　　　　　　　　　　　　　　填表日期：　　年　　月　　日

项目		时间		数量	预计费用
		开始	结束		
人员	项目组成员				
	承包商				
	咨询顾问				
	……				
原材料					
购置设备					
租用器具					

制表人：　　　　　　　　　　　　　　　　　　　　批准人：

实战训练 12 -2 建设项目前期总估算表

建设项目前期总估算表，如表 12 -9 所示。

表 12 -9 建设项目前期总估算表

序号	项目	金额	均价	说明
1	土地成本			
1.1	土地出让金			
1.2	拆迁补偿费			
2	建设安装工程费			
3	前期工程费			
3.1	筹建开办费			
3.2	可行性研究费			
3.3	规划设计费			
3.4	其他			
4	基础设施配套费			
4.1	供电工程			
4.2	给排水工程			
4.3	暖通工程			
4.4	煤气工程			
4.5	电信工程			
4.6	绿化工程			
4.7	其他			
5	公共建设配套费			
6	不可预见费			
7	开发成本			
8	开发费用			
8.1	管理费用			
8.2	销售费用			

（续表）

序号	项目	金额	均价	说明
8.3	贷款利息			
9	总成本			

实战训练 12－3　华为校园招聘项目成本估算

华为校园招聘项目成本估算如图 12－14 所示。请您模仿此图，通过财务分解结构（ABS）把项目成本预算和成本控制落实到某一项目的工作细节。

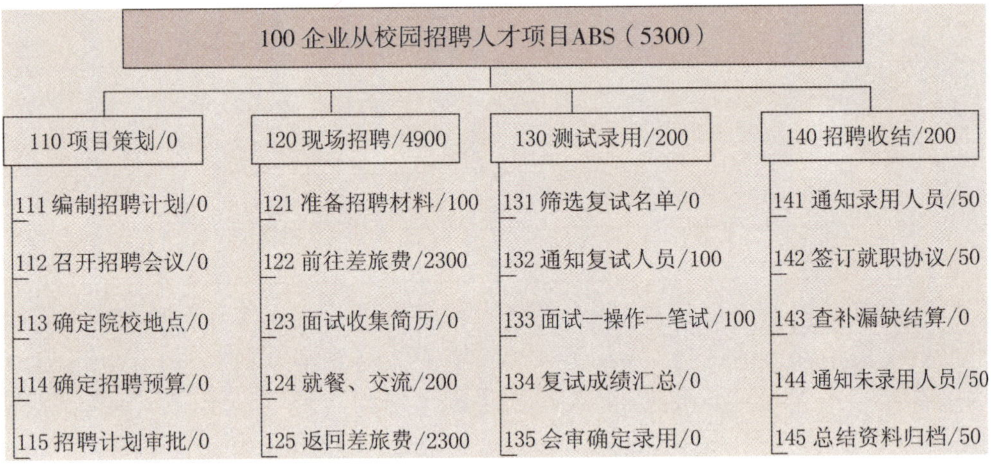

图 12－14　华为校园招聘项目成本估算

实战训练 12－4　华为某实验室项目挣值分析

请模仿此例，对您的项目做一次挣值分析。参见表 12－10，华为 10 天内粉刷 10 间同样的实验室，总预算 20000 元（每天 1 间，每间 2000 元）。如果在第 5 天末实际支出 10000 元，那么分析以下 3 种情况下的进度与成本问题：

①如果到第 5 天实际支出 10000 元，粉刷了 5 间实验室，把实际支出与累计预算成本（10000 元，5 间实验室）比较，没有超预算，不错！

②如果到第 5 天实际支出 10000 元，却只粉刷了 3 间实验室呢？

③如果到第 5 天实际支出 10000 元，并且已经粉刷了 6 间实验室呢？

表 12－10 粉刷实验室 3 种情况的分析对比

价值	状态		
	完成 5 间	完成 3 间	完成 6 间
计划价值（PV）/元	10000	10000	10000
实际成本（AC）/元	10000	10000	10000
实现价值（EV）/元	10000	6000	12000

①如果到了第 5 天下班，完成了 5 间实验室的粉刷任务，而且 EV＝AC＝PV＝10000 元，表明：项目完全按照范围、进度和预算完成了第 5 天的任务。

②如果到了第 5 天下班，只完成了 3 间实验室的粉刷任务，有 2 间没有按计划完成，而且 AC＝PV＝10000 元，完成 3 间实验室的粉刷任务对应的预算 EV＝6000 元，表明：项目没有按照范围、进度和预算完成第 5 天的任务。其差值：

SV＝ EV－PV＝6000－10000＝－4000（元），有 4000 元的工作任务没有完成。

CV＝ EV－PV＝6000－10000＝－4000（元），花费 10000 元，只完成 6000 元的工作任务，项目超支 4000 元。

③如果到了第 5 天下班，共完成了 6 间实验室的粉刷任务，超额完成 1 间，而且 AC＝PV＝10000 元，完成 6 间实验室的粉刷任务对应的预算 EV＝12000 元，表明：项目按照范围、进度和预算超额完成了第 5 天的任务。其差值：

SV＝EV－PV＝12000－10000＝2000（元），多完成 2000 元的工作任务。

CV＝EV－PV＝12000－10000＝2000（元），花费 10000 元，完成 12000 元的工作任务，项目节省开支 2000 元。

从以上的分析可以看出，有一个很重要的变量：实际完成的工作量及其相应的预算成本，也就是实际完成工作对应的预算成本，这里称它为“挣值”或者“实现价值”。如果用粉刷完的实验室所取得的预算成本 PV（3 间实验室 6000 元，6 间实验室 12000 元），不是预算成本 10000 元，与累计实际成本 10000 元相比，就能发现成本的真正问题。

实战训练 12－5 编制项目成本预算沟通协作流程

（1）请认真研究图 12－15、表 12－11，找到自己的岗位和工作流程。

（2）自己的“纵向工作流程”沟通协作是否顺畅？怎样改进？

（3）自己与两边的“横向工作流程”沟通协作是否顺畅？怎样改进？

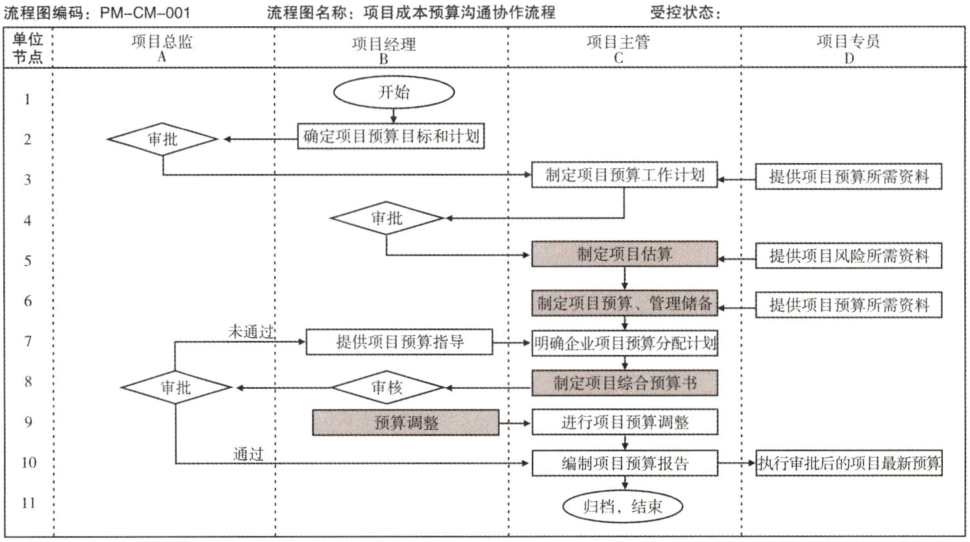

图 12－15　项目成本预算沟通协作流程

表 12－11　项目成本预算沟通协作流程

节点	工作重点、工具和技术速查指南	开始日期	结束日期
C5，制定项目估算	估算成本是对完成项目活动所需资金进行近似估算的过程，通常用于项目投资决策分析过程。主要包括预算估算，用来将资金划入一个项目的预算，通常发生在计划编制阶段		
C6，制定项目预算、管理储备	制定预算是汇总所有单个活动或工作包的估算成本，建立一个经批准的成本基准的过程；管理储备是为管理控制项目而特别留出的预算，用来应对项目范围中不可预见的工作		
C8，制定项目综合预算书	正式、详细的项目综合预算书的主要内容包括：预算依据、预算表和说明		
B8，审核	项目经理对项目综合预算书进行系统化审核，再交项目总监审批：如果通过，安排项目主管编制项目预算报告，团队执行；如果未通过，则按照项目总监、项目经理的修订意见，进行预算调整，然后出项目预算报告		

第 13 章　项目质量管理

【章节重点导图】有质量，才有口碑；有口碑，才有品牌。本章的重点是项目质量规划、质量保证和质量控制的思路、方法、工具和应用。如图 13－1 所示。

图 13－1　项目质量管理过程

引言：关于质量管理理念

（1）**质量**。国际标准化组织（ISO）认为：质量是“一系列内在特性满足要求的程度（ISO-9000）”。ISO-13402“质量术语”定义：反映实体满足明确或隐含需要能力的特性总和。

（2）**质量管理大师及其主要观点**。如图 13－2所示。

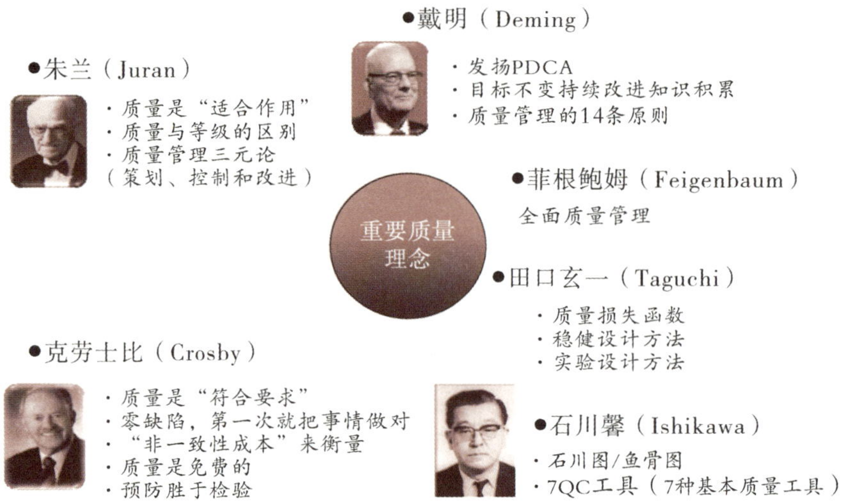

图 13－2　质量管理大师及其主要观点

（3）**两种不同的质量理念**。如表 13－1 所示。

表 13－1　两种不同的质量理念

传统质量观点	现代质量管理观点
质量是检查出来的	质量是规划出来的，而不是检查出来的
质量就是指产品的质量	质量不只是产品还包括过程
缺陷是不可避免的	事情一次做对成本最低——零缺陷
质量管理是质量部门人员的事情	质量管理，人人有责
对于质量事故，基层人员负主要责任	高层管理者承担135%质量责任
质量越高越好	质量就是符合要求、适用、客户满意，需要考虑成本与收益
改进质量主要靠检查和返工	改进质量靠预防和评估

（4）**质量与等级的区别**。质量作为实现的性能或成果，是“一系列内在特性满足要求的程度（ISO－9000）”。而等级是设计者针对用户的需求，对用途相同但技术特性不同的可交付成果的级别分类。比如电源插座：能否接通电路，属于质量问题，而设计制造多少个接口等问题属于功能等级问题。通常等级越高，功能越强。

（5）**组织质量政策**。由高层管理者根据企业文化和质量理念颁布，确定组织质量工作方向。对此，项目执行组织应当注意以下三种不同情况：

①尚未制定：如果没有质量政策，组织就要为项目制定质量政策。

②已经制定：如果组织已有质量政策，那么应直接使用。

③及时发布：组织要通过及时的信息发布，确保所有项目相关方完全了解项目所使用的质量政策。例如：以“客户为先，服务至上，全面品管，持续改善，不断满足客户需求”的质量方针。

（6）**组织质量投资效益分析**。如图 13－3 所示。

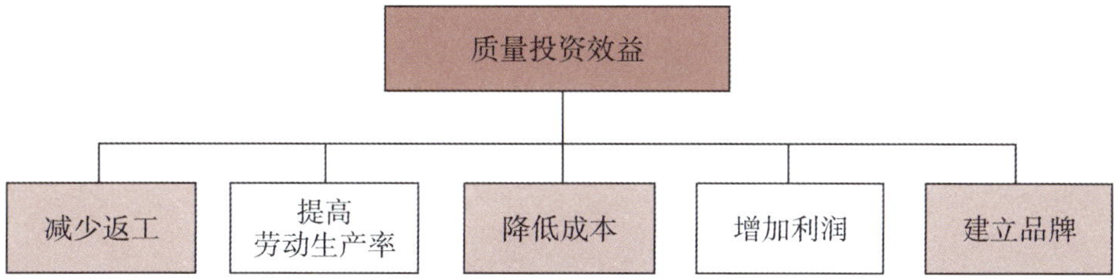

图 13－3 质量投资效益分析

（7）**项目质量管理**。项目质量管理是指在一定技术、经济、社会条件下，运用先进的科学原理、方法和技术，为保证和提高项目质量而进行的一系列运作活动。项目质量管理是围绕项目质量所进行的指挥、协调和控制等活动。

13.1 规划质量管理

表 13－2 描述了本过程的输入、工具与技术和输出。

表 13－2 规划质量管理：输入、工具与技术和输出

输入	工具与技术	输出
1. 项目管理计划	1. 成本效益分析	1. 质量管理计划
2. 相关方登记册	2. 质量成本	2. 过程改进计划
3. 风险登记册	3. 7 种基本质量工具	3. 质量测量指标
4. 需求文件	4. 标杆对照	4. 质量核对单
5. 事业环境因素	5. 实验设计	5. 项目文件更新
6. 组织过程资产	6. 统计抽样	
	7. 会议	

一、规划质量管理的工具与技术

（1）**成本效益分析**。项目达到质量要求的主要效益包括减少返工、提高劳动生产率、降低成本、提升相关方满意度及提升企业品牌影响力和赢利能力。比较其成本与效益。

（2）**质量成本**。质量成本包括在产品生命周期中为预防不符合要求、为评价产品或服务是否符合要求，以及因未达到要求而发生的所有成本。失效成本常分为内部（内部发现）失效成本和外部（客户发现）失效成本两类。失效成本也称为劣质成本。图 13－4 给出了质量成本的主要分类。

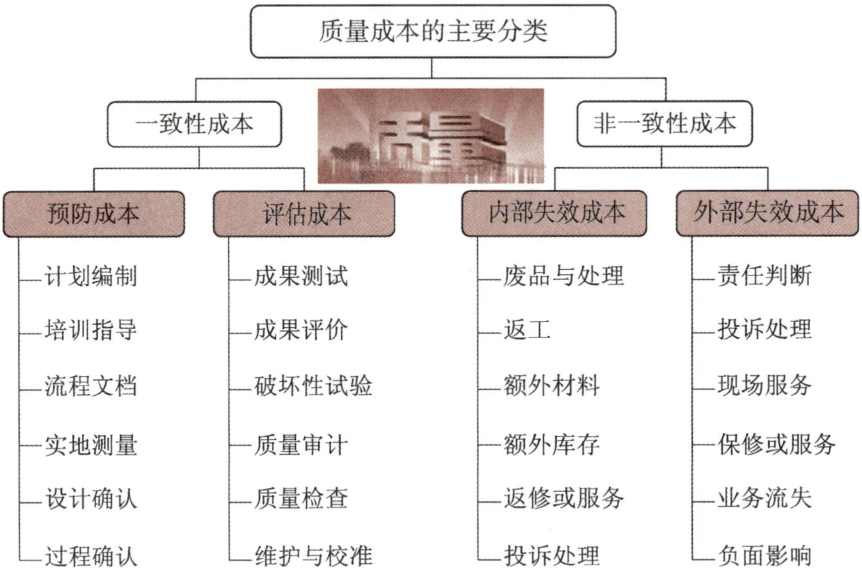

图 13－4　质量成本的主要分类

项目质量成本可分为预防成本、评估成本、内部失效成本、外部失效成本。

①预防成本：计划和执行项目以使项目无差错或使差错保持在一个可接受范围内而发生的成本。例如，培训、过程能力研究、对供应商质量调查等行为引起的成本都属于预防成本。

②评估成本：评估各种过程及其成果而发生的成本，目的在于确保项目无差错或使差错保持在一个可接受范围内。例如，产品检查和测试，设备检查、测试和维护，处理和报告测试数据等行为引起的成本都属于评估成本。

③内部失效成本：在客户收到产品之前，纠正已识别出的缺陷而引起的成本。废料与返工、推迟付账、缺陷存货、工程变动、设计错误变更、纠正文档的成本都

属于内部失效成本。

④外部失效成本：为在产品交付客户之前未被发现和更正的产品缺陷而支付的成本。担保、现场服务人员培训、产品责任诉讼、投诉处理、未来经营损失等引发的成本都属于外部失效成本。

（3）7种基本质量工具。7种基本质量工具，也称7QC工具，用于在PDCA循环的框架内解决与质量相关的问题。7种基本质量工具是：

①因果图。又称特性要因图、因果关系图、树枝图、鱼骨图或石川图。

如图13－5所示，把问题陈述放在鱼骨的头部作为起点，用来事先预防质量问题，或者事后追溯问题的根源，进一步提出有针对性的纠偏对策。

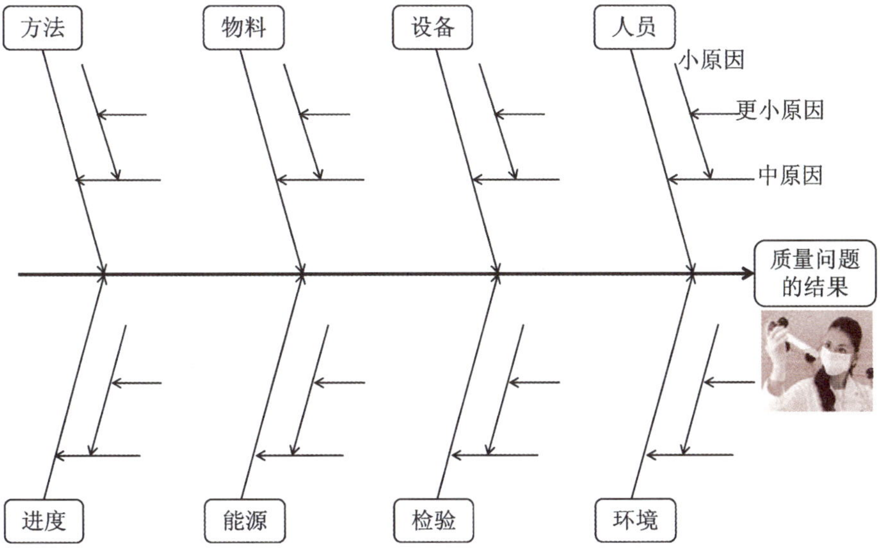

图13－5　7种基本质量工具之一：因果图

因果图的三种类型：一般可分为以下三种类型，见图13－6。

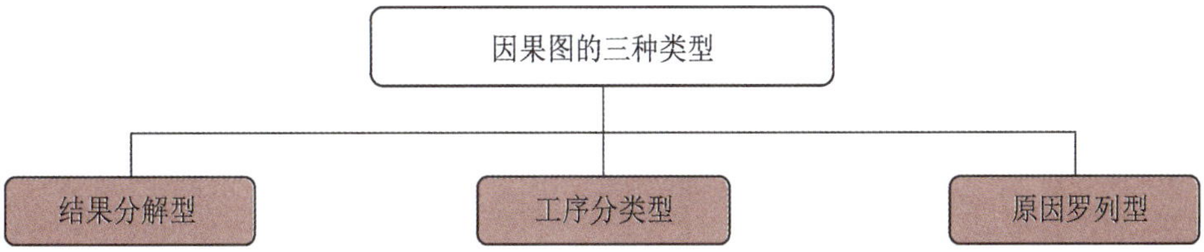

图13－6　因果图的三种类型

结果分解型：这种类型的因果图的特点是沿着产生结果的原因进行层层解析，

可系统地掌握纵向关系，但易遗漏或忽视某些平行关系。

工序分类型：按工序的流程，将各工序作为影响项目质量平行的主要原因，再将各工序中影响工序质量的原因填写在相应的工序中。该类型的因果图简单易行，但有可能会造成相同的因素出现在不同的工序中，难以反映因素间的交互作用。

原因罗列型：采用头脑风暴法等方法，使参与分析的人员自由发表意见，并将所有意见都一一罗列出来，然后系统地整理出它们之间的关系，最后绘制出一致同意的因果图。图 13－7 所示类型的因果图，反映出的因素比较全面，在整理因素间的关系时，客观深入地分析各因素，有利于问题的深化，但工作量较大。

因果图的绘制步骤：不同类型的因果图的绘制步骤有所不同。现以混凝土强度不足的质量问题为例，来说明原因罗列型因果图的绘制步骤。

第一步，确定质量问题。特性就是需要解决的质量问题，放在主干箭头的前面。本例的特性是混凝土强度不足。

第二步，确定影响质量特性的大原因（大枝）。影响混凝土强度的大原因主要是人员、材料、工艺、设备和环境等五个方面。

第三步，确定中小原因（细枝）。围绕着大原因进行层层分析，确定影响混凝土强度的中小原因。

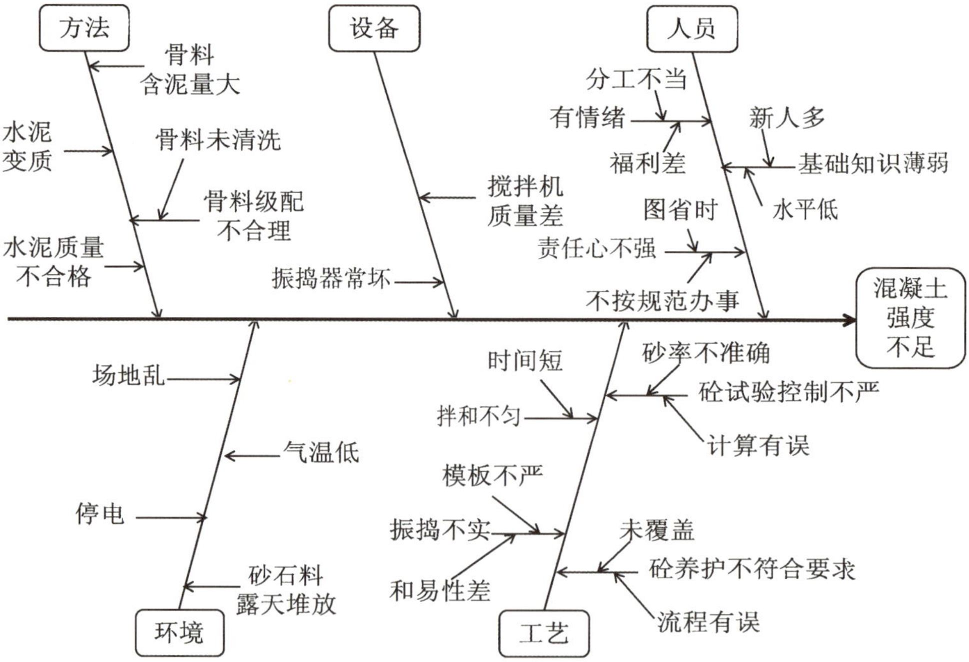

图 13－7　用因果图分析混凝土强度不足的原因

第四步，补充遗漏的因素。发扬技术民主，反复讨论，补充遗漏的因素。

第五步，制定对策。针对影响质量的因素，制定对策并落实。对于大中型或者比较复杂的项目，可以用对策计划表的形式加以处理，如表 13 －3 所示。

表 13 －3 混凝土强度不足的原因和对策

序号	原因	对策	负责人	解决期限
1	人员：基础知识薄弱	对工人进行教育培训 做好技术交底工作 学习操作规程及质量标准		
2	人员：责任心不强，有情绪	加强组织工作，明确责任 建立工作岗位责任制 关心工人生活		
3	机器：振捣器、搅拌机常坏	加强维修，增加设备		
4	材料：水泥用量不足	严格水泥计量		
5	材料：骨料含泥量大	清洗过筛，用前检验		
6	方法：配合比不准	重新设计材料结构		
7	方法：水灰比控制不严	严格计量		
8	环境：场地乱	清理现场		
9	环境：气温低	采取保温措施		

②流程图。流程图是由若干因素和箭线相连的因素关系图。

图 13 －8 是一个设计复查程序的流程图。借助于流程图，项目团队可以发现项

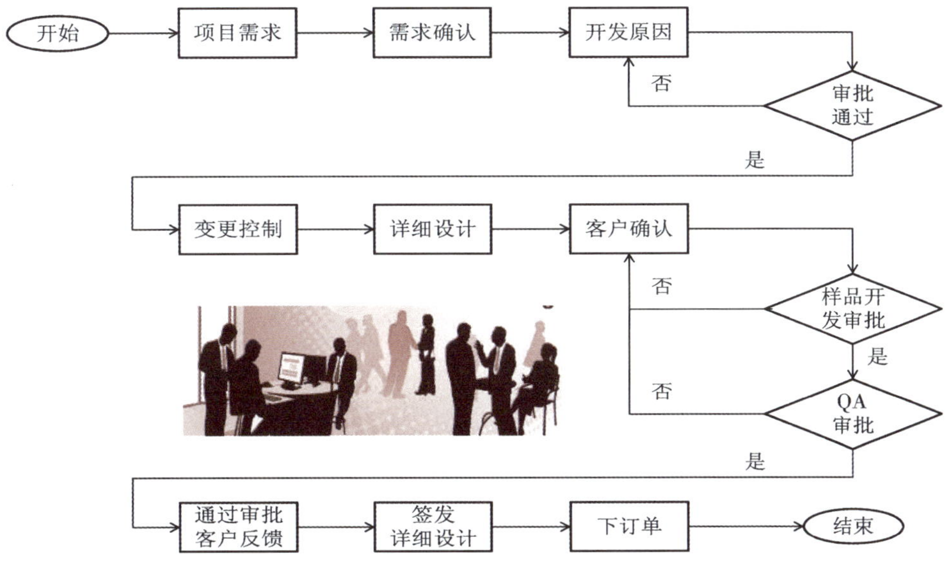

图 13 －8 7 种基本质量工具之二：流程图

目的工作流程及各活动之间可能产生质量问题的工作环节，图中的菱形表示质量控制点，这有助于明确项目质量管理的责任，以便项目经理估计未来将在何时、何地发生质量问题，从而及时制定应对策略，提出解决质量问题的方法。

③检查表。又称计数表，是用于收集数据的查对清单。它合理排列各种事项，以便有效地收集关于潜在质量问题的有用数据，用于检查以识别缺陷，也经常使用帕累托图来显示。表 13－4 是一些产品模型的问题统计检查表。

表 13－4　7 种基本质量工具之三：检查表

模型编号	种类	检查记录	小计	频率／%
A	裂纹	正正正正正正正正正	45	19.1
B	气孔	正正正正正正	30	12.7
C	掉砂	正正正正正正正	35	14.8
D	刮伤	正正正正正正正正	40	17.0
E	饰纹不良	正正正正正正	30	12.7
F	模痕	正正正正正	25	10.6
G	油污	正正正正正正	30	12.7
问题合计			235	—

④帕累托图。帕累托图是一种特殊的垂直条形图，用于识别造成大多数问题的少数重要原因。19 世纪晚期，意大利经济学家维弗雷多·帕累托发现，一个地区 80% 的财富都集中在不到 20% 的人手里。帕累托定律描述的是大多数结果是由少数重要原因造成的。该定律的重要性就在于它集中解决了产生重大结果的少数关键问题。集中力量解决产生主要结果的少数几个问题而不是将精力花在解决产生不重要结果的大量琐碎问题上，就可能取得更大的成功。

帕累托分析是指确认造成系统质量问题的诸多因素中较为重要的几个因素。它有时被称为 20/80 法则，意思是 80% 的问题经常是由 20% 的原因引起的。

表 13－5　招待所服务质量等问题投诉调查

餐厅		会客室	
投诉类型	投诉次数	投诉类型	投诉次数
饭菜凉		设备存在问题	
服务员工作效率低	10	茶水供应迟	10

（续表）

餐厅		会客室	
投诉类型	投诉次数	投诉类型	投诉次数
消费高		座位不足	
酒中有软木塞屑		温度过低	1
食物烹调时间不足		员工不够有礼貌	1
员工不够有礼貌	4		
健康中心		**招待所房间**	
投诉类型	投诉次数	投诉类型	投诉次数
卫生状况差		床铺无人整理	
设施不完善	2	温度过低	
游泳池水温低		卫生差	6
过于拥挤		无法收看电视	
设备存在问题		没有卫生纸	1
员工不够有礼貌	1	隔音效果差	4

帕累托图的绘制：

A. 原因按照重要程度以降序排列，如表 13－6 所示。

B. 画出有两条纵坐标轴的条形图。在左边纵坐标轴上标出次数的刻度，在右边纵坐标轴上标出累计频率的刻度。在横坐标轴上按投诉次数依次排列出各项投诉原因。

表 13－6　招待所服务质量等问题投诉降序排列

序号	投诉类型	投诉次数/次	百分比/%	累计百分比/%	序号	投诉类型	投诉次数/次	百分比/%	累计百分比/%
1	餐厅服务员工作效率低	10	25	25	6	健康中心设施不完善	2	5.0	90
2	会客室茶水供应迟	10	25	50	7	会客室员工不够有礼貌	1	2.5	95
3	招待所房间卫生差	6	15	65	8	会客室温度过低	1	2.5	98
4	餐厅员工不够有礼貌	4	10	75	9	健康中心员工不够有礼貌	1	2.5	100
5	招待所房间隔音效果差	4	10	85	10	招待所房间没有卫生纸	1	2.5	100

C．在横坐标轴上按照投诉次数多少绘制条形图。

D．在每个条形图上标出累计频率次数值，描点并用直线连接，画出累计频率次数折线即为帕累托曲线，见图 13－9。

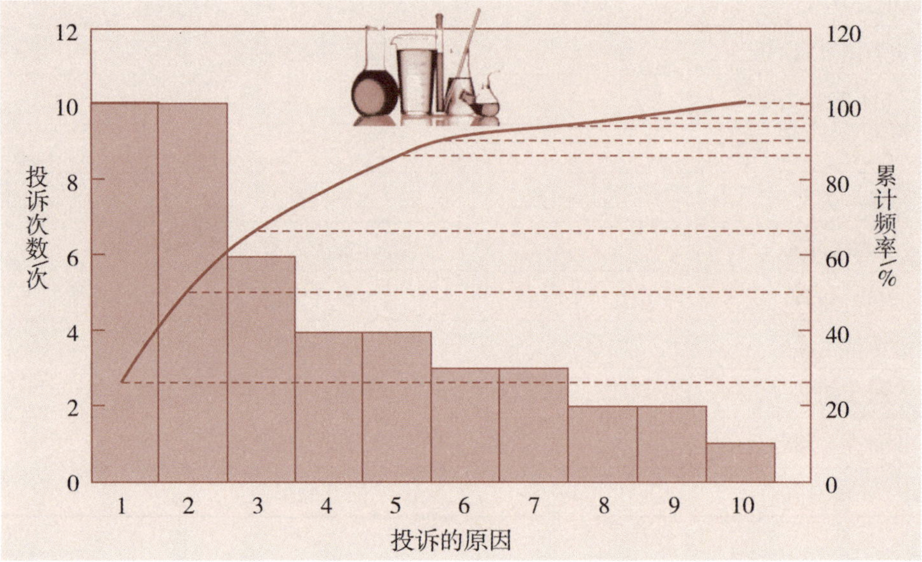

图 13－9　7 种基本质量工具之四：帕累托图

帕累托图是一种将数据按重要性和影响程度降序排列的简单直方图，有两个纵坐标轴，左边纵坐标轴图示次数（如不合格次数），右边纵坐标轴图示累计频率（如不合格品累计频率），横坐标轴图示影响产品或者服务质量的各个因素或项目，按影响质量程度的大小，从左到右依次排列。

每个直方图的高度表示该因素影响程度的大小，在排列表上，通常把曲线的累计频率分为三级，与此相应的因素分为三类：A 类是累计频率在 70% ～ 80% 范围内的因素，是主要影响因素；B 类是除了 A 类之外的累计频率在 81% ～ 90% 范围内的因素，是次要因素；C 类是除 A、B 两类外累计频率在 91% ～ 100% 范围的因素。因此帕累托图法也叫 ABC 分析法。运用排列表，便于分清矛盾的主次，将注意力集中在解决最关键的问题上，因此它可以协助做出决策。

⑤直方图。如图 13－10 所示，直方图是一种显示数据在一组连续值中分布情况的条形图，也称频率分布图，用来描述集中趋势、分散程度和统计分布形状。

在图中，数据由一系列等宽不等高的条形图表示，代表某一问题、情景的一种

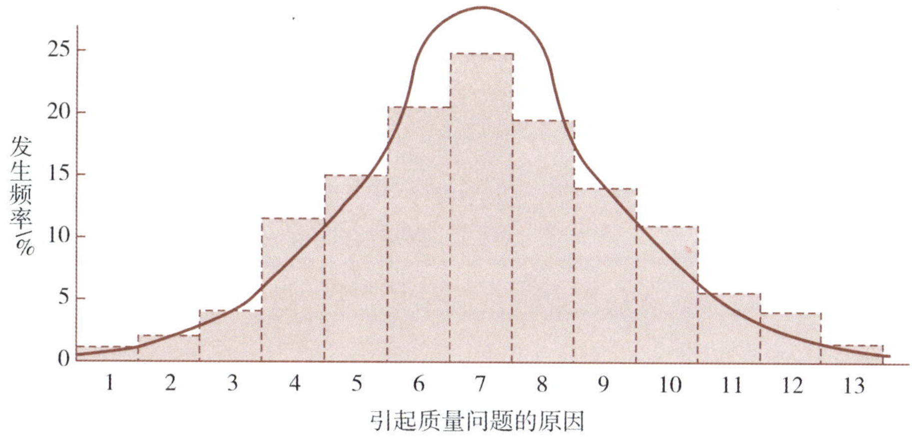

图 13－10　7 种基本质量工具之五：直方图

属性或者特征，柱高表示属性或特征出现的频率。直方图可以清晰地显示出频率最高的值所在位置以及数据分布情况，也是用于明确过程最佳效果的一种工具。根据有关过程行为的数据信息，可以确定需要优先改进的行动。

绘制直方图的步骤：求极差；确定分组的组数和组距；确定各组界限；绘制频率分布图；画直方图。通过对直方图的观察和分析可以看出生产是否稳定，即质量如何。

⑥控制图。如图 13－11 所示。控制图用来确定一个过程是否稳定，或者是否具有可预测的绩效。根据协议要求而制定的规范上限和规范下限，反映了可允许的最大值和最小值。

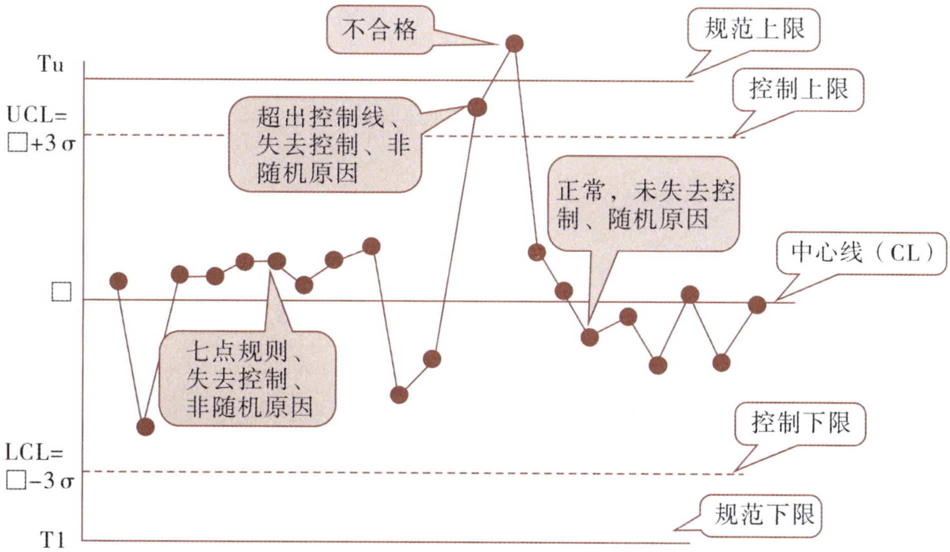

图 13－11　7 种基本质量工具之六：控制图

控制界限不同于规格界限。控制界限根据标准的统计原则，通过标准的统计计算确定，代表一个稳定过程的自然波动范围。项目经理和相关方可基于计算出的控制界限，发现须采取纠正措施的检查点，以预防非自然的绩效。纠正措施旨在维持一个有效过程的自然稳定性。如果某个数据点超出控制界限，或连续 7 个数据点落在均值上方，或连续 7 个数据点落在均值下方，就认为过程已经失控。

⑦散点图。如图 13－12 所示。散点图显示两个变量间的关系，又叫相关图，指将两个可能相关的变数资料用点画在坐标上，研究成对的资料之间是否有相关性。数据点越接近对角线，两个变量之间的关系就越密切。

A. 数据点分布在某一条直线附近，若是从左下角区域分布到右上角区域，则是正相关，正比例。

B. 数据点分布在某一条直线附近，若是从左上角区域分布到右下角区域，则是负相关，负比例。

C. 数据点的分布无规律，则不相关。

相关性还可以分强弱，数据点分布越靠近直线，相关性越强，否则越弱。图 13－12显示了时间卡提交日期与每月旅行总天数间的相关性。

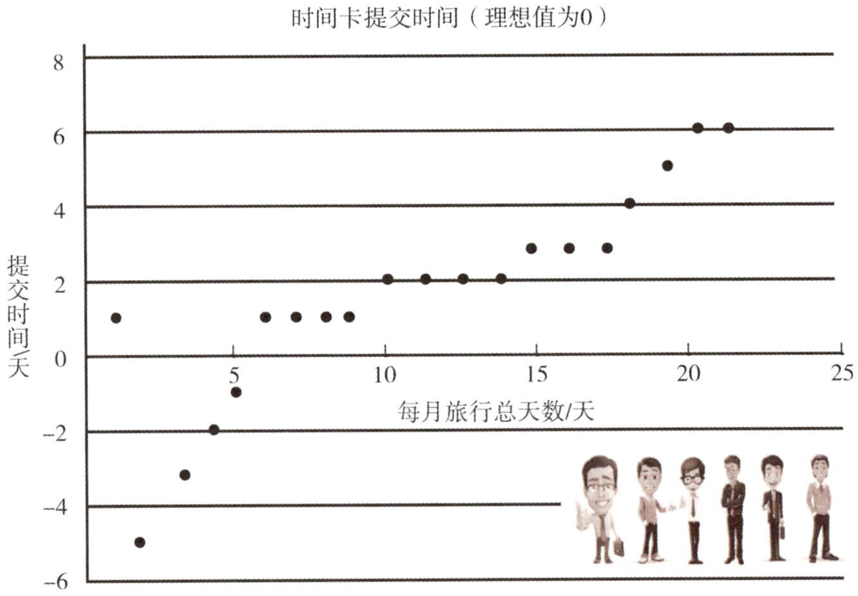

图 13－12　7 种基本质量工具之七：散点图

综上所述，7 种基本质量工具如表 13－7 所示。

表 13－7 7 种基本质量工具小结

<table>
<tr><td>因果图
（鱼骨图）</td><td>显示各种因素对结果造成的影响，用来找出全部潜在原因</td><td>找出所有原因</td><td rowspan="7">规划质量 保证质量 控制质量</td></tr>
<tr><td>流程图
（过程图）</td><td>帮助分析问题，显示系统各组成部分之间的逻辑关系</td><td>找原因</td></tr>
<tr><td>检查表
（计数表）</td><td>用于收集关于潜在质量问题的有用数据。收集来的数据用帕累托图显示</td><td>收集关于缺陷和后果的数据</td></tr>
<tr><td>帕累托图
（垂直条形图）</td><td>特殊的直方图，按发生频率大小依次排列，表示有多少结果是由已确定类型的原因</td><td>找出关键原因</td></tr>
<tr><td>直方图
（条形图）</td><td>显示各变量的分布，每一栏代表一种变量，直观地显示各变量所占比例</td><td></td></tr>
<tr><td>控制图
（过程控制图）</td><td>确定某个过程是否稳定，是否在控制界限之内</td><td>针对过程</td></tr>
<tr><td>散点图
（相关图）</td><td>显示两个变量之间的关系与规律</td><td></td></tr>
</table>

（4）**标杆对照**。对照分析法就是将本组织各项活动与从事活动最佳者进行比较，从而找出差距，提出行动方法，以弥补自身的不足。标杆对照是将本组织经营的各种状况和环节与竞争对手或行业内外一流的组织进行对照分析的过程，是一种评价自身组织和研究其他组织的手段。

（5）**实验设计**（DOE）。实验设计是一种统计方法，用来识别哪些因素会对正在生产的产品或正在开发的流程的特定变量产生影响。DOE 可以在规划质量管理过程中使用，以确定测试的数量和类别，以及这些测试对质量成本的影响。

（6）**统计抽样**。统计抽样是指从目标总体中选取部分样本用于检查（如从 75 张工程图纸中随机抽取 10 张），在保证抽样具备质量代表性的前提下，降低质量成本。

二、规划质量管理的输出（质量管理计划如表 13 –8 所示）

表 13 –8　质量管理计划

质量管理计划	
角色	职责
质量规划方法	
质量保证方法	
质量控制方法	
质量改进方法	

13.2　实施质量保证

表 13 –9 描述了本过程的输入、工具与技术和输出。

表 13 –9　实施质量保证：输入、工具与技术和输出

输入	工具与技术	输出
1. 质量管理计划	1. 质量管理和控制工具	1. 变更请求
2. 过程改进计划	2. 质量审计	2. 项目管理计划更新
3. 质量测量指标	3. 过程分析	3. 项目文件更新
4. 质量控制测量结果		4. 组织过程资产更新
5. 项目文件		

实施质量保证的工具与技术

（1）**质量管理和控制工具**。实施质量保证过程中使用规划质量管理和控制质量过程的工具与技术。

①亲和图。亲和图有助于创建 WBS，见图 13 –13。。

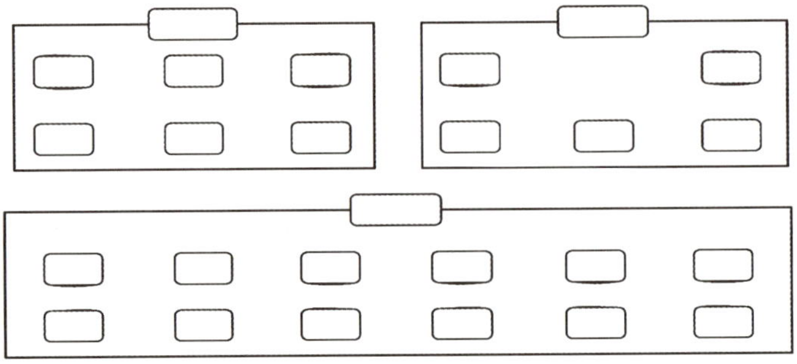

图 13 –13　亲和图

②决策过程程序图。有助于制订应急计划，因为它能帮助团队预测那些可能破坏目标实现的中间环节。见图 13－14。

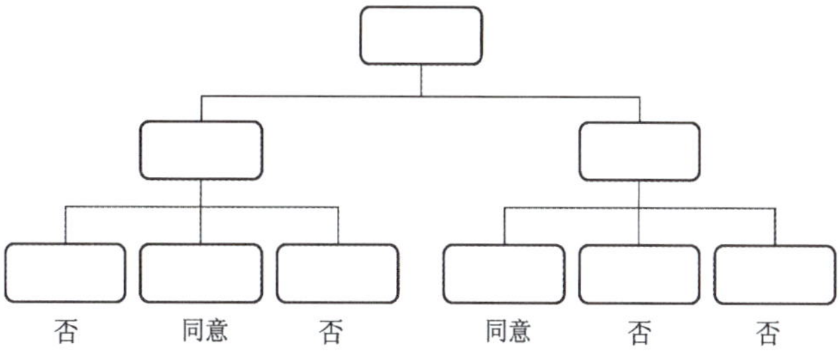

图 13－14 决策过程程序图

③关联图。关联图是关系图的变种，有助于在包含相互交叉逻辑关系（可多达 50 个相关项）的中等复杂情形中创新性地解决问题。可以使用其他工具（诸如亲和图、树形图或鱼骨图）产生的数据来绘制关联图。见图 13－15。

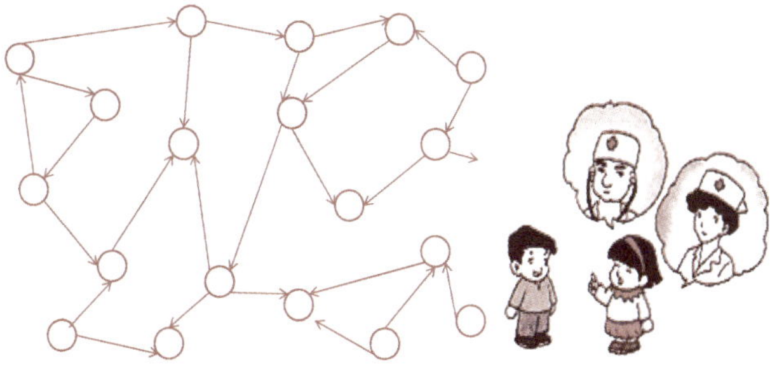

图 13－15 关联图

④树形图。树形图也称系统图，可用于表现诸如工作分解结构（WBS）、风险分解结构（RBS）和组织分解结构（OBS）的层次分解结构。

在项目管理中，树形图依据定义嵌套关系的一套系统规则，用层次分解形式直观地展示主系统与子系统的关系。见图 13－16。

⑤优先矩阵图。用来识别关键事项和合适的备选方案，先对标准排序和加权，再将其应用于所有备选方案，计算出得分，对备选方案排序。见图 13－17。

⑥活动网络图。过去称为箭头图，包括两种格式的网络图：活动箭线图（AOA）和最常用的活动节点图（AON）。活动网络图连同项目进度计划编制方法一起使用，如计划评审技术、关键路径法和紧前关系绘图法。

⑦矩阵图。使用矩阵结构对数据进行分析，在行列交叉的位置展示因素、原因

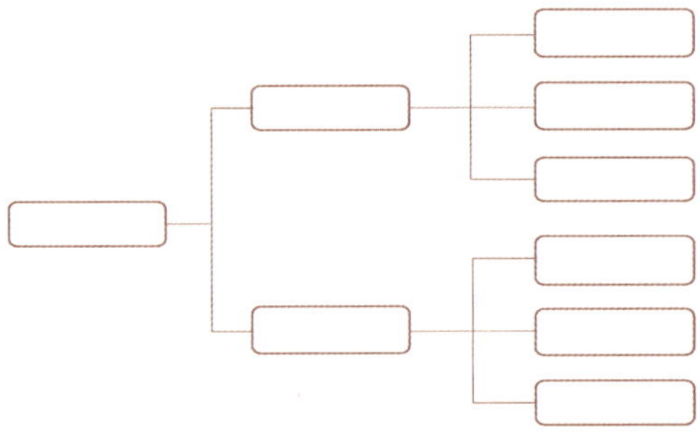

图 13－16　树形图

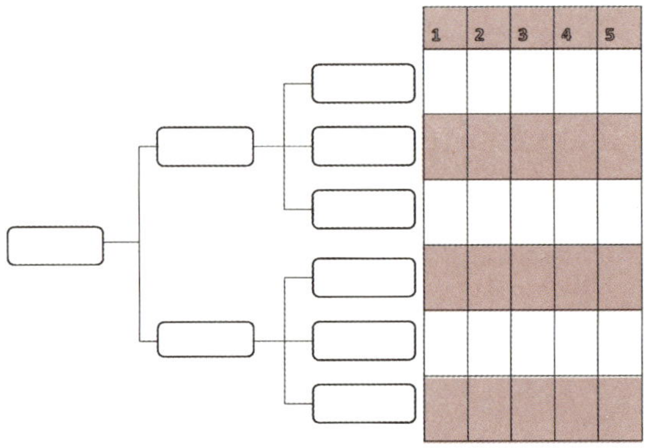

图 13－17　优先矩阵图

和目标之间的强弱关系。

（2）**质量审计**。质量审计是用来确定项目活动是否遵循组织和项目的政策、过程与程序的一种结构化、独立的过程。

（3）**过程分析**。过程分析是指按照过程改进计划中概括的步骤来识别所需改进之处。它也要检查在过程运行期间遇到的问题、制约因素，以及发现的非增值活动。

13.3　控制质量

表 13－10 描述了本过程的输入、工具与技术和输出。

表 13－10　控制质量：输入、工具与技术和输出

输入	工具与技术	输出
1. 项目管理计划	1. 七种基本质量工具	1. 质量控制测量结果
2. 质量测量指标	2. 统计抽样	2. 确认的变更
3. 质量核对单	3. 检查	3. 核实的可交付成果
4. 工作绩效测量结果	4. 审查已批准的变更请求	4. 工作绩效信息
5. 批准的变更请求		5. 变更请求
6. 可交付成果		6. 项目管理计划更新
7. 项目文件		7. 项目文件更新
8. 组织过程资产		8. 组织过程资产更新

控制质量的工具与技术

（1）**7 种基本质量工具**。

（2）**统计抽样**。

（3）**检查**。检查是指检验工作产品，以确定是否符合书面标准。检查的结果通常包括相关的测量数据。

（4）**审查已批准的变更请求**。对所有已批准的变更请求进行审查，以核实它们是否已按批准的方式得到实施。

应用案例 13－1　任正非：华为怎样规划大质量管理体系（摘要）

在华为一年一度的质量工作汇报会上，任正非对华为过去的工作进行了总结，并提出建立大质量管理体系这一持续的发展规划，华为自创立伊始便秉承“质量为最重要的基础”这一核心发展理念，以下为任正非在会上的演讲内容：

“20 年前我去阿联酋，当飞机降落时，商务部西亚非洲司司长告诉我，下去就是‘中东的香港’。当时我不相信，下去一看，就写了一篇文章《资源是会枯竭的，唯有文化才能生生不息》。迪拜是没有一滴油的沙漠，现在比阿联酋还出名，这就是文化造就沙漠上的井喷。

华为也要加强质量文化的建设。目前公司在质量问题上的认识，仍然聚焦在产

品、技术、工程质量等这些领域，而我认为质量应该是一个更广泛的概念。我们沿着现在的这条路，要走向新领域的研究，建立起大质量管理体系。

（1）**华为眼中的大质量管理体系**。首先，大质量管理体系需要介入公司的思想建设、哲学建设、管理理论建设等方面，形成华为的质量文化。

你们讲了很多‘术’，我想讲讲‘道’。你们看，法国波尔多产区只有名质红酒，从种子、土壤、种植……形成了一整套完整的文化，这就是产品文化，没有这种文化就不可能有好产品。瑞士的钟表为什么能做到世界第一？

每个人都愿意兢兢业业地做一些小事，这就是德国、日本的质量科学，没有这种文化就不可能有德国、日本这样的精密制造。我们为什么不能有这种文化？我们要借鉴日本和德国的先进文化，最终形成华为的质量文化。如果公司从上到下没有建立这种大质量管理体系，你们所提出的严格要求则是不可靠的城墙，最终都会被推翻。

质量文化、质量哲学问题，其实德国、日本都是开放的，我们什么都能看到，为什么还是生产不出像德国、日本那么好的产品呢？我们要敢于在这方面加快发展。其实我们的目的很简单，形成一种文化，共同奋斗构建公司，再加上质量管理。我们现在口号很厉害，大家很兴奋，要把这种热情转到积极的文化当中去。

（2）**质量是华为最重要的基础**。华为最重要的基础是质量，我们要从以产品、工程为中心的质量管理，扩展到涵盖公司各个方面的大质量管理体系。

第一，质量不能仅仅涵盖产品、工程，你们现在是基础性理解，这点我已经同意了，你们就先把这一阶段推出去。

第二，华为不能只有一个首席质量官，应该涵盖很多领域。比如国家层面、运营商层面、产品线层面等各级组织都应该有首席质量官，把相应的权力交给他，尽量把责任制落实到基层。这点你们的想法和我是一致的，我认为很好。

第三，在质量问题上，要永远记得‘七个反对’，而且要坚决反对。我们要继续贯彻‘七个反对’，反对完美主义，反对烦琐哲学，反对盲目创新，反对没有全局效益提升的局部优化，反对没有全局观的干部主导变革，反对没有业务实践经验的员工参加变革，反对没有充分论证的流程进入实施。

（3）**外部吸收，内部共享**。高级干部与外部理论家沟通德国、日本的质量文化，参加沟通的人都去写篇文章，贴到心声社区上去，对全员开放，以推动华为公司的文化进步。高级干部要善于写心得，不用长篇大论，就讲自己的理解。

（4）**无生命管理才能生生不息**。华为公司最宝贵的是无生命的管理体系，以规则、制度的确定性来应对不确定性，争夺大数据流量时代的胜利。

现如今，世界文明古国巴比伦垮了，罗马垮了，但中国没垮。因为儒家文化使中国拧成了一个面团。

华为公司最宝贵的是无生命的管理体系，因为人的生命都是有限的。我们花了20多年时间，终于弄明白了西方管理。只要公司不垮，就能无敌天下；如果公司垮了，这个文化就报废了，管理体系也没用了。我们要维持管理体系有活力的持续运行，保持有动能，所以我们要保持赢利，逼大家不能搞低质量、低价格的经营。”

应用案例13-2　华为怎样建立项目、产品、服务的质量保证体系

华为的项目、产品、服务的质量保证体系经历了五个主要阶段：

第一阶段：决策层高屋建瓴，将质量观定为华为生存发展的核心战略。

华为公司从1987年开始创业的发展初级阶段，就明确了“以客户为中心”的核心价值观，一直在探索通过质量保证体系实现这个价值观的方法论。

2000年以前，华为步入快速发展阶段，在建立自己产品体系的同时，开始步入国际化、全球化的历程。业务量越大，质量问题越多，客户的抱怨声也越来越大。以客户为中心的华为员工，倒是真的不吝惜时间与成本，一趟一趟飞到客户身边，去把坏了的产品换回来，通过售后服务去弥补质量带来的问题。从客户那里换回来的故障设备的单板，以及一趟一趟来回飞的机票，被华为公司总裁任正非装裱在相框里，成为那一次质量大会的“奖品”，而且很长一段时间成为大家办公桌上最重要的一个摆设，时时刺激着每一位当事人。

就在这一关键时候，任正非亲自主持召开了一次质量反思大会，这次大会成为华为公司将质量定为核心战略的一个起点。任正非说：“我们决不能为了降低成本而忽略质量，否则是自杀，或者杀人。”任正非认为，经营企业如同做人，一家企业首先要学会自我尊重，而后才能够建立起对消费者的尊重和敬畏，而企业的自我尊重则集中体现在产品的质量观上，将质量观定为华为生存发展的核心战略，并且写入《华为基本法》。

第二阶段：导入“IPD＋CMM”，实现了基于流程来抓质量的过程。

2000年的华为，将目标锁定IBM，要向IBM这家当时全球最大的IT企业学习管理。华为引入IBM帮助华为构建的集成产品开发IPD流程（Integrated Product Development，即集成产品开发，是一套产品开发的模式、理念与方法）和集成供应链

ISC 体系（Internet Service Customer，即网络服务于客户，是一种最新的电子商务营销方法）。

IPD 本质上是基于市场竞争和客户需求作为产品开发的驱动力，一套跨部门、跨团队沟通协作的新产品开发的模式、理念与方法，经过 IBM 等领先企业实践，对产品和服务的质量保证有非常重要的意义。

华为在这一阶段吸收 IBM 在 IPD 方面的宝贵经验，与华为的具体实践相结合，在缩短产品上市时间、降低产品开发费用，尤其是在提高产品质量的稳定性和竞争性等方面取得了可喜的进步。据统计，IPD 实施以后，华为 3Com 产品的开发周期缩短了 50%，产品的不稳定性降低了 2/3。所以，IPD 的导入为华为快速提高产品和服务的质量，满足客户需求等提供了有力的保障。

那时，印度的软件业快速崛起，任正非认为软件的质量控制必须要向印度学习。所以华为建立了印度研究所，将 CMM（软件成熟度模型）软件能力成熟度模型引入华为。CMM 是由美国卡内基-梅隆大学软件工程研究所（CMU-SEI）研究制定，并在全世界推广实施的一种软件评估标准，主要用于软件开发过程和软件开发能力的评估与改进。CMM 把软件开发过程的成熟度由低到高分为五级，等级越高，表明软件开发失败风险越低、整体开发时间越短，并能减少开发成本，降低错误发生率，提高产品质量。2003 年 8 月 1 日，华为印度研究所顺利通过了 CMM－5 软件能力成熟度国际认证。

IPD 和 CMM 是全球通用的语言体系，IPD 和 CMM 的引入使得客户可以理解华为的质量体系，并可以接受华为的产品与服务，也使得华为国际化业务大幅增长。

第三阶段：博采百家，建立适合市场和客户需求的集大成的质量标准。

随着华为的业务在欧洲大面积开展，新的问题出现了：欧洲国家多，运营商多，标准也多。华为在为不同的运营商服务时，需要仔细了解每一家的标准，再将标准信息返回到国内的设计、开发、生产制造环节。

在这个磨炼的过程中，华为渐渐意识到标准对于质量管理的作用。随着欧洲业务增长，华为必须博采百家，建立一套自己的、适合市场和客户需求的集大成的质量标准。在这个阶段，在流程基础上，强化了标准对于质量的要求，通过量化指标让产品得到客户的认可。

在流程和标准之外，质量还有更高的要求，这需要一个大的质量体系，更需要企业质量文化的建设。只有将质量变成一种文化，深入公司的每一个毛细血管，所有员工对质量有共同的认识，才可能向“零缺陷”推进。

第四阶段：引入克劳士比的零缺陷理论，做好全员质量管理。

2007年4月，华为公司70多名中高级管理者召开了质量高级研讨会，以克劳士比“质量四项基本原则”（质量的定义、质量系统、工作标准、质量衡量）为蓝本确立了华为的质量原则，这就是华为质量史上的“十一届三中全会”。会议后，克劳士比的著作*Quality Is Free*（《质量免费》）在华为大卖，主管送下属，会议当礼品，这本冷门书居然在华为公司热得不行。从那个时候起，华为引入克劳士比的零缺陷理论，做全员质量管理，构建质量文化，每一个人在工作的时候，都要做到没有瑕疵。客户的需求在变，没有一套质量体系是可以一成不变的。

零缺陷理论意味着质量是完完全全地符合要求，而不是浪费时间去算计某个瑕疵的可能危害能否容忍，其核心就是“第一次就把事情做对”，并且是在所有环节上都要一次就把事情做对。对于公司来讲，就是每一个层级都要把事情做对。华为认为这需要分层分解，全员参与：在公司层面要有明确的目标牵引，在管理层面要有明确的责任，在员工层面要有全体参与的意愿和能力。

华为于2010年建立了一个特别的组织：客户满意与质量管理委员会（CSQC）。这个组织作为一个虚拟化的组织存在于公司的各个层级当中。在公司层面，由公司的轮值CEO任CSQC的主任，而下面各个层级也都有相应的责任人。“这样，保证我们每一层级的组织对质量都有深刻的理解，知道客户的诉求，把客户最关心的东西变成我们改进的动力。”这是一个按照公司管理层级而来的正向体系。华为还有源于客户逆向管理质量的体系。比如运营商，每年都会召开用户大会。在这个大会上，邀请全球100多个重要客户的高管来华为，用三天的时间，分不同主题进行研讨，研讨的目的就是请客户提意见，给华为梳理出一个需要改进的工作表单。然后华为基于这个表单，每一条都与一个客户结对，并在内部建立一个质量改进团队，有针对性地解决主要问题。第二年的大会召开时，第一件事就是汇报上一年的TOP10改进状况，并让客户投票。这个逆向管理是基于华为的“大质量观”。

第五阶段：建立质量文化——以客户为中心的闭环质量管理体系。

完成了流程、标准、文化的维度建设，华为又遇到了新问题：如何让客户更满意。围绕客户满意度，华为的质量建设进入第五个阶段：以客户为中心的闭环质量管理体系。这就要求基础质量零缺陷之外要更加重视用户的体验。这个以客户为中心的闭环质量管理体系，使得华为获得了中国质量奖。

从流程管理，到标准量化，而后是质量文化和零缺陷管理，再到后来的以客户体验为导向的闭环，华为质量管理体系是跟随客户的发展而逐渐完善的，在这一过程中还特别借鉴了日本、德国的质量文化，将其与华为的实际相结合，建设尊重规则流程、一次把事情做对、持续改进的质量文化。

华为目前在中国拥有400家服务中心，其中有260余家服务专营店；在全球拥有650多个合作伙伴，3000多个服务网点。在全球建有五大客户联络中心，热线和在线客服服务覆盖91个国家和地区，支持47种语言。要保证产品和服务的质量，需要每一个人的工作质量去保证。

华为的质量文化，就是将“一次把事情做对”和“持续改进”有机结合起来，在“一次把事情做对”的基础上“持续改进”。“不断反思，不断构建我们的体系，坚持不放过问题的意识，文化是根本的。”

应用案例13-3　华为荣获国家最高质量奖

2016年3月29日，在人民大会堂举办的中国质量奖颁奖仪式上，华为公司凭借“以客户为中心的华为质量管理模式”获得该奖项制造领域第一名的殊荣，如图13-18所示。当晚的《焦点访谈》对此进行了特别报道。

图13-18　华为荣获中国质量奖制造领域第一名

国务委员王勇出席颁奖仪式并向华为公司颁发获奖证书。华为公司相关负责人表示：“华为能够获得中国质量奖制造领域第一名的殊荣，是对华为长期坚持以质量为生命的肯定和褒奖。”

中国质量奖于2012年设立，这是为了落实习总书记质量工作“三个转变”的重要讲话，即中国制造向中国创造转变、中国速度向中国质量转变、中国产品向中国品牌转变。2014 年，首届中国质量大会召开，李克强总理做了重要讲话。此外，李克强总理在政府工作报告中提出“质量强国”的战略。

中国质量奖是由国家质检总局负责组织实施，是国内质量领域的最高政府性荣誉，每两年评选一次，旨在表彰在质量管理模式、质量管理方法和质量管理制度领域取得重大创新成就的组织和为推进质量管理理论、方法和措施做出突出贡献的组织或个人。中国质量奖不仅是一项国家最高荣誉，还是企业能力的一个有力证明。国家质量奖是一个国家对产品质量设立的最高奖项，它代表了社会对企业和产品品质的认可。在首届评选表彰活动结束后，国家质检总局对获奖单位的质量管理模式和经验进行了总结和提炼，在全国各地、33 个行业协会、超过 300 家企业中进行推广。

目前世界上已经有 138 个国家和地区设立了国家质量奖，其中最有代表性的三大奖项是日本的“戴明奖” （1951 年设立），美国的“波多里奇国家质量奖”（1987 年设立），欧洲的“欧洲质量奖”（1992 年设立，由欧盟委员会和欧洲质量管理组织设立的欧洲质量管理基金会管理）。从奖项的设立背景和意义来看，中国质量奖并非单纯的奖项评选，而是肩负着激励中国企业由量到质转变的历史使命，是“中国制造 2025”战略的重要构成部分。获得该奖项制造领域第一名，意味着华为已经成为中国企业在质量领域的杰出代表，有着重要示范意义，可谓分量十足。在华为看来，质量如同企业的尊严和生命，正是对质量的坚持和不妥协才成就了今天的华为。

2015 年 5 月中国政府发布了《中国制造 2025》，明确指出中国制造业要坚持“创新驱动，质量为先”，到 2025 年迈入制造强国之列。在这样的背景之下，本届中国质量奖评选的意义尤为重大。华为有幸摘得该奖项第一名，对于中国企业而言无疑有着示范和激励作用。华为之所以能够获得该荣誉，在笔者看来是“质价比”的胜利。

实战训练 13 – 1 用双头鱼骨图分析提高学习效率

如图 13 – 19 所示。

请您参考此例，结合实际项目做一幅双头鱼骨图。

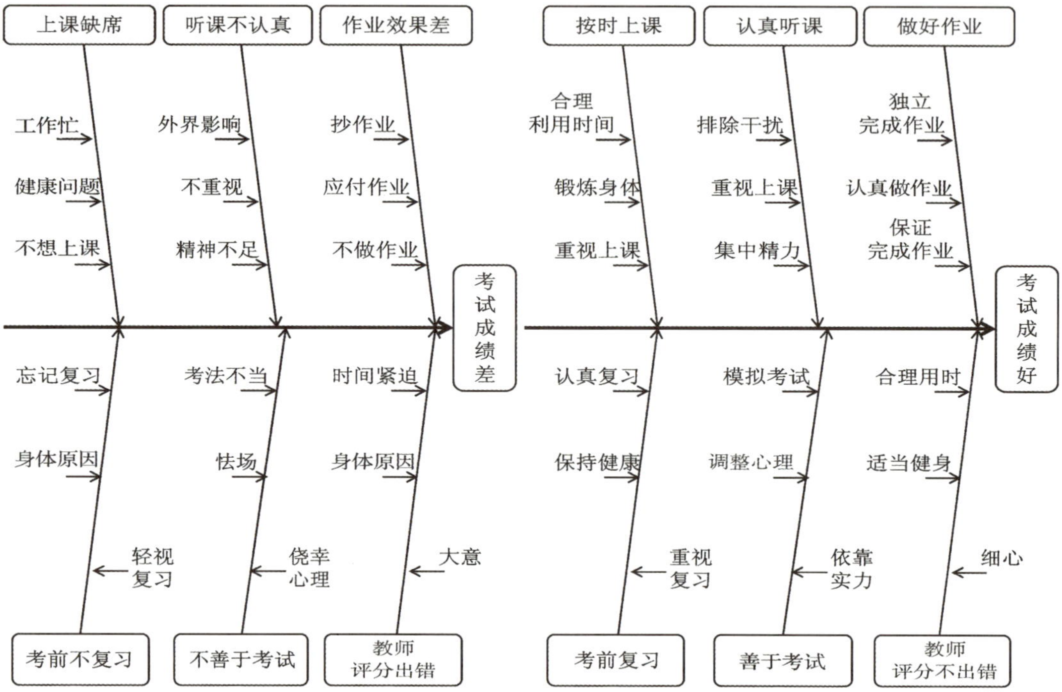

图 13－19　用双头鱼骨图分析考试成绩不好的原因和对策

实战训练 13－2　编制项目质量管理沟通协作流程

（1）请认真研究图 13－20、表 13－11，找到自己的岗位和工作流程。

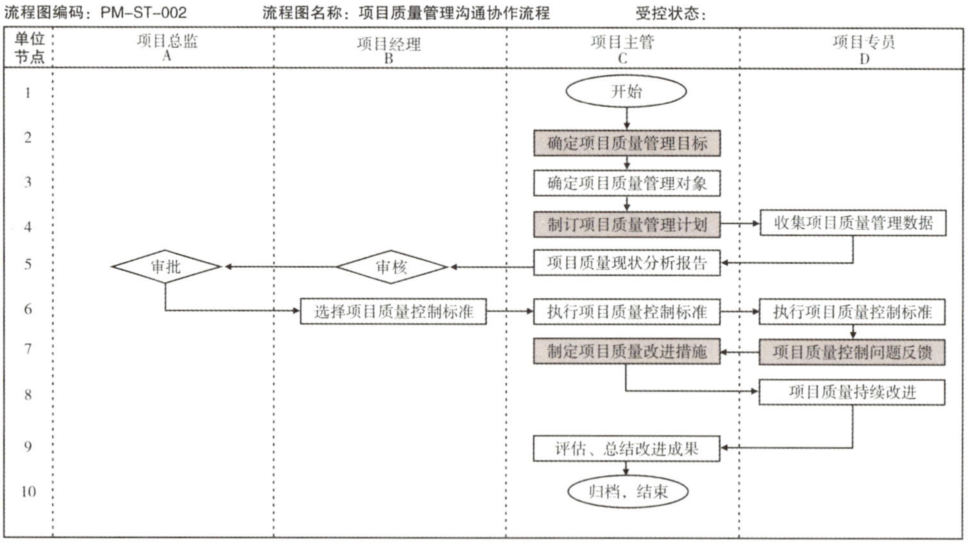

图 13－20　项目质量管理沟通协作流程

（2）自己的“纵向工作流程”沟通协作是否顺畅？怎样改进？

（3）自己与两边的“横向工作流程”沟通协作是否顺畅？怎样改进？

表 13－11 项目质量管理沟通协作流程

节点	工作重点、工具和技术速查指南	开始日期	结束日期
C2，确定项目质量管理目标	项目主管根据客户需求、项目章程和项目初步管理计划等资料，确定项目质量管理目标		
C4，制订项目质量管理计划	项目主管在确定项目质量管理对象的基础上，制订项目质量管理计划		
B6，选择项目质量控制标准	项目经理在明确项目管理目标和计划的基础上，经项目总监批准，选择相应的质量标准		
D7，项目质量控制问题反馈	项目专员指导项目团队执行质量标准，并且检查执行过程中的问题，总结后及时向项目主管反映		
C7，制定项目质量改进措施	项目主管在总结项目质量专员和项目团队执行质量标准、反馈问题的情况的基础上，进一步制定项目质量改进措施		

实战训练 13－3 编制项目质量管理计划沟通协作流程

（1）请认真研究图 13－21、表 13－12，找到自己的岗位和工作流程。

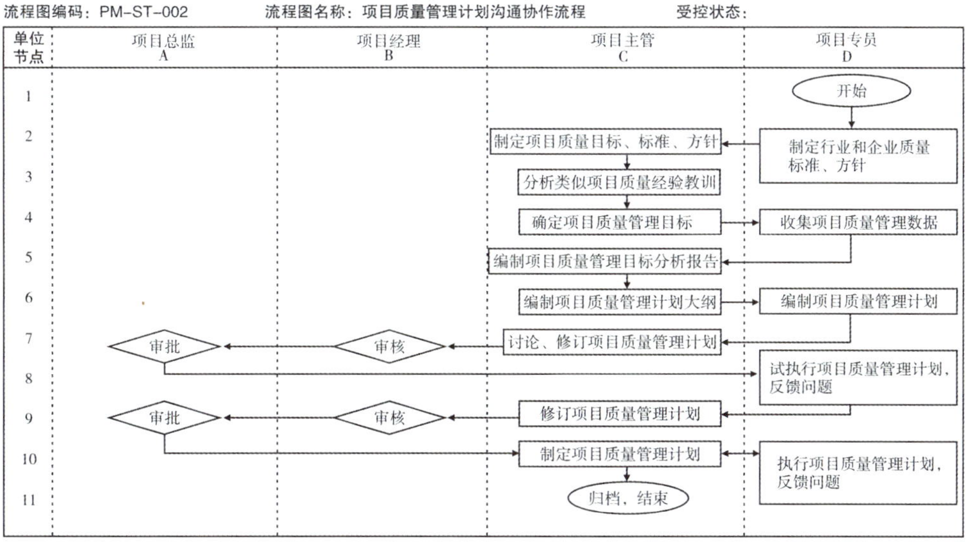

图 13－21 项目质量管理计划沟通协作流程

（2）自己的“纵向工作流程”沟通协作是否顺畅？怎样改进？

（3）自己与两边的“横向工作流程”沟通协作是否顺畅？怎样改进？

表 13－12　项目质量管理计划沟通协作流程

节点	工作重点、工具和技术速查指南	开始日期	结束日期
D2，制定行业和企业质量标准、方针	项目专员根据客户需求和项目初步管理计划等资料，向项目主管提交行业和企业质量标准、方针		
C3，分析类似项目质量经验教训	项目主管在行业和企业质量标准、方针的基础上，进一步分析类似项目质量经验教训		
C4，确定项目质量管理目标	项目主管参照企业质量标准、方针和类似项目质量经验教训，确定项目质量管理目标，并组织讨论，最后交付项目经理审核、项目总监审批		
D8，试执行项目质量管理计划，反馈问题	项目专员指导项目团队执行质量计划，并且检查执行过程中的问题，总结后及时向项目主管反映		
C9，修订项目质量管理计划	项目主管在总结项目质量问题的基础上，修订项目质量管理计划，并交付项目经理审核、项目总监审批		

实战训练 13－4　项目质量管理计划表

项目质量管理计划表，如表 13－13 所示。

表 13－13　项目质量管理计划表

编号：　　　　　　　　　　　　　　　　日期：　　年　　月　　日

编号	质量人员	隶属部门	负责工作	月项目质量计划	实际效果	备注
1						
2						
3						
4						

填写人：　　　　审核人：　　　　　　　　审核日期：　　年　　月　　日

实战训练 13-5　项目质量保证计划表

项目质量保证计划表，如表 13-14 所示。

表 13-14　项目质量保证计划表

项目名称		项目经理		
项目计划的目的				
参考文献				
项目管理	职务（人员）			
	任务			
	责任			
文　　档	软件工程要求文档			
	其他文档			
标准和约定	目的			
	标准和约定			
测　　试				
评审和审计				
问题报告和改正活动				
工具、技术和方法				

实战训练 13-6　编制项目质量认证体系沟通协作流程

（1）请认真研究图 13-22、表 13-15，找到自己的岗位和工作流程。

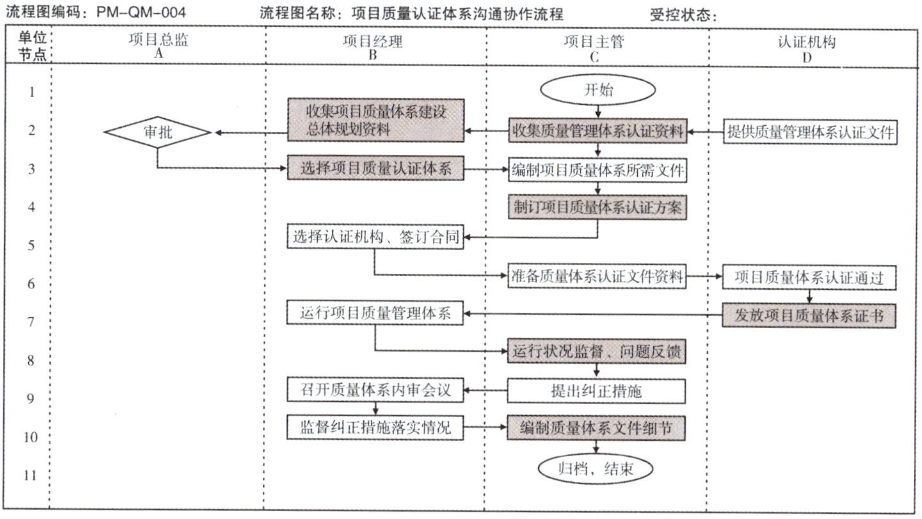

图 13-22　项目质量认证体系沟通协作流程

(2) 自己的“纵向工作流程”沟通协作是否顺畅？怎样改进？

(3) 自己与两边的“横向工作流程”沟通协作是否顺畅？怎样改进？

表 13－15　项目质量认证体系沟通协作流程

节点	工作重点、工具和技术速查指南	开始日期	结束日期
C2，收集质量管理体系认证资料	项目主管根据项目经理的引导，联系行业质量认证机构，获得质量管理体系认证资料		
B2，收集项目质量体系建设总体规划资料	项目经理负责收集项目质量体系建设总体规划资料		
B3，选择项目质量认证体系	项目经理在项目总监审批的项目质量体系建设总体规划的基础上，选择项目质量认证体系		
C4，制订项目质量体系认证方案	项目主管在项目经理选择的项目质量认证体系的基础上，制订项目质量体系认证方案		
D7，发放项目质量体系证书	行业认证机构按照相关标准和流程，实施项目质量体系认证方案，并在各项标准和流程合格的基础上，发放项目质量体系证书		
C8，运行状况监督、反馈问题	项目主管在质量管理体系认证后实际运用的基础上，监督运行状况反馈问题		
C10，编制质量体系文件细节	项目主管在质量问题改进的基础上，编制质量体系文件细节		

第五部分

项目执行与监控

XIANGMU GUANLI

第 14 章　项目的实施过程

【章节重点导图】行重于言，将近 90% 的项目资源都消耗在执行和监控阶段。本章的重点是项目执行过程、监控过程、项目整合管理的思想方法。

14.1　项目执行过程

（1）项目执行过程。见表 14－1，项目执行过程就是落实计划和变更过程。

表 14－1　项目执行过程：输入、工具与技术、输出

输入	工具与技术	输出
1. 项目管理计划	1. 专家判断	1. 可交付成果
2. 项目文件	2. 项目管理信息系统	2. 工作绩效信息
3. 批准的变更请求	3. 会议	3. 问题日志
4. 事业环境因素		4. 变更请求
5. 组织过程资产		5. 项目文件更新

（2）项目执行的目的。见图 14－1，项目执行的目的包含完成项目计划已经批准的任务，以及通过变更控制委员（CCB）会批准的变更任务，最终实现项目目标。

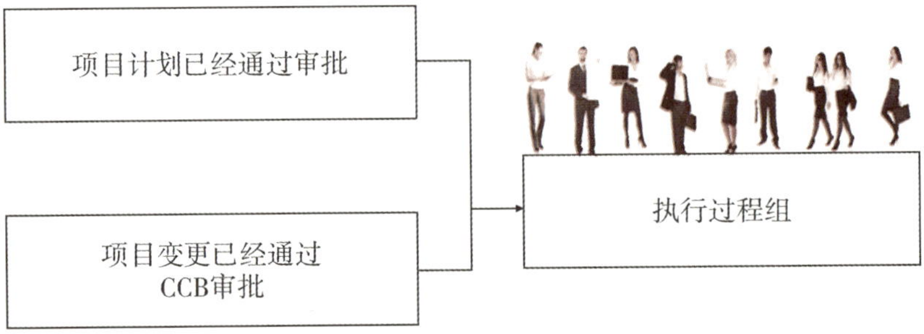

图 14－1　项目执行过程

项目执行过程即项目经理和项目执行组织根据管理层批准的项目计划，通过组织和沟通，管理相关方的需求和期望，协调关系，整合内外部资源，激励项目团队实施既定的工作计划，圆满完成项目可交付成果和最终目标的过程。

某些失败项目的实践表明，项目之所以失败，是因为项目计划未得到有效执行，很多计划未能按预期得到落实，或项目管理组织没有足够的能力落实计划。所谓执行，就是将计划落到实处，是一个实现目标的过程。

（3）**怎样提高项目团队的执行力**？项目资源的85%都消耗在执行阶段，所以，项目经理和项目团队应当努力做好以下五点：

①建立有效的执行机构和机制。怎样建立高效能的组织机构？详见第4章。怎样建立有效的执行机制？项目经理带头，层层落实目标责任制度，形成有效的奖惩机制；加强执行过程的监督、检查，形成有效的监督、检查机制；加强沟通、协调，形成有效的沟通、协调机制；建立考核制度，形成有效的考核机制。

②建立有效的项目执行流程。执行是一种暴露现实并根据现实采取行动的系统化的方式。为了执行项目，本书的章节实战训练提供了一套系统化的项目管理流程和实战训练。

③执行成为项目经理的主要工作。项目经理是决定项目执行力的关键人物，在项目中要想建立一个执行文化，项目经理必须全身心地投入到项目的实施过程中，必须亲自运营项目执行流程；优选项目管理人员；提高项目管理人员的素质和能力；确定项目执行方向；引导项目执行，并在实施过程中落实各项计划。

④建立项目执行文化。为使项目成为执行型项目，应使执行成为项目文化中的一部分，促使项目管理者的执行力得到提高。

⑤项目计划本身应具有可执行性。重视计划的制订过程，使计划具有科学性、合理性、针对性、协调性、可行性等特点。建立计划的评估机制，对计划的上述特点进行评估，只有通过评估的计划才能执行。

14.2 项目监控过程

（1）**项目监控过程**。见表14－2，项目监控过程是对项目执行过程和变更过程进行管控。

表 14－2 项目监控过程：输入、工具与技术、输出

输入	工具与技术	输出
1. 项目管理计划	1. 专家判断	1. 变更请求
2. 进度预测	2. 分析技术	2. 工作绩效信息
3. 成本预测	3. 项目管理信息系统	3. 项目管理计划更新
4. 确认的变更	4. 会议	4. 项目文件更新
5. 工作绩效信息		
6. 事业环境因素		
7. 组织过程资产		

（2）**项目监控的目的**。见图 14－2，项目监控过程即项目经理和项目团队通过规章制度、工作标准、工作流程等，确保项目按既定计划执行，主动、定期监控项目的实施情况，及时发现和确定实施情况与计划存在的偏差，采取纠偏措施等活动的过程。

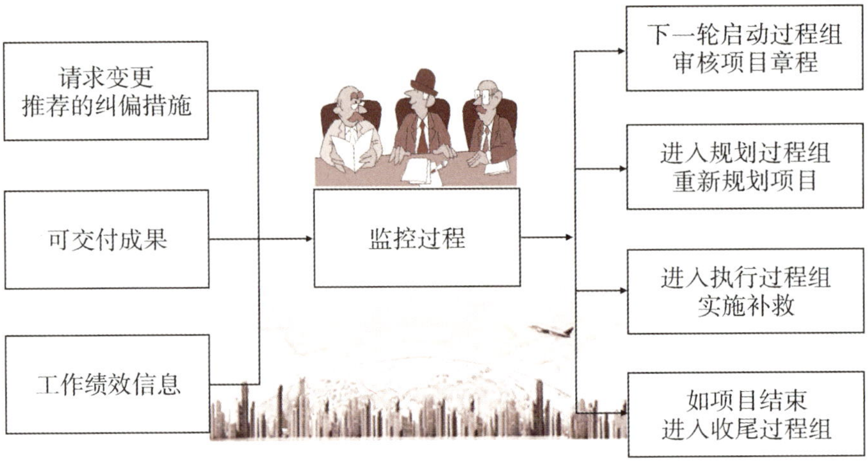

图 14－2 项目监控过程

（3）**项目监控过程的工具与技术**。

①专家判断。项目管理团队借助专家判断，来解读由各监控过程提供的信息，确保项目绩效达到预期要求。

②分析技术。在项目管理中，根据可能的项目或环境变量的变化，以及它们与其他变量之间的关系，采用分析技术来预测潜在的后果。

③项目管理信息系统。项目管理信息系统为项目监控过程提供自动化工具，如进度、成本和资源工具，以及绩效指标、数据库、项目记录和财务数据等。

④会议。如图 14－3 所示，开好项目团队工作会议，无论是对于项目团队内部，还是外部的相关方，沟通协作都至关重要。会议可以是面对面或远程会议，正式或非正式会议。参会者可包括项目经理、项目团队成员、相关方及参与项目或受项目影响的其他人。

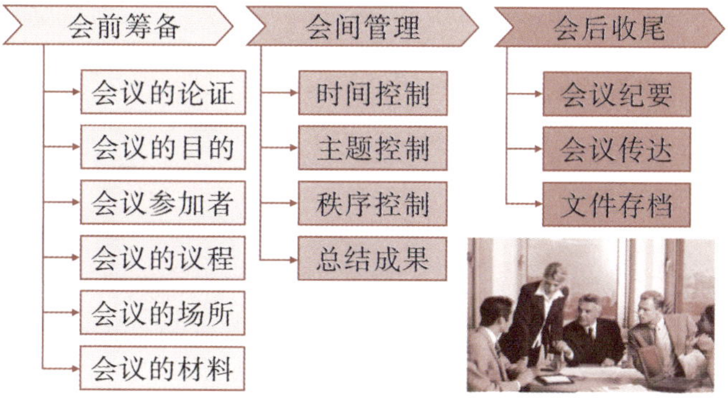

图 14－3　项目团队工作会议

14.3　项目整合管理

（1）**项目整合管理的目的**。如图 14－4 所示，项目整合管理的目的，就是项目经理“如何从整体上领导项目”。其实质就是项目经理和项目管理团队对项目进行总体领导、统筹兼顾、平衡矛盾，做到整体最优，把项目的各个组成部分打包成一个有机整体来进行管理。

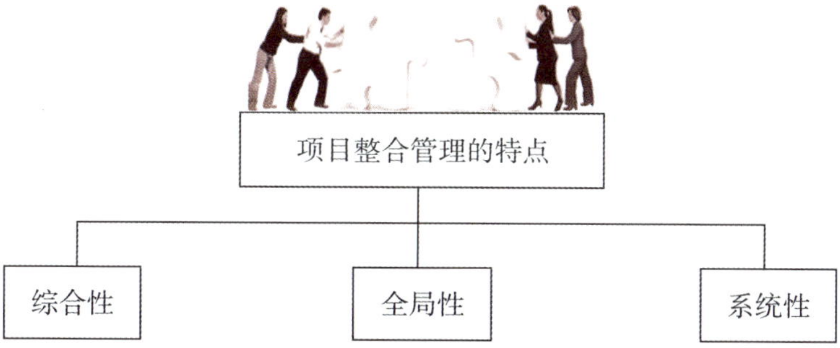

图 14－4　项目整合管理的特点

（2）**项目整合管理的意义**。项目整合管理的意义是实现“五个平衡”。“整合管理”一词隐含的哲理，即统筹。就是项目领导者，尤其是项目经理高屋建瓴、统筹兼顾，协调项目相关方之间的关系，调动他们的积极性和创造性，整合资源，平衡项目各要素之间的矛盾和冲突，实现项目的目标，做到整体最优。

①在相互竞争的项目各分目标之间平衡。

②在具有不同利益的各项目相关方之间平衡。

③在项目所需要的不同技术专业之间平衡。

④在项目管理各过程之间平衡。

⑤在各种资源要素之间平衡。

“平衡”一词对应的英文单词是“LEVEL”，中间的“V”代表胜利“Victory”，“V”的左右两边都有“EL”，意味着项目经理和项目执行组织要想在实现项目既定目标中获得全面的胜利，就必须整合资源，做好以上“五个平衡”。

（3）**项目整合管理的六个步骤**。项目整合管理的六个步骤如图 14 –5 所示。

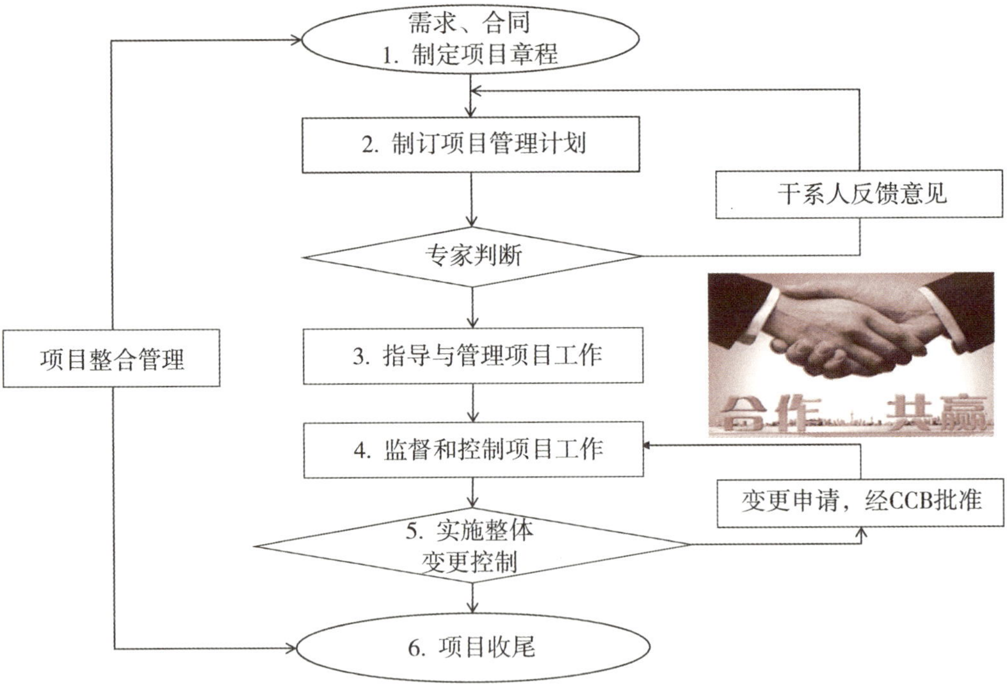

图 14 –5　项目整合管理的六个管理过程之间的关系

①制定项目章程：编写一份正式批准项目并授权项目经理在项目活动中可以使用组织资源，实现预定项目目标文件的过程。

②制订项目管理计划：编制项目需求管理计划、范围管理计划、进度管理计划、成本管理计划、质量管理计划等单项计划，并且通过“统筹兼顾，资源平衡”，将其进行整合和协调成为统一的、有机联系的计划过程。

③指导与管理项目工作：领导项目团队开展项目管理计划中已经确定的各项工作，并开展已批准变更的工作，以实现项目目标的过程。

④监督和控制项目工作：对项目的进展情况进行跟踪、审查、报告和控制，及时发现偏差，并通过规定的流程来纠正偏差，以实现项目绩效目标的过程。

⑤实施整体变更控制：审查所有变更请求，批准变更，管理对可交付成果、组织过程资产、项目文件和项目管理计划的变更，并及时与相关方沟通的过程。

⑥项目收尾：项目相关方对项目的产品、服务和成果进行验收，项目经理和项目团队向管理层释放资源，结束项目管理范围内所有活动的过程。

项目整合管理在项目的任何阶段都是一项必不可少的工作，在实际工作中，这六个过程之间经常会相互影响、前后重叠。

应用案例 14－1　华为在项目整合管理过程中常用的“三个平衡”

华为始终奉行“为客户服务是华为存在的唯一理由”的企业核心价值观，在项目整合管理过程中，项目经理和项目团队成员需要特别注意以下三个方面的平衡，如图 14－6所示：

（1）在有着不同需求和期望的项目相关方（尤其是客户）之间寻求平衡。 项目涉及不同的相关方，包括项目投资者、直接客户、间接客户、供应商、承包商、项目团队、项目所在的社区以及政府的相关部门，他们的要求和期望往往各不相同，有时甚至相互冲突。

比如，项目投资者、客户的需求和期望是以最小的资源投资来获取最大的利益，供应商的需求和期望则是获得更多的销售利润，承包商的需求和期望是以尽可能低的成本和较快的速度满足客户的质量要求，政府和社区要求满足社会的公共需求等。项目管理的目的和主要方法之一就是解决不同项目相关人员需求和期望之间的冲突，寻求需求和利益的平衡区间。

（2）在客户明确表示出来的要求（需求）和未明确表达的要求（期望）之间寻求平衡。 明确表示出来的要求（需求）是指项目各种文件明确规定的直接要求，例如，根据委托方的要求，项目团队已经明确了要提交的产品、项目工期、项目成本和质量规范等。

未明确表达的要求（期望）是指项目各种文件没有明确规定，但它是项目相关方普遍的要求期望，如通过做项目提高组织的品牌美誉度、培养项目管理人才梯队，兼顾社会效益和环境要求等。项目经理和项目团队要兼顾客户的需求和期望，寻求相关方需求和期望之间的平衡。

（3）**在客户要求的范围、时间、成本和质量之间寻求平衡。**项目的范围、时间、成本和质量构成了一个既相互联系又相互制约的所谓“魔鬼三角形”。在项目管理过程中，范围、时间、成本和质量目标是相互制约，甚至是冲突的，调整其中任何一个目标都会影响其他目标，例如：扩大项目的范围，可能导致项目的进度滞后、成本超支；加快项目进度，可能导致成本超支、项目过程质量和项目产品质量下降；等等。

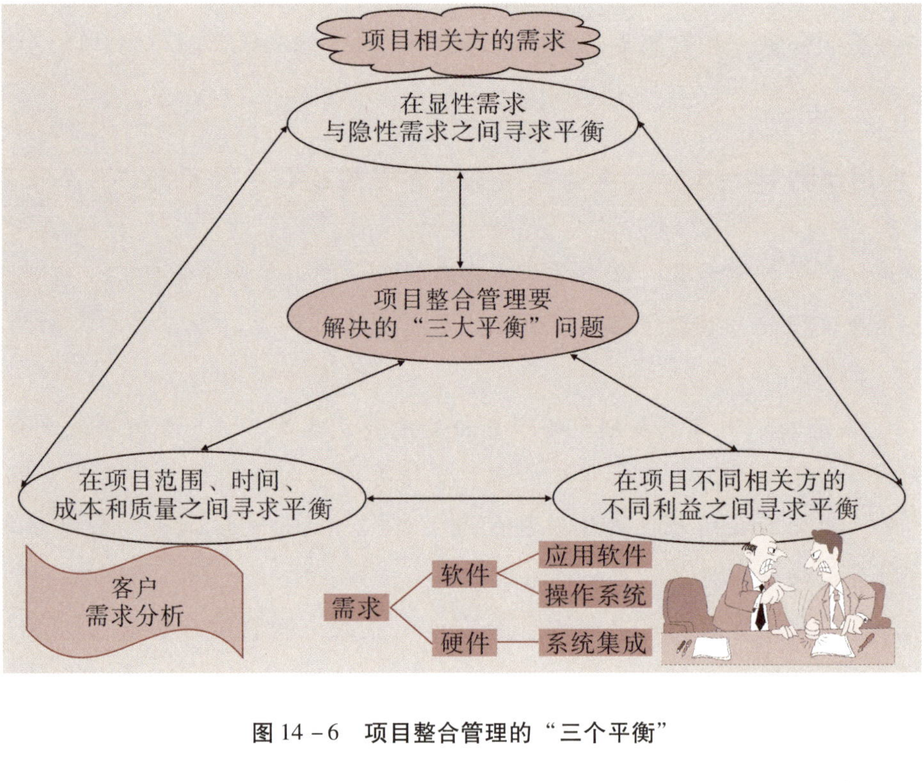

图 14－6　项目整合管理的“三个平衡”

虽然这些因素都很重要，但在项目生命周期的不同阶段，通常会有一个因素对项目有决定性影响。如在项目的可行性研究阶段，项目成本、投资回报分析往往决定项目是否能够立项；在项目的启动和开发阶段，项目范围的确定可能对项目的影响较大；在项目的执行阶段，怎样落实项目进度计划显得比较重要；而在项目的收尾阶段，按计划对项目成果和产品质量等方面进行全面检查和验收很关键。

实战训练 14－1 编制项目整合管理沟通协作流程

（1）请认真研究图 14－7、表 14－3，找到自己的岗位和工作流程。

（2）自己的“纵向工作流程”沟通协作是否顺畅？怎样改进？

（3）自己与两边的“横向工作流程”沟通协作是否顺畅？怎样改进？

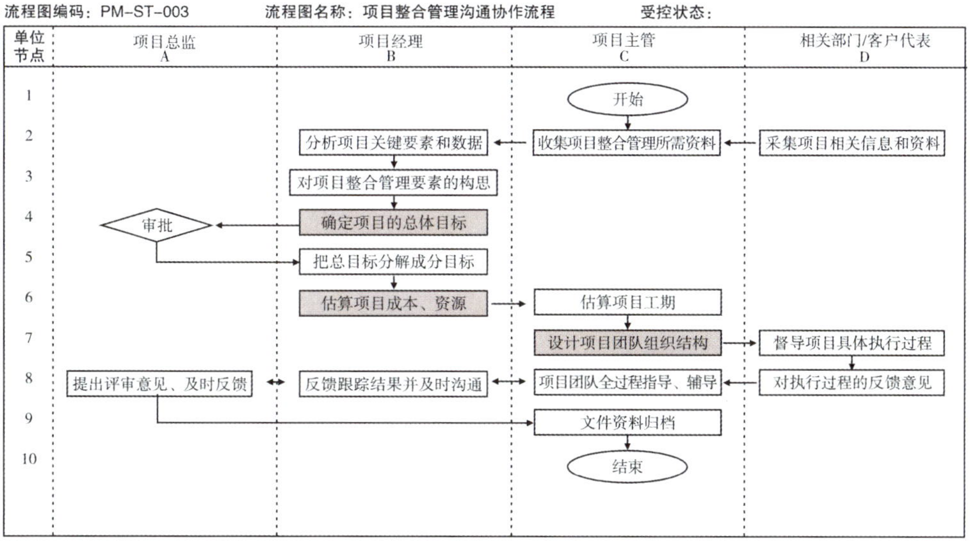

图 14－7 项目整合管理沟通协作流程

表 14－3 项目整合管理沟通协作流程

节点	工作重点、工具和技术速查指南	开始日期	结束日期
B3，对项目整合管理要素的构思	用系统工程的理念来看待一个项目。主要包括：①项目领导者，尤其是项目经理高屋建瓴、统筹兼顾，协调项目相关方之间的关系，调动他们的积极性和创造性，整合资源，平衡项目各要素之间的矛盾和冲突，实现项目的目标，做到整体最优。把项目的各个组成部分打包成一个有机整体来进行管理。②“五个平衡”：在相互竞争的项目各分目标之间整合；在具有不同利益的各项目相关方之间整合；在项目所需要的不同技术专业之间整合；在项目管理各过程之间整合；在各种资源要素之间平衡。		

（续表）

节点	工作重点、工具和技术速查指南	开始日期	结束日期
B5，把总目标分解成分目标	主要包括：①按照不同的项目标段（工段）把项目的总目标分解成若干个分目标；②按照里程碑对项目的总目标进行分解；③按照不同的专业责任交接点对项目的总目标进行分解		
C7，设计项目团队组织结构	主要包括：根据客户的需求、公司的人力资源制度，尤其是项目本身的特点，来选择项目组织结构，是职能型、项目型、矩阵型，还是混合型		

实战训练 14-2　编制项目进度控制沟通协作流程

（1）请认真研究图 14-8、表 14-4，找到自己的岗位和工作流程。

（2）自己的“纵向工作流程”沟通协作是否顺畅？怎样改进？

（3）自己与两边的“横向工作流程”沟通协作是否顺畅？怎样改进？

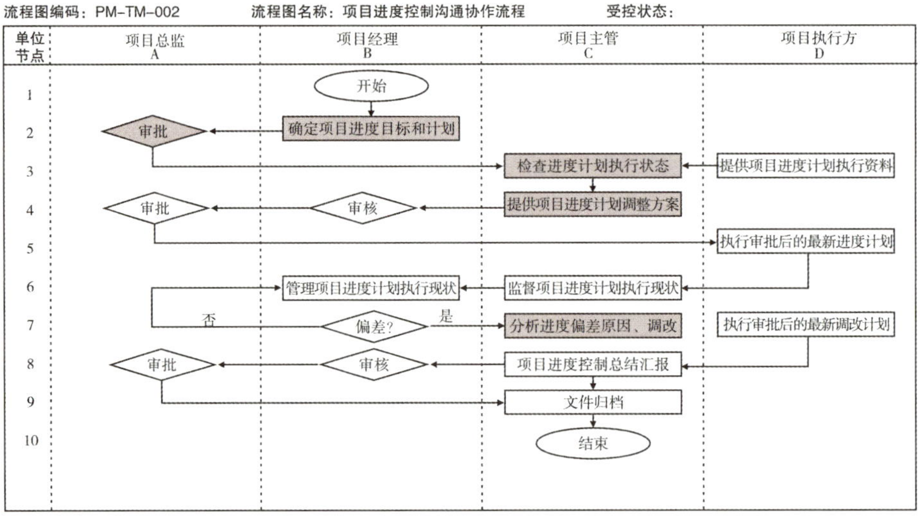

图 14-8　项目进度控制沟通协作流程

表 14-4　项目进度控制沟通协作流程

节点	工作重点、工具和技术速查指南	开始日期	结束日期
B2，确定项目进度目标和计划	项目经理确定项目进度目标和计划，并用“三图一表”（网络图、里程碑图、甘特图或者进度表）方式表达出来		

（续表）

节点	工作重点、工具和技术速查指南	开始日期	结束日期
A2，项目总监审批进度目标计划	项目总监通过上述“三图一表”审批进度目标计划		
C3，检查进度计划执行状态	项目主管到第一线，把项目实际进度与计划进度进行比较，找出进度偏差和导致偏差的原因		
C4，提供项目进度计划调整方案	项目主管可以通过增加资源、压缩关键路径、网络优化和挣值管理等方式，制订项目进度计划调整方案		
C7，分析进度偏差原因、调改	项目主管可以通过增加资源、压缩关键路径、网络优化和挣值管理等方式，改进项目进度计划		

实战训练 14－3 编制项目成本控制沟通协作流程

（1）请认真研究图 14－9、表 14－5，找到自己的岗位和工作流程。

（2）自己的“纵向工作流程”沟通协作是否顺畅？怎样改进？

（3）自己与两边的“横向工作流程”沟通协作是否顺畅？怎样改进？

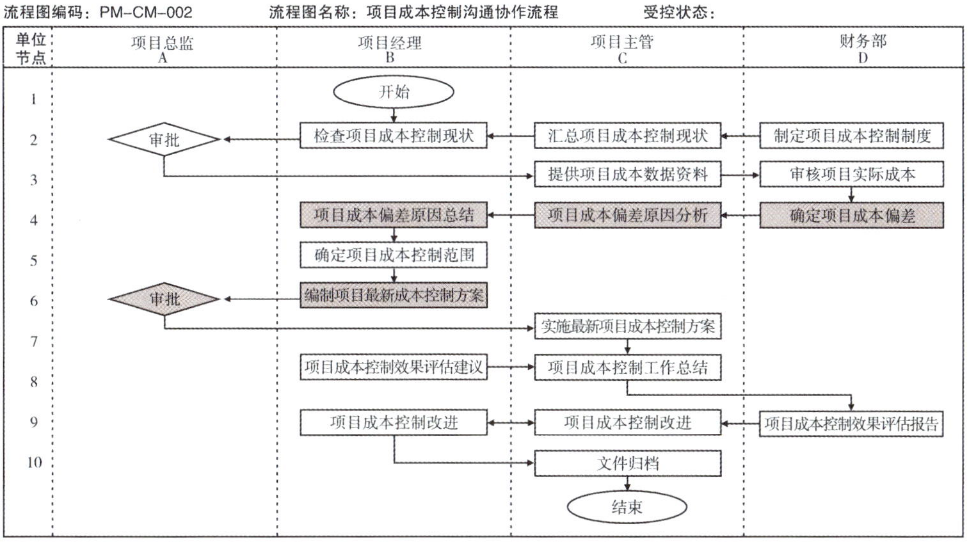

图 14－9 项目成本控制沟通协作流程

表 14－5 项目成本控制沟通协作流程

节点	工作重点、工具和技术速查指南	开始日期	结束日期
C5，制定项目估算	估算成本是对完成项目活动所需资金进行近似估算的过程，通常用于项目投资决策分析过程，主要包括预算估算，将资金划入一个组织的预算，通常发生在计划编制阶段		
C6，制定项目预算，管理储备	①制定预算是汇总所有单个活动或工作包的估算成本，建立一个经批准的成本基准的过程；②管理储备是为了管理控制而特别留出的项目预算，用来应对项目范围中不可预见的工作		
C8，制定项目综合预算书	正式、详细的项目成本预算报告，主要包括：预算依据、预算表和说明		
B8，项目经理审核综合预算书	项目经理审核综合预算书进行系统化审核，再交项目总监审批：①如果通过，就安排项目主管编制项目预算报告，团队执行；②如果未通过，就按照项目总监、项目经理的修订意见，进行预算调整，然后出预算报告		

实战训练 14－4 编制项目质量保证沟通协作流程

（1）请认真研究图 14－10、表 14－6，找到自己的岗位和工作流程。

（2）自己的“纵向工作流程”沟通协作是否顺畅？怎样改进？

（3）自己与两边的“横向工作流程”沟通协作是否顺畅？怎样改进？

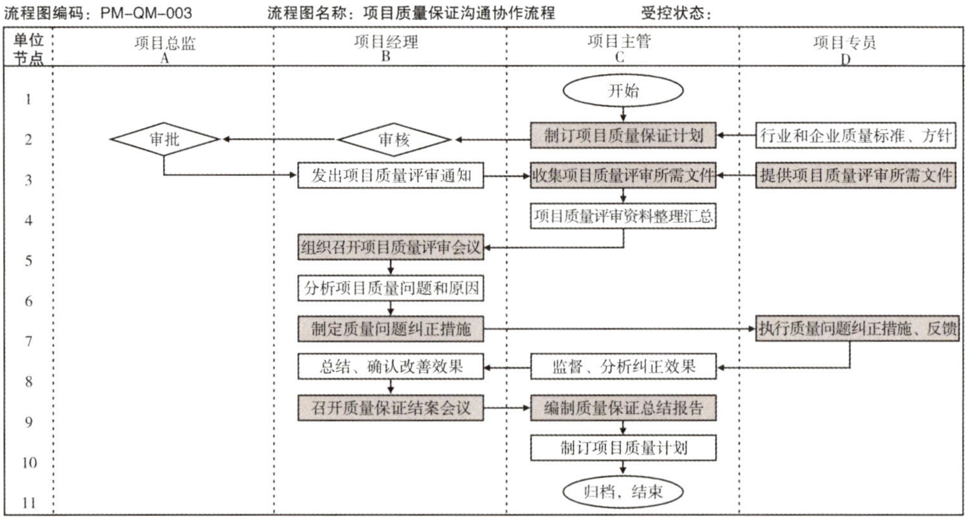

图 14－10 项目质量保证沟通协作流程

表 14－6 项目质量保证沟通协作流程

节点	工作重点、工具和技术速查指南	开始日期	结束日期
C2，制订项目质量保证计划	项目主管根据项目专员提交的行业和企业质量标准、方针，编制项目质量保证计划		
C3，收集项目质量评审所需文件	由项目主管负责，收集和补充项目专员提交的项目质量评审所需资料		
B5，组织召开项目质量评审会议	由项目经理主持召开项目质量评审会议，客户代表、项目主管、项目专员和相关团队成员参加		
B7，制定质量问题纠正措施	由项目经理主持召开项目质量问题纠正措施会议，客户代表、项目主管、项目专员和相关团队成员参加		
D7，执行质量问题纠正措施、反馈	项目专员指导项目团队质量问题纠正措施，并且及时检查和反馈执行过程中的问题，总结后及时向项目主管反映		
B9，召开质量保证结案会议	由项目经理主持召开项目质量保证会议，客户代表、项目主管、项目专员和相关团队成员参加		

实战训练 14－5 项目实施过程质量监控表

项目实施过程质量监控表，如表 14－7 所示。

表 14－7 项目实施过程质量监控表

编号： 日期： 年 月 日

项目编号		项目名称	
施工经理		施工单位代表	
项目预计进度		项目实际进度	
质量情况概述	1. 2.		
检查处理意见	1. 2.		

（续表）

项目编号		项目名称	
实际处理结果	1. 2.		
备　　注			

填制人员：　　　　　　　　　　　　　　　　　　　　项目部经理：

实战训练 14-6　项目质量异常情况审计表

项目质量异常情况审计表，如表 14-8 所示。

表 14-8　项目质量异常情况审计表

编号：　　　　　　　　　　　　　　　　　　　　填表日期：　　年　　月　　日

项目名称		开始日期	
主要负责人		主要检测人	
质量负责人		发现异常日期	
异常现象说明	1. 2. 经办人：　　　　经办日期：　　年　月　日		
质量部门建议			
项目经理意见			
备　　注			

第 15 章 项目相关方管理

【章节重点导图】 相关方管理事关项目的成败。本章重点介绍项目相关方管理的思路、流程、方法、工具和应用。如图 15－1 所示。

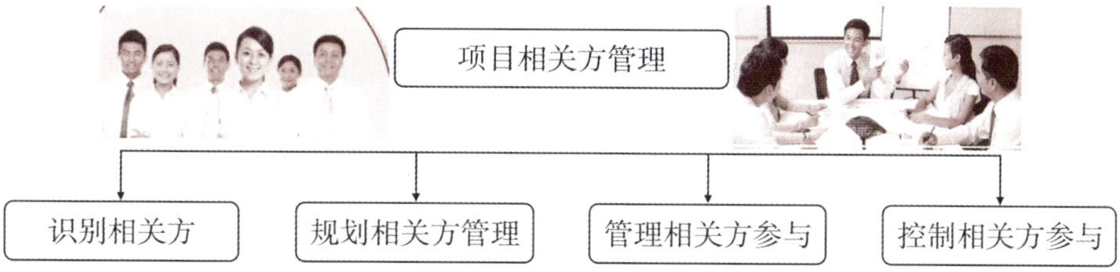

图 15－1 项目相关方管理过程

(1) **什么是项目相关方？** 某项目相关方分布如图 15－2 所示。项目相关方过去也称项目干系人，他们会影响项目，项目的成败都会直接或者间接地影响其切身利益（有益或者有害）。

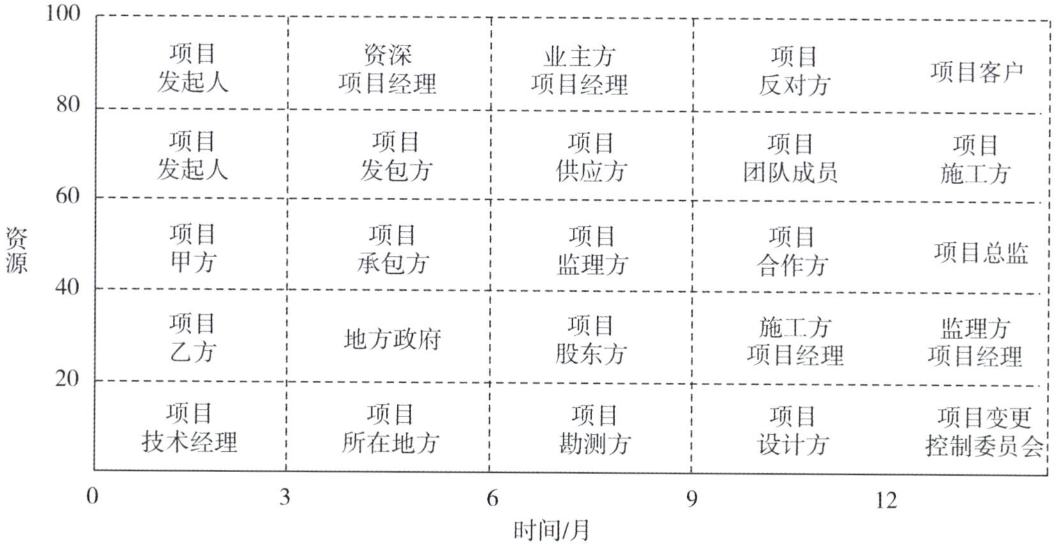

图 15－2 某项目中的项目相关方分布

（2）**为什么必须做好项目相关方管理？**项目失败的原因是多种多样的。但是，凡是成功的项目都有一个共同的特点：这就是从调研项目相关方的需求开始，到满足项目相关方的需求和期望结束。

（3）**项目相关方管理的主要过程。**项目相关方管理包括用于开展下列工作的各个过程：识别能影响项目或受项目影响的全部人员、群体或组织，分析相关方对项目的期望和影响，制定合适的管理策略来有效调动相关方参与项目决策和执行的积极性。

15.1 识别项目相关方

识别项目相关方是识别能影响项目决策、活动或结果的个人、群体或组织，并分析和记录他们相关信息的过程。

识别项目相关方就是为了管理好他们的需求和期望，为项目的成功执行营造一种良好的人际环境。识别项目相关方，识别、确定和管理项目相关方的需求和期望是一个项目成功的前提，也是“保证项目的范围、质量、进度、和成本等指标都能够按计划完成”的前提。

然而，项目相关方在项目的不同阶段扮演的角色不同、看问题的角度不同，对于项目的需求、期望、利益和影响力往往也不同，甚至出现矛盾和冲突。在这种情况下，项目经理和项目团队将无法避免地要应对这样的矛盾：既要关照项目投资人和客户的利益，又要统筹兼顾项目执行组织和其他相关方的利益。

通常把对项目影响比较大的项目相关方分为两大类：能够从项目成果和服务中获益的人和组织多属于积极态度的项目相关方；反之，多属于消极态度的项目相关方。相应地，识别项目相关方需求和期望的主要目的有两个方面：

①最大限度地获得项目正面相关方的支持，调动他们的积极性和创造性，为项目提供正能量。

②最大限度地减少项目负面相关方的反对，防止或尽量减少他们对项目的消极影响、阻碍甚至破坏。

表 15－1 描述本过程的输入、工具与技术和输出。

表 15 – 1　识别相关方过程：输入、工具与技术和输出

输入	工具与技术	输出
1. 项目章程	1. 相关方分析	相关方登记册
2. 采购文件	2. 专家判断	
3. 事业环境因素	3. 会议	
4. 组织过程资产	4. 数据分析、表现	

一、识别相关方过程的工具与技术

（1）**相关方分析**。如图 15 – 3 所示，相关方分析是系统地收集和分析各种定量与定性信息，以便确定在整个项目中应该考虑哪些人的利益。

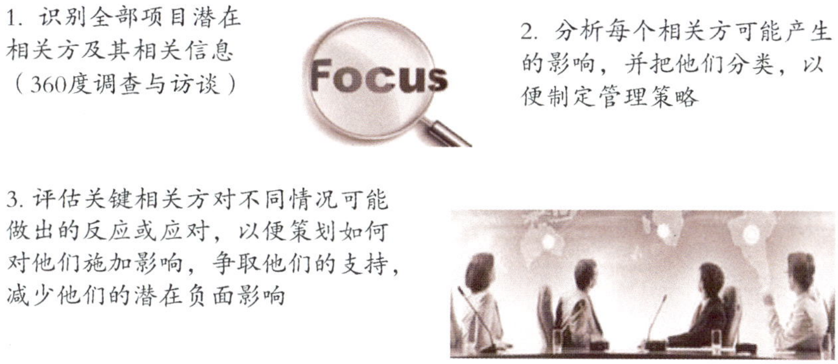

图 15 – 3　识别相关方过程的工具与技术：相关方分析

通过相关方分析，识别出相关方的利益、期望和影响，并把他们与项目联系起来。

①项目相关方分析通常应遵循以下步骤。

识别全部潜在项目相关方及其相关信息，如他们的角色、部门、利益、知识、期望和影响力。

分析每个相关方可能产生的影响，并把他们分类，以便制定管理策略。在相关方很多的情况下，就必须对相关方进行排序。

评估关键相关方对不同情况可能做出的反应或应对，以便策划如何对他们施加影响，争取他们的支持，减少他们的潜在负面影响。面对如此众多、复杂、多变的项目相关方，应当怎样全面、有效地对他们进行识别和管理呢？

②用辐射图识别项目相关方。

如图 15 – 4 所示，经过长期的探索，笔者于 2004—2019 年在华为开展项目管

理培训期间，提供和推荐了一种高效分析项目相关方的直观和简单易行的方法，即用辐射图来分析项目相关方，可以将其当作工具和模板来使用。使用时应注意几个基本步骤：在图的核心位置写出项目的名称；在图的正上方写出项目直接客户的名称；在图的左边写出项目执行组织外部相关方的名称；在图的右边写出执行组织项目内部相关方的名称；根据项目的大小、难易程度，画图的细节可繁可简。

③怎样用辐射图分析和识别项目相关方？结合图 15－4，我们可以对项目相关方做一个大致的分析。

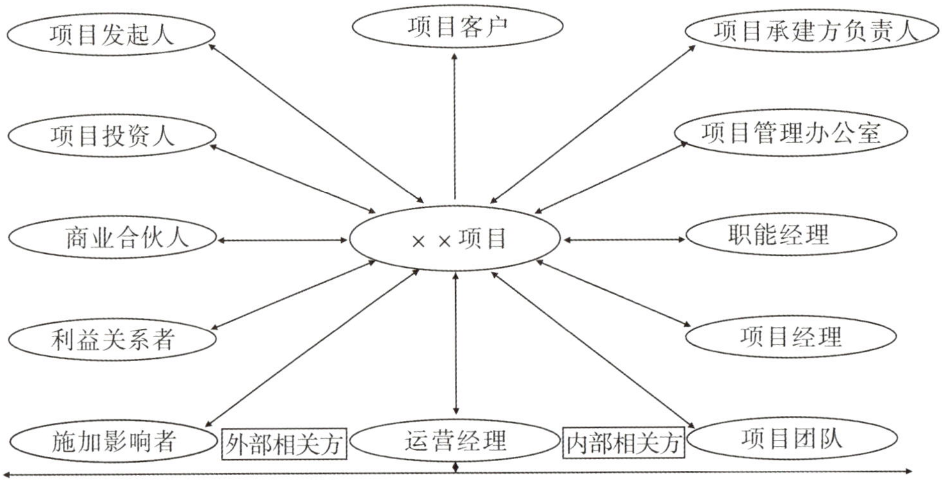

图 15－4　全面、高效分析项目相关方的辐射图

· 项目发起人：倡导开展某一个项目，并负责为该项目提供资金、实物等形式的资源的个人和组织。项目发起人对项目的成败承担着很大的风险。

· 项目投资人：为项目提供资金、技术和实物等资源的个人或团体。项目发起人有可能是项目的全额投资人，也可能是股份投资人。

· 项目客户：客户、用户。他们提出对项目最终产品的需求和期望，并将使用项目最终产品、服务或成果的个人或组织。

· 商业合作伙伴：是指以合同的形式提供项目所必需的设备、原材料或服务的外部公司。商业合作伙伴包括卖方和业务合作伙伴。卖方，又称为供应商、供方或承包方，是根据合同协议为项目提供人力资源、设备、材料、咨询或培训服务的外部公司。

· 地方政府有关部门：主要包括项目合同签署和实施地点的政府有关部门，包括工商、税务、土地、环保、交通、供水、供电、通信等。

·施加影响者：同项目产品的取得和使用没有直接关系，但是因其与客户组织或实施组织的地位或者关系，能够对项目的立项、启动、计划和执行施加积极或消极影响的个人或团体。

·项目承建方：承接项目、满足客户需求的项目承建方，又称为承包商。被委托人承接项目以后，根据客户的需求和期望开始启动项目。从项目启动、计划到项目实施、控制和结尾的整个管理过程，项目承建方始终处于主导地位。选择一个好的项目承包商是创造高质量项目的关键。

·项目管理办公室：如图 15－5 所示，项目管理办公室是组织内部常设的一个职能部门，主要负责对其所辖项目集进行集中协调管理。

·项目组合经理、项目组合评审委员会：项目组合经理负责对一组项目或项目集进行宏观管控，这些项目或项目集可能相关或不相关；项目组合评审委员会负责对每个项目的投资回报、价值、风险和其他属性进行评审。

图 15－5　项目管理办公室的主要职责

·项目集经理：负责统筹管理一组相关的项目，从而取得对单个项目分别管理所无法实现的整体利益。项目集经理通过与各个项目经理之间的合作，为各项目提供管理指导和技术支持。

·职能经理：各职能部门的负责人或者管理者。他们“拥有”相应的职能部门的资源，特别是在弱矩阵及职能型的组织中，他们对职能部门内的固定员工和其他资源具有调配权力。

· 运营经理：在核心业务领域（如研发、设计、制造、供应、测试或维护）承担管理角色的个人。不同于职能经理，运营经理直接管理产品的生产、营销和售后服务。基于项目的类型，在项目完成时，需要把项目的技术文档、图纸和其他资料永久地移交给相关的运营管理人员。

· 管理层：执行组织中职位比较高的管理者。可以被认为是项目经理的直接上级。管理层的具体工作职责包括：保护项目不受外来因素的干扰；委派项目经理，签署和发布项目章程；帮助协调、解决项目相关方之间的冲突；根据轻重缓急合理安排各项目优先级别的资源分配。

· 项目经理：是由上级组织授权或委派来保证按照客户的需求完成项目，并对项目全面负责的人。详见第 3 章。

· 项目团队：是由项目经理、项目管理团队和负责实施项目的项目团队成员组成，他们是为实现项目的共同目标而相互依赖、协同合作的团队。在某些项目中，发起人也可能是项目团队成员之一。

二、识别相关方过程的输出

相关方登记册是识别相关方过程的主要输出，用于记录已识别的相关方的所有详细信息，见表 15－2。

表 15－2　相关方登记册

相关方	工作职位	工作地点	项目角色	需求和期望	联系方式

①基本信息：姓名、职位、地点、项目角色、联系方式。

②评估信息：主要需求、期望，在项目生命期对项目的潜在影响。

③相关方分类：来自项目执行组织内部、外部，支持者、中立者、反对者等。

应定期查看并更新相关方登记册，他们在整个项目生命周期会随时变化。

15.2　规划相关方管理

表 15－3 描述本过程的输入、工具与技术和输出。

表 15 -3 规划相关方管理过程：输入、工具与技术和输出

输入	工具与技术	输出
1. 项目管理计划	1. 专家判断	1. 相关方管理计划
2. 相关方登记册	2. 会议	2. 项目文件更新
3. 事业环境因素	3. 分析技术	
4. 组织过程资产		

规划相关方管理过程的工具与技术

分析技术：在整个项目生命周期中，分析相关方的参与对项目的成功至关重要。可参考表 15 -4 建立相关方参与程度评估矩阵，记录相关方的当前参与程度，其中，C 表示当前参与程度，D 表示所需参与程度。在此表的例子中，相关方 3 已处于所需的参与程度，而对于相关方 1 和相关 2，则需要做进一步沟通，采取进一步行动，使他们达到所需的参与程度。

表 15 -4 相关方参与程度评估矩阵

相关方	不知晓	抵制	中立	支持	领导
相关方 1	C			D	
相关方 2			C	D	
相关方 3				D	

通过分析，识别出当前参与程度与所需参与程度之间的差距。项目团队可以使用专家判断来制订行动和沟通方案，以消除上述差异。

怎样更加有效地管理项目相关方？图 15 -6 提出了有效地管理项目相关方的“三部曲”。

①全面分析，换位思维。所谓全面分析就是项目经理召集项目团队成员参考本书图 15 -4 所示的辐射图模板，采用头脑风暴等办法，就可以比较全面地罗列出所有的项目相关方。对项目相关方的这种分析方法应该在项目启动阶段就着手进行，并随项目进展及时进行更新，形成新的版本。

所谓换位思维，就是要特别注意尽早以换位思维等积极态度面对负面相关方。人们多愿意面对态度积极的正面相关方，不愿意面对甚至有意回避态度消极的负面相关方，只在实在无法回避时才与他们打交道。这种方法常常使工作陷于被动，不能有效开展。

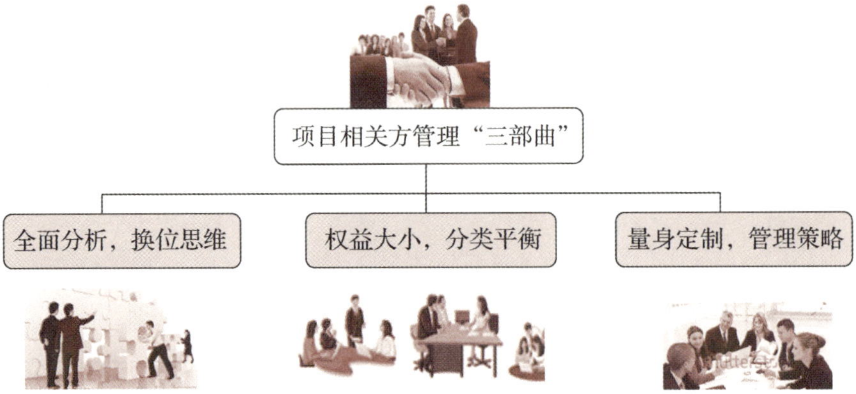

图 15－6　有效的管理项目相关方的“三部曲”

②权益大小，分类平衡。由于各相关方之间或多或少地存在权力和利益之间的矛盾，我们无法同时同等程度地满足所有相关方的利益，但是应该尽量缩小各相关方（至少是主要相关方）满足程度之间的差异，以达到一个相对平衡。

所谓分类平衡就是在众多项目相关方之间寻找利益平衡点。通过寻求平衡，就可以在主要项目相关方之间形成合作关系，以及基于这种合作关系的项目大团队，有利于项目的顺利完成。解决问题的有效途径之一就是参考图 15－7 所示的项目相关方利益与权力四方图，分别按利益和权力大小把项目相关方分成四大类，然后采取“统筹兼顾，轻重缓急”的方法来管理和满足项目相关方的需求。

③量身定制，管理策略。如图 15－7 所示。

A 类项目相关方掌握着项目较大的权力和利益，是项目相关方中的重中之重，应当与其保持经常性的沟通，及时获得他们的理解和支持。

B 类项目相关方掌控着项目的许多资源，应当及时地争取这些资源，并让他们看到这些资源投入后的实际效果，保证其满意度。

C 类项目相关方掌控的项目的资源比较少，但是，项目的成败对其利益影响比较大，应当及时让他们知道项目的范围、质量、进度和成本等，保证其知情权。

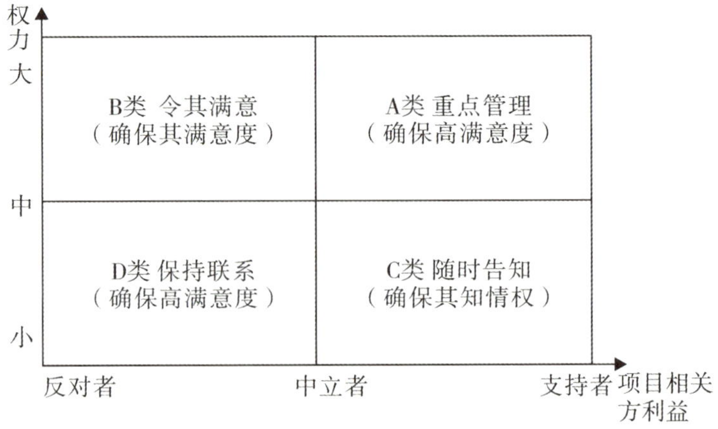

图 15－7　项目相关方利益与权力四方图

D 类项目相关方掌控

的项目的资源比较少，项目的成败对其利益影响比较小，与他们保持正常的联系和沟通就可以了。

在实际应用中可以参考表 15 –5 所谓量身定制的策略来进行处理。

表 15 –5 对不同项目相关方量身定制的管理策略

态度	影响		
	影响力大	影响力中等	影响力小
态度积极	继续取得支持	继续取得支持	继续取得支持，并设法提高其影响力
态度中立	做转变工作，争取支持	做转变工作，争取支持	做转变工作或忽略不管
态度消极	做转变工作。转变不成，则削弱影响力	做转变工作。转变不成，则削弱影响力	防止其影响力扩大或忽略不管

表 15 –6 中，影响力是指某一项目相关方影响（推动或阻碍）项目进行的能力。一个项目相关方所具有的影响力是其所拥有的资源数量以及调用资源能力的综合体现。利益相关度是指项目相关方的需求和利益受项目影响的程度。

15.3 管理相关方参与

表 15 –6 描述本过程的输入、工具与技术和输出。

表 15 –6 管理相关方参与过程：输入、工具与技术和输出

输入	工具与技术	输出
1. 相关方管理计划	1. 沟通方法	1. 问题日志
2. 沟通管理计划	2. 人际关系技能	2. 变更请求
3. 变更日志	3. 管理技能	3. 项目管理计划更新
4. 组织过程资产		4. 项目文件更新
		5. 组织过程资产更新

管理相关方参与过程的工具与技术

（1）**沟通方法**。在管理相关方参与时，应该使用在沟通管理计划中确定的针对

每个相关方的沟通方法。基于相关方的沟通需求，项目经理决定在项目中如何使用、何时使用及使用哪种沟通方法。

（2）**人际关系技能**。如图 15－8 所示，项目经理应用人际关系技能来管理相关方的期望。例如：建立信任、解决冲突、积极倾听、克服变更阻力。

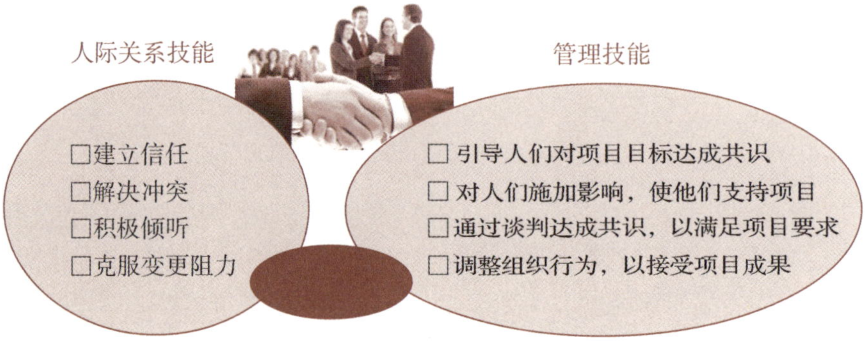

图 15－8　人际关系技能与管理技能

（3）**管理技能**。项目经理应用管理技能来协调各方以实现项目目标。例如：引导人们对项目目标达成共识；对人们施加影响，使他们支持项目；通过谈判达成共识，以满足项目要求；调整组织行为，以接受项目成果。

15.4　控制相关方参与

本过程的主要作用是，随着项目取得进展和环境变化，维持并提升相关方参与活动的效率和效果。

控制相关方参与过程的工具与技术

（1）**信息管理系统**。信息管理系统为项目经理获取、储存和向相关方发布有关项目成本、进展和绩效等方面的信息提供了标准工具。它也可以帮助项目经理整合来自多个系统的报告，便于项目经理向项目相关方分发报告。例如，可以用报表、电子表格和演示资料的形式分发报告。可以借助图表把项目绩效信息可视化。表 15－7就是其中的一个例子。

表 15－7 项目相关方信息管理系统

项目相关方管理活动	负责人	时段
1. 确定每个相关方的名称		
2. 确定他们所有的需求与期望		
3. 确定他们的需求和期望，并将其转化为项目的要求		
4. 管理并影响相关方融入项目的活动		
5. 让他们签名确认最终的项目需求		
6. 评估他们的知识和技能		
7. 分析项目以确保相关方的需求能够得到满足		
8. 让他们知道什么需求能够实现，什么需求不能够实现及不能实现的原因		
9. 通过指派给他们一些工作，保证他们融入项目		
10. 把他们当作专家		
11. 通过沟通保证他们想知道信息的时候能够获知他们需要的信息		
12. 如果必要的话，把相关方融入变更管理和批准程序		
13. 与他们一起总结经验教训		
14. 在项目或者阶段结束的时候让相关方接受可交付成果		

（2）专家判断。为确保全面识别和列出新的相关方，应对当前相关方进行重新评估。应该让受过专门培训或具有专业知识的小组来协作完成。

（3）会议。可在状态评审会议上交流和分析有关相关方参与的信息。

应用案例 15－1 《华为基本法》中的“利益共同体”

华为公司在《华为基本法》第五条中规定：“华为主张在顾客、员工与合作者之间结成利益共同体。努力探索按生产要素分配的内部动力机制。我们决不让“雷锋”吃亏，奉献者定当得到合理的回报。”

（1）以客户为中心。2015 年 6 月 16 日任正非在接受媒体采访时表示，华为的核心价值观就是“以客户为中心”。任正非解释道：“华为之所以崇尚‘以客户为中心’的核心价值观，就是因为只有客户在养活华为，在为华为提供发展前进的基础，其他任何第三方都不可能为华为提供资金用于生存和发展，所以，也只有服务好客户，让客户把兜里的钱心甘情愿拿给我们，华为才有可以发展下去的基础。”任正非说：“华为的价值和存在的意义，就是以客户为中心，满足客户的需求。我们提出要长期艰苦奋斗，也同样是出于‘以客户为中心’这样一个核心价值理念，坚持艰苦奋斗的员工也一定会获得他所应得的回报。”

（2）与合作伙伴结成利益共同体。 华为将自己的竞争对手称为友商，一直跟国际同行诸多领域携手合作，力求通过合作取得共赢，实现“风险共担，和而不同，优势互补，利益共享”，和谐以共生共长，不同以相辅相成，也就是将矛盾的对立关系转化为合作协调关系，使各种矛盾关系结成利益共同体，变矛盾为动力。

华为希望能够在条件允许的情况下建立广泛的利益共同体，即使是自己的竞争对手，在适当的时候，也能展开合作，共同发展。例如，华为跟美国的3COM公司合作成立了合资企业。华为提供低端数通技术（占51%的股份），3COM公司出资1.65亿美元（占49%的股份），这样一来，3COM公司就可以把研发中心转移到中国，实现了成本的降低，而华为则利用了3COM世界级的网络营销渠道销售华为的数据通信产品，大幅度地提升了产品在北美的销售额，真正达到优势互补、互惠双赢。同时，也为公司的资本运作积累了一些经验，培养了人才，开创了公司国际化合作新模式。

（3）员工是华为最大的财富。 华为公司在《华为基本法》第二条中规定：“认真负责和管理有效的员工是华为最大的财富。尊重知识、尊重个性、集体奋斗和不迁就有功的员工，是我们事业可持续成长的内在要求。”

最简单的例子是华为公司与员工之间通过内部股票，将二者的利益和共同目标近乎完美地捆绑在一起。从1994年开始，华为每年的销售额几乎以翻番的速度增长，员工的股权回报率最高时达到100%，在1997年修改的员工持股规定中，明确其目的是将员工利益与企业长期利益结合在一起，提高员工对企业发展的关切度和管理的参与度，形成具有竞争和激励效应的科学的分配制度。员工每年从企业所得利润中，可以获得非常高的分红回报，即使在发展速度放缓的2002年，员工的股权回报率仍然维持在20%左右。

以全员持股、继续深造等一系列政策，让员工对公司的责任感和忠诚度得到增强和提升，在企业运作的各个环节中，员工都会考虑尽量节省开支并创造利润，在华为获得的每一分钱的利润中，都包含了自己个人的一部分。

对于员工的“按劳分配”问题，华为曾经在2011年4月15日组织专门的讨论。在此次讨论中，任正非明确提出可以将华为的员工分为三类：第一类是普通劳动者，第二类是一般的奋斗者，第三类是有成效的奋斗者。要将公司的剩余价值与有成效的奋斗者分享，因为他们才是华为事业的中坚力量。华为对人力资源管理对象的政策理解分成三类：

第一类，是普通劳动者，暂时定义为12级及以下为普通劳动者。这些人应该按法律相关的报酬条款，保护他们的利益，并根据公司经营情况，给他们稍微好一点的报酬。这是对普通劳动者的关怀。

第二类，是一般的奋斗者。我们要允许一部分人不是积极的奋斗者，他们想小家庭多温暖啊，想每天按时回家点上蜡烛吃饭呀，对这种人可以给予理解，这也是人的正常需要。刚好我们就有一个小岗位，那他可以坐上这个位置，踏踏实实做好小职员。对于这一部分人，我们有适合他的岗位可以安排，如果没有适合的岗位，他可以到社会上去寻求。只要他们输出贡献大于支付给他们的成本，他们就可以在公司存在。或许他的报酬甚至比社会平均水平稍微高一点。

第三类，就是有成效的奋斗者。他们要分享公司的剩余价值，我们需要这些人。分享剩余价值的方式，就是奖金与股票。这些人是我们事业的中坚，我们渴望越来越多的人走进这个队伍。

我们处在一个竞争很激烈的市场，又没有什么特殊的资源与权力，不奋斗就会衰落，衰落后连一般的劳动者也保护不了。我们强调要按贡献拿待遇，也是基于这种居安思危的思想。我们从来不强调按工龄拿待遇。经常看到调薪的时候有人说“这个人好几年没涨了，要涨一点工资”。为什么？这几年他的劳动质量是否进步了？他的贡献是不是增大了？

应用案例15-2 马云论商道与相关方的关系

创业十年了，很多人问我：“创业到底为了什么？”我自己也经常在问自己这个问题。十年以来，我最怕失去的是什么？我最得意获得的是什么？

图15-9 马云在阿里巴巴成立十周年会议上的讲话

马云在阿里巴巴成立十周年会议上的讲话（图15-9）中提到，别人说，你今天很有钱了，今天阿里巴巴从十年前的一家公司变成五家公司，从十八个人变成了一万四千多人，从几个客户到成为拥有全世界的四千多万个客户的中小企业。但问这些东西是不是我要的？我最需要的是什么？什么东西失去以后我会最难过？

我想清楚了一个问题，也就在阿里巴巴成立十周年的时候，我觉得商道的根本在于诚信的积累，我一切的目的是获得信任，获得社会对我们的信任，客户对我们的信任，员工对我们的信任，股东对我们的信任，这些信任取得非常之难，点点滴滴。

我自己跟自己这么讲过，假如阿里巴巴有一天倒下，由于任何因素，经营失败，天灾人祸，但是我相信只要我有这些信任，我随时可以拿到钱，因为股东对我很信任，只要我还想起来，我的员工还会跟着我说，我们再来过！

今天我相信上千万的中小创业者和企业家也会认为，只要你还在做这么一个网站，我们还会使用你，这就是信任的力量，信用的力量。很多人说信用可不可以变成钱，信用它不是钱，但它比钱更为珍贵。信用在商业里面，就像爱情在婚姻里面，婚姻没有爱情是走不久的，但是爱情是不能用钱去买的。

所以我希望，在座所有今天开始创业的人，阿里人花了十年时间想清楚的问题，今天你从第一天起，珍惜你的每一个客户，珍惜每一个加入你的团队的员工，珍惜所有支持你、信任你的股东，因为只有客户、员工和股东信任你，你才会越走越远，越走越快乐！

实战训练 15－1　编制项目相关方沟通协作流程

（1）请认真研究图 15－10、表 15－8，找到自己的岗位和工作流程。

（2）自己的“纵向工作流程”沟通协作是否顺畅？怎样改进？

（3）自己与两边的“横向工作流程”沟通协作是否顺畅？怎样改进？

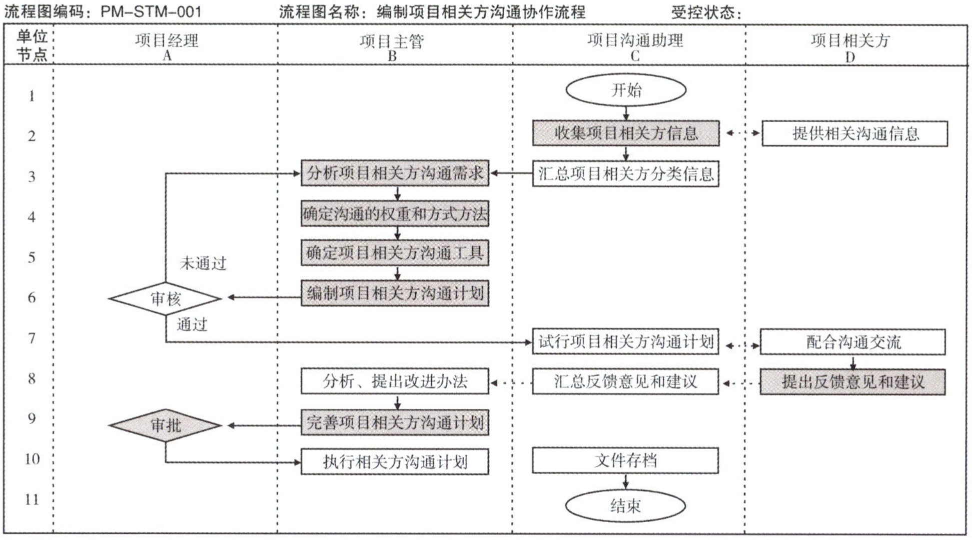

图 15－11 项目相关方沟通协作流程

表 15－8 项目相关方沟通协作流程

节点	工作重点、工具和技术速查指南	开始日期	结束日期
C2，收集项目相关方信息	项目相关方管理是项目成败的关键要素，建议设置项目沟通助理职位，也可以兼职。项目沟通助理应积极、主动、及时地了解相关方信息		
B3，分析项目相关方沟通需求	项目主管收集、整理项目沟通管理发送的相关方沟通需求总体信息		
B4，确定沟通的权重和方式方法	项目沟通管理根据本书第 15 章的项目相关方利益与权力四方图对相关方进行分类，确定沟通的轻重缓急和方式方法		
B5，确定项目相关方沟通工具	项目沟通管理在对项目相关方分类的基础上，确定相应的沟通工具		
B6，编制项目相关方沟通计划	项目沟通管理参考本书第 16 章，编制项目相关方沟通计划		
A6，审核项目相关方沟通计划	项目经理审核项目相关方沟通计划，如果没有通过，回到节点 B3，项目沟通管理继续分析项目相关方沟通需求；通过审核，就可以试行项目相关方沟通计划		

第16章　项目沟通管理

【章节重点导图】通用电气公司（GE）前CEO杰克·韦尔奇说：“管理就是沟通，沟通，再沟通。”本章重点介绍项目沟通管理的思路、流程、方法、工具和应用。如图16－1所示。

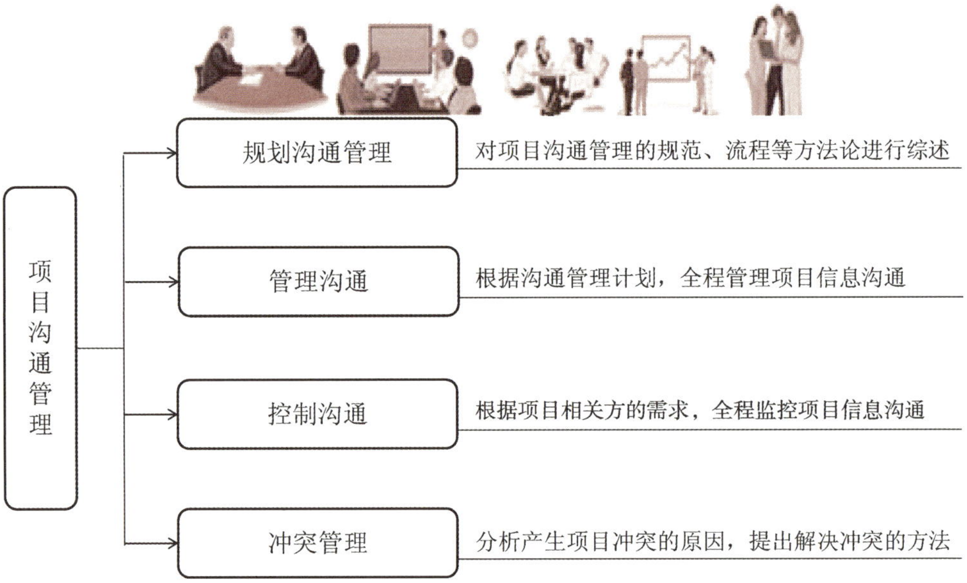

图16－1　项目沟通管理的四个过程

（1）**沟通**：即信息的交流。具体来说，沟通是信息的发出者将信息传递给接收者，并期望接收者做出响应的过程。

（2）**项目信息的重要性**：项目信息是指数据、计划、记录、报告、演示文件和会议文件等与项目实施直接或间接联系的各种信息。项目信息收集的是否正确、能否及时传递给项目相关方，将决定项目的成败。

（3）**项目沟通管理的重要性**：如图16－2所示。项目沟通管理是指项目经理、项目团队、项目相关方等为确保项目信息及时且恰当地规划、收集、生成、发布、

管理就是沟通

很多时候，我们抱怨下属或同事工作不力，问题往往不是出在水平上，而是出在沟通上。研究表明：我们工作中70%的错误是不善于沟通所造成的。

管理就是沟通，沟通，再沟通。 ——杰克·韦尔奇	最好的想法，最有创见的建议，最优秀的计划，不通过沟通都无法实现。 ——斯蒂芬·P. 罗宾斯	企业管理过去是沟通，现在是沟通，将来还是沟通。 ——松下幸之助

图 16－2　项目沟通管理的重要性

存储、检索、管理、控制、监督和最终处置所需的各个过程。

卡耐基说："一个人的成功，15% 取决于知识和经验，85% 取决于沟通能力。"毫不例外，一位成功的项目经理，通常把 85% 左右的时间都用于与团队成员和其他相关方的沟通；项目经理是组织专家来做事，而不一定非要自己亲自动手做事；项目成员和相关方可能来自组织内部和外部；相关方具有不同的文化和组织背景，不同的技能水平，不同的观点和利益。

有效的沟通在项目相关方之间架起一座桥梁，把具有不同文化和组织背景、不同技能水平、不同观点和利益的各类相关方联系起来。

（4）**沟通的维度**：如图 16－3 所示。

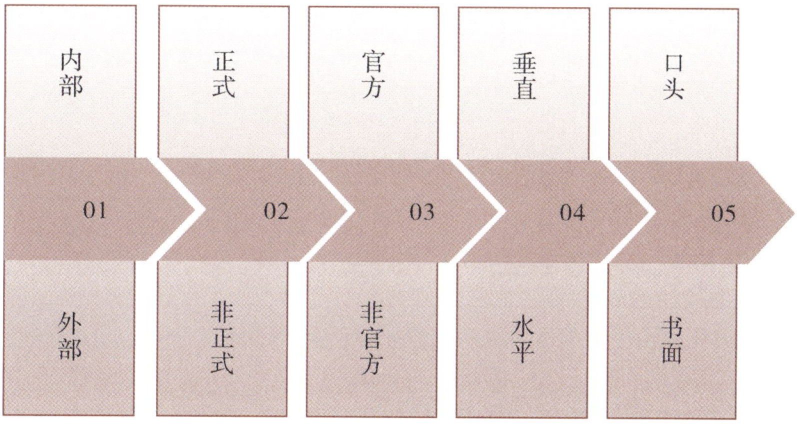

图 16－3　沟通的维度

16.1　规划沟通管理

本过程的主要作用是，识别和记录与相关方的最有效率且最有效果的沟通方式。表 16－1 描述本过程的输入、工具与技术和输出。

表 16－1　规划沟通管理过程：输入、工具与技术和输出

输入	工具与技术	输出
1. 项目管理计划	1. 沟通需求分析	1. 沟通管理计划
2. 相关方登记册	2. 沟通技术	2. 项目文件更新
3. 事业环境因素	3. 沟通模型	
4. 组织过程资产	4. 沟通方法	
	5. 会议、人际技能与数据表现	

一、规划沟通管理过程的工具与技术

（1）**沟通需求分析**。通过沟通需求分析可得出项目各相关方信息需求的总和。信息需求的界定是通过所需信息的类型与格式以及该信息价值的分析这两者结合来完成的。用于识别和确定项目沟通需求的信息见表 16－2。

表 16－2　项目相关方与沟通需求分析

序号	相关方	职责	沟通需求
1	刘丽华	副总经理	组织结构图
2	刘丽华	副总经理	项目组织与相关方之间的责任关系
3	李东明	项目总监	项目涉及的学科、部门和专业
4	李东明	项目总监	有多少人在什么地点参与项目
5	李东明	项目总监	内部信息需要
6	李东明	项目总监	外部信息需要
7	田立成	项目经理	来自相关方登记册的相关方信息需求
8	田立成	项目经理	信息需求人、资格、权限
9	田立成	项目经理	信息需求的内容
10	田立成	项目经理	信息需求的时间
11	田立成	项目经理	信息存储地点

（续表）

序号	相关方	职责	沟通需求
12	田立成	项目经理	如何检索这些信息
13	田立成	项目经理	信息交流的工具与技术

项目经理还应该通过确定潜在沟通渠道或路径的数量，来反映项目沟通的复杂程度。如图 16－4 所示。

潜在沟通渠道和路径的数量，反映了项目沟通的复杂程度

潜在沟通渠道的数量为 $n(n-1)\div 2$，（n 代表干系人数量）

2 个相关方：$2\times(2-1)\div 2=1$　4 个相关方：$4\times(4-1)\div 2=6$

图 16－4　沟通渠道的计算公式

潜在沟通渠道的总量为 $n(n-1)\div 2$，其中 n 代表相关方的数量。例如，一个有 10 个相关方的项目，就有45［$10\times(10-1)\div 2=45$］条潜在沟通渠道。因此，在规划项目沟通时，需要做的一件重要工作就是，确定和限制谁应该与谁沟通，以及谁将接收何种信息。明确何种信息发给哪个相关方是十分重要的。

通过对项目相关方需求的分析，可以避免不必要的信息传递，减少资源浪费。在进行项目相关方信息需求分析时，需明确如下四点：

①需要给哪些相关方发信息？

②谁需要什么样的信息？

③谁什么时候需要何种信息？

④如何将信息发送给不同的相关方？

（2）**沟通技术**。可以采用各种技术在项目相关方之间传递信息。例如，从简短的谈话到冗长的会议，从简单的书面文件到可在线查询的广泛资料，都是项目团队可以使用的沟通技术。

（3）**沟通模型**。用于促进沟通和信息交换的沟通模型，可能因不同项目而异，也可能因同一个项目的不同阶段而异。图 16－5 是一个基本的沟通模型，其中包括沟通双方，即发送方和接收方。

媒介是指技术媒介，包括沟通模式，而噪声则是可能干扰或阻碍信息传递的任

何因素。基本沟通模型中的步骤为：

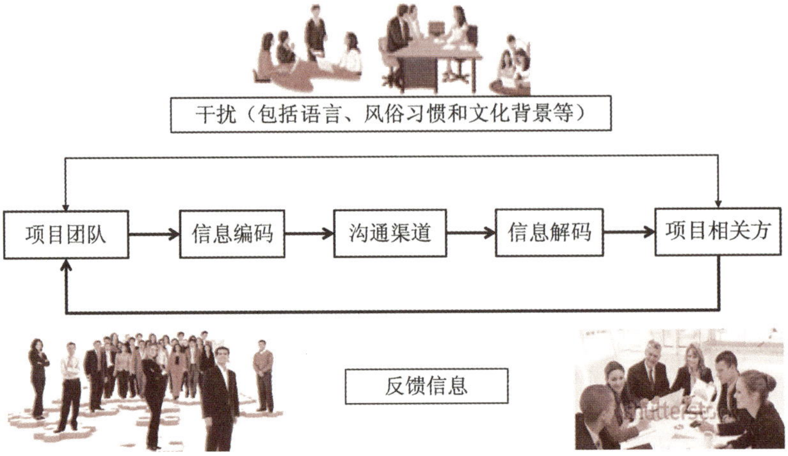

图 16－5　基本沟通模型

信息编码——发送方把思想或观点转化为语言（编码）的过程。

沟通渠道——发送方通过沟通渠道（媒介）发送信息。信息的传递可能受各种因素的干扰，如距离、不熟悉的专业技术领域、不合适的基础设施、文化差异和缺乏背景信息等。这些因素统称为噪声。

信息解码——接收方把信息还原成有意义的思想或观点的过程。

告知收悉——接收到信息后，接收方需告知对方已收到信息（告知收悉），但这并不一定意味着同意或理解信息的内容。

反馈——对收到的信息进行解码并理解之后，接收方把还原出来的思想或观点转化成信息，再传递给最初发送方的过程。

从图 16－5 可以看出，项目沟通是一个双向、互动的反馈和理解过程。沟通主体将所要发送的项目信息进行编码后，使项目信息沿沟通渠道传递，并经过信息解码，然后被沟通客体接收。同时，沟通客体还要将项目信息理解的情况反馈给沟通主体。在讨论项目沟通时，需要考虑沟通模型中的各个要素。作为沟通过程的一部分，发送方负责信息的传递，需确保信息的清晰性和完整性，需要确认信息已被正确理解。接收方负责确保完整地接收信息，正确地理解信息，并需要告知收悉或做出适当的回应。

（4）**沟通方法**。如图 16－6 所示，可以使用多种沟通方法在项目相关方之间共享信息，应基于沟通需求、成本和时间限制、相关工具和资源的可用性，以及对相关工具和资源的熟悉程度来选择沟通方法。

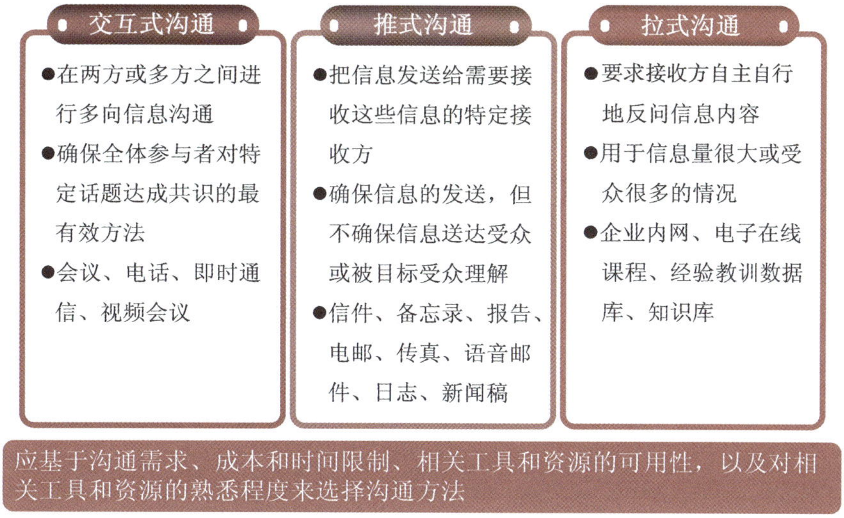

图 16－6　三种主要的项目沟通方法

琼·努特森（Joan Knutson）用“丰富度（richness）”来对不同的沟通方式进行总结。所谓丰富度是指沟通中人们信息交流的程度。例如面对面的沟通就属于高丰富度，而没有针对性的沟通（如公告栏）则属于低丰富度。如图 16－7 所示。

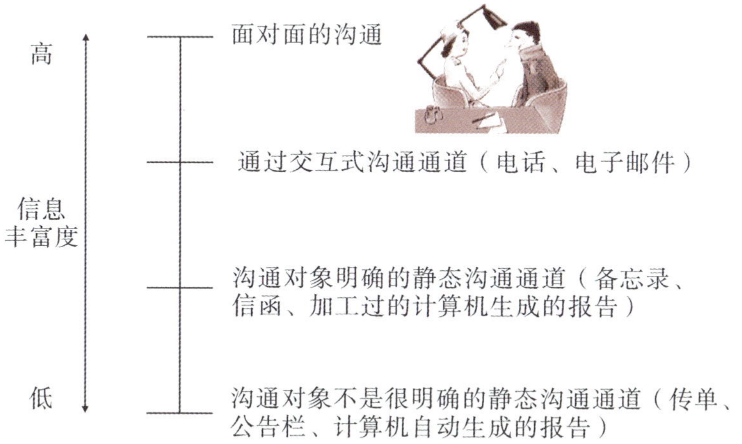

图 16－7　沟通方式与信息丰富度之间的关系

根据她的研究，不同丰富度的沟通有着不同的适用场合：对于常规的沟通活动，如常规的信息发布、共享（如会议通知）等，采用丰富度低的方式比较合适，因为不需要太多的交互；如果传递信息希望能够有反馈，需要一定程度的交互，这就需要高丰富度的沟通。采用网络会议、电视会议、视频电话等可以提升因地域限制而进行高交互度沟通的程度。

（5）**会议**。需要通过会议与项目团队展开讨论和对话，以便确定最合适的方法，用于更新和沟通项目信息，以及回应各相关方对项目信息的相关请求。

二、规划沟通管理过程的输出

（1）**沟通管理计划的主要思路**。表 16－3 表示编制沟通管理计划的主要思路。其中包括关于项目状态会议、项目团队会议、网络会议和电子邮件信息等的指南和模板。

表 16－3　编制沟通管理计划的主要思路

任务	关注的主要问题
收需求	相关方的沟通需求是什么？有没有制约因素？
定角色	谁负责沟通？谁负责授权保密信息发布？谁来接收信息？
定规则	发布信息的原因？如何描述？用什么方法传递？
定流程	信息发布之后如何收集反馈信息？怎样回复？相关的流程图是怎样的？
分资源	为沟通活动分配的资源，包括时间和预算吗？

（2）**沟通管理计划的编写模板**。沟通管理计划也应包含对项目所用网站和项目管理软件的使用说明。沟通管理计划的编写模板如表 16－4 所示。

表 16－4　项目沟通管理计划的编写模板

项目沟通管理计划				
相关方	信息	方法	时间和频率	发送方
假设条件		制约因素		

16.2　管理沟通

管理沟通是根据沟通管理计划，生成、收集、分发、储存、检索及最终处置项目信息的过程。

管理沟通过程的主要作用是，促进项目相关方之间实现有效率且有效果的沟通。表 16－5 描述本过程的输入、工具与技术和输出。

表 16－5 管理沟通过程的输入、工具与技术和输出

输入	工具与技术	输出
1. 沟通管理计划	1. 沟通技术	1. 项目沟通
2. 工作绩效报告	2. 沟通模型	2. 项目管理计划更新
3. 事业环境因素	3. 沟通方法	3. 项目文件更新
4. 组织过程资产	4. 信息管理系统，报告绩效	4. 组织过程资产更新

管理沟通过程的工具与技术

（1）**沟通技术**。选择沟通技术是管理沟通过程中的一项重要工作，重点是确保所选择的沟通技术适合所需沟通的信息。

（2）**沟通模型**。选择沟通模型的重点是要确保所选择的沟通模型适合正在开展的项目，识别并管理好沟通模型中的任何障碍（噪声）。

（3）**沟通方法**。沟通漏斗原理如图 16－8 所示。为了确保有效沟通，选择沟通方法（比如：口头还是书面的）是本过程一项非常重要的工作。

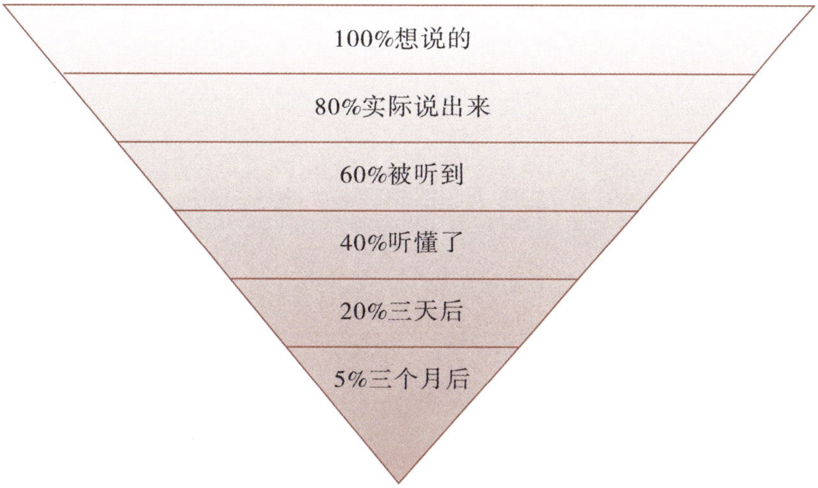

图 16－8 沟通漏斗原理

由于在管理沟通过程中存在许多潜在障碍和挑战，因此重点是要确保已创建并发布的信息能够被接收和理解，从而可以对该信息进行回应和反馈。

（4）**信息管理系统**。如图 16－9 所示。用来管理和分发项目信息的工具包括：

①纸质文件管理，如书面通知、信件、备忘录、报告和新闻稿。

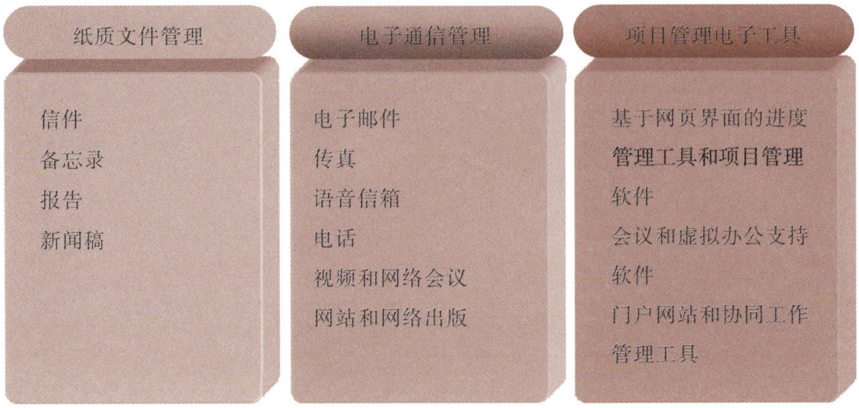

图 16－9　信息管理系统

②电子通信管理，如电子邮件、传真、语音信箱、电话、短信、QQ、微信，远程视频会议、网络会议、电话会议、网站和网络出版。

③项目管理电子工具，如基于网页界面的进度管理工具和项目管理软件、会议和虚拟办公支持软件、门户网站和协同工作管理工具。

（5）**报告绩效**。报告绩效是指收集和发布绩效信息，包括状况报告、进展测量结果及预测结果。应该定期收集基准数据与实际数据，进行对比分析，以便了解和沟通项目进展与绩效，并对项目结果做出预测。

①项目绩效报告。主要有项目关键点检查报告、项目执行状态报告、项目任务完成报告、项目重大突发性事件报告、项目变更申请报告、项目进度报告、项目管理报告，如表 16－6 至表 16－12 所示。

表 16－6　项目关键点检查报告

项目关键点名称：	检查组名：
检查组负责人：	报告人：
报告日期：	报告份数：
对关键点的目标描述：	
关键点结束时间与计划时间相比：	
提交物是否能满足性能要求：	

（续表）

估计项目以后的发展态势：
检查组负责人的审核意见：

表 16－7　项目执行状态报告

项目名称：	任务编码：
报告日期：	状态报告份数：
实际进度与计划进度相比：	
投入工作时间加未完成工作的计划时间和计划总时间相比：	
提交物是否能满足性能要求：	
任务能否按时完成：	
现在人员配备状况：	
现在技术情况：	
任务完成估计：	
潜在的风险分析及建议：	
任务负责人的审核意见：	

表 16－8　项目任务完成报告

项目任务名称及编码：	结束日期：
交付物的性能特点：	
实际工作时间和计划时间相比：	
实际成本和预算费用相比：	
实施过程中遇到的重大技术问题及解决方法：	
评审意见：	
今后工作名称及编码：	
今后工作计划及措施：	
项目负责人的审核意见：	

表 16－9　项目重大突发性事件报告

事件发生的时间：
事件发生的环节：

（续表）

事件发生的时间：
突发性事件的描述：
对项目正常实施影响的程度：
事件发生的初步原因分析：
建议采取的补救措施：
项目负责人的审核意见：

表 16－10　项目变更申请报告

项目名称：	项目负责人：
项目变更的原因：	
项目变更方案描述：	
估计项目变更后对总项目进度的影响：	
变更时涉及的相关单位：	
项目负责人的审查意见：	
上级项目主管部门的审查意见：	

表 16－11　项目进度报告

姓名：	项目名称：	本周结束日期：	
关键问题：		是	否
任务范围有变化吗？			
超过目标日期了吗？			
预算有问题吗？			
有技术问题吗？			
有评审问题吗？			
对跟踪项目的解释：			
下一步进度计划：			
问题和办法：			
完成人：	日期：	评审人：	日期：

表 16－12 项目管理报告

项目管理报告：	项目编号：	
项目名称：	报告日期：	
项目经理：	项目报告份数：	
状态总结：	是	否
1. 实际进度超过 16% 了吗？		
2. 已投入工作时间加未完成工作的计划时间超过计划时间的 16% 了吗？		
3. 完成任务的数量超过计划的 16% 了吗？		
4. 可交付物能满足性能要求吗？		
5. 项目能按时交货吗？		
6. 满足用户的要求了吗？		
7. 与用户的关系被接受了吗？		
8. 附上职员工作总结、资源计划总结、累计完成任务总结报告吗？		
人员配备状况：		
技术状况：		
任务完成预测：		
附用户进度报告：		编号：
项目经理： 日期：	管理人：	日期：

②项目报告中应注意的问题。为了防止项目报告信息泛滥而没有起到应有的作用，在使用上述表格时应当注意层次清晰、用数据说话。

16.3 控制沟通

控制沟通过程的主要作用是，随时确保所有沟通参与者之间信息流动的最优化。表 16－13 描述本过程的输入、工具与技术和输出。

表 16－13　控制沟通过程：输入、工具与技术和输出

输入	工具与技术	输出
1. 项目管理计划	1. 信息管理系统	1. 工作绩效信息
2. 项目沟通	2. 专家判断	2. 变更请求
3. 问题日志	3. 会议	3. 项目管理计划更新
4. 工作绩效数据	4. 方法论	4. 项目文件更新
5. 组织过程资产		5. 组织过程资产更新

控制沟通过程的工具与技术

（1）**信息管理系统**。信息管理系统为项目经理获取、储存和向相关方发布有关项目成本、进度和绩效等方面的信息提供了标准工具。

项目经理可借助报表、电子表格和演示资料的形式分发报告。可以借助图表把项目绩效信息可视化。

（2）**专家判断**。项目团队经常依靠专家判断来评估项目沟通的影响、采取行动或进行干预的必要性、应该采取的行动、对这些行动的责任分配和时间安排。

（3）**会议**。项目过程中的重要会议如图 16－10 所示。在本过程中，需要与项目团队确定最合适的方法，用于更新和沟通项目绩效，以及回应各相关方对项目信息的请求。

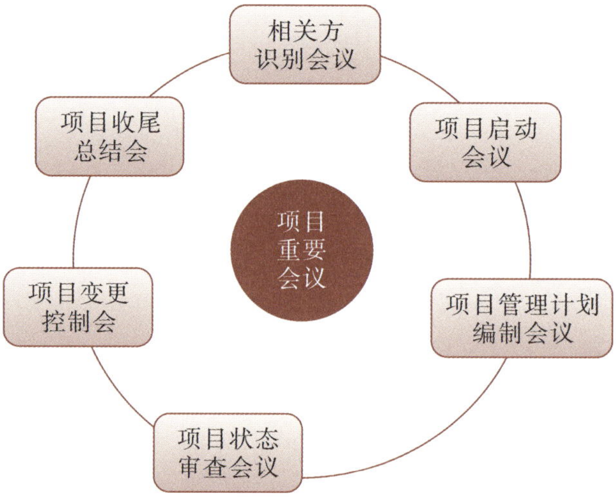

图 16－10　控制沟通过程的工具与技术：会议

①解决问题的会议。当项目团队成员发现问题或潜在的问题时，应立即和其他有关人员召开一个解决问题的会议，而不是等着在以后的项目情况评审会议上解决。尽可能早地发现和解决问题对项目的成功非常关键。

②技术方案评审会议。需要一次或更多次的技术方案评审会议，以确保客户同意或批准项目承约人提出的设计方案。

③项目情况评审会议。项目情况评审会议通常由项目经理主持或召集，会议成员一般包括全部或部分项目团队成员（含项目团队的上层管理人员）以及客户。会议的基本目的是通知情况、找出问题和制定行动内容。项目情况评审会议应该定期召开，以便早日发现目前的问题和潜在的问题，防止危及项目目标实现的意外情况发生。项目情况评审会议可以在项目团队中每周召开一次，与客户进行的项目情况评审会议周期可以长一些，如每月一次或每季度一次。

项目情况评审会议日程实例如表 16 – 14 所示，其细目需要讨论的主题如下：

表 16 – 14　项目情况评审会议议程设计

时间	讨论内容	参加者
9：00	自上次会议以来所取得的成绩：硬件、软件、文件	
9：30	成本、进度计划和工作范围：进展情况、趋势、预测、差异	
9：45	必要的纠正措施	
16：16	改进的机会	
16：30	讨论	
16：50	行动细目	
17：00	休会	

· 自上次会议以来所取得的成绩。首先就项目计划中所明确的里程碑进行检查，除此之外还要检查以前会议细目上活动的情况。

· 范围、进度、成本和质量等情况。其中包括进展情况、趋势、预测和差异。进展情况是指完成情况应该与基准计划加以比较，进展情况必须以已完成任务和实际开销的最新信息为基础；趋势是指项目执行过程中好的或不好的趋势。

· 存在的问题与必要的纠正措施。在某些情况下，对于问题和潜在问题的纠正措施正是在项目情况评审会议上产生的。例如，获得客户或管理人员的批准，继续购买某种原材料；获得加班授权，以便使项目赶上进度。

· 改进的机会。这应该与问题及相应的纠正措施一同被明确。

· 工作细节分配。具体行动细目应被明确并分配给特定的团队成员。对于每一项行动细目，必须注明负责人及预计的完工日期。完工日期由行动细目负责人估计，因为开会时，在其他人面前做出了承诺，人们常会竭尽全力去按时完成。

（4）高效沟通、控制沟通的方法论。

①选择有效的信息发送方式。在工作中要发送信息，首先要考虑的是用什么方法去发送，而这些发送方法是我们在工作中经常用到的方法，既有电话、E-mail、短信、QQ、微信、传真，也有面对面的会议沟通等方式。

发送信息首先要考虑选择正确的方法。在沟通的过程中。我们为了达到良好的沟通效果，首先要选择正确的方法，因为不同方法之间的差距是非常大的。比如有一件事情要通知全体员工，可以选择在告示栏张贴通知的方式，也可以发 E-mail。如果事情比较复杂而且重要，那就最好召开员工大会。当然也可以选择打电话或逐个面对面告知的方式，只是非常麻烦。采取不同的方式其效果是不一样的。

②选择合适的信息发送时间。注重沟通时机对有效的沟通来说很重要。在进行沟通之前，要计划好沟通的时间，包括发送信息的时间，预计对方收到信息的时间。比如销售人员在与客户的沟通过程中，何时约见客户、何时发出致谢函、何时发催款函，甚至面谈的时候何时发送何种信息，也就是什么时候交流思想和情感，什么时候仅仅是传达信息以及各占多长时间等，都是有讲究的。

③确定信息内容。即使项目管理者在应该沟通的时间里沟通，也不一定能取得满意的效果。在很多情况下，信息不完备或信息过少会直接影响到沟通的效果，当然，过多的无用信息也不会产生好的沟通效果。所以，项目管理者在进行沟通之前，必须明确沟通的内容和预期目的，在保证要求的前提下尽量全面、准确、完整地提供信息。

④确定信息接收者。我们在发送信息的时候还需要考虑谁是信息的接收者，务必充分考虑接收者的情况，需要注意以下问题：谁是你的信息接收对象，先引起接收者的注意，了解接收者的观念、接收者的需要、接收者的情绪。

⑤确定信息发送的环境。发送信息时，还需要根据信息的内容和接收者的具体情况，考虑在什么样的环境和场合下发送给对方。现在对场地的选择已经越来越引起人们的注意。在实践中很多管理者已经越来越认识到，环境对沟通效果的影响是非常大的。但在我们的工作中，特别是上下级之间的沟通，通常是在上级主管的办公室中进行，在这样的环境下进行沟通往往不一定能够达到较好的效果。

16.4　项目冲突管理

16.4.1　项目冲突

所谓冲突，就是个人、团体或组织，限制或阻止另一部分个人、团体或组织达到预期目标的行为。一般来说，大部分冲突类型都属于下面三种类型中的一种，有些冲突不止包含一个方面。

（1）**基于目标的冲突**。冲突与最终结果、项目的范围、绩效说明和标准、优先次序和目标等方面的意见不一致相关。基于目标的冲突通常是由项目团队成员对项目目标不清楚、有多种不同的看法引起的。

（2）**管理上的冲突**。这类冲突来源于管理层、组织架构或企业文化。这些冲突经常集中在对汇报关系的理解不一致上，也就是谁对职能、项目任务和决策拥有权力和管理控制力的问题。管理上的冲突主要发生在矩阵性组织中，在这种组织中，每一个项目团队成员听命于两个上司，即项目经理和职能部门经理。

（3）**个人之间的冲突**。这类冲突来源包括不同的工作规范、行为类型以及成员之间和项目重要关系人之间的不同个性等。当冲突导致了糟糕的项目决策，挫伤了项目团队成员努力工作的积极性，延误了项目问题的解决，阻碍了工作进程，这时的冲突就无益于项目；然而，冲突也有其有益的一面，一味地压制冲突是一种错误的做法。

16.4.2　项目冲突的七个主要来源

（1）**进度冲突**。围绕项目有关任务的时间确定、次序安排和进度计划会产生不一致的意见。进度冲突往往与支持部门有关，项目经理对这些部门只有有限的权力和控制，这使他们有着各自不一致的优先权考虑。

（2）**优先权冲突**。项目参加者经常对如何成功完成项目应该执行的活动和任务的次序及优先级有不同的看法。优先权冲突不仅发生在项目团队和其他支持团队之间，在项目团队内部也会发生。

（3）**人力资源冲突**。项目团队成员有很多是来自其他职能部门或者支持部门的，这些人需要接受本部门的调度，而这些部门很有可能为多个项目提供资源支持，因此在资源的调配和任务的分配上会出现冲突。

（4）**技术意见冲突**。在以技术为导向的项目中，在技术问题、性能要求和其他各方面性能的权衡上，以及技术实现手段等方面，都会产生冲突。

（5）**管理程序冲突**。许多冲突来自项目应该如何管理。例如，项目经理的组织结构定义、责任和权力的定义、交互接口关系、项目范围、实施的计划与其他组织协商的合作协议、管理支持流程等。

（6）**个性冲突**。这种冲突的主要原因是个性的差异，而不是技术或管理问题，通常由“以自我为中心”引发。虽然人与人之间的个性冲突可能不像其他冲突那么强烈，但它却是最难有效解决的一种。个性冲突还可能被一些沟通问题或技术争端而掩盖。例如，一位技术人员与项目经理在技术方面产生争执，潜在原因可能是彼此个性的冲突。

（7）**费用冲突**。在对各项工作的费用估算方面，合作双方有着不同的理解。例如，在预算分配时支持部门（如职能部门）往往认为项目经理分配到的预算与承担的工作相比差距偏大。因为项目经理经常受到紧张预算的限制，尽可能地控制成本，而项目各参与方都希望自己的这份工作能够获得更多的预算支持。

图 16－11 表示项目冲突强度与项目生命期之间的关系。需要注意，以上这七种冲突出现在项目生命期的不同阶段，其平均冲突强度也不尽相同。

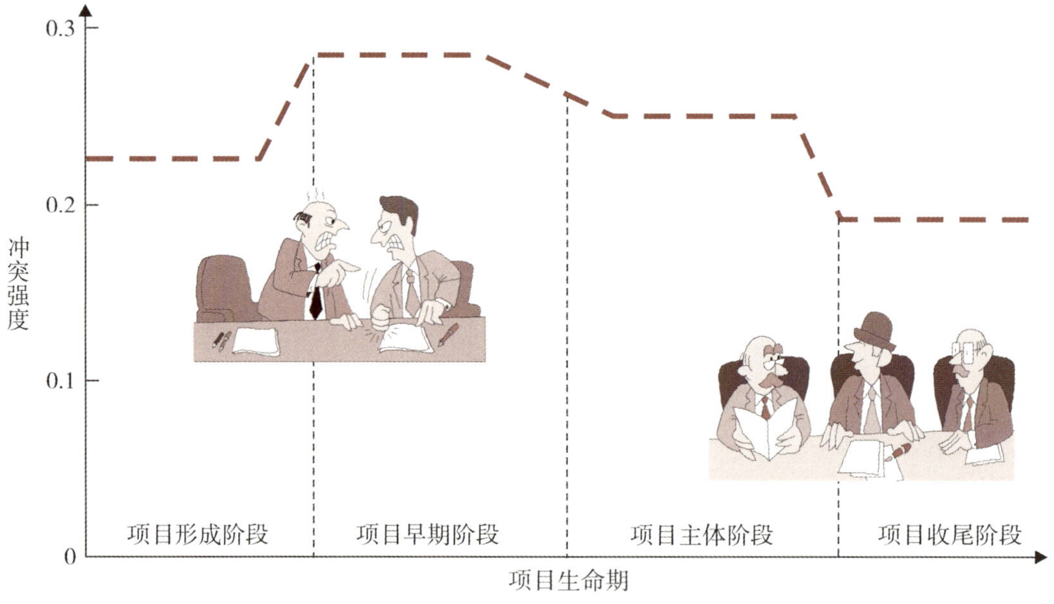

图 16－11　项目冲突强度与项目生命期的关系

图 16－12 表示项目冲突强度与冲突源之间的关系。如果项目经理理解了项目冲突的来源和在不同项目阶段冲突产生的主要原因，就有可能避免或者减少潜在冲

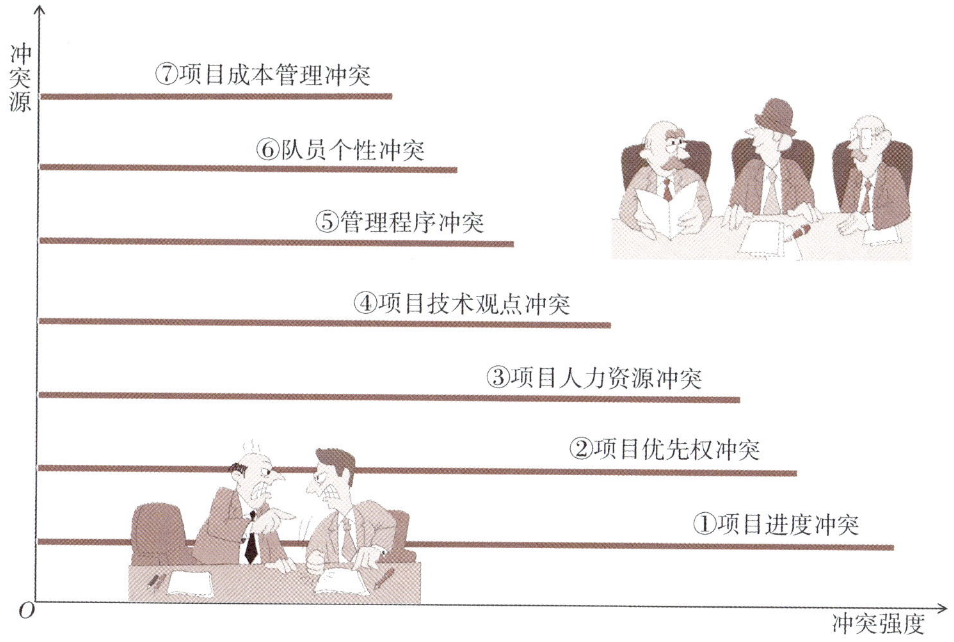

图 16－12　项目冲突强度与冲突源之间的关系

突的有害方面。

（1）**与其他冲突源相比，在项目的进程中，项目进度冲突强度最大**。项目进度冲突常因项目经理对这些部门只有有限的权力而发生。

（2）**项目优先权冲突排在第二位**。在与众多项目经理的讨论中，许多人指出，这种冲突之所以经常发生，是因为项目组织对当前的项目实施没有经验。因此，项目优先权的形式与最初的预测相比就可能发生一定的变化，同时把关键资源和进度计划进行重新安排，这也往往会遭到一些团队成员的强烈反对。

（3）**人力资源冲突是排在第三位的冲突源**。项目经理常为在人力资源方面的难以协调而苦恼，因为在这种情况下，他们经常要经受强烈的冲突。问题很明显，当项目团队需要某方面的专业人才，而职能部门难以调配时，人力资源冲突随即产生。

（4）**强度排在第四位的冲突源是技术观点冲突**。通常支持项目的职能部门主要负责技术投入和性能标准，而项目经理主要负责费用、进度计划和性能目标。因为公司的职能部门通常只对项目部分负责，所以他们可能不具备整个项目管理的全局观念。

（5）**管理程序冲突在七种冲突源中排在第五位**。大部分的管理程序冲突几乎均衡地分布于职能部门、项目成员和项目经理之间。在管理部门上发生的冲突可能包括：发生在项目经理权力和职责、报告关系、管理支持、状况审查不同项目团队间或项目团队与协作方合作上的冲突。

（6）**项目成员的个性冲突**。通常被项目经理认为是较低强度的冲突。在与项目经理的讨论中，他们认为，虽然人际冲突的强度可能不像其他冲突源那么高，但它却是最难有效解决的一种冲突。在这种冲突中，项目成员的个性争端往往会被沟通问题和技术争端掩盖。

（7）**像进度计划一样，成本费用经常是项目管理目标是否完成的衡量标准**。作为一种冲突源，成本费用排在最低。当项目经理与其他部门磋商，让该部门完成项目的一些任务时，费用冲突经常会发生。由于紧张的预算限制，项目经理希望尽量减少费用，但是实际执行者都希望项目在预算中扩大他的那部分。另外，引起费用增加的技术问题或进度调整也会引发冲突。

16.4.3　项目冲突的解决办法

引发冲突的因素是多样的，解决方式、效果也截然不同。面对众多的冲突，项目管理者通常要在“注重项目目标的实现”与“注重保持良好的人际关系”之间做出比较慎重的选择，总结出了五种基本的解决模式。如图 16－13 所示。

（1）**正视、面对**。态度要好，但是问题要解决。直接面对冲突是克服分歧、解

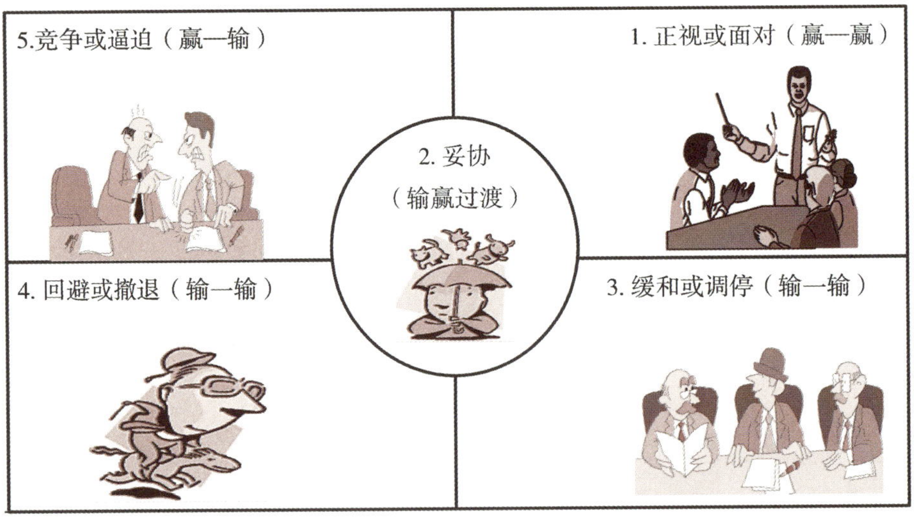

图 16－13　项目冲突的五种常见解决办法

决冲突的有效途径。通过这种方法，团队成员直接正视问题、正视冲突，要求得到一种明确的结果。这种方法既正视问题的结果，也重视团队成员之间的关系。

（2）**妥协**。协商并寻求争论双方在一定程度上都满意的方法是这一方式的实质。这一冲突解决办法的主要特征是权衡和互让，并寻求一个调和的折中方案。有时，当两个方案势均力敌、难分优劣时，妥协也许是较为恰当的解决方式。

（3）**缓和或调停**。求同存异是这种方法的精神实质。通常做法是忽视差异，在冲突中找出一致的方面。这种方法认为，团队成员之间的关系比解决问题更为重要，通过寻求不同的意见来解决问题会伤害成员之间的感情。

（4）**回避或撤退**。回避或撤退的方法就是让卷入冲突的项目成员从这一状态中撤离出来，从而避免发生实质的或潜在的争端。这种方法有可能导致重视人际关系而放弃必要的项目目标原则，并不是一种积极的解决途径。

（5）**竞争或逼迫**。这种方法的精神实质就是非赢即输。它认为在冲突中获胜要比勉强保持人际关系更为重要。这是一种积极的冲突解决方式，比如，在上例中，如果该团队成员据理力争，那么项目必定会以更好的技术方式实施。

图 16－14 表示项目管理者在项目冲突五种解决办法中的使用率。项目经理解决冲突的风格决定了他解决冲突的模式。可以看出，正视、面对是项目经理解决冲

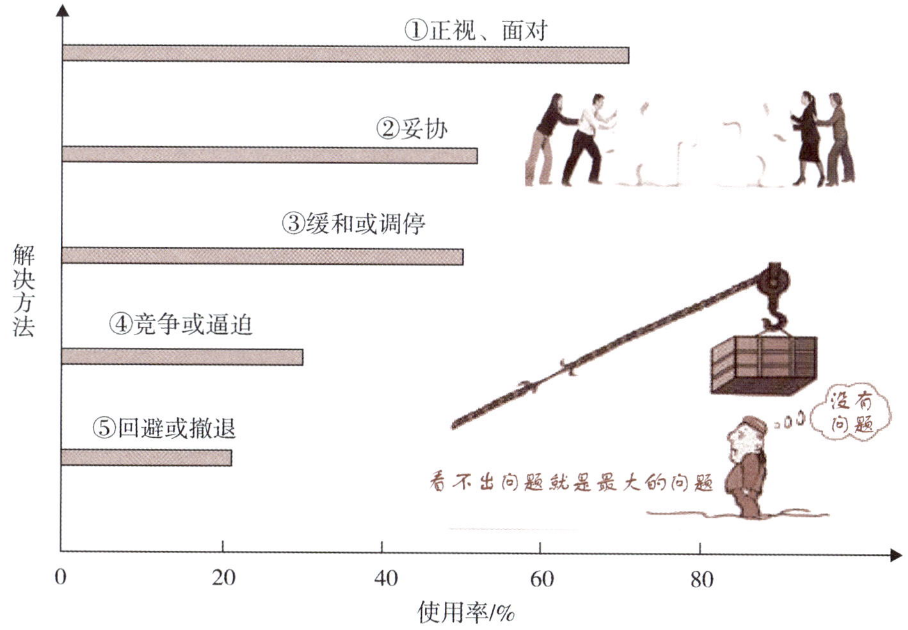

图 16－14　项目冲突的五种常见解决办法的使用率

突最常用的解决方式，这种方法通常有利于问题的解决，有70%的项目经理喜欢这种冲突解决模式。排在第二位的是以权衡和互让为特征的妥协模式，这是一种在输、赢之间过渡的权宜方式，有50%的项目经理喜欢这种冲突解决模式，然后是缓和或调停模式，接着是竞争或逼迫模式，最后是回避或撤退模式。

在项目经理对冲突解决模式的态度方面，除了经常使用前两种（正视、面对和妥协）模式之外，他们也经常把其他几种模式应用于与团队成员、主管上司、职能部门的冲突上。相对而言，正视、面对较多地应用于解决与上级的冲突，妥协则常常应用于解决与职能部门的冲突。

应用案例16-1 诸葛亮善于沟通，攻心为上，以诚服人

公元223年，蜀汉发生了以益州郡（今云南晋宁）豪强地主雍闿为首的武装叛乱，他们杀死了蜀汉派去的太守，又派在少数民族中很有威望和影响力的孟获到各地去做欺骗宣传。孟获以蜀汉政府故意难为当地人为借口，号召更多的人起来反叛。就这样，叛乱队伍迅速扩大，很快席卷了整个南中地区。

面对这种情况，诸葛亮采取了积极的安抚手段，未料到叛军的气焰更加嚣张。诸葛亮为稳定后方，为北伐做准备，决定亲自率兵南征。公元225年，诸葛亮率军南征，讨伐叛军。参军马谡在送行时向诸葛亮献计说：用兵的道理应以“攻心为上，攻城为下；心战为上，兵战为下”。诸葛亮采纳了他的建议。大军到了南中，接连打了几个胜仗，雍闿被杀，孟获成为叛军首领。

为了更好地解决少数民族与蜀汉政权的关系，使南中地区真正安定下来，诸葛亮决定对孟获采取“攻心”政策，借用《孙子兵法·谋攻篇》下令：“南征之道，攻心为上，攻城为下；心战为上，兵战为下。”蜀军在同孟获交战时，只许生擒不许加以伤害。初次交战，孟获果然被活捉。诸葛亮对他不杀不辱，大加优待。为使其心服，亲自领他参观蜀军阵势，问他：“这样的军队你能打赢吗?”孟获说：“以前我不知道你军的虚实，如果你敢放我回去，再打一仗我是能够打胜的。”诸葛亮真的把他放了回去。再次作战，结果又被蜀军活捉，但他仍不服气，诸葛亮又将他放回。就这样，一连捉了七次，放了六次。当最后一次还要放还他时，孟获心服口服，十分佩服诸葛亮的诚心、大度与智谋，同时又知道了蜀汉并非存心与自己为敌，就对诸葛亮说：“佩服诸葛丞相天威，此后南中的人不会再反叛了。”孟获归降之后，其他几股反叛势力也很快归降了蜀汉。诸葛亮善于沟通，对孟获做耐心细致

的思想工作，未留一兵一卒镇守，使得南中地区获得了长治久安的大好局面。诸葛亮的有效沟通值得我们学习。

应用案例 16-2 华为面对冲突的解决原则与步骤

如图 16－15 所示。冲突是正常的，应积极寻找解决方案；开诚布公、对事不对人；着眼于团队和项目；着眼于现在和未来；最好先由当事人自己来解决；不能解决才由直接上级提供协助；如果冲突是一方违反职业道德或法律引起的，则另一方有权向上级或有关机构报告；还要考虑紧迫性、激烈程度。

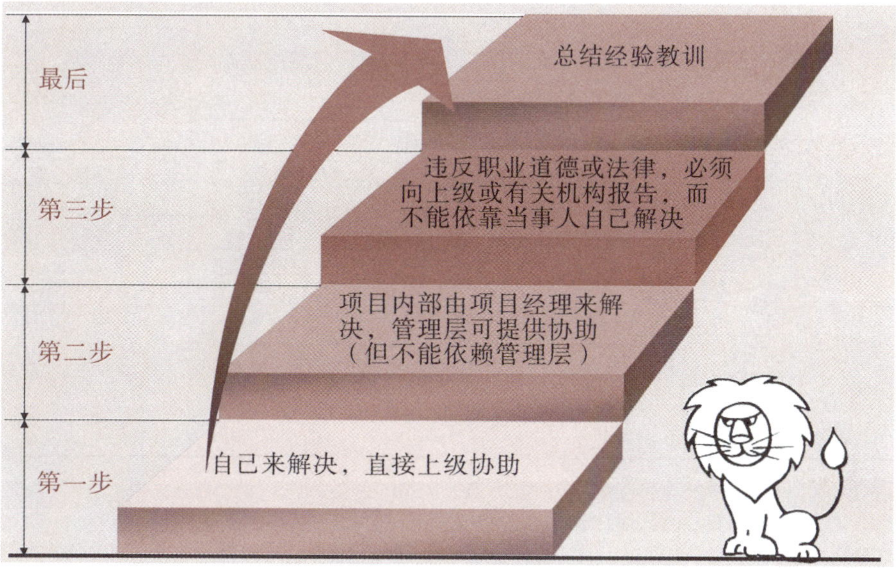

图 16－15 解决项目冲突的主要原则和步骤

项目存在于一个冲突的环境中，冲突是项目的存在方式。项目的发展进程如同人的成长过程一样，当一个人经历了许多困难和挫折之后，便逐渐变得成熟、坚毅。如果冲突处理得当，它就能极大地促进项目的工作。冲突能将问题及早地暴露出来并引起团队成员的注意；冲突迫使项目团队寻求新的解决方法，培养成员的积极性和创造性，从而实现项目创新；它还能引发成员的讨论，形成一种民主氛围，从而促进项目团队的建设。正是在这样一个冲突的环境中，项目才得以不断的发展和创新。

以诚待人，形成民主的讨论氛围是这种方式的关键。分歧和冲突能激发团队成员的讨论，在解决冲突时，不能夹杂个人感情，要花更多的时间去理解和把握其他成员的观点和方案，要善于处理而不是压制自己的情绪和想法。

实战训练 16－1 编制项目相关方沟通计划实施流程

(1) 请认真研究图 16－16、表 16－15，找到自己的岗位和工作流程。

(2) 自己的“纵向工作流程”沟通协作是否顺畅？怎样改进？

(3) 自己与两边的“横向工作流程”沟通协作是否顺畅？怎样改进？

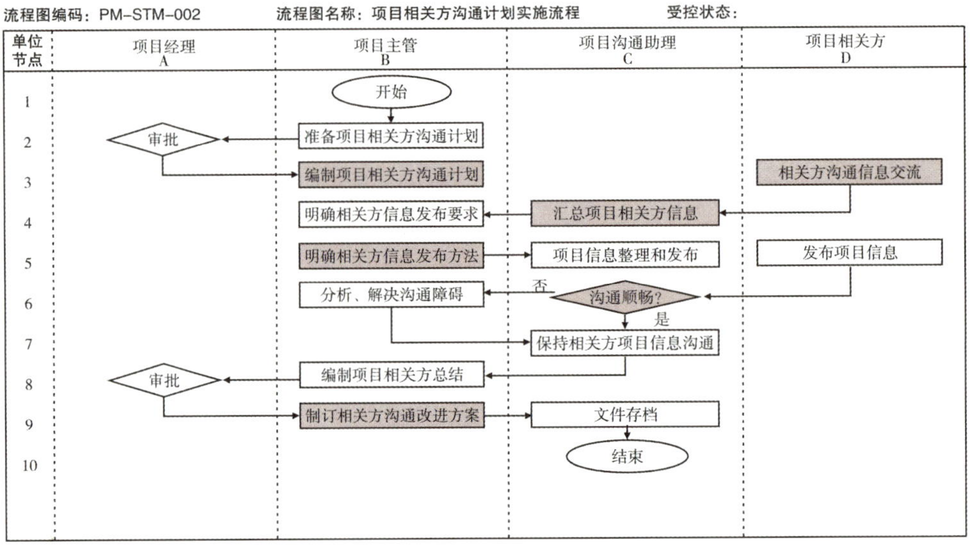

图 16－16 项目相关方沟通计划实施流程

表 16－15 项目相关方沟通计划实施流程

节点	工作重点、工具和技术速查指南	开始日期	结束日期
B3，编制项目相关方沟通计划	项目主管与项目相关方沟通，负责编制项目相关方沟通计划		
D3，相关方沟通信息交流	项目主管通过多种交流渠道收集、整理项目相关方的沟通信息		
C4，汇总项目相关方信息	项目沟通助理根据本书第 15 章提供的项目相关方利益与权力四方图，汇总相关方的沟通信息		

（续表）

节点	工作重点、工具和技术速查指南	开始日期	结束日期
B5，明确相关方信息发布方法	项目主管根据本书第 15 章提供的项目相关方利益与权力四方图，对相关方进行分类，确定沟通的轻重缓急和方式方法		
C6，确定项目相关方沟通工具	项目沟通助理用 B5 提供的方式方法与项目相关方沟通，分析沟通是否通畅，如果通畅，就继续进行；否则，由项目主管分析、解决沟通障碍，与相关方继续沟通		
B9，制订相关方沟通改进方案	项目主管总结上述经验教训，制订相关方沟通改进方案		

实战训练 16－2 项目发文沟通记录表

项目发文沟通记录表如表 16－16 所示。

表 16－16　项目发文沟通记录表

编号：　　　　　　　　　　　　　　　　　　发文时间：　　年　　月　　日

标题					
文号			时间		
份数		拟稿人		核稿人	
会签			签发人		
收文单位	签收人	发文时间	发文人	备注	
存档时间			存档人		

实战训练 16-3　项目来文沟通记录表

项目来文沟通记录表如表 16-17 所示。

表 16-17　项目来文沟通记录表

编号：　　　　　　　　　　　　　　　　　　　　来文时间：　　年　　月　　日

来文名称		来文编号	
来文部门		来文份数	
处理意见			
综合管理办公室主任签字			
处理结果（传阅人在此签名）			
档案编号			
归档时间		归档人	

实战训练 16-4　项目沟通会议通知单

项目沟通会议通知单如表 16-18 所示。

表 16-18　项目沟通会议通知单

年　　月　　日

接收部门		发文部门	
会议名称		会议时间	
会议地点			
与会人员名单			
会议注意事项			
会议联系人		联系电话	
通知回执联			
会议通知已收到，内容已了解，　□能　□不能　届时参加，谢谢！ 签名： 日期：　　年　　月　　日			

实战训练 16-5 项目会议议程安排表

项目会议议程安排表如表 16－19 所示。

表 16－19 项目会议议程安排表

会议名称			
会议主题			
会议类型		会议主办部门	
会议时间		会议地点	
会议负责人		会议主持人	
会议摘要			
会议议题			
议题 1	时间	内容	发言人
（议题内容）			
议题 2	时间	内容	发言人
（议题内容）			
出席人员			
会议记录员备注			

实战训练 16-6 项目会议纪要表

项目会议纪要表如表 16－20 所示。

表 16－20 项目会议纪要表

会议名称		会议时间	
会议主办部门		会议主持人	
会议主题			

（续表）

列席人员				
出席人员				
会议决议				
序号	决议事项	负责人	决议提出人	完成时间
1				
2				
3				
会议记录人		记录整理人		

实战训练 16－7　编制项目相关方冲突处理沟通协作流程

（1）请认真研究图 16－17、表 16－21，找到自己的岗位和工作流程。

（2）自己的“纵向工作流程”沟通协作是否顺畅？怎样改进？

（3）自己与两边的“横向工作流程”沟通协作是否顺畅？怎样改进？

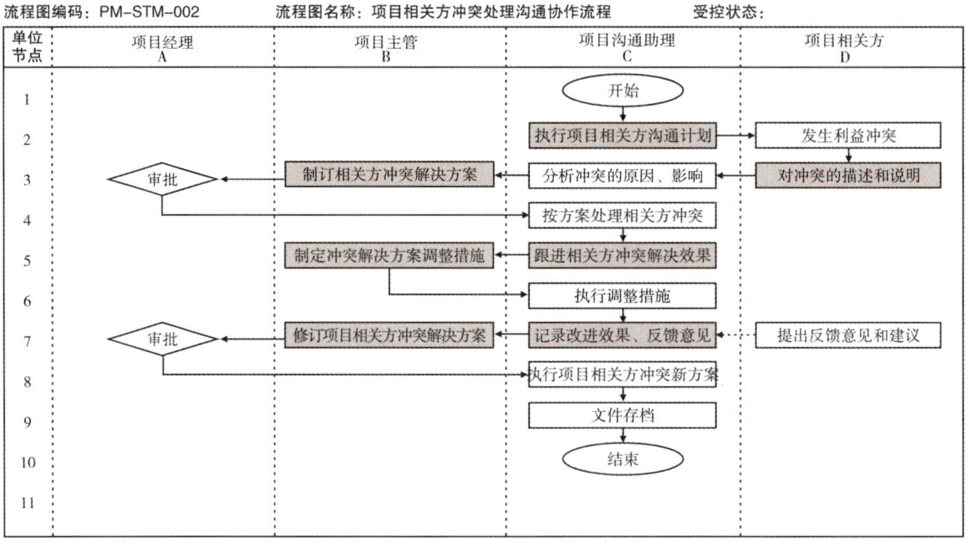

图 16－17　项目相关方冲突处理沟通协作流程

表 16－21　项目相关方冲突处理沟通协作流程

节点	工作重点、工具和技术速查指南	开始日期	结束日期
C2，执行项目相关方沟通计划	项目沟通助理协助项目主管执行既定的项目相关方沟通计划		
D3，对冲突的描述和说明	项目沟通助理调研获取相关方的冲突信息，用规范的语言进行说明		
B3，制订相关方冲突解决方案	项目主管分析相关方冲突的事件原因，制订相关方冲突解决方案		
C5，跟进相关方冲突解决效果	项目沟通助理执行上述方案、跟进相关方冲突解决效果		
B5，制定冲突解决方案调整措施	项目主管根据相关方冲突解决效果，制定冲突解决方案调整措施		
C7，记录改进效果、反馈意见	项目沟通助理跟进上述调整措施实施信息，记录改进效果、反馈意见		
B7，修订项目相关方冲突解决方案	项目主管根据项目沟通助理的反馈意见，修订相关方冲突解决方案		

第 17 章 项目采购管理

【章节重点导图】 办企业、管理项目的关键词是“开源节流”。国际采购供应链行业有一句名言“会卖不如会买”。本章重点介绍项目采购管理的思路、流程、方法、工具和应用。如图 17－1 所示。

图 17－1 项目采购管理过程

项目采购管理是指为达到项目的目标而从项目组织外部获取所需的服务采购、设备材料采购、工程发包的过程。项目组织既可以是项目产品、服务或成果的买方，也可以是卖方。如图 17－2 所示。

项目采购管理过程围绕包括合同在内的协议来进行。协议是买卖双方之间的法律文件。合同是对双方都有约束力的协议，规定卖方有义务提供有价值的东西，如规定的产品、服务或成果，买方有义务支付货币或其他有价值的补偿。

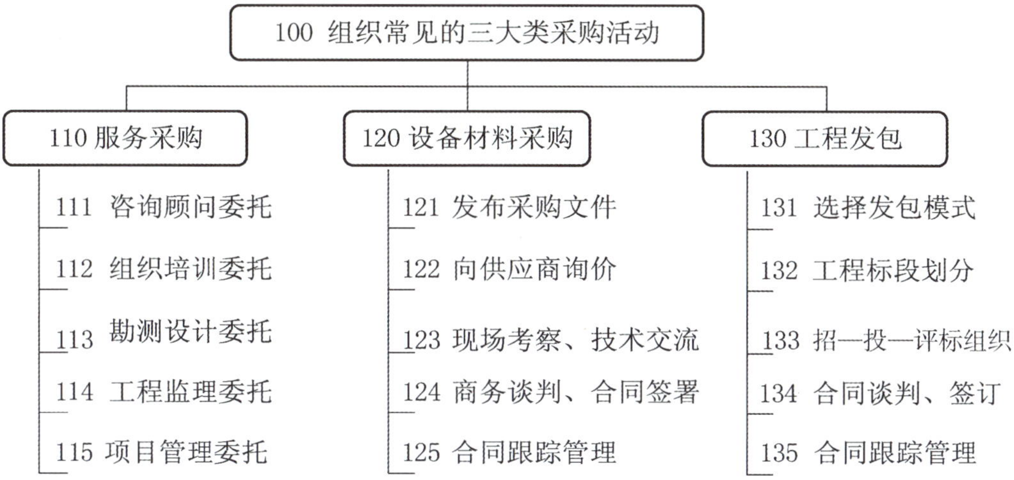

图 17－2　组织常见的三大类采购活动

买方也可称为甲方、顾主、客户、总承包商、承包商、采购组织、服务需求者或采购方；卖方可以是乙方、承包商、分包商、供货商、服务提供商或供应商；在合同生命期中，卖方首先是投标人，然后是中标人，之后是签约供应商或供货商。项目采购活动主体的关系如图 17－3 所示。

图 17－3 中的实箭线表示委托—代理关系和资金流向，虚箭线表示商品或劳务的流向。

图 17－3　项目采购活动主体之间的关系

17.1　规划采购管理

项目采购过程的主要作用是，决定采购什么、如何采购、采购多少以及何时采购。表 17－1 描述本过程的输入、工具与技术和输出。

（续表）

表 17－1　规划采购管理过程：输入、工具与技术和输出

输入	工具与技术	输出
1. 项目管理计划	1. 自制或外购分析	1. 采购管理计划
2. 需求文件	2. 专家判断	2. 采购工作说明书
3. 风险登记册	3. 市场调研	3. 采购文件
4. 活动资源需求	4. 会议	4. 供方选择标准
5. 项目进度计划		5. 自制或外购决策
6. 活动成本估算		6. 变更请求
7. 相关方登记册		7. 项目文件更新
8. 事业环境因素		
9. 组织过程资产		

一、规划采购管理过程的工具与技术

（1）**自制或外购分析**。自制或外购分析是一种通用的管理技术，用来确定某项工作最好由项目团队自行完成，还是应该从外部采购。主要通过比较成本、进度、质量和保密性等综合要素来做决定。

应用案例 17－1　自制或外购分析

某电子公司生产某电子设备每年需要甲零件 50000 件，如果自制，那么该零件不增加公司的固定成本，该零件自制的单位成本为 7 元；如果外购，那么该零件的单价为 8 元/件。问题：（A）试决定该零件是自制还是外购。（B）如果电子设备公司自制，该电子设备每年要增加固定成本 60000 元，确定该零件是自制还是外购。

解答：据题意，（A）自制成本 $=7\times50000=350000$（元）

外购成本 $=8\times50000=400000$（元）

自制成本低于外购成本，应选择自制。

（B）自制成本 $=7\times500\ 00+60000=410000$（元）

外购成本 $=8\times500\ 00=400000$（元）

当自制成本高于外购成本时，应选择外购。

应用案例 17-2　根据产品生命周期，考虑选择外购还是租赁

某电子设备公司要临时使用一台设备，假设租赁此设备 240 元/天，外购此设备 6800 元/台。选择外购，每天的维护费用为 70 元/天，租赁维护费由租赁方负责。问题：多少天后租赁设备等于购买设备？如果公司用设备 30 天，是租赁还是购买？

解答：据题意，设 x 天后租赁设备的成本等于购买设备。则：

$240x = 6800 + 70x$

$x = 40$（天）

故 40 天后租赁设备等于购买设备。

如果公司用设备 30 天，则：

$240 \times 30 < 6800 + 70 \times 30$

如果只是临时使用该设备，那么租赁比购买节省成本，应当选择租赁。

应用案例 17-3　短期租赁还是长期租赁？

一家电子设备公司若租赁一种设备有两种选择：租金按天计算，每天 100 元；长期租赁，租金每天为 60 元，但必须在开始时交纳固定手续费用 5000 元。

在这种情况下，进行短期租赁或长期租赁选择，也要根据项目对设备的预计使用时间，来分析短期、长期租赁的成本转折点。

解答：据题意，设在预计租期为 x 天时，长期、短期租赁费用相等。则

$100x = 5000 + 60x$

$x = 125$（天）

因此，若公司预计租用设备不超过 125 天，应该选择短期租赁；若预计租用设备超过 125 天，应该选择长期租赁更合适。

（2）专家判断。评估该过程的依据或成果往往需要专家的技术判断，也可依据专家的采购判断制定或修改评判标准。

（3）市场调研。市场调研包括考察行业情况和供应商能力。采购团队可以综合考虑从研讨会、在线评论和各种其他渠道得到的信息，来了解市场情况。

（4）会议。借助与潜在投标人的信息交流会，与潜在投标人合作，有利于供应

商提供互惠互利的方案或产品。

二、规划采购管理过程的输出

（1）**采购管理计划**。采购管理计划主要说明项目团队将如何从执行组织外部获取货物和服务，以及如何管理从编制采购文件到合同收尾的各个采购过程。

项目采购管理计划涉及的内容主要包括六个方面，这些方面又被称作采购管理的六大要素，如图 17－4 所示。

项目组织应将由六大要素（3W＋3H）构成的采购计划写成规范的书面文件，这将成为此后组织与供应商进行交易和开展合同管理的依据。

①采购什么？采购管理中的第一要素是采购什么，即首先要决定采购的对象及其品质。项目采购管理要求采购对象的品质应满足以下三个条件。其一是通用性，项目外购的产品一定要符合项目实际的质量要求，并且能够通用，在项目中尽量不使用必须定制的产品。其二是可获得性，即能够在需要的时间内，以适当的价格，得到所需数量的供给，也就是能够及时得到要采购的产品或服务。其三是经济性，即能够在找到的供应来源中选择成本最低的（当然前提是要满足前面两个条件），以降低项目成本。

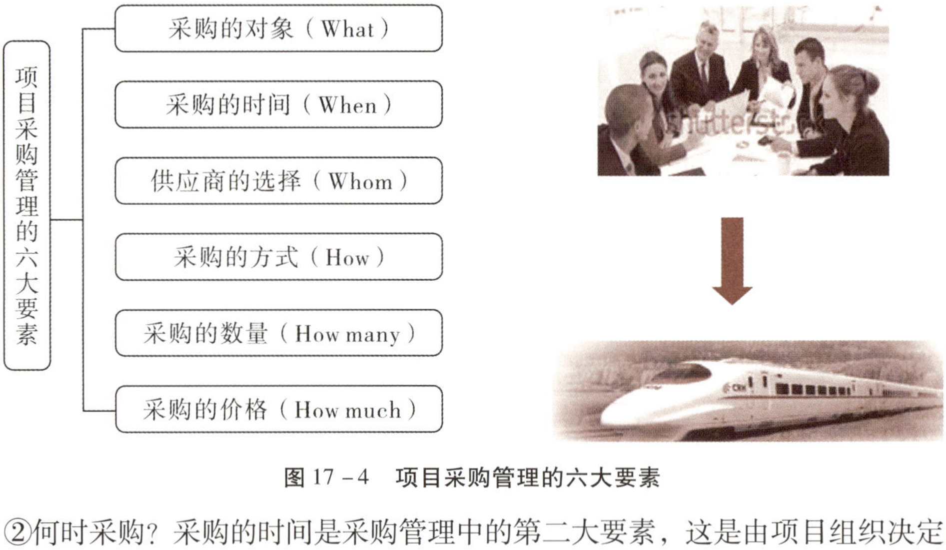

图 17－4　项目采购管理的六大要素

②何时采购？采购的时间是采购管理中的第二大要素，这是由项目组织决定的采购时间。因为采购过早，会增加库存量和库存成本；采购过迟，会因材料存量不足而使项目停工待料。从开始订货、办理采购合同到资源入库，必须经过一段时间的间隔，因为要开展产品生产、检验、包装、运输、入库验收等工作，都需要时间。

③向谁采购？在决定向谁采购时，应调查各个供应商的如下情况：企业规模，技术和供应能力，生产用原材料的来源和质量，供应商的质量管理情况，供应商的

组织能力和财务信用状况等。

④怎样采购？采购的方式主要是指在采购过程中采用何种工作方式，以及这方面的大致方针和具体的交易条件。这包括是否采用分批交货的方式，需要采用何种供给运输方式，以及具体交货方式和地点等。怎样采购，即采购过程中采用的工作方式，是自制还是外购，采用招标采购还是非招标采购。在选择供应商时，应满足两个条件：一是经济性，即在供应来源中选择成本最低的；二是可获得性，供应商必须能够及时提供项目所采购的物料、工程或服务。

⑤采购的数量。这是有关采购数量的管理。项目组织采购的数量一定要合适，所以需要对此进行管理。例如大型企业采购所需的资源非常多，消耗也很快，所以在决定采购多少时，还应该考虑批量采购的数量优惠等因素，以及存货的资金时间价值等问题。

⑥采购的价格。项目组织应在既定的资源质量、交货期限或其他交易条件下，寻找最低的合同价格。合同价格的高低受多方面因素的影响，这包括市场供求关系的影响、供方成本计算方法的影响、采购条件（如交货日期、付款方法、采购数量等）的影响、供应商或分包商的成本因素影响、国家政策的影响、物价波动和通货膨胀的影响等。

（2）**采购工作说明书**。依据项目范围基准，为每次采购编制采购工作说明书（SOW），对将要包含在相关合同中的那一部分项目范围进行定义。SOW 应该详细描述拟采购的产品、服务或成果，以便潜在卖方确定他们是否有能力提供这些产品、服务或成果，包括规格、数量、质量、性能参数、履约期限、工作地点和其他需求。如表 17－2 所示。

表 17－2 采购工作说明书典型模板

项目	具体说明
工作的范围	详细描述要做的工作，指定涉及的设备硬件、软件和工作的准确性质
工作的地点	描述工作在哪里执行，指定设备硬件和软件的安装位置以及人们在哪里执行工作
绩效周期	叙述工作预期何时开始、何时结束，工作时间，每星期能记入绩效的有效小时数，工作在何处执行以及相关的进度信息
项目可交付成果及进度	列出指定的项目可交付成果，详细地描述这些项目可交付成果，并指定何时到期
适用的标准	指定和执行与此工作相关的任何公司或行业特有的标准

（续表）

项目	具体说明
验收标准	描述买方组织将会如何决定工作是否为可接受的
特别需求	指定任何特别需求，例如硬件或软件的认证、人员的最低技术或经验水平、出差要求等

SOW 应力求清晰、完整和简练。它也应该说明任何所需的附带服务，如绩效报告或项目后的运营支持等。

（3）**采购文件**。采购文件是用于征求潜在卖方的建议书。如果主要依据价格来选择卖方，通常就使用标书、投标或报价等术语。如果主要依据其他考虑（如技术能力或技术方法）来选择卖方，通常就使用诸如建议书等术语。不同类型的采购文件有不同的常用名称，可能包括信息邀请书（RFI）、投标邀请书（IFB）、建议邀请书（RFP）、报价邀请书（RFQ）、投标通知、谈判邀请书及卖方初始应答邀请书。

（4）**供方选择标准**。供方选择标准通常是采购文件的一部分。制定这些标准是为了对卖方建议书进行评级或打分。如果很容易从许多合格卖方那里获得采购品，则选择标准可仅限于购买价格。这种情况下，购买价格既包括采购品本身的成本，也包括所有附加费用，如运输费用。

（5）**自制或外购决策**。通过自制或外购分析，做出某项特定工作最好由项目团队自己完成还是需要外购的决策。需要注意几个重点问题：

①如果决定自制，可能就要在采购计划中规定组织内部的流程和协议。

②如果决定外购，就要在采购计划中规定与产品或服务供应商签协议的流程。

③重点考虑的要素：保密要求；时间或资源；成本，包括直接成本和间接成本；控制能力；合同类型（外购分析时考虑）和持续需求等。

④组织自制或者外购决策比较时考虑的要素如表 17－3 所示。

（6）**变更请求**。关于购买产品、服务或资源的决策，通常会导致变更请求。规划采购期间的其他决策，也可能导致变更请求。

（7）**项目文件更新**。文件包括：需求文件、需求跟踪矩阵、风险登记册。

表 17－3　自制或者外购考虑的要素分析

自　制	外　购
生产成本低	外购成本低

（续表）

自　制	外　购
无合适的供应商	有合适的供应商
保证充足的供应	遵守对供应商的承诺
利用过剩的劳动力	获得技术或管理能力
排除供应商之间的勾结	生产能力不足
关键部件，自身有能力	降低存货成本
保护专利设计，保证质量	保证供应的灵活性和可替代性
确保供应稳定	产品受到专利保护
	自制不符合实施组织的战略规划

17.2　合同类型选择

在进行外购分析时，也要考虑可用的合同类型。采用何种合同类型，取决于想要如何在买卖双方间分担风险，而双方各自承担的风险程度，则取决于具体的合同条款。在某些法律体系中，还有其他合同类型，例如，基于卖方义务的合同类型。一旦选定适用法律，合同双方就必须确定合适的合同类型。

如图 17－5 所示，不同类型的合同适合于不同风险的分担类型。按照支付方式（计价方式）的不同，项目采购合同可以分为三类：总包合同（Fixed-price Contract）、成本补偿合同（Cost- reimbursable Contract）和单价合同（Unit-price

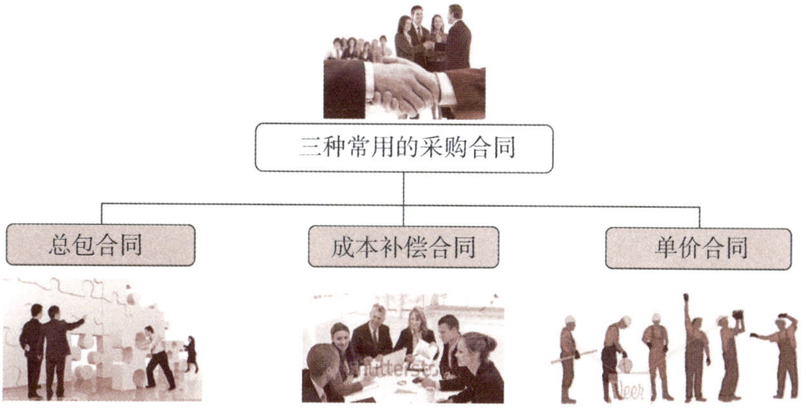

图 17－5　三种常用的采购合同

Contracts)。三种类型的合同对项目组织和供应商各有利弊，作为买主的项目组织应该根据项目的具体情况和所要采购资源的具体情况仔细地反复权衡。

合同类型的选择。常见的合同可以分为以下三大类，即总价类和成本补偿类合同，还有第三种常用的混合类，即工料合同。在实践中，使用两种甚至更多合同类型进行单次采购的情况也并不罕见。可根据具体情况进行选择。

17.2.1 总包合同

总包合同也称为总价合同或固定价合同。这种合同一般要求投标者按照招标文件要求报一个总价，并在这个价格下完成合同规定的全部工作。总价合同也可以为达到或超过项目目标（范围、进度、成本和质量等）规定财务奖励条款。卖方必须依法履行总价合同，否则就可能要承担相应的财务赔偿责任。

总包合同一般要求购买的产品是能够被严格定义的，否则，买卖双方都会面临风险。买方可能因为情况的变化而多付了钱，卖方也可能因为情况的变化而多付出了一些额外的费用。总包合同一般有以下三种形式。

（1）**固定总价合同**（FFP，Firm Fixed-price）。在固定总价合同中，承包商或供应商以设计图纸为基础，并考虑一些费用的上涨因素，报一个合同总价。在设计图纸和工程要求不变的情况下，合同总价是固定的。

FFP 是最常用的合同类型。合同双方事先商定：采购的价格在一开始就确定，并且不允许改变（除非工作范围发生变更），卖方有义务完成合同规定的工作，并且承担不良绩效导致的任何成本增加的风险。在 FFP 下，买方应该准确定义拟采购的产品和服务，对采购规范的任何变更都会增加买方的成本。由于卖方几乎承担着全部风险，买方风险很小，所以大多数买方都喜欢这种合同。

但是，当设计图纸或工程质量要求发生变更，或者项目工期要求提前时，合同总价则相应地发生改变。这种合同使承包商几乎承担了所有的风险，因而一般报价较高。固定总价合同一般适用于项目范围比较明确、风险不大、技术不太复杂、工期比较短（一般不超过一年），以及对具体要求比较明确的项目。

应用案例 17-4　固定总价合同

无论成本如何，卖方（承包商）的费用总是固定的，几乎承担了所有的风险。计算案例见表 17-4。

表 17－4 固定总价合同举例

单位：元

固定总价合同固定总价格为 1000000		
案例	实际（AC）	卖方获利
案例 1：卖方盈利	800000	200000
案例 2：卖方亏损	1200000	－200000
案例 3：卖方零利润	1000000	0
适用条件：工期一般不超过一年，范围明确；范围变化，可补充合同、调整总价		

（2）**固定总价加奖励费用合同**（FPIF，Fixed-price Plus Incentive Fee）。这种总价合同为买方和卖方提供了一定的灵活性，允许一定的绩效偏离，并对实现既定目标给予财务奖励。财务奖励通常与卖方的成本、进度或技术绩效有关。绩效目标一开始就要制定好，而最终的合同价格要待全部工作结束后根据卖方绩效来确定。在 FPIF 中，要设置价格上限，卖方必须完成工作并且要承担高于上限的全部成本。

应用案例 17－5 固定总价加奖励费用合同

对双方实现既定目标给予财务奖励。计算案例见表 17－5。

表 17－5 固定总价加奖励费用合同举例

单位：元

固定总价加奖励费用合同：$FPIF = AC + EC \times FEE\% + (EC - AC) \times Rate$ ＜最高限价				
指标	合同	实际（AC）		备注
估计成本（EC）	100000	80000	110000	事先规定的费用是估计成本的 10%；奖励以实际与估算成本差为基础总费用不能超过最高限价 120000 元
费率（FEE%）（10%）	10000	10000	10000	
最高限价	120000	120000	120000	
分担比例（Rate）	70：30	6000	－3000	
总价	—	96000	112000	
适用条件：适合于工期比较长、具有变更风险的项目				

案例计算表格的内涵：一个 10 万元的项目，卖方费用（项目劳务费）1 万元，若有剩余，买卖双方按照 70：30 分配；但是，合同最高限价为 12 万元。含义是：买方有 70% 的不确定性，（风险是卖方认为 30% 比例太低，而使项目没有节余）卖

方有 30% 的不确定性。

第一种情况：当项目以 8 万元结束时，卖方所得为 8 万元 +1 万元劳务费 + 6000 元奖励（20000×30%），合计 96000 元，同时，为买方省资金 4000 元。

第二种情况：当项目以 11 万元结束时，卖方所得为 11 万元 +1 万元劳务费 - 3000 元负奖励费（-10000×30%），合计 117000 元。由于卖方超支 1 万元，按事先约定：卖方承担 30%，即 3000 元风险；而买方承担 70%，即买方多支出 7000 元。

第三种情况：当项目以 13 万元结束时，卖方承担的风险为实际成本 13 万元 - 最高限价 12 万元 =1 万元。买方不承担最高限价 12 万元之外的风险。

（3）总价加经济价格调整合同（FP-EPA）。调价总价合同是一种特殊的总价合同，按照招标文件的要求及当时的物价计算合同总价。调价总价合同与固定总价合同的不同之处在于，前者在合同条款中规定：适于项目合同跨越的时期较长（数年）；试图保护买卖双方免受外界不可控情况的影响；必须规定用于准确调整最终价格的、可靠的财务指数；允许根据条件变化（如通货膨胀），以事先确定的方式对合同进行调整。如果在执行合同的过程中，由通货膨胀引起工料成本增加并达到某一限度时，合同总价则做出相应的调整。在这种合同中，买方承担了通货膨胀的风险。FP-EPA 试图保护买方和卖方免受外界不可控情况的影响，共同承担外部风险。

17.2.2 成本补偿合同

此类合同向卖方支付为完成工作而发生的全部合法实际成本（可报销成本），外加一笔费用作为卖方的利润。成本补偿合同也可为卖方超过或低于预定目标（如成本、进度或技术绩效目标）而规定财务奖励条款。最常见的三种成本补偿合同是：成本加固定费用合同、成本加奖励费用合同和成本加成本百分比合同。

如果工作范围在开始时无法准确定义，而需要在以后调整，或者工作存在较高的风险，就可以采用成本补偿合同，使项目具有较大的灵活性，以便重新安排卖方的工作。

（1）成本加固定费用合同（CPFF，Cost Plus Fixed Fee）。为卖方报销履行合同所发生的一切可列支成本，并向卖方支付一笔固定费用，该费用以项目初始成本估算的某一百分比计算。费用只能针对已完成的工作来支付，并且不因卖方的绩效而变化。除非项目范围发生变更，否则费用金额维持不变。例如，一个项目的预期成本为 10 万美元，固定费用为 1 万美元。如果合同的实际成本上涨至 11 万美元，合同的范围不变，那么承包商将获得1万美元的补偿。该合同对于买方来说，风险较高，适合于研发项目。计算案例见表17－6。

应用案例17－6 成本加固定费用合同

表17－6 成本加固定费用合同

单位：元

成本加固定费用合同：CPFF ＝AC ＋EC× FEE%			
指标	合同	实际（AC）	备注
估算成本（EC）	100000	110000	事先规定的费用是估计成本的10%
费率（FEE%）（10%）	10000	10000	
总价	110000	170000	
适用条件：该合同对于买方来说风险较高，仅适合于研发项目			

（2）**成本加奖励费用合同**（CPIF，Cost Plus Incentive Fee）。买方向卖方支付容许的完成任务的成本以及事先决定的费用和奖励奖金。如果最终成本小于预期成本，那么按照事先谈判好的分配方式，买方和卖方都从中受益。

应用案例17－7 成本加奖励费用合同

对双方实现既定目标给予财务奖励。计算案例见表17－7。

表17－7 成本加奖励费用合同举例

单位：元

成本加奖励费用合同：CPIF ＝AC ＋EC×FEE% ＋（EC －AC）×Rate				
指标	合同	实际（AC）		备注
估计成本（EC）	100000	80000	120000	事先规定的费用是估计成本的10%；奖励以实际与估算成本差为基础
费率（FEE%）（10%）	10000	10000	10000	
分担比例（Rate）	85：15	3000	－3000	
总价	—	93000	127000	
适用条件：适合于工期比较长的项目，该合同对于买方和卖方来说风险都居中，主要用于长期的、硬件开发和试验要求多的场合。				

案例计算表格的内涵：一个10万元的项目，卖方费用（项目劳务费）1万元，若有剩余，买卖双方按照85：15分配。含义是：买方有85%的不确定性，（风险是

卖方认为 15% 比例太低，而项目将没有节余）卖方有 15% 的不确定性。

第一种情况：当项目以 8 万元结束时，卖方所得为 8 万元 +1 万元劳务费 + 3000 元（20000 × 15%），合计 93000 元，为买方省资金 7000 元。

第二种情况：当项目以 12 万元结束时，卖方所得为 12 万元 +1 万元劳务费 - 3000 元负奖励（20000 × 15%），合计 127000 元。由于卖方超支 2 万元，按事先约定：卖方承担 15%，即 3000 元；而买方承担 85%，即 12000 元。

该合同对于买方和卖方来说风险都居中，主要用于长期的、硬件开发和试验要求多的场合。

（3）**成本加成本百分比合同**（CPPC，Cost Plus Percentage of Costs）。买方给卖方支付容许的完成任务的成本，加上事先约定的总成本的一定百分比。从买方的角度看，这是最不理想的一种合同，因为卖方没有降低成本的动力。实际上，这会促使卖方增加成本，因为这样做可以使利润按照成本的百分比增加。这种合同所有的风险都由买方来承担。该合同对于买方来说风险最大，不利于控制成本，目前很少采用。计算案例见表 17 - 8 所示。

应用案例 17 - 8　成本加成本百分比合同

表 17 - 8　成本加成本百分比合同

单位：元

成本加成本百分比合同：CPPC = AC + EC × FEE%			
指标	**合同**	**实际（AC）**	**备注**
估算成本（EC）	100000	110000	事先规定的费用是估计成本的 10%
费率（FEE%）（10%）	10000	11000	
总价	110000	121000	
建议：该合同对于买方来说风险最高，不利于控制成本，目前很少采用			

案例计算表格的内涵：一个 10 万元的项目，卖方费用（项目劳务费）1 万元。

第一种情况：当项目以 10 万元结束时，卖方所得为 10 万元 +1 万元劳务费 = 11 万元。

第二种情况：当项目以 11 万元结束时，按照事先约定，卖方所得为 11 万元 + 11 万元 × 10% = 12.1 万元。

17.2.3 单价合同

单价合同也称为工料合同（T&M），是兼具成本补偿合同和总价合同的某些特点的混合型合同。在不能很快编写出准确工作说明书的情况下，经常使用工料合同来增加人员、聘请专家和寻求其他外部支持。这类合同与成本补偿合同的相似之处在于，它们都是开口合同，合同价因成本增加而变化。在授予合同时，买方可能并未确定合同的总价值和采购的准确数量。

任何一种类型的合同都应当包括一些考虑了项目独有问题的具体条款。例如，如果一家企业采购咨询服务使用了单价合同，那么该合同应当根据各承包商经验的丰富程度制定不同的小时费用率。对于工作不满 3 年的初级咨询师，提供服务的价格为每小时 300 元，对于具有 10 年以上咨询经验的高级咨询师，提供服务的价格为每小时 400 元。

普遍认为，单价合同可能是高风险合同，也可能是低风险合同，这取决于项目的性质和合同的其他条款。如果一个公司对所需要完成的工作不是很明确，则他们不可能期望卖方会签一个固定总价合同。然而，买方可能按照事先商定好的小时费用率，找一位或者几位咨询师来完成具体的任务。买方可以每天或每周对完成的工作进行评价，以决定他们还要不要继续聘用咨询师。在这种情况下，合同可能包含一个终止条款——一项允许买方或卖方结束合同的合同条款。有些结束条款允许买方以任何理由结束合同，条件是必须提前 24 小时通知卖方。卖方通常必须提前一个星期通知买方才能结束合同，而且要出具充分的理由。买方也可能在合同中加上一条根据咨询师教育背景和工作经验确定小时费用率的条款。这些合同条款减少了买方的风险，同时使得工作的完成更具有机动性。

17.2.4 合同类型与风险之间的关系

图 17－6 总结了部分不同类型合同中买方和卖方承担风险的不同情况。固定总价合同中买方的风险最低，因为他们确切地知道他们需要付给卖方多少费用。

成本加成本百分比合同中买方的风险最高，因为他们事先对项目的范围不确定（技术含量高、风险高的研发创新项目），不知道卖方的成本，而且卖方可能有增加成本的动机。从卖方的角度看，成本加成本百分比合同风险最低，而固定总价合同风险最高。

一个具体的项目采购工作究竟应该采取哪种类型的合同，是很难按照某种公式

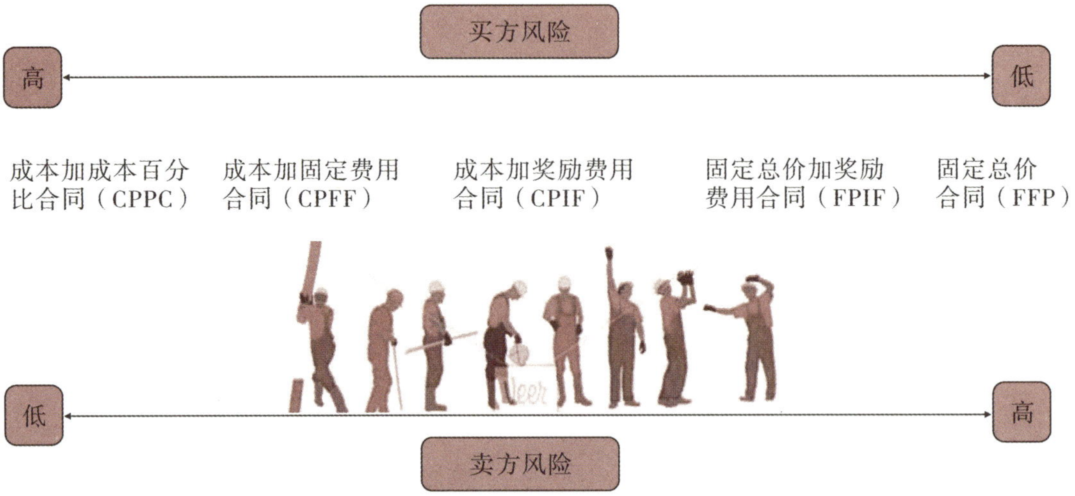

图 17－6　三种常用的采购合同与买卖双方风险分析

确定的。由于项目合同涉及双方的利益和责任，因此合同双方均应综合考虑各方面因素，权衡利弊，根据项目的具体条件，在充分协商的基础上共同选择能为双方认可和接受的合同方式。

表 17－9 对部分不同类型的合同中买方、卖方承担风险的不同情况进行了总结。

表 17－9　合同类型选择：三种常用的采购合同与买卖双方风险总结

项目	总价合同			工料合同	成本补偿合同		
对比	需准确定义范围 范围变更导致合同价格升高				开始时工作范围无法准确定义或 项目工作存在较高风险		
	FFP	FPIF	FP－EPA	T&M	CPIF	CPAF	CPFF
特征	最常见	灵活性价格上限最后结算	周期长长期关系	混合型开口合同短小项目	无价格上限	笼统绩效主观的绩效标准	固定费用为利润
买方	价格确定除非范围就更	财务激励	免受外界不可控影响	增加人员聘请专家外部支持	财务激励	主观来决定奖励费用	成本估算百分比固定
卖方	承担增加的全部成本	承担高于上限全部成本	免受外界不可控影响		绩效目标	无权申诉	

（续表）

项目	总价合同	工料合同	成本补偿合同
买方风险	低 → 高		

合同类型的选择需要考虑项目的性质、复杂程度、成本、风险程度以及根据客户要求的项目紧急程度等多种因素，综合归纳为以下几个方面：

①项目实际成本与项目日常风险评价。

②双方要求合同类型的复杂程度（技术风险评价）。

③竞价范围。

④成本价格分析。

⑤项目紧急程度（顾客要求）。

⑥项目周期长短。

⑦承包商（卖主）财务系统评价（是否有能力通过合同赢利）。

⑧合作合同（是否允许其他卖主介入）。

⑨转包范围的限定。

合同类型的选择一方面取决于双方的利益偏好，另一方面可能受客观条件的影响。只要所签订的合同最终得到合同双方的一致同意（有时还须经过政府有关主管部门的批准），或者与法律没有抵触，那就都具有法律效力，对双方都具有法律约束力。

17.3 实施采购

实施采购是获取卖方应答、选择卖方并授予合同的过程。项目采购组织根据项目采购规划中对产品、服务或成果的要求，确定潜在的供应商，并根据投标人提供的相关信息，如报价、投标书等，选定最终供应商，并与供应商洽谈和签订书面合同。表 17－10 描述本过程的输入、工具与技术和输出。

表 17－10 实施采购过程：输入、工具与技术和输出

输入	工具与技术	输出
1. 项目管理计划	1. 投标人会议	1. 选定的卖方
2. 采购文件	2. 建议书评价技术	2. 采购合同
3. 供方选择标准	3. 独立估算	3. 资源日历

（续表）

输入	工具与技术	输出
4. 卖方建议书	4. 专家判断	4. 变更请求
5. 项目文件	5. 广告	5. 项目管理计划更新
6. 自制外购决策	6. 分析技术	6. 项目文件更新
7. 采购工作说明书	7. 采购谈判	
8. 组织过程资产		

在实施采购过程中，项目团队将会收到投标书或建议书，并按照事先拟定的选择标准，选择一个或多个有资格履行项目工作且可接受的卖方。

实施采购的流程如图 17－7 所示。

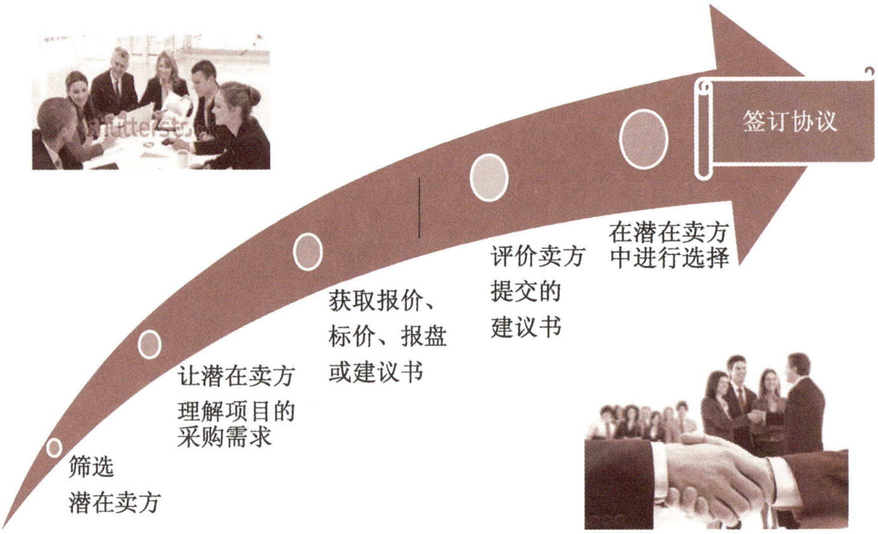

图 17－7　实施采购的流程

一、实施采购过程的工具与技术

（1）**投标人会议**。投标人会议（又称承包商会议、供货商会议或投标前会议）就是在投标书或建议书提交之前，在买方和所有潜在卖方之间召开的会议。会议的目的是保证所有潜在卖方对采购要求都有清楚且一致的理解，保证没有任何投标人会得到特别优待，注意防止卖方勾结。

（2）**建议书评价技术**。如表 17－11 所示。对于复杂的采购，如果要基于卖方对既定加权标准的响应情况来选择卖方，则应该根据买方的采购政策，规定一个正式的建议书评审流程。在授予合同之前，建议书评价委员会将做出他们的选择，并报管理层批准。建议书的评级和打分可使用多种不同的方法，但所有方法都会涉及专家判断和一些评估标准。

表 17－11 建议书评价技术：加权平均数法

指标	满分值/分	权重值	甲评分/分	乙评分	甲得分/分	乙得分/分
质量	40	0.40	35	25	14	10
价格	20	0.20	10	18	2	3.6
技术	10	0.10	6	9	0.6	0.9
管理	30	0.30	22	28	6.6	8.4
合计	100	1.00	73	80	23.2	22.9

（3）**独立估算**。对于许多采购项目，采购组织可以自己估算，用以核对供应商的报价。

（4）**专家判断**。专家判断可用来评价卖方建议书。可以组建一个多学科评审团队对建议书进行评价。

（5）**广告**。在大众出版物（如报纸）或专业出版物上刊登广告，往往可以扩充现有的潜在卖方名单。有些组织使用在线资源招揽供应商。对于某些类型的采购，政府机构可能要求公开发布广告，对于政府采购，大部分政府机构都会要求公开发布广告，或者在互联网上公布采购信息。

（6）**分析技术**。在采购中，应该以合理的方式定义需求，以便卖方能够通过要约为项目创造价值。分析技术有助于组织了解供应商提供最终成果的能力，确定符合预算要求的采购成本，以及避免因变更而使成本超支，从而确保需求能够得以满足。

（7）**采购谈判**。采购谈判就是在合同签字之前，对合同的结构与要求加以澄清，取得一致意见。合同的最后措辞应尽可能反映双方达成的所有一致意见。

二、实施采购的输出

（1）**选定的卖方**。根据建议书或投标书评价结果，那些被认为有竞争力，并且已与买方商定了合同草案的卖方，就是选定的卖方。

（2）**采购合同**。采购合同中包括条款和条件，也可包括其他条目，如买方就卖方应实施的工作或应交付的产品所做的规定。在遵守组织采购政策的同时，项目管理团队必须确保所有协议都符合项目的具体需要。协议文件的主要内容会有所不同，但可以包括：工作说明书或可交付成果描述、进度基准、绩效报告、履约期限、角色和责任、卖方履约地点、价格、支付条款、交付地点、检查和验收标准、担保、产品支持、责任限制、费用和保留金、罚款、奖励、保险和履约担保、对分包商的批准、变更请求处理、合同终止条款和替代争议解决方式（ADR）。ADR 可事先确定，作为合同的一部分。

17.4 控制采购

本过程的主要作用是，确保买卖双方履行法律协议，满足采购需求。表 17－12 描述本过程的输入、工具与技术和输出。

表 17－12 控制采购过程：输入、工具与技术和输出

输入	工具与技术	输出
1. 项目管理计划	1. 合同变更控制系统	1. 工作绩效信息
2. 采购文件	2. 采购绩效审查	2. 变更请求
3. 合同	3. 检查与审计	3. 项目管理计划更新
4. 批准的变更请求	4. 报告绩效	4. 项目文件更新
5. 绩效报告	5. 支付系统	5. 组织过程资产更新
6. 工作绩效数据	6. 索赔管理	
	7. 记录管理系统	

买方和卖方都出于相似的目的而管理采购合同。各方都必须确保双方履行合同义务，确保各自的合法权利得到保护。合同关系的法律性质，要求项目管理团队清醒地意识到其控制采购的各种行动的法律后果。

控制采购过程的工具与技术

（1）**合同变更控制系统**。合同变更控制系统规定了修改合同的过程。它包括文书工作、跟踪系统、争议解决程序，以及各种变更所需的审批层次。

（2）**采购绩效审查**。采购绩效审查是一种结构化的审查，依据合同来审查卖方在规定的成本和进度内完成工作和达到质量要求的情况。

（3）**检查与审计**。在项目执行过程中，应该根据合同规定，由买方开展相关的检查与审计，卖方应对此提供支持。

（4）**报告绩效**。根据协议要求，评估卖方提供的工作绩效数据和工作绩效报

告，形成工作绩效信息，并向管理层报告。

（5）**支付系统**。通常，先由被授权的项目团队成员证明卖方的工作令人满意，再通过买方的应付账款系统向卖方付款。

（6）**索赔管理**。如果买卖双方不能就变更补偿达成一致意见，甚至对变更是否已经发生都存在分歧，那么被请求的变更就成为有争议的变更或潜在的推定变更。有争议的变更也被称为索赔、争议或诉求。

（7）**记录管理系统**。项目经理采用记录管理系统来管理合同、采购文档和相关记录。它包含一套特定的过程、相关的控制功能，以及作为项目管理信息系统一部分的自动化工具。该系统中包含可检索的合同文件和往来函件档案。

17.5　结束采购

表 17－13 描述本过程的输入、工具与技术和输出。

表 17－13　结束采购过程：输入、工具与技术和输出

输入	工具与技术	输出
1. 项目管理计划	1. 采购审计	1. 结束的采购
2. 采购文件	2. 采购谈判	2. 组织过程资产更新
	3. 记录管理系统	

结束采购过程还包括一些行政工作，例如，处理未决索赔、更新记录以反映最后的结果，以及把信息存档供未来使用等。

一、结束采购过程的工具与技术

（1）**采购审计**。采购审计是指对从规划采购管理过程到控制采购过程的所有采购过程进行结构化审查。其目的是找出合同准备或管理方面的成功经验与失败教训，供组织编制本项目其他采购合同或执行组织内其他项目采购合同时借鉴。

（2）**采购谈判**。在所有采购关系中，一个重要的目标是通过谈判公正地解决全部未决事项、索赔和争议。如果通过直接谈判无法解决，则可以尝试替代争议解决方式，如调解或仲裁。

（3）**记录管理系统**。项目经理采用记录管理系统来管理合同、采购文档和相关记录。把合同文件和往来函件存档，这是结束采购过程的一项工作。

二、结束采购的输出

（1）**结束的采购**。买方（通常是其授权的采购管理员）向卖方发出关于合同

已经完成的正式书面通知。对正式结束采购的要求，通常已在合同条款和条件中定义，并包括在采购管理计划中。

（2）**组织过程资产更新**。可能需要更新的组织过程资产包括：

①采购档案。一套完整的、带索引的合同文档（包括已结束的合同）。采购档案应该纳入最终的项目档案中。

②可交付成果验收。组织可能要求保存对卖方完成的可交付成果的正式验收文件。结束采购过程必须确保这一要求得到满足。协议中通常都会规定对可交付成果的正式验收要求，以及应该如何处理不合要求的可交付成果。

③经验教训文档。应该编制经验教训总结、工作体会和过程改进建议，作为项目档案的一部分，以改进未来的采购。

应用案例 17－9　华为采购谈判的六个阶段

华为采购谈判的六个阶段如图 17－8 所示。

图 17－8　华为采购谈判的六个阶段

应用案例 17－10　华为采购谈判前的五项准备工作

华为采购谈判前的五项准备工作如图 17－9 所示。

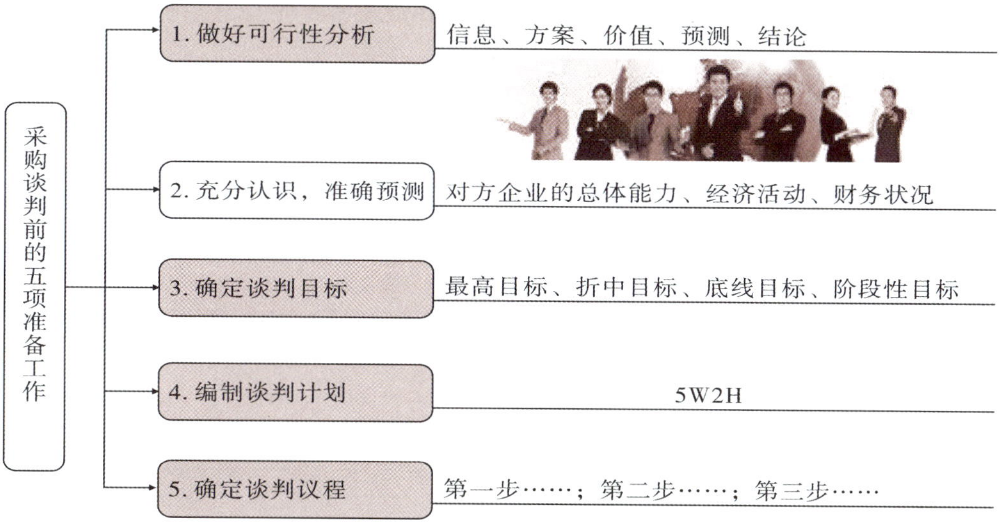

图 17－9　华为采购谈判前的五项准备工作

应用案例 17－11　华为采购谈判的报价与讨价还价流程

华为采购谈判的报价与讨价还价流程如图 17－10 所示。

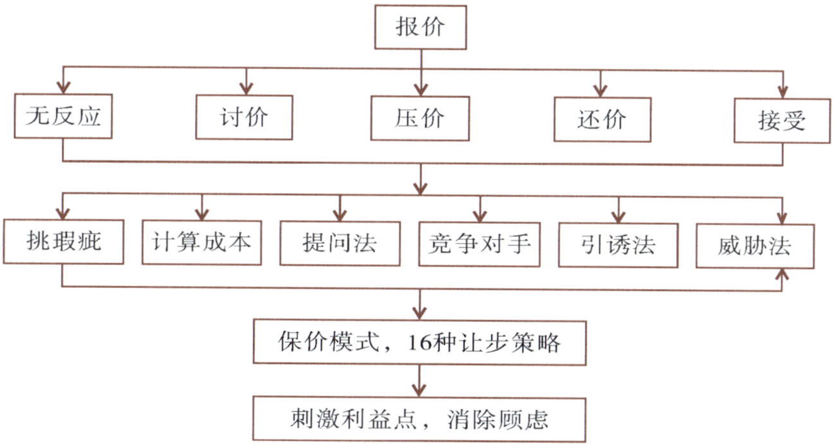

图 17－10　华为采购谈判的报价与讨价还价流程

应用案例 17－12　华为采购谈判的保价方法

华为采购谈判的保价、有条件让步的 16 个方法如表 17－14 所示。

表 17－14　华为采购谈判的保价办法

1. 分析对方目的，提出针对性让步条件	9. 奇货可居——机不可失，时不再来
2. 针对对方习惯性压价，转移话题	10. 激将堵嘴
3. 先谈价值，加以解释	11. 改变需求，降低功能标准
4. 询问对方的优惠条件	12. 投入产出
5. 需求向导——强调量身定制的成本	13. 事实举例
6. 挡箭牌——强调自己的权限不够	14. 试探让步
7. 迷惑反问——踢皮球给对方	15. 条件让步
8. 同行对比	16. 一揽子协议

项目经理可以不是谈判的主谈人。在谈判期间，项目经理以及项目管理团队的其他人员可列席，并在需要时，就项目的技术、质量和管理要求进行说明。

实战训练 17－1　编制项目采购管理沟通协作流程

（1）请认真研究图 17－11、表 17－15，找到自己的岗位和工作流程。

（2）自己的“纵向工作流程”沟通协作是否顺畅？怎样改进？

（3）自己与两边的“横向工作流程”沟通协作是否顺畅？怎样改进？

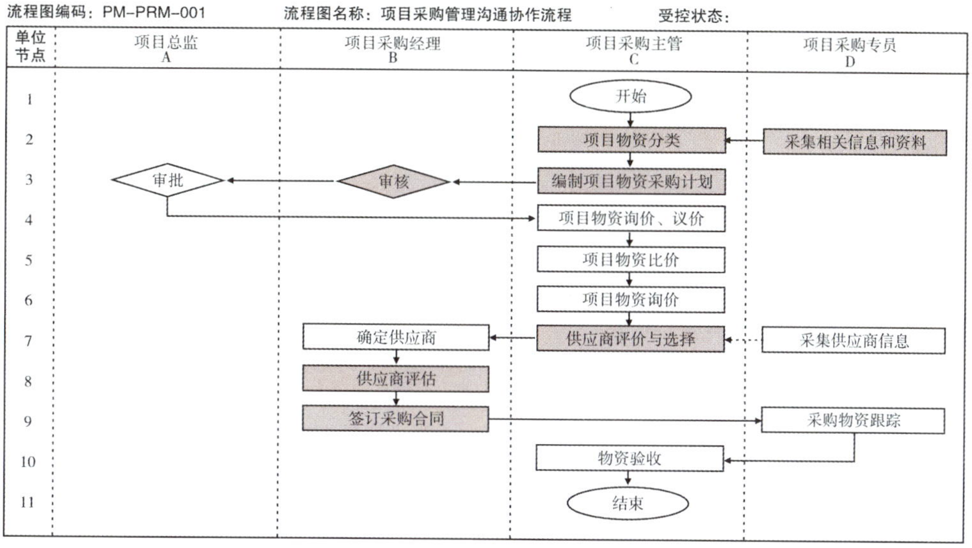

图 17－11 项目采购管理沟通协作流程

表 17－15 项目采购管理沟通协作流程

节点	工作重点、工具和技术速查指南	开始日期	结束日期
D2，采集相关信息和资料	项目采购专员向供应商采集项目物资的相关信息和资料		
C2，项目物资分类	项目采购主管对项目采购专员提供的项目物资进行分类		
C3，编制项目物资采购计划	项目采购主管在对项目物资进行分类的基础上，编制项目物资采购计划		
B3，项目采购经理审核	项目采购经理审核项目采购主管提交的项目物资采购计划		
C7，供应商评价与选择	项目采购主管在向多家供应商询价、议价、比价的基础上，编制各个供应商的评价文档		
B8，供应商评估	项目采购经理根据项目采购主管提交的供应商评价文档，对供应商进行评估		
B9，签订采购合同	项目采购经理在对供应商评估充分的基础上，选择合适的供应商签订项目物资采购合同		

实战训练 17-2 编制项目采购招标管理沟通协作流程

（1）请认真研究图 17-12、表 17-16，找到自己的岗位和工作流程。

（2）自己的“纵向工作流程”沟通协作是否顺畅？怎样改进？

（3）自己与两边的“横向工作流程”沟通协作是否顺畅？怎样改进？

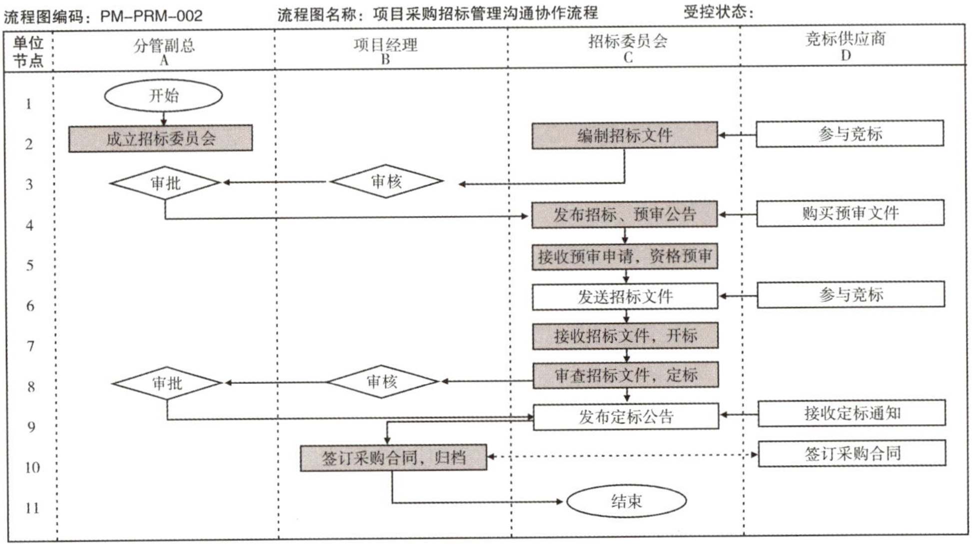

图 17-12 项目采购招标管理沟通协作流程

表 17-16 项目采购招标管理沟通协作流程

节点	工作重点、工具和技术速查指南	开始日期	结束日期
A2，成立招标委员会	分管公司采购招标的副总组织成立项目招标委员会		
C2，编制招标文件	项目招标委员会编制项目采购招标文件，提交项目经理审核、副总审批		
C4，发布招标、预审公告	项目招标委员会向相关供应商发布招标、预审公告，供应商购买招标文件		
C5，接收预审申请，资格预审	招标委员会接收供应商预审申请，进行资格预审		

（续表）

节点	工作重点、工具和技术速查指南	开始日期	结束日期
C7，接收招标文件，开标	项目招标委员会接收供应商提交的招标文件，组织开标		
C8，审查招标文件，定标	项目招标委员会接收供应商提交的招标文件，组织定标		
B10，签订采购合同，归档	项目经理根据项目招标委员会的定标，与供应商签订采购合同		

实战训练 17－3 编制项目采购计划沟通协作流程

（1）请认真研究图 17－13、表 17－17，找到自己的岗位和工作流程。

（2）自己的“纵向工作流程”沟通协作是否顺畅？怎样改进？

（3）自己与两边的“横向工作流程”沟通协作是否顺畅？怎样改进？

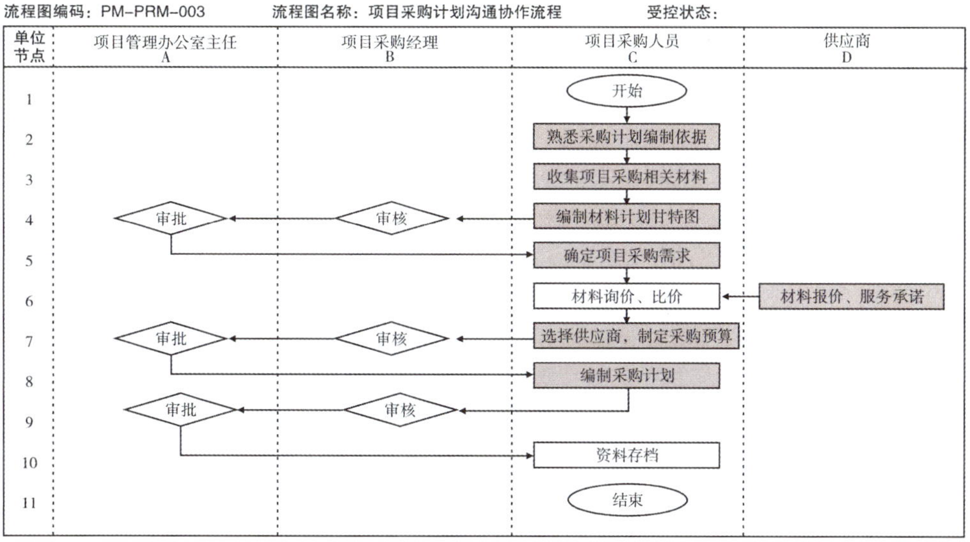

图 17－13 项目采购计划沟通协作流程

表 17－17　项目采购计划沟通协作流程

节点	工作重点、工具和技术速查指南	开始日期	结束日期
C2，熟悉采购计划编制依据	项目采购人员熟悉采购计划的编制依据		
C3，收集项目采购相关材料	项目采购人员收集项目采购具体需求等相关材料		
C4，编制采购计划甘特图	项目采购人员编制采购计划，并且参考项目进度计划，绘制具有提前量的甘特图，提交项目采购经理审核，项目管理办公室主任审批		
C5，确定项目采购需求	项目采购人员研究采购文件，确定项目采购需求		
D6，材料报价、服务承诺	供应商提供材料报价和服务承诺		
C7，选择供应商，制定采购预算	项目采购人员选择供应商，并制定相应的采购预算，提交项目采购经理审核，项目管理办公室主任审批		
C8，编制采购计划	项目采购人员编制采购计划		

实战训练 17－4　项目采购计划表

项目采购计划表如表 17－18 所示。

表 17－18　项目采购计划表

编号：　　　　　　　　　　　　　　　　　　日期：　　年　　月　　日

物资名称	规格	数量	项目使用阶段	交货期	每日最高用量	基本存量	最高存量	基本存量比率	经济订购数量

填写人：　　　　　　审核人：　　　　　　审核日期：　　年　　月　　日

实战训练 17－5 项目采购申请表

项目采购申请表如表 17－19 所示。

表 17－19 项目采购申请表

请购单编号： 请购日期： 年 月 日

<table>
<tr><td rowspan="4">请购项目</td><td>品名</td><td colspan="2"></td><td>规格</td><td colspan="2"></td><td colspan="2">料号</td><td colspan="2"></td><td>部门</td><td></td><td colspan="2">数量</td><td></td></tr>
<tr><td rowspan="2">用途说明</td><td colspan="5" rowspan="2"></td><td colspan="2">需要日期</td><td colspan="2"></td><td colspan="2">预算编号</td><td colspan="3"></td></tr>
<tr><td colspan="3">申请人</td><td colspan="2"></td><td colspan="2">部门经理</td><td colspan="2"></td></tr>
<tr><td>料别</td><td colspan="8">□ 物料 □ 设备 □ 其他</td><td colspan="2">交货情况</td><td colspan="4">□ 一次交货 □ 分批交货</td></tr>
<tr><td rowspan="5">询价记录</td><td>供应商名称</td><td>单价</td><td>总价</td><td colspan="2">交货期及品质</td><td colspan="2">供应商选择</td><td colspan="2" rowspan="3">参考资料</td><td colspan="2">库存量</td><td colspan="2"></td><td colspan="2">可用天数</td></tr>
<tr><td></td><td></td><td></td><td colspan="2"></td><td colspan="2"></td><td colspan="2">请购量</td><td colspan="2"></td><td colspan="2">可用天数</td></tr>
<tr><td></td><td></td><td></td><td colspan="2"></td><td colspan="2"></td><td colspan="2">前次购买单价</td><td colspan="2"></td><td colspan="2">供应商</td></tr>
<tr><td></td><td></td><td></td><td colspan="2"></td><td colspan="2"></td><td colspan="2">项目部经理</td><td colspan="2"></td><td colspan="2">采购经理</td><td colspan="2"></td></tr>
<tr><td></td><td></td><td></td><td colspan="2"></td><td colspan="2"></td><td colspan="2">财务经理</td><td colspan="2"></td><td colspan="2">采购专员</td><td colspan="2"></td></tr>
</table>

实战训练 17－6 项目采购供应商调查表

项目采购供应商调查表如表 17－20 所示。

表 17－20 项目采购供应商调查表

编号： 填写日期： 年 月 日

<table>
<tr><td rowspan="5">供应商基本信息</td><td>公司名称</td><td colspan="2"></td><td>厂址</td><td></td></tr>
<tr><td>成立日期</td><td></td><td>占地面积</td><td></td><td>企业性质</td></tr>
<tr><td>负责人</td><td colspan="2"></td><td>联系人</td><td></td></tr>
<tr><td>电话</td><td></td><td>传真</td><td></td><td>E-mail</td></tr>
<tr><td>公司网址</td><td colspan="4"></td></tr>
</table>

（续表）

生产技术设备信息	主要生产设备及用途			
	检测仪器校对情况			
	主要生产线			
	设计开发能力			
	正常生产能力	/月	最大生产能力	/月
	正常交货周期			
	最短交货期及说明			
产品信息	主要产品及原材料			
	产品介绍			
	产品遵守标准	□ 国际标准　□ 国家标准　□ 行业标准　□ 企业标准		
	产品认证情况			
	产品销售区域			
人员信息	公司职工总数	人	管理人员	人
	技术人员数	人	品质管理部人数	人
财务信息	固定资产净值	万元	营运资金	万元
	资产负债率	%	短期负债	万元
	银行信用等级			
调查时间	年　月　日		调查人	
采购主管签字				

填表人：　　　　　　　　　　　　　　　　审核日期：　年　月　日

实战训练 17-7　编制项目采购实施控制沟通协作流程

（1）请认真研究图 17-14、表 17-21，找到自己的岗位和工作流程。

（2）自己的“纵向工作流程”沟通协作是否顺畅？怎样改进？

（3）自己与两边的“横向工作流程”沟通协作是否顺畅？怎样改进？

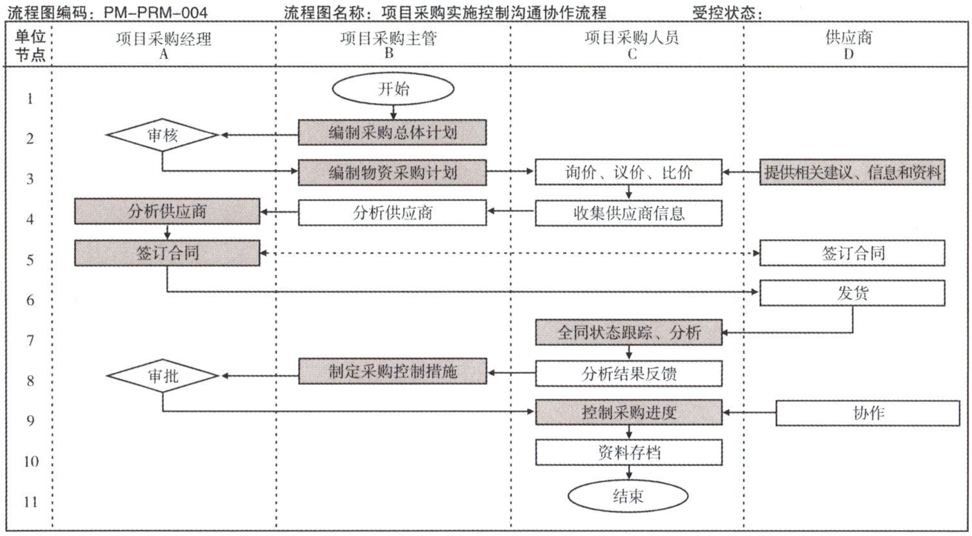

图 17－14　项目采购实施控制沟通协作流程

表 17－21　项目采购实施控制沟通协作流程

节点	工作重点、工具和技术速查指南	开始日期	结束日期
B2，编制采购总体计划	项目采购主管编制采购总体计划		
B3，编制物资采购计划	项目采购主管编制物资采购计划		
D3，提供相关建议、信息和资料	由供应商向采购人提供相关建议、信息和资料		
A4，分析供应商	项目采购经理分析供应商的材料报价和服务等		
A5，签订合同	项目采购经理选定合适的供应商，与其签订合同		
C7，合同状态跟踪、分析	项目采购人员对采购合同执行状态进行跟踪、分析，并及时向项目采购主管反馈		
B8，制定采购控制措施	项目采购主管根据反馈信息制定采购控制措施，提交项目采购经理		
C9，控制采购进度	项目采购人员按照采购计划控制采购进度		

第六部分 项目验收与收尾

XIANGMU GUANLI

第 18 章　项目的变更与收结

【章节重点导图】善始慎终，始终如一。如图 18－1 所示，项目的验收和收尾过程主要包括三个方面：项目变更管理、项目合同验收和项目行政收尾。

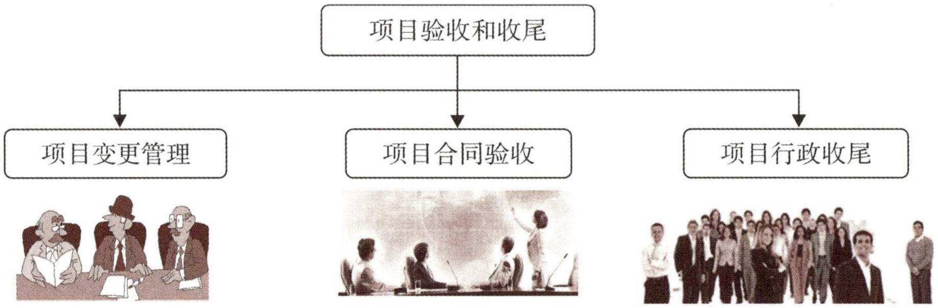

图 18－1　项目验收和收尾

据统计，国内外 80% 左右的项目都存在推迟验收的问题，其根本原因就是变更管理没有处理好。此外，有 80% 左右的项目，在验收之后，行政收尾和知识管理（行政和技术总结、资料归档）没有完成，没有做好组织过程资产的有效积累和移交。所以，要想验收，先看变更；先做总结，再做收尾。在项目验收前后，千万不要忽视变更和收尾问题。

18.1　项目变更管理

18.1.1　项目变更管理概述

①项目的不确定性（风险）决定了项目的变更是不可避免的。

②实施整体变更控制过程贯穿于项目的始终，项目经理对此要负最终责任。

③应该通过项目变更控制委员会（CCB）否决或批准变更，来确保只有经过批准的变更才能纳入新的项目基准（范围、进度、成本）中。

④项目任何相关人都有权利提出变更请求，可以口头提出，但所有正式的变更请求都必须以书面形式记录、提交和批准，并纳入变更管理或配置管理系统中。

⑤每项记录在案的变更请求都必须由一位责任人批准或否决，通常是项目发起人、项目经理。但是，所有的基准变更，都必须通过 CCB 批准，有些重大变更还可能需要得到客户代表或发起人的批准。

18.1.2　项目变更管理过程

如表 18－1 所示，项目执行过程就是落实计划和变更过程。

表 18－1　项目变更管理过程：输入、工具与技术、成果

输入	工具与技术	成果
1. 项目管理计划	1. 专家判断	1. 可交付成果
2. 项目文件、工作绩效	2. 项目管理信息系统	2. 工作绩效信息
3. 批准的变更请求	3. 数据分析	3. 项目管理计划更新
4. 事业环境因素	4. 会议、决策	4. 批准的变更请求
5. 组织过程资产		5. 项目文件更新

在表 18－1 中，项目变更管理过程的工具与技术中，第 1 ～ 3 条都是为第 4 条（会议和决策）服务的，变更涉及的相关方利益和资源需求连锁反应比较多，所以需要通过双方或者多方代表协商决策，有可能通过投票表决。

18.1.3　项目变更的主要原因

如表 18－2 所示，项目变更有五个主要原因。

表 18－2　项目变更的五个主要原因

项目整体变更的主要原因	举例说明
1. 一个外部事件	市场环境变化、由竞争对手引发的变更
2. 产品范围定义的错漏	在产品需求分析时，对某个模块定义不清楚
3. 项目范围定义的错漏	原来的项目实施方法，遇到新技术问题，无法解决
4. 一个有增加值的变更	市场出现新材料，可以替代原来的材料，而且成本低

（续表）

项目整体变更的主要原因	举例说明
5. 应对风险的紧急计划或回避计划	由于发生特定风险，需要调整项目计划

18.1.4 对项目变更的正确态度

①项目变更牵一发而动全身，对此应保持客观和谨慎的态度。

②确保变更对项目的最终目标有利，尽量防止不必要的变更。

③对于目标有利的变更，项目经理应当积极主动地去影响变更。

④项目范围和基准变更，无论大小，都必须经过变更控制委员会的审批。

⑤项目的范围、进度、成本等要素是互相制约的，即便是很小的变更，也可能引起很严重的后果。

18.1.5 项目变更的控制流程

项目变更的控制流程如图 18－2 所示。其主要思路在于：一方面重视和支持对项目目标和成果有利的变更；另一方面防止随意的、对项目目标和成果不利的变更。图中的菱形表示 CCB 对于项目变更的“审批把关点”。

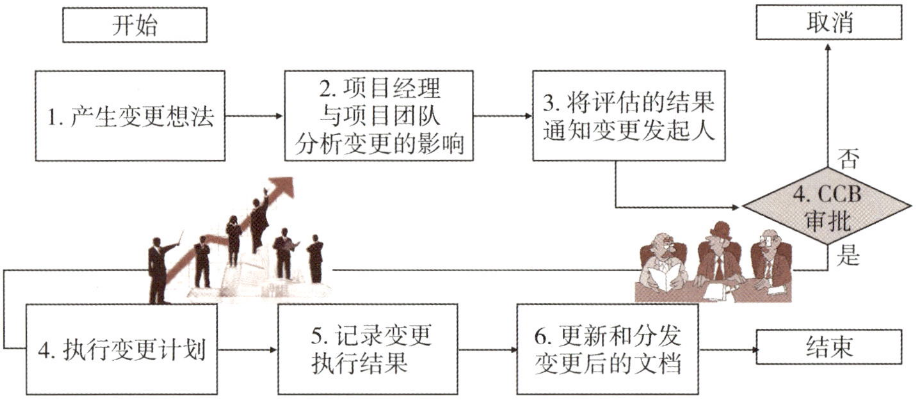

图 18－2 项目变更的控制流程

每项记录在案的变更请求都必须至少由一位责任人批准或否决，这个责任人通常是项目发起人或项目经理。应该在项目管理计划或组织流程中指定这位责任人。计划对项目基准进行变更时，项目经理向 CCB 提交变更申请报告，并接受和执行 CCB 的最终决定。

CCB是一个正式组成的团体，由主要的项目相关方构成，其角色和职责在配置控制与变更控制程序中明确规定，并经相关方一致同意。所有变更都要进行整体变更控制，但基准变更必须提交CCB。

CCB负责审查、评价、批准、推迟或否决项目变更，以及记录和传达变更处理决定。某些特定的变更请求，在CCB批准之后，还可能需要得到客户或发起人的批准。

18.2 项目验收管理

18.2.1 项目验收管理概述

如图18－3所示，项目验收又称范围确认或移交。通常有三种情况：一是由于主观或者客观因素，项目被迫中止或者暂停；二是项目的阶段性验收；三是项目乙方把最终成果、产品或者服务向甲方移交。

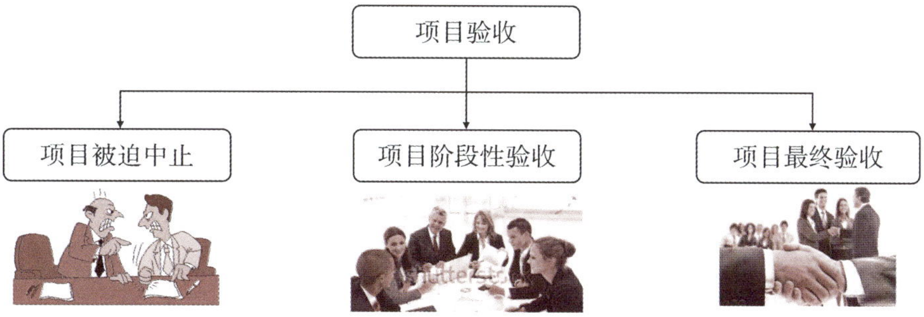

图18－3 项目验收

对于提前结束的或被迫中止的项目，可以通过合同双方协商或者请第三方验收查明哪些工作已经完成，完成到什么程度，哪些因素造成项目不能正常结束，并将核查结果记录在案，形成备用文件。

这里重点讨论第二、第三种情况：项目团队将其成果交付给使用者之前，项目接受方会同项目团队、项目监理等有关方面对项目成果进行审查，查核项目计划规定范围内的各项工作或活动是否已经完成，应交付的成果是否令人满意。若检查合格，将项目成果由项目接收方及时接收，实现投资转入生产或使用。同时，总结经验教训，为后续项目做准备。

18.2.2 项目验收管理过程

表 18－3 项目验收管理过程：输入、工具与技术、成果

输入	工具与技术	成果
1. 项目验收规范	1. 专家判断	1. 可交付成果
2. 项目合同、文件	2. 项目管理信息系统	2. 工作绩效信息
3. 项目的成果或者产品	3. 现场检查验收	3. 项目总结报告
4. 项目的阶段性验收鉴定	4. 验收会议、签字	
5. 项目的技术文件、图纸等		

18.2.3 项目验收的标准

（1）**项目验收标准：**是判断项目成果是否达到目标要求的依据，应具有科学性和权威性。只有制定科学的标准，才能有效地验收项目结果。作为项目验收的标准，一般选用项目合同书、国标、行业标准和相关的政策法规、国际惯例等。

（2）**项目合同书：**规定了在项目实施过程中各项工作应遵守的标准、项目要达到的目标、项目成果的形式以及对项目成果验收的要求等，它是项目实施管理、跟踪与控制的首要依据，具有法律效力。因而，在对项目进行验收时，最基本的标准就是项目合同书。

（3）**国标、行业标准和相关的政策法规：**是比较科学的、被普遍接受的标准。项目验收时，如无特殊的规定，可参照国标、行业标准以及相关的政策法规进行验收；国际惯例是针对一些常识性内容而言的，如无特殊说明，可参照国际惯例进行验收。

18.2.4 项目验收的内容

在对项目进行验收时，主要内容是项目可交付成果和项目成果文档。

（1）**项目可交付成果：**是项目实施后的结果，项目结束时应当提供出一个令人满意的工作成果。因此，项目验收的重点是针对工作成果进行检验和接收。首先，根据项目质量控制过程的鉴定报告验收可交付成果的质量；其次，根据项目范围说明书、项目工作分解结构（WBS）等验收项目的范围和可交付成果。

（2）**项目成果文档（项目文件）：**项目团队必须向接收方出示和提交说明项目

（或项目阶段）成果的文档，如项目计划、技术要求说明书、技术文件、图纸等，以供审查。对不同类型的项目，成果文档包含的文件不同。

项目文件是项目整个生命周期的详细记录，是项目成果的重要展示形式。项目文件既作为项目评价和验收的标准，也是项目交接、维护和后期评价的重要原始凭证。因而，项目文件在项目验收工作中起着十分重要的作用。

在项目验收过程中，项目团队必须将整理好的、真实的项目资料交给项目验收方，项目验收方只有在对资料验收合格后，才能开始项目竣工验收工作。由此可见，项目资料验收是项目竣工验收的前提。

项目验收合格后，接收方应将项目成果及项目文件一同接收，并将其妥善保管，以备查阅和参考。

18.2.5 项目验收管理的方法

根据项目的特点不同，灵活地采用不同的项目验收方法，在实际验收中采用观测的方法非常普遍。

①对于生产类项目，可采用试生产方法，检验生产设备是否能达到设计要求。

②对于基本建设项目，可采用检测和试运行方式检验项目成果的性能。

③对于研发项目，可通过测试成果的各项物理、化学、生物等性能指标来检验。

④对于服务性项目，一般通过用户评估、考核其经济效益或社会效益来验收。

为了核实项目或项目阶段是否已按规定完成，往往验收需要进行必要的测量、考查和试验等活动。

18.2.6 项目验收管理的程序

详见【实战训练 18－7】。

18.2.7 项目验收管理的结果

项目验收完成后，如果验收的成果符合项目目标规定的标准和相关的合同条款及法律法规，参加验收的项目团队和项目接收方人员应在事先准备好的文件上签字，表示接收方已正式认可并验收全部或部分阶段性成果。一般情况下，这种认可和验收可以附有条件，如软件开发项目在移交和验收时，可规定若在使用中发现软件有问题，软件使用者仍可以要求该软件项目开发人员协助解决。

18.3　项目行政收尾

18.3.1　项目行政收尾管理概述

项目行政收尾过程是指项目对外合同（或者内部协议、意向书）已经结束，项目团队制定一个项目或项目阶段需移交的文件，管理层对项目或项目阶段的组织过程资产成果进行正式接收，进而使项目顺利结束的过程。它涉及项目整合管理、项目采购管理和组织过程资产等领域，由文件归档和验收移交等项目管理工作构成。

18.3.2　项目行政收尾管理过程

表 18－4　项目行政收尾管理过程：输入、工具与技术、成果

输入	工具与技术	成果
1. 项目验收规范	1. 专家判断	1. 项目团队能力提升
2. 项目合同验收文件	2. 现场检查验收	2. 组织过程资产更新
3. 项目的行政、技术总结	3. 收尾工作会议、签字	3. 项目管理信息系统更新
4. 项目的组织过程资产		

（1）输入：验收规范作为项目收尾的基本依据；与客户的合同或者组织内部的项目成果验收在先，所以需要准备验收文件；行政总结主要包括项目团队行政管理、相关方管理经验教训；技术总结主要包括涉及项目管理和技术专业领域的经验教训等；组织过程资产主要包括项目工作流程，经验教训数据库等。

（2）工具和技术：

①专家判断：通常组织验收的专家团队由客户方、第三方（监理公司）和承包方组成，为了保证收尾工作的公正性，其中第三方专家人数不少于三分之一。

②现场检查验收：对于收尾工作的文件交接等，尽可能安排在项目收尾工作会议上进行，项目经理和骨干人员现场介绍交接内容，管理层逐个接受并在文件签收单上面签字验收。

（3）成果：如图 18－4 所示，除了项目的成功验收给多方带来了有形和无形价值之外，还提高了项目团队的综合能力；通过项目的行政和技术总结，丰富了项目管理的组织过程资产；在此基础上进一步人优化了组织的项目管理信息系统。

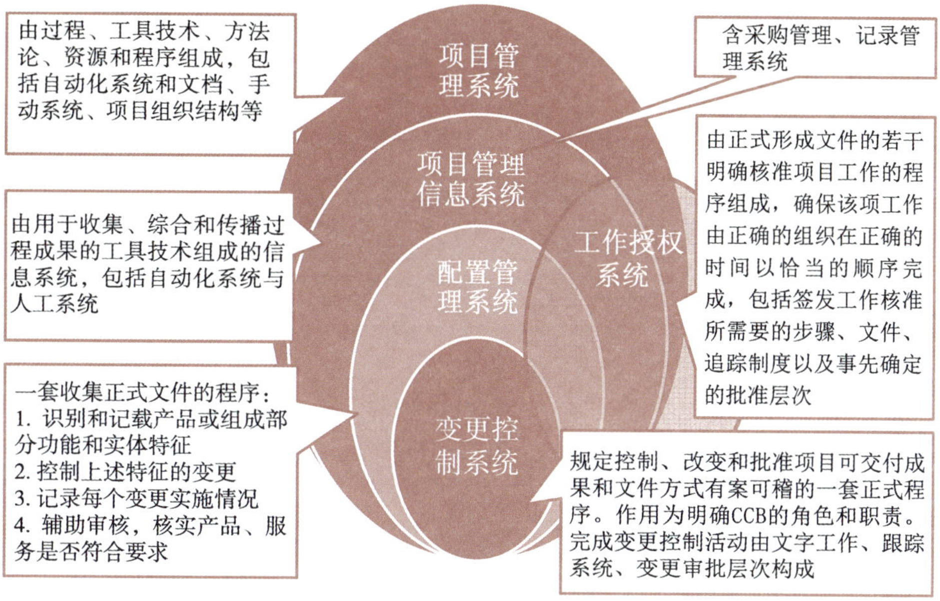

图 18－4　项目管理信息系统、配置管理系统和变更控制系统的关系

18.3.3　项目行政收尾管理的程序

详见【实战训练 18－7】。

实战训练 18－1　华为对待项目变更的策略

华为根据项目管理国际标准，制定出项目变更的应对策略如图 18－5 所示。请您结合自己负责或者参加的项目，参考图 18－5，制定项目变更应对策略。

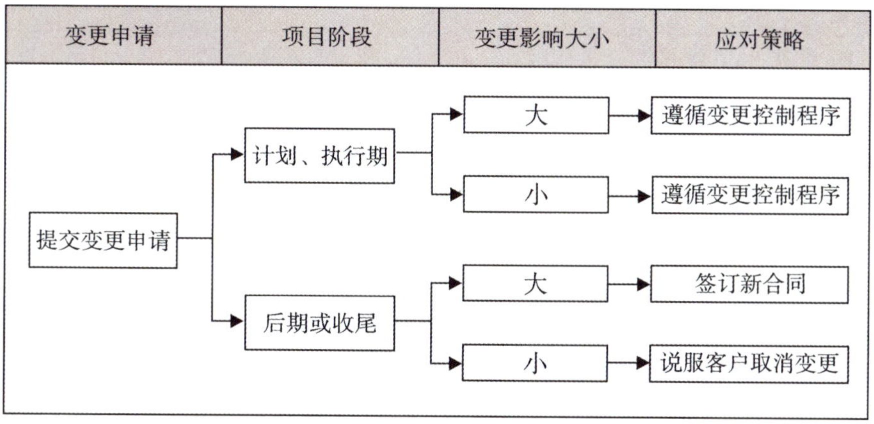

图 18－5　项目变更的应对策略

实战训练 18－2 华为项目变更的审批权限

华为根据项目管理国际标准，制定出项目变更的审批权限如表 18－5 所示。请您结合自己负责或者参加的项目，参考表 18－5，制定项目变更的审批权限。

表 18－5 项目变更的审批权限

变更类型	批准人	备注
项目章程	签署或批准该章程的人	
目标或基准的变更	项目变更控制委员会	PM 可分析变更的情况提出意见
与合同相关的变更	合同双方	
项目计划内的变更（可通过赶工或快速跟进来解决）	项目经理	
紧急情况下变更	项目经理	后补相关手续

实战训练 18－3 华为项目变更的控制流程

华为根据项目管理国际标准，制定出项目变更的控制流程如图 18－6 所示。请您结合自己负责或者参加的项目，参考图 18－6，制定项目变更的控制流程。

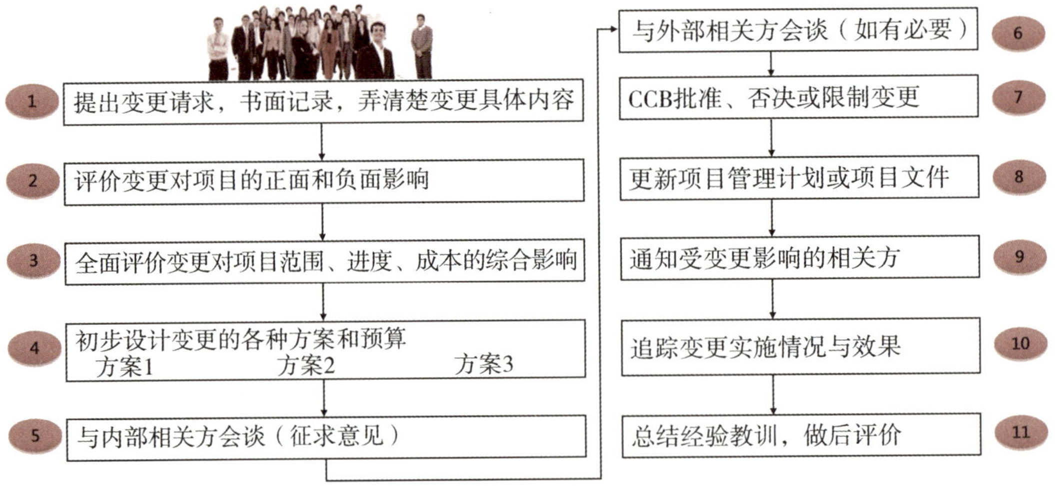

图 18－6 项目变更的控制流程

实战训练 18－4　项目进度变更申报表

项目进度变更申报表如表 18－6 所示。

表 18－6　项目进度变更申报表

编号：　　　　　　　　　　　　　　　　　　　　　　日期：　　年　　月　　日

项目名称		施工单位	
开工日期		合同日期	
审批意见	施工经理：　　　　日期：　　年　　月　　日		
项目部意见	项目部经理：　　　　日期：　　年　　月　　日		
公司领导意见	签　名：　　　　日期：　　年　　月　　日		

实战训练 18－5　项目预算调整申报表

项目预算调整申报表如表 18－7 所示。

表 18－7　项目预算调整申报表

项目名称：　　　　　　　　　　　　　　　　　　填表日期：　　年　　月　　日

工作任务		负责人或供应商	时间		预算费用				实际数
			开始	结束	设备	人工	原材料	小计	
预算项目									
总和									

（续表）

工作任务		负责人或供应商	时间		预算费用				实际数
			开始	结束	设备	人工	原材料	小计	
初步调整									
综合调整		调整百分比							
审批意见		施工经理：　　日期：　年　月　日							
项目部意见		项目部经理：　　日期：　年　月　日							
公司领导意见		签　名：　　日期：　年　月　日							

实战训练 18－6　编制项目质量问题解决沟通协作流程

（1）请认真研究图 18－7、表 18－8，找到自己的岗位和工作流程。

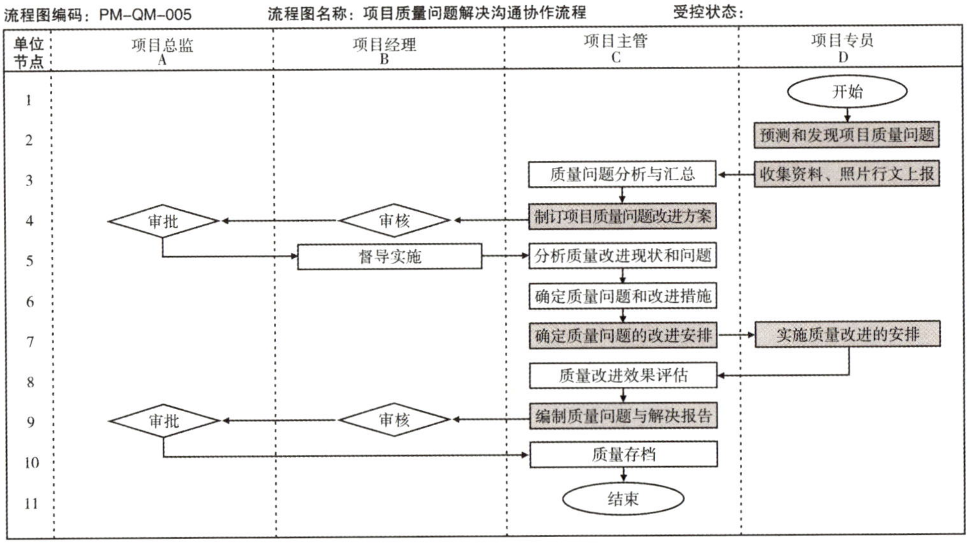

图 18－7　项目质量问题解决沟通协作流程

（2）自己的“纵向工作流程”沟通协作是否顺畅？怎样改进？

（3）自己与两边的“横向工作流程”沟通协作是否顺畅？怎样改进？

表 18－8　项目质量问题解决沟通协作流程

节点	工作重点、工具和技术速查指南	开始日期	结束日期
D2，预测和发现项目质量问题	项目专员根据自己的专业经验，在制定项目质量管理计划和执行计划时，可以预测和发现项目质量问题		
D3，收集资料、照片行文上报	项目专员收集有关项目质量问题的资料、照片行文上报		
C4，制订项目质量问题改进方案	由项目主管在分析项目质量问题的基础上，制订项目质量问题改进方案		
C7，确定质量问题的改进安排	由项目主管负责，在制订项目质量问题改进方案的基础上，确定质量问题的改进安排		
D7，实施质量改进的安排	由项目专员负责，执行确定质量问题的改进安排、相关标准和流程		
C9，编制质量问题与解决报告	由项目主管负责，在调查研究项目专员、项目实施质量改进安排的基础上，编制质量问题与解决报告，提交项目经理审核，项目总监审批之后存档		

实战训练 18－7　编制项目质量验收管理沟通协作流程

（1）请认真研究图 18－8、表 18－9，找到自己的岗位和工作流程。

（2）自己的“纵向工作流程”沟通协作是否顺畅？怎样改进？

（3）自己与两边的“横向工作流程”沟通协作是否顺畅？怎样改进？

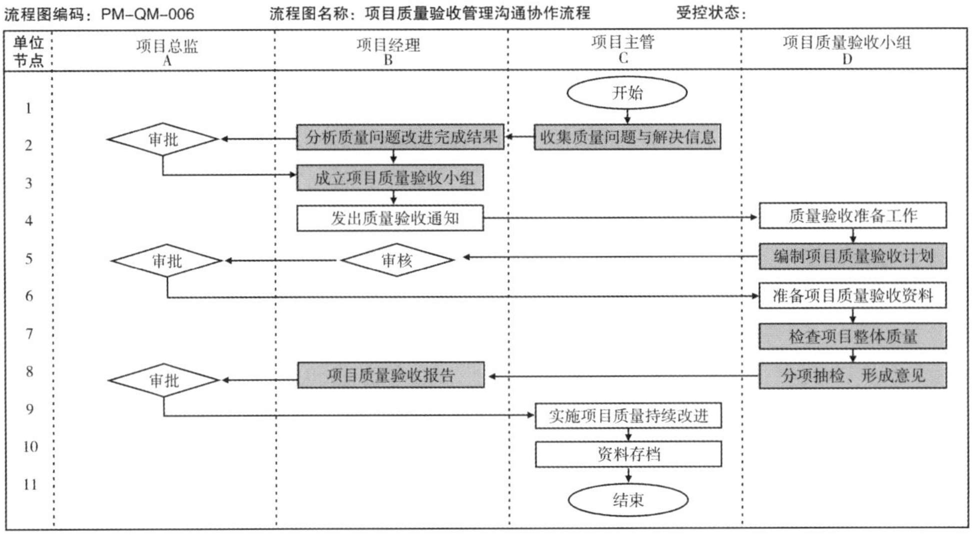

图 18－8　项目质量验收管理沟通协作流程

表 18－9　项目质量验收管理沟通协作流程

节点	工作重点、工具和技术速查指南	开始日期	结束日期
C2，收集质量问题与解决信息	项目主管负责收集质量问题与解决信息		
B2，分析质量问题改进完成结果	项目经理收集质量问题与解决信息，分析质量问题改进完成的结果，交项目总监审批		
B3，成立项目质量验收小组	项目经理在获得项目总监对质量问题完成结果审批的基础上，成立项目质量验收小组		
D5，编制项目质量验收计划	由项目质量验收小组编制项目质量验收计划，并提交项目经理审核、项目总监审批		
D7，检查项目整体质量	由项目质量验收小组负责按照标准和流程，检查项目整体质量		
B8，编制质量报告	项目经理负责，编制质量验收报告，并在项目总监审批之后存档		

实战训练 18-8 项目最终成本报告表

项目最终成本报告表如表 18－10 所示。

表 18－10 项目最终成本报告表

项目名称： 填写日期： 年 月 日 单位：元

进度	已完成主要实物进度				到竣工尚有主要实物进度			
造价	预算造价		已累计产值		到竣工尚可报产值		预测最终工程造价	

费用	到本月为止的累计费用				预计到竣工还将发生的费用				最终费用预算			
	预算费用	实际成本	降低额	降低率	预算费用	实际成本	降低额	降低率	预算费用	实际成本	降低额	降低率
一、直接费用												
其中：结构件												
周围材料费												
1. 人工费												
2. 材料费												
3. 机构使用费												
4. 其他直接费用												
二、间接费用												
1. 现场管理人员工资												
2. 办公费												
3. 差旅费												
4. 固定资产使用费												
5. 物资消耗费												
6. 低值易耗品摊销费												
7. 财产保险费												
8. 检验试验费												

（续表）

9. 工程保修费												
10. 工程排污费												
11. 其他												
三、合计												

实战训练 18-9　项目索赔申请表

项目索赔申请表如表 18-11 所示。

表 18-11　项目索赔申请表

<table>
<tr><td colspan="2">致__________监理工程师：
根据合同__________条款的规定，由于______________因素，我公司项目部要求索赔金额：________元/天，请予核实批准。</td></tr>
<tr><td>合同编号</td><td></td></tr>
<tr><td>索赔项目</td><td></td></tr>
<tr><td>申请依据</td><td></td></tr>
<tr><td>证明文件</td><td></td></tr>
<tr><td>索赔金额或工期</td><td>项目负责人（签字）：
年　月　日</td></tr>
<tr><td>监理工程师意见</td><td>驻地监理工程师（签字）：
年　月　日</td></tr>
<tr><td>业主意见</td><td>业主代表（签字）：
年　月　日</td></tr>
<tr><td>法律顾问</td><td></td></tr>
</table>

实战训练 18－10 项目验收申请表

项目验收申请表如表 18－12 所示。

表 18－12 项目验收申请表

编号：　　　　　　　　　　　　　　　　　　　　　　日期：　年　月　日

<table>
<tr><td colspan="2">项目名称</td><td></td><td>项目地址</td><td></td></tr>
<tr><td colspan="2">设计单位</td><td></td><td>施工单位</td><td></td></tr>
<tr><td colspan="2">合同日期</td><td></td><td>项目部经理</td><td></td></tr>
<tr><td colspan="2">开工日期</td><td></td><td>完工日期</td><td></td></tr>
<tr><td rowspan="7">竣工情况</td><td colspan="2">项目内容</td><td colspan="2">施工单位自检情况</td></tr>
<tr><td colspan="2">1. 完成项目设计与合同约定情况</td><td colspan="2"></td></tr>
<tr><td colspan="2">2. 技术档案与施工资料管理</td><td colspan="2"></td></tr>
<tr><td colspan="2">3. 主要施工材料、构件和设备的进场试验报告</td><td colspan="2"></td></tr>
<tr><td colspan="2">4. 施工安全评价书</td><td colspan="2"></td></tr>
<tr><td colspan="2">5. 项目质量保修书</td><td colspan="2"></td></tr>
<tr><td colspan="2">6. 责令整改问题的执行情况</td><td colspan="2"></td></tr>
<tr><td colspan="5">已完成设计和合同约定的各项内容，项目质量符合有关法律、法规和项目质量强制性标准，特申请办理项目竣工验收手续。
施工经理：
技术主管：　　　　　　　　　　施工单位：
质量主管：　　　　　　　　　　（签章）
年　月　日</td></tr>
<tr><td colspan="5">项目部经理意见：

年　月　日</td></tr>
</table>

实战训练 18－11 项目验收评估表

项目验收评估表如表 18－13 所示。

表 18－13 项目验收评估表

项目编号			项目负责人	
项目名称				
评审专家				
评审阶段	自　年　月　日至　年　月　日			
评价内容	质量	□达到标准　□低于标准　□高于标准		
	费用	□按照预算　□超出预算　□低于预算		
	进度	□按照进度　□进度提前　□进度滞后		
	文档资料	□全部提交　□部分提交　□没有提交		
	综合	综合而言，项目实施到现在是否成功　□是　□否		
失败原因				
团队评估	（团队的工作态度、凝聚力、士气、效率如何）			
协调工作评审	（与客户的协调工作情况、与公司领导及其他部门的协调工作情况，项目内部的协调工作情况）			
经验与教训				
专家签字				

实战训练 18－12 编制项目团队成员绩效考核沟通协作流程

（1）请认真研究图 18－9、表 18－14，找到自己的岗位和工作流程。

（2）自己的“纵向工作流程”沟通协作是否顺畅？怎样改进？

（3）自己与两边的“横向工作流程”沟通协作是否顺畅？怎样改进？

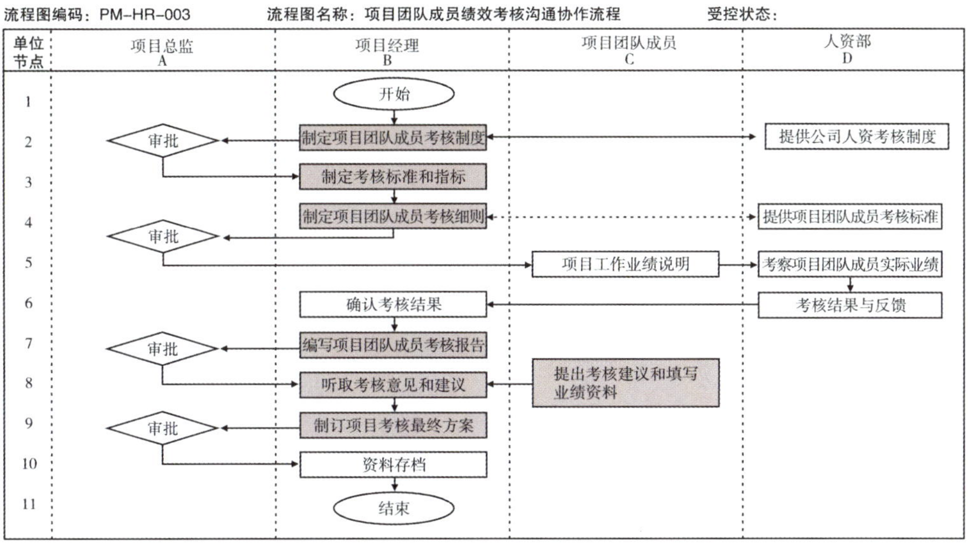

图 18－9 项目团队成员绩效考核沟通协作流程

表 18－14 项目团队成员绩效考核沟通协作流程

节点	工作重点、工具和技术速查指南	开始日期	结束日期
B2，制定项目团队成员考核制度	项目经理参考公司的人力资源考核制度，根据项目的特点、项目团队的组织结构、项目团队成员的岗位和资格，制定项目团队成员考核制度		
B3，制定考核标准和指标	项目经理把项目团队成员考核制度提交项目总监审批后，制定考核标准和指标		
B4，制定项目团队成员考核细则	项目经理制定项目团队成员考核制度和细则，提交项目总监审批		
B7，编写项目团队成员考核报告	项目经理在收集学员反馈表等的基础上，确定项目团队成员培训效果，编写项目团成员考核报告		
B8，听取考核意见和建议	项目经理听取项目团队成员对考核的意见和建议		
C8，提出考核建议和填写业绩资料	项目团队成员按照业绩考核表格，填写业绩资料		

实战训练18－13　任正非、华为与都江堰项目管理启示录

作为人类历史上最成功的项目整合管理案例，图18－10所示的是世界著名的都江堰水利工程项目，是公元前256年秦昭襄王在位期间，蜀郡郡守李父子率领蜀地各族人民创建的。

都江堰水利工程项目是全世界迄今为止，年代最久、唯一留存、以无坝引水为特征的宏大水利工程项目。其建设过程持续了几十年，是一个典型的项目管理过程。但是，它的项目管理成果及其带来的社会效益、经济效益和生态环境效益不可估量，成为人类历史上最著名的、最伟大的精品水利工程项目。

都江堰水利工程项目充分利用当地西北高、东南低的地理条件，根据岷江出山口处特殊的地形、水脉、水势，因势利导，无坝引水，自流灌溉，使堤防、分水、泄洪、排沙、控流相互依存，共为体系，保证了防洪、灌溉、水运和社会用水综合效益的充分发挥。都江堰建成后，成都平原沃野千里，“水旱从人，不知饥馑，时无荒年，天下谓之天府也”。四川的经济文化由此得到很大发展。其最伟大之处是建堰2000多年来经久不衰，而且发挥着愈来愈大的效益。都江堰的创建，以保护自然资源，充分利用自然资源为人类服务为前提，变害为利，使人、地、水三者高度协调统一。

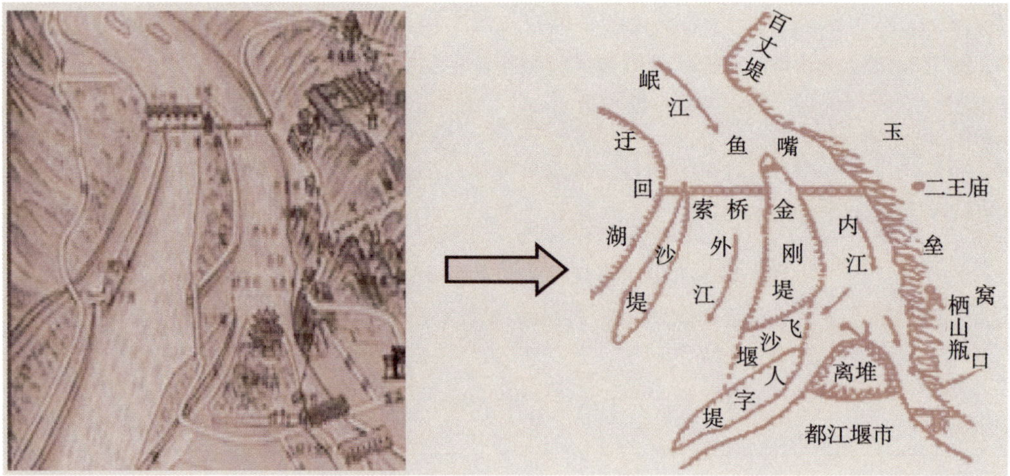

图18－10　项目整合管理的典型案例：都江堰水利工程

“深淘滩，低作堰”——是先贤总结都江堰治水项目管理秘诀的一句名言，“深淘滩”是指飞沙堰一段、内江一段河道要深淘，深淘的标准是古人在河底深处预埋的“卧铁”。岁修淘滩要淘到卧铁为止，才算恰到好处，才能保证灌区用水。“低作堰”就是说飞沙堰有一定高度，高了进水多则涝，低了进水少则旱，两者都不合适。

我国古圣先贤认为：治国先治水，水利则民安；治国如治水，因势而利导。其实，先贤的治水哲理对于我们经营企业、管理项目都是行之有效的。

2009 年，华为公司创始人任正非在游览四川都江堰时，从李冰父子治水的故事中得到启示，写了一篇题为《深淘滩，低作堰》的文章，第一次明确提出：李冰留下“深淘滩，低作堰”的治堰准则，是都江堰长盛不衰的主要“诀窍”。其中蕴含的伟大智慧和哲理，远远超出了治水本身。华为公司若想长存，这些准则也是适用的。“深淘滩”，就是不断地挖掘内部潜力，降低项目运作成本，为客户提供更有价值的服务。客户是决不肯为你的光鲜以及高额的福利多付出一分钱的。我们的任何渴望，除了用努力工作获得外，别指望天上掉馅饼。公司短期的不理智的福利政策，就是饮鸩止渴。“低作堰”，就是节制自己的贪欲，在做项目时，自己留存的利润低一些，多一些让利给客户，以及善待上游供应商。将来的竞争就是一条产业链与一条产业链的竞争。从上游到下游产业链的整体强健，就是华为的生存之本。物竞天择，适者生存，正如一场漫长战争的胜败，往往取决于后勤补给线。

“深淘滩，低作堰”，可以有多重意义的解读。“深淘滩，低作堰”是对华为商业模式和项目管理的一种概括。高科技企业“高投入、高回报”的传统商业模式已经深入人心。当科技企业持续在研发项目上“高投入”，形成一定形式的成本优势，企业无不正大光明地把“高回报”装入袋中。有些巨无霸一旦形成垄断，还千方百计地制造壁垒，压制创新技术的应用。任正非不认同这样的哲学。2008 年中国电信 CDMA 网络工程项目招标，阿尔卡特朗讯、北电等巨头，纷纷投出了 70 亿～140 亿元的标，而华为却只报了不到 7 亿元的超低价。一时间华为“裸奔”“不正当竞争”等评论铺天盖地，而任正非则很淡然。这既是华为成本优势地头力的集中体现，又是华为一贯经营战略的具体体现。华为历来秉持的是“低作堰”，与运营商形成共生关系，用低价格减轻运营商的成本压力，让利给运营商，赢得其信任与长期合作，最终定能取得合理的回报。

“深淘滩，低作堰”是对华为内部运营模式和项目管理模式的一种概括。从一线摸爬滚打出来的任正非，最重视一线的"深淘滩"。当公司一个一个的项目经理都具备了很强的突破能力，都能做到精进、极致，作为所有业务现场突破能力集合的公司竞争力，就会特别强大。要形成这样一种局面，最为重要的是让业务现场所有层级的高管，都能戒掉不良的工作方式，真正成为一线的服务生或仆人。这样就会形成一个上下心身合一的氛围。任正非作为创始人，从来不缺乏贴近一线的激情和对一线的敬重。企业的命脉在项目一线。任正非从不停留在理念和哲学层面上，他习惯于把意识转化为具体行动。作为创始人，他不断缩小自己的持股比例，不断扩大华为股东的群体，许多海内外著名的企业家都做不到这一点。他不断把公司利润转化为员工的福利，以至于华为员工的高工资成为中国一道独特的风景。

图 18－11　任正非、华为与都江堰项目管理

"深淘滩，低作堰"也是对华为学习型组织的一种概括。任正非是一个学习能力很强的人。学习能力强的一个最重要的标志，是能够随时清空那些既定的经验和做法。20 年来，华为从一家 2 万元的小公司，跻身世界一流公司军团，是中国现代企业史上的一个奇观。而任正非却能清醒地认识到，现在到了一个转折点，到了要否定以前助推华为成功的经验、做法、体制、流程等既定东西的时候了。华为只有"低作堰"，才能把公司沉积下的淤泥不断排除，才能把公司外部新的东西不断引进来。有了这样的氛围，才能使华为上下坚定不移地"深淘滩"。他呼唤本土化的优势和力量，呼唤一线追求极致的创造，就是这种不断精进精神的体现。"深淘滩，低作堰"，才能在公司内外形成一个强势的正能量，充分释放公司全员的地头力，勇于承担起做好每一个项目、提升人类福祉的使命。由此可见，成功的项目整合管理，不但可以为人类带来长久的物质财富，也可以带来巨大而持久的精神财富。

第 19 章　项目管理工具案例与实训

华为培训咨询的成功之道在于“实用为王，训战结合”。为了帮助读者达到此目的，本章列举了 9 个项目管理的典型案例和 45 张细化训战案例图表，其中包括了企业项目决策排序、系统研发、市场营销、基本建设、工程项目管理、房屋装修、筹办婚礼等。其特点是：“目标驱动，计划到点（里程碑），执行到人，结果导向”。建议读者结合自己的岗位工作实际，进一步细化和完成其中的内容；也可以把工具案例作为应用模板，用起来事半功倍。

工具案例与实训 19 – 1　高新技术企业多项目决策方法

实训目的：掌握多项目优先级排列的思路、方法和工具。高新技术企业靠创新、做项目生存和发展。在企业初创期间，项目比较少，有一点“饥不择食，慌不择路”的感觉，只要不亏损，有项目就做。当企业发展到一定阶段时，许多外部和内部项目扑面而来，使得研发部、工程部等部门昼夜加班，企业可以用于项目的资源非常短缺。此时，企业中高管尤其是项目管理办公室、项目经理需要组织力量对所有的项目进行优先级排列，以便更有效地利用资源。

实训 1　项目决策与优先级排列范围说明书

实训目的：掌握编制项目范围说明书的思路、方法和工具。

项目决策与优先级排列范围说明书如表 19 – 1 所示。

表 19 – 1　项目决策与优先级排列范围说明书

项目名称	企业项目决策与优先级排列	项目起止时间	2020 年 5 月 16 日至 2020 年 5 月 20 日
项目发起人	5G 新技术应用事业部部长金海新	会议成本预算	成本≤19 万元
项目总监	刘建华	项目成功标准	电子版统计，满意度≥95 分

（续表）

项目助理	林子诚	项目基本条件	小型研讨会会场，产品演示和客户体验
项目支持部门	大项目办、大客户部	项目展示产品	5G 与智慧城市；5G 与智能制造
项目总体目标	对于项目管理办公室推荐的近 160 个 5G 相关项目进行评估、分类和筛选，为高层提供决策依据	项目宣传资料	相应的报告会 PPT 和 5G 应用产品说明书
项目预期成果	从 2020 年开始，平均每一年签订单 190 亿元	主要相关方签字	
调研报告内容	①中国 5G 核心技术在国际市场的竞争优势 ②中国基于 5G 的新基建七大领域发展机遇		
项目发起人签字			

实训 2　企业项目决策与优先级排列的四项基本原则：降低成本，增强效能

实训目的：掌握选择项目和项目优先级排列的思路、方法和工具。

企业项目决策与优先级排列的四项基本原则如图 19－1 所示。

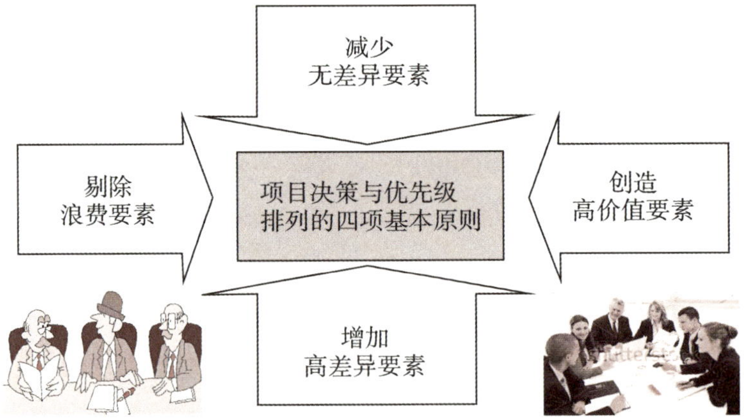

图 19－1　企业项目决策与优先级排列的四项基本原则

实训3 企业项目决策与优先级排列的基本思路：高屋建瓴，层层分解

企业项目决策与优先级排列的基本思路如图19－2所示。

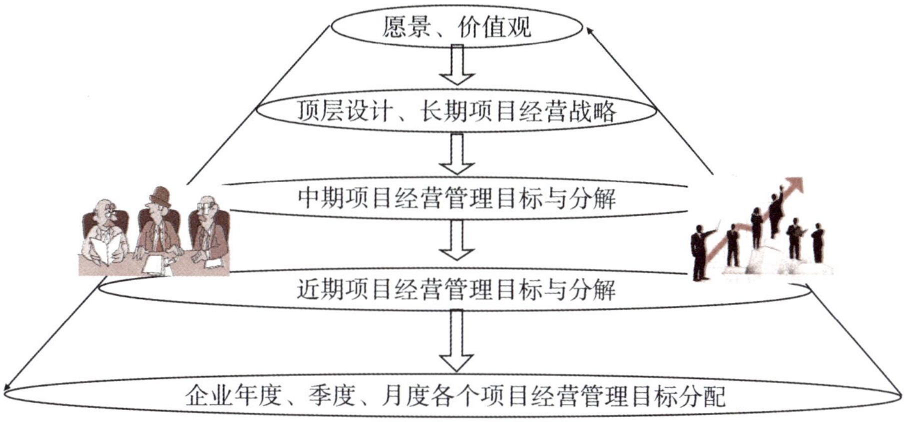

图19－2 企业项目决策与优先级排列的基本思路

实训4 企业项目经营管理现状定位自我分析：知己知彼，百战不殆

企业项目经营管理现状定位自我分析如图19－3所示。

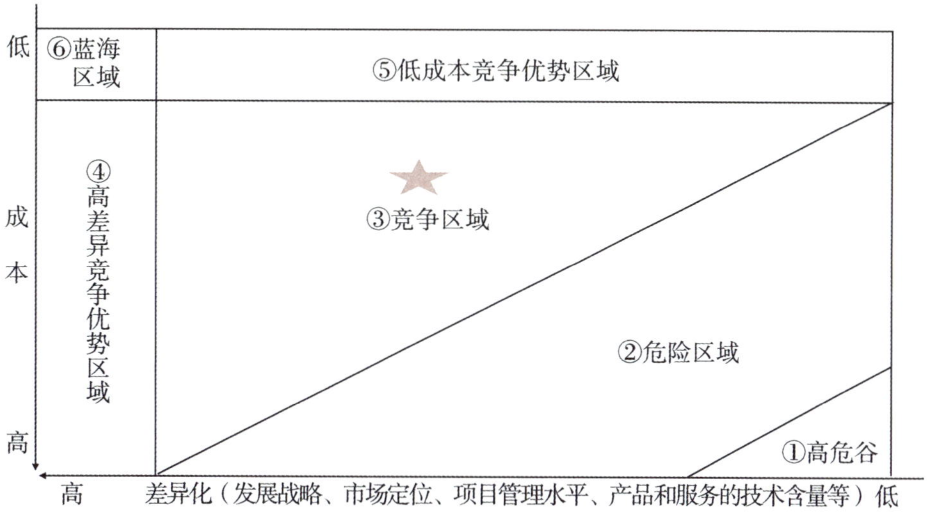

图19－3 企业项目经营管理现状定位自我分析

实训目的：掌握分析企业战略区位和项目发展方向的思路、方法和工具。

第一步，识别自己的企业、部门或者项目处在哪一个区域？

第二步，对照同行业的标杆企业，用星号标定自己所在的区域。

第三步，用箭头标注下一步奋斗的方向，进一步可以确定今后要做的重点项目是什么。

实训5　企业项目管理创新水平自我分析：客户需求，与时俱进

实训目的：掌握企业项目、产品和服务生命期所处的阶段和项目立项、发展方向。

企业所有的项目都与产品和服务有关，而这一切都是由客户需求和市场竞争决定的。如图19－4所示，企业应当定期检查一下自己的产品和服务处在哪一个阶段，以便进一步确定应当做哪些项目？哪些是重点项目？哪些是关键项目？这就可以为企业多项目的优先级排列奠定基础。比如，在某一个项目中使用的技术和原料如果处于导入期，就要谨慎使用，先在小范围内试点；如果处于成熟期，就可以大范围使用；如果处于衰退期，就有可能需要协商修改合同和设计选材。

图19－5是著名的“产业链分布微笑曲线”。企业要做强，就必须走“抓两头，带中间”的道路，就必须做项目。企业项目、产品和服务处在产业链的哪一段位置？下一步怎么办？具体是做研发项目，还是营销项目，或者双管齐下？这张图可以激发企业中高层的发散思维，有利于做好企业项目的优先级排序。

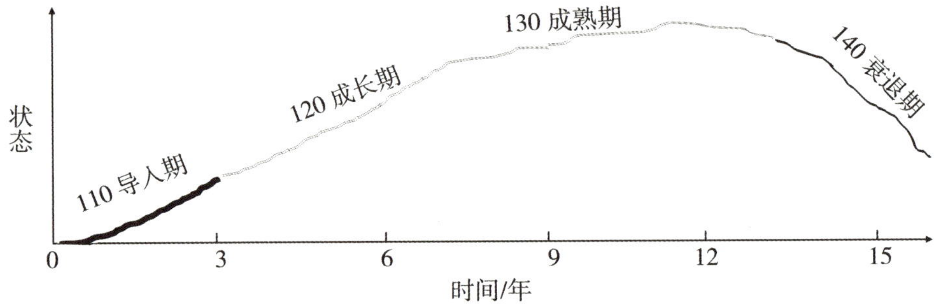

图19－4　企业项目管理创新水平自我分析

实训6　企业项目与产品在产业链中的定位自我分析：抓两头，带中间

实训目的：掌握企业在产业链中的位置、现状和发展方向。

企业项目与产品在产业链中的定位自我分析如图19－5所示。

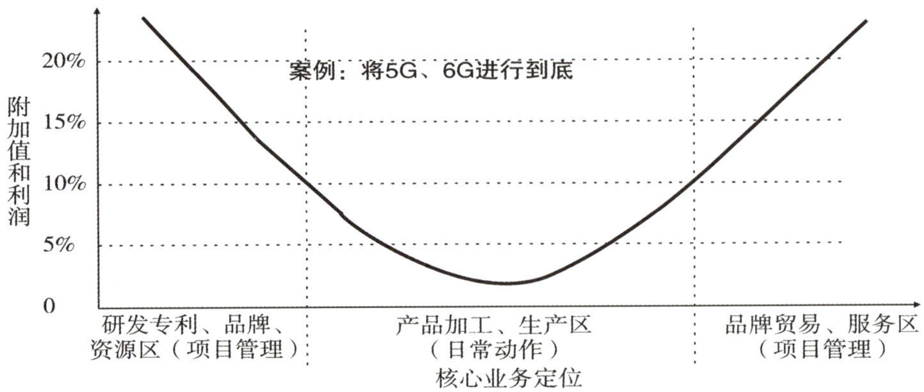

图19－5　企业项目与产品在产业链中的定位自我分析

实训7 企业项目市场与产品竞争现状 SWOT 分析（一）

实训目的：用类似于工作分解结构的方法对企业进行结构化的 SWOT 分析。

图 19－6 是笔者从项目管理工作分解结构中受到启发，专门设计的 SWOT 分析工具，看起来一目了然，用起来事半功倍。

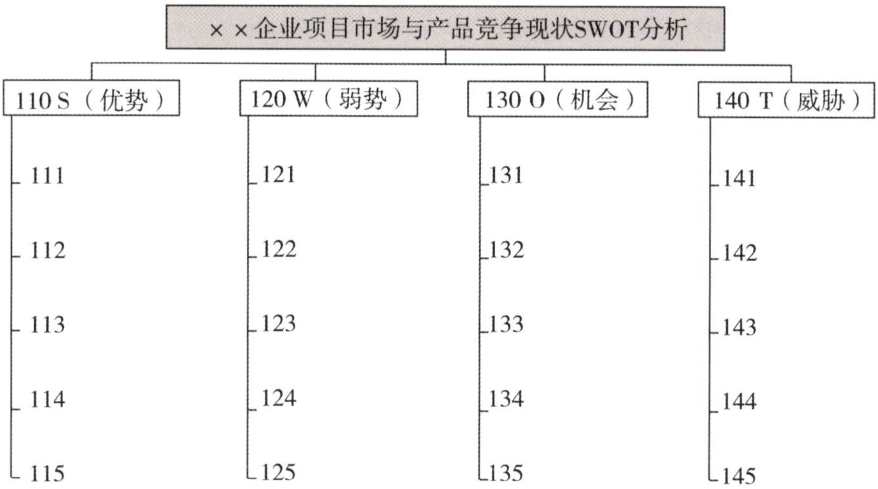

图 19－6 企业项目市场与产品竞争现状 SWOT 分析（一）

实训8 企业项目与产品市场竞争现状 SWOT 分析（二）

实训目的：掌握 SWOT 分析的最佳操作流程。

图 19－7 是笔者专门设计的 SWOT 分析思路流程图。

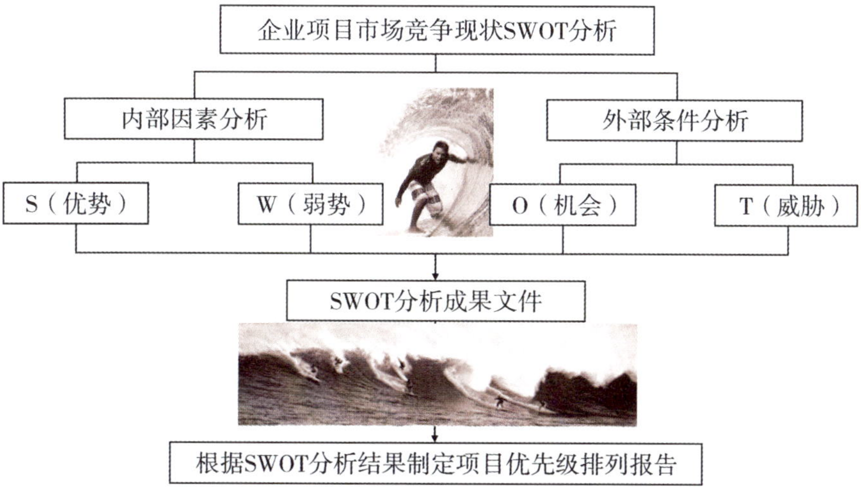

图 19－7 企业项目市场与产品竞争现状 SWOT 分析（二）

实训 9　企业项目决策与优先级排列成果

实训目的：掌握项目决策与优先级成果的方向排列方法。

通过以上分析，就可以参考图 19－8 对企业面临的多项目进行轻重缓急排序并且填入图中了。此图，非常直观，在会议室投影、讨论和决策，事半功倍！

（3）地里长的——3年以后重点营销与开发项目 ① ② ③ ④	（2）锅里煮的——未来1～2年重点营销与开发的项目 ① ② ③ ④
（4）待清理的——1年内逐渐退市或者放弃的项目 ① ② ③ ④	（1）碗里的——现在可以快速获取现金流的项目 ① ② ③ ④

图 19－8　企业项目决策与优先级排列成果

工具案例与实训 19－2　5G 应用平台研发项目管理

实训目的：掌握研发项目管理整体规划的思路、方法和工具。

实训 1　中国企业在国际产业链中的分工现状分析

中国企业在国际产业链中的分工现状分析如图 19－9 所示。

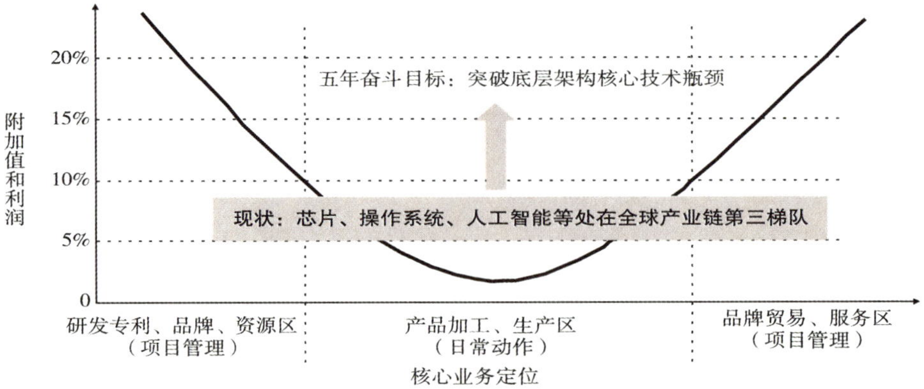

图 19－9　中国企业在国际产业链中的分工现状分析

从中低端向中高端挺进，在超级芯片、操作系统、人工智能、5G 新技术应用等核心技术领域需要突破瓶颈。您的企业、项目管理竞争能力处在产业链的哪一个区域？

实训 2 中国企业核心竞争力现状自我分析

（1）图 19－10 中的“★”说明，中国 90% 以上的企业都处在全球产业链的中低端。您所在的企业处在哪里？

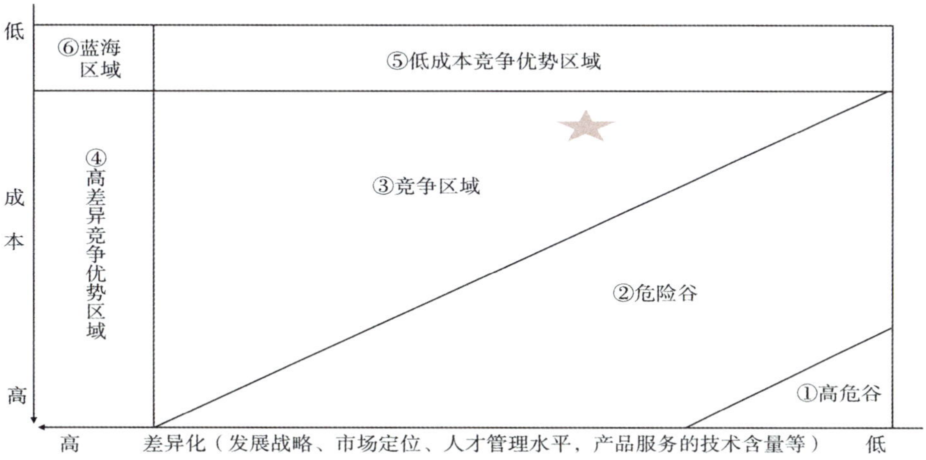

图 19－10 中国企业核心竞争力现状自我分析

（2）改革开放 40 多年来，中国企业凭借“高需求，低成本，资源型，粗放型”的运作模式已经很快走到尽头。您所在的企业处境如何？下一步应当怎样走？

（3）中国企业的下一步，应当把图中“★”的位置向左边移动，发展 5G 通信技术就是突破产业链瓶颈。您所在的企业应当做什么样的项目来突破发展瓶颈？

实训 3 5G 应用平台研发项目整体规划思路

实训目的：掌握研发项目管理整体规划的思路、方法和工具。

（1）60% 以上的研发项目失败的主要原因在于缺乏客观论证和整体规划。

（2）在进行研发项目整体规划时，应当重点考虑：目标（图中的①～④）；资源（⑤～⑥）；资源整合者怎样做好沟通和协作（⑦～⑧）；怎样识别和防范风险（⑨）；怎样实现整体最优（⑩）。

（3）如图 19－11 所示，根据项目管理标准，为您所在企业的研发项目整体规划提供了清晰的思路和流程，建议您结合实际项目，把图中的问题具体化。

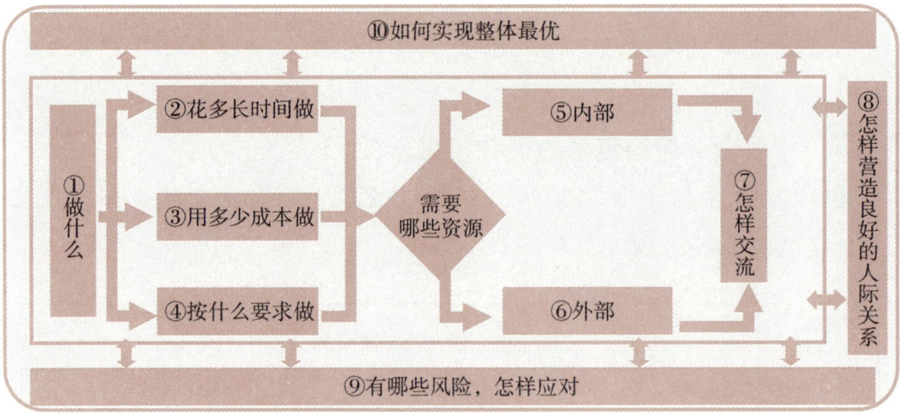

图 19－11　5G 应用平台研发项目整体规划思路

实训 4　5G 应用平台研发项目整体规划范围说明书

5G 应用平台研发项目整体规划范围说明书如图 19－2 所示。

表 19－2　5G 应用平台研发项目整体规划范围说明书

项目名称	5G 应用平台研发项目整体规划	项目起止时间	2019 年 1 月 1 日至 2020 年 12 月 30 日
项目发起人	5G 新技术应用事业部部长 金海新	项目成本预算	成本≤2000 万元
项目总监	刘建华	项目成功标准	一次性通过验收，满意度为 100%
项目助理	林子诚	项目管理团队	优秀的项目经理和研发专家团队
项目支持部门	大项目办、大客户部	项目团队成员	在此领域持续工作 5 年以上的专业研发人员
项目总体目标	对 5G 应用平台七大子系统研发项目的范围、进度、成本、质量、风险和资源进行整体规划	项目风险预案	5G 应用平台研发项目两套风险预案
项目主要成果	5G 应用平台研发项目整体规划书	主要相关方签字	
前期调研成果	①中国 5G 核心技术与国际竞争优势 ②中国基于 5G 的新基建七大领域发展机遇	项目发起人签字	

实训5 5G应用平台研发项目系统分解结构（SBS）

实训目的：掌握在系统研发过程中，利用SBS的思想方法，可以把一个大系统分解成一组有机联系的小系统。

5G应用平台研发项目系统分解结构如图19－12所示。

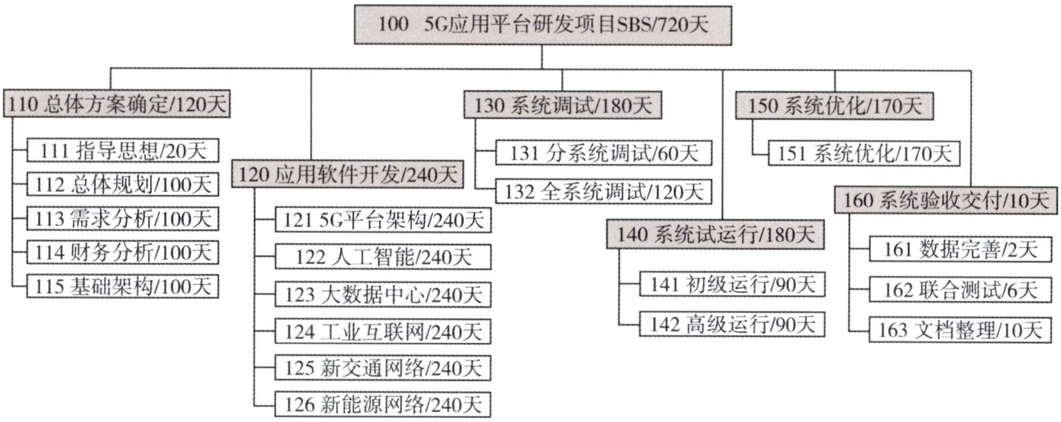

图19－12 5G应用平台研发项目系统分解结构

注意：在系统研发过程中，为了提高工作效能，尽可能采用并行或者交叉工作方式。

实训6 5G应用平台研发项目系统进度计划网络分析

实训目的：掌握在研发项目管理过程中，利用网络分析技术缩短关键路径、提高工作效能的方法。

（1）为了提高工作效能，图19－13中的子系统111～115，121～126等，都采用并行工作方式。

（2）子系统131、132、141、142，以及161、162、163采用交叉工作方式。

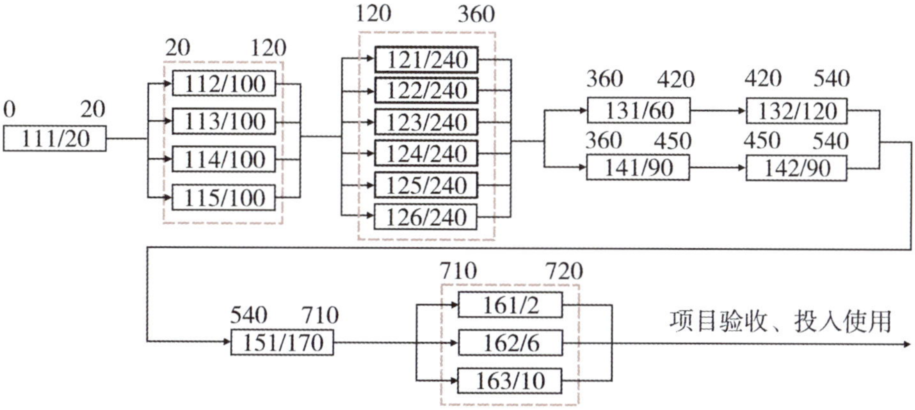

图19－13 5G应用平台研发项目系统进度计划网络分析

（3）由131＋132构成的上部支路，以及由141＋142构成的下部支路的工期都是180天，所以这两条支路采用的也是并行工作方式。

建议您今后在设计网络图时注意“先并行，再交叉，最后串行”的原则。

实训7 5G应用平台研发项目系统进度计划甘特表

实训目的：掌握在研发项目管理过程中，利用甘特图与项目相关方沟通协作的方法。

（1）在表19－3中用“19/01”代表2019年1月，以此类推。

（2）由于甘特表比较直观、简明易懂，项目经理在向管理层和客户汇报工作时经常采用。

表19－3　5G应用平台研发项目系统进度计划甘特表

里程碑事件	进度																							
	19/01	19/02	19/03	19/04	19/05	19/06	19/07	19/08	19/09	19/10	19/11	19/12	20/01	20/02	20/03	20/04	20/05	20/06	20/07	20/08	20/09	20/10	20/11	20/12
总体方案确定				1																				
应用软件开发												2												
系统调试																		3						
系统试运行																		4						
系统优化																								5
系统验收交付																								6

实训8 5G应用平台研发项目系统总体计划甘特图

实训目的：掌握在研发项目管理过程中，利用甘特图与项目相关方沟通协作的方法。

5G应用平台研发项目系统进度计划甘特图如图19－14所示。

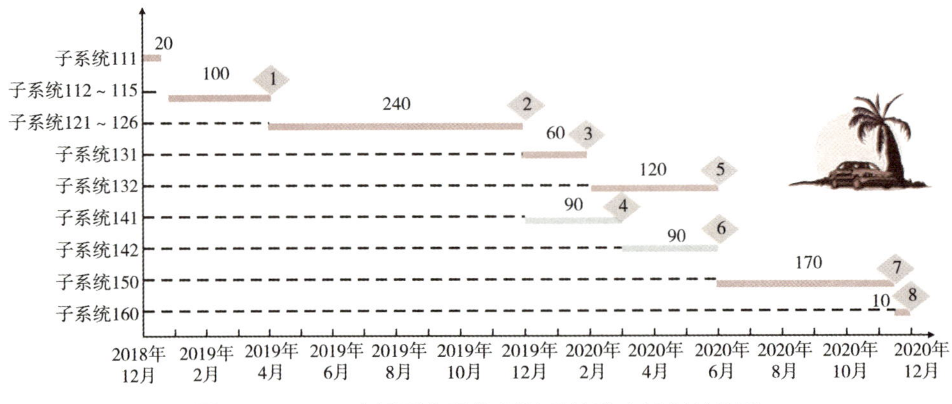

图19－14　5G应用平台研发项目系统进度计划甘特图

工具案例与实训 19－3　5G 产品市场营销项目管理

实训目的：掌握营销项目管理的思路、方法、工具和技术。

实训 1　5G 新技术应用市场推广会项目范围说明书

5G 新技术应用市场推广会项目范围说明书如表 19－4 所示。

表 19－4　5G 新技术应用市场推广会项目范围说明书

项目名称	5G 新技术应用市场推广会	项目起止时间	2019 年 11 月 1 日至 2019 年 11 月 9 日
项目发起人	5G 新技术应用事业部部长 金海新	项目成本预算	成本≤7.3 万元
项目总监	刘建华	项目成功标准	客户满意度≥99 分
项目助理	林子诚	项目基本条件	中型研讨会会场，产品和服务会展
项目支持部门	大项目办、大客户部	项目展示产品	5G 与智慧城市；5G 与智能制造
项目总体目标	保证 300 名潜在大客户代表“基于 5G 的新基建七大领域”的项目组合形成共识	项目宣传资料	相应的报告会 PPT 和 5G 应用产品说明书
项目成果预测	在活动结束后，每一年签订单 900 亿元	主要相关方签字	
技术报告内容	①中国 5G 核心技术与国际竞争优势 ②中国基于 5G 的新基建七大领域发展机遇	项目发起人签字	

实训 2　5G 新技术应用市场推广会项目型组织结构要点

5G 新技术应用市场推广会项目型组织结构要点如图 19－15 所示。

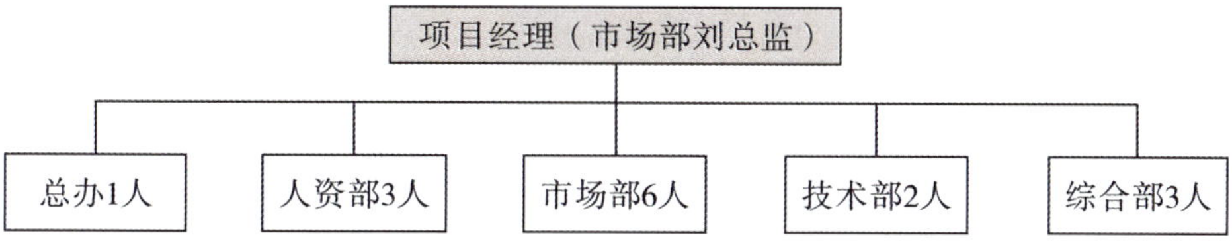

图 19－15　5G 新技术应用市场推广会项目型组织结构要点

实训3　5G新技术应用市场推广会项目进度里程碑策划要点

5G新技术应用市场推广会项目进度里程碑策划要点如表19－5所示。

表19－5　5G新技术应用市场推广会项目进度里程碑策划要点

前期策划/1天	前期准备/6天	推广会议/1天	会后工作/0.2天
项目策划/0.4天	发布邀请/6天	迎接客户/0.1天	清场结算/0.5天
选定场地/0.1天	资料准备/6天	会议交流/0.3天	总结会议/0.2天
启动会议/0.2天	布展准备/5天	午餐交流/0.2天	客资分配/0.3天
部门交接/0.2天	演示准备/1天	参观布展/0.2天	机动时间/刘总安排
项目预备/0.1天	会场布置/6天	商务洽谈/0.2天	

实训4　5G新技术应用市场推广会项目工作分解结构与时间分配（9天）

5G新技术应用市场推广会项目工作分解结构与时间分配（9天）如图19－16所示。

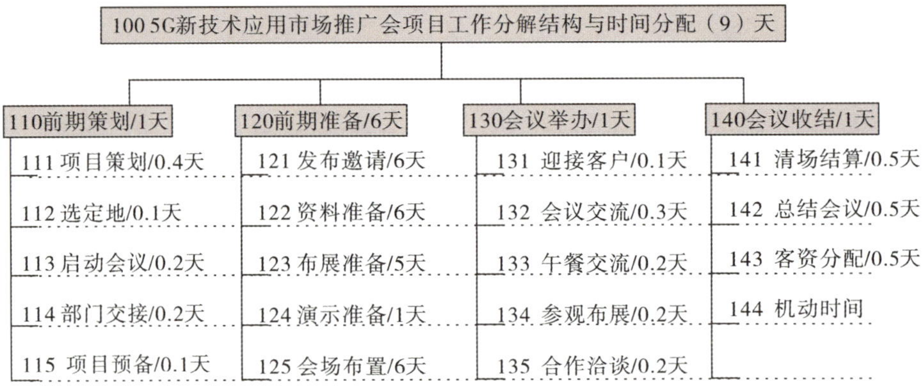

图19－16　5G新技术应用市场推广会项目工作分解结构与时间分配（9天）

实训5　5G新技术应用市场推广会项目责任分配矩阵（RAM）

5G新技术应用市场推广会项目责任分配矩阵（RAM）如图19－17所示。

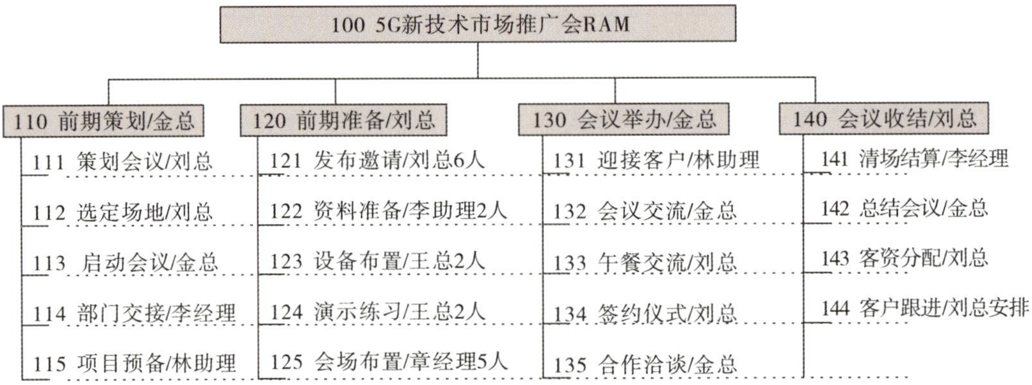

图19－17　5G新技术市场推广会RAM

实训6　5G 新技术应用市场推广会项目成本分解结构（CBS）

5G 新技术应用市场推广会项目成本分解结构（CBS）如图 19－18 所示。

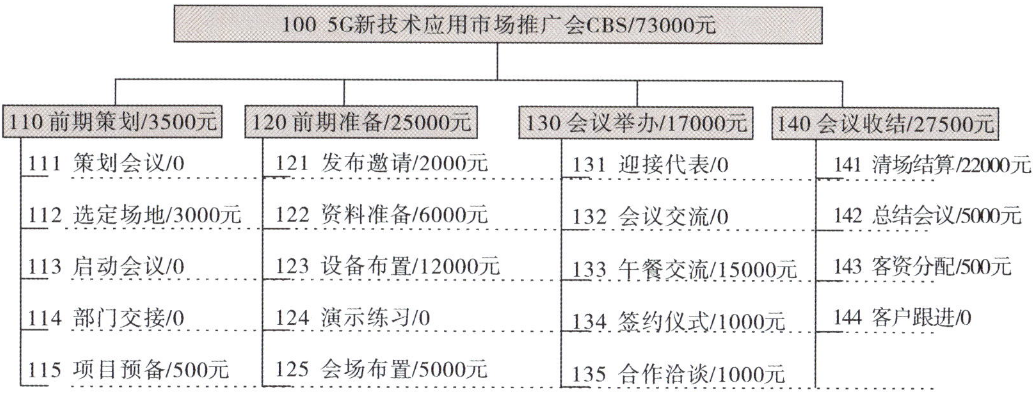

图 19－18　5G 新技术应用市场推广会 CBS

实训7　5G 新技术应用市场推广会项目 RAM/WBS/CBS

实训目的：掌握在研发项目管理过程中，利用 RAM、WBS、CBS 与项目相关方沟通协作的方法。

5G 新技术应用市场推广会项目 RAM/WBS/CBS 如图 19－19 所示。

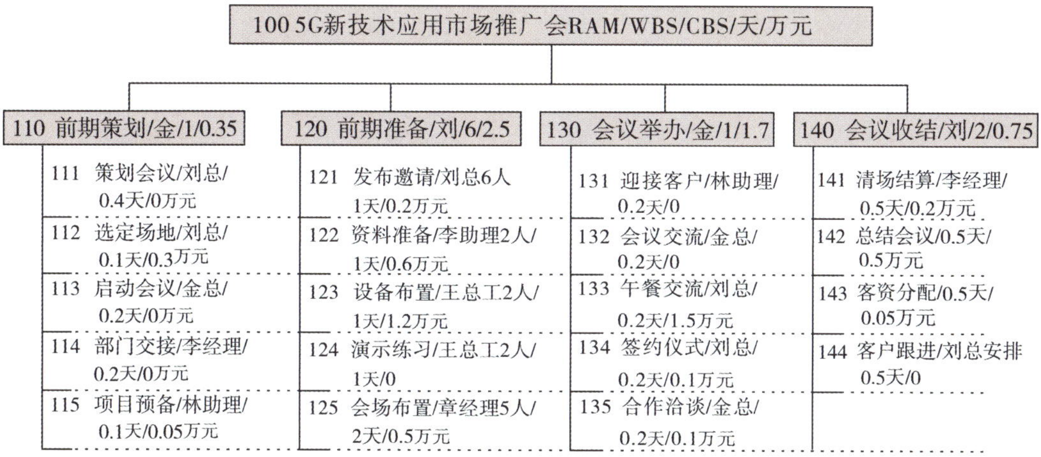

图 19－19　5G 新技术应用市场推广会 RAM/WBS/CBS

实训8　5G 新技术应用市场推广会项目前期准备工作（120）WBS 词典

实训目的：掌握在研发项目管理过程中，编制某些关键性工作包、WBS 词典的方法。

5G 新技术应用市场推广会项目前期准备工作（120）WBS 词典如表 19－6 所示。

表 19－6　5G 新技术应用市场推广会项目前期准备工作（120）WBS 词典

活动编码	责任人	工作内容	时段	备注
1211	市场 1 组 3 人	邀请智慧城市、供水、供电、公交、市政建设代表 150 人	6 天	
1212	市场 2 组 3 人	邀请通信、软件、电子商务、远程教育、智能制造代表 150 人	6 天	
1221	综合部 2 人	收集、整理、编制 HW－5G 新技术、产品和服务培训资料	4 天	
1222	综合部 2 人	委托合作印刷厂印刷、装袋，送到会议签到处	2 天	
1231	技术部 2 人	HW－5G 新技术、产品和服务布展，安排视频自动讲解系统	5 天	
1241	技术部 2 人	准备 HW－5G 新技术、产品和服务布展讲解和客户问题解答	1 天	
1251	人资部 3 人	负责演讲大厅签到，安排好座位、投影、音响、标语宣传，茶歇系统布置	5 天	
1252	人资部 3 人	相关工作的细化	1 天	

实训 9　5G 新技术应用市场推广会项目进度计划网络图

5G 新技术应用市场推广会项目进度计划网络图如图 19－20 所示。

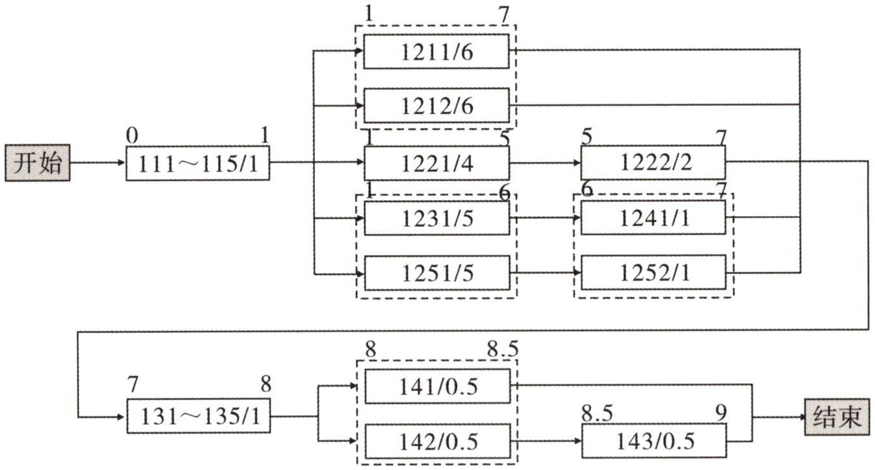

图 19－20　5G 新技术应用市场推广会项目进度计划网络图

实训 10 5G 新技术应用市场推广会项目进度计划甘特图

5G 新技术应用市场推广会项目进度计划甘特图如图 19－21 所示。

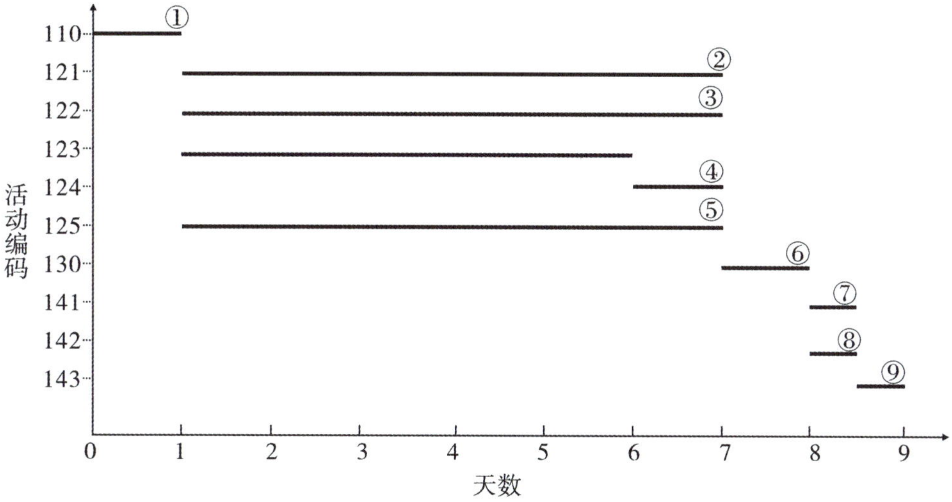

图 19－21 5G 新技术应用市场推广会项目进度计划甘特图

实训 11 5G 新技术应用市场推广会项目督查验收

5G 新技术应用市场推广会项目督查验收如表 19－7 所示。

表 19－7 5G 新技术应用市场推广会项目监督验收

碑号	提交人 提交时间	验收成果			验收人	备注
		通过	未通过、原因	再验收日期		
①						
②						
③						
④						
⑤						
⑥						
⑦						
⑧						
⑨						

工具案例与实训 19－4　工程项目管理工作分解结构

实训目的：通过本案例掌握复杂项目工作分解结构的编码技术。

对于比较复杂、多专业协同合作项目，如果用工作分解结构图来进行分解比较麻烦，就可以优先采用列表法进行分解，其中编码规则采用 A－B－C 编码法结合缩进式编码法。总之，工作分解结构编码方式比较灵活，以相关方事先约定为准。

A　签订项目管理委托合同

B　项目管理部进场

C　工程图设计

C/01　方案设计

C/02　初步设计

C/03　初步设计报批

C/04　施工图设计

C/04.01　施工图设计

C/04.02　施工图审核

C/04.03　交付施工图纸

D　办理项目规划手续

D/01　申请规划设计方案审查通知书

D/02　专项审批（环保、人防、消防、交通、园林）

D/03　年度开工计划转正式计划

D/04　申领建设工程规划许可证

E　办理工程开工证

E/01　领取开工审批表

E/02　市政配套签署意见

E/03　招标办领取申请表

E/04　招标办办理审批手续

E/05　施工总承包合同运作

E/05.01　资格预审文件、招标文件的编制与送审

E/05.02　投标预备会

E/05.03　发招标文件

E/05.04　勘查现场
E/05.05　招标文件编制与提交
E/05.06　开标
E/05.07　组织投标单位答辩、编制评标报告
E/05.08　定标、发中标通知书
E/05.09　商定总承包合同并签署
E/05.10　总承包合同备案
E/06　监理合同运作
E/06.01　投标资格审查
E/06.02　发招标文件
E/06.03　勘查现场
E/06.04　招标文件编制与提交
E/06.05　发标
E/06.06　组织投标单位答辩、编制评标报告
E/06.07　定标、发中标通知书
E/06.08　监理合同签署
E/06.09　监理合同备案
E/07　执行监理合同
E/07.01　项目监理大纲审查
E/07.02　项目实施过程的监理业绩评价
E/07.02.01　工程进度控制
E/07.02.02　工程质量控制
E/07.02.03　工程成本控制
E/07.02.04　工程变更、费用索赔与价格调整管理
E/07.02.05　工程施工风险防范与管理
E/07.02.06　工程计量与支付管理
E/08　办理委托质量监督手续
E/08.01　办理市监督总站登记
E/08.02　政府质量监督部门审批手续
E/08.03　交纳监督费
E/09　施工单位和其上级主管部门的有关签章

E/10 黏土砖限制使用费交付

E/11 交纳北京市散装水泥专项基金

E/12 市统计局办理手续

E/13 向市建委申领开工许可证

F 施工准备

F/01 拆除

F/01.01 市场调研、编制招标文件

F/01.02 商务谈判

F/01.03 确定拆迁单位、签订合同

F/01.04 申办拆除许可证

F/01.05 拆除施工

F/01.06 探察封堵地下管道

F/02 筹组施工项目部

F/03 砌筑现场围墙、场地平整

F/04 施工用电和给排水管道敷设

F/05 临设搭建

F/06 规划钉桩

F/07 完成施工准备

G 建安工程

G/01 降水、土方、护坡工程

G/01.01 分包工程合同运作

G/01.01.01 文件编制

G/01.01.02 工程招标、评标、决标

G/01.01.03 签订合同

G/01.02 执行合同

G/01.02.01 审定土方工程施工方案

G/01.02.02 放线、验线

G/01.02.03 土方施工

G/01.02.04 土方工程验收

G/02 地下结构

G/02.01 验槽

G/02.02　垫层、防水、底板施工
G/02.032　负二层施工
G/02.041　负二层施工
G/03　主体结构
G/03.01　首层结构施工
G/03.02　二层结构施工
G/03.03　三层结构施工
G/03.04　四层结构施工
G/03.05　五层结构施工
G/03.06　六层结构施工
G/03.07　七层结构施工
G/03.08　结构工程验收
G/04　屋面工程及屋面设备安装
G/04.01　女儿墙、出屋面管口、设备基础
G/04.02　防水及面层施工
G/04.03　屋面机房、设备安装
G/04.04　屋面工程验收
G/05　电梯工程
G/05.01　电梯工程合同运作
G/05.01.01　施工单位资格预审
G/05.01.02　电梯工程招标文件编制
G/05.01.03　报业主审批
G/05.01.04　确定投标单位
G/05.01.05　工程发标
G/05.01.06　工程回标
G/05.01.07　工程评标
G/05.01.08　编制评标报告
G/05.01.09　业主确定中标单位
G/05.01.10　签订施工及供货合同
G/05.02　执行电梯工程合同
G/05.02.01　设备加工

G/05.02.02　设备到货验收
G/05.02.03　电梯井道设备安装
G/05.02.04　机房设备安装
G/05.02.05　其他成组设备安装
G/05.02.06　运行调试
G/05.02.07　电梯预验收
G/06　高压变配电工程
G/06.01　高压变配电工程合同运作
G/06.01.01　施工单位资格预审
G/06.01.02　变配电招标文件编制
G/06.01.03　报业主审批
G/06.01.04　修改、定稿
G/06.01.05　确定投标单位
G/06.01.06　工程发标
G/06.01.07　工程回标
G/06.01.08　工程评标
G/06.01.09　编制评标报告
G/06.01.10　业主确定中标单位
G/06.01.11　签订施工及供货合同
G/06.02　执行高压变配电工程合同
G/06.02.01　设备加工
G/06.02.02　设备到货与验收
G/06.02.03　设备安装
G/06.02.04　试运行
G/06.02.05　变配电设备验收
G/07　空调工程
G/07.01　空调工程合同运作
G/07.01.01　施工单位资格预审
G/07.01.02　空调招标文件编制
G/07.01.03　报业主审批
G/07.01.04　修改、定稿

G/07.01.05 确定投标单位
G/07.01.06 工程发标
G/07.01.07 工程回标
G/07.01.08 工程评标
G/07.01.09 编制评标报告
G/07.01.10 业主确定中标单位
G/07.01.11 签订施工及供货合同
G/07.02 执行空调工程合同
G/07.02.01 设备加工
G/07.02.02 设备到货与核查
G/07.02.03 风机盘管安装
G/07.02.04 自燃冷热源机组安装
G/07.02.05 系统试运行
G/07.02.06 空调系统验收
G/08 通风排烟工程
G/08.01 通风排烟工程合同运作
G/08.01.01 施工单位资格预审
G/08.01.02 空调招标文件编制
G/08.01.03 报业主审批
G/08.01.04 修改、定稿
G/08.01.05 确定投标单位
G/08.01.06 工程发标
G/08.01.07 工程回标
G/08.01.08 工程评标
G/08.01.09 编制评标报告
G/08.01.10 业主确定中标单位
G/08.01.11 签订施工及供货合同
G/08.02 执行通风排烟工程合同
G/08.02.01 设备加工
G/08.02.02 设备到货
G/08.02.03 设备安装

G/08.02.04　试运行

G/08.02.05　通风排烟系统验收

G/09　变配电防雷接地

G/09.01　设备安装

G/09.02　防雷接地验收

G/10　热水自引水工程

G/10.01　热水自引水工程合同运作

G/10.01.01　施工单位资格预审

G/10.01.02　空调招标文件编制

G/10.01.03　报业主审批

G/10.01.04　修改、定稿

G/10.01.05　确定投标单位

G/10.01.06　工程发标

G/10.01.07　工程回标

G/10.01.08　工程评标

G/10.01.09　编制评标报告

G/10.01.10　业主确定中标单位

G/10.01.11　签订施工及供货合同

G/10.02　执行热水自引水工程合同

G/10.02.01　设备加工

G/10.02.02　设备到货

G/10.02.03　设备安装

G/10.02.04　试运行

G/10.02.05　热水自引水系统验收

G/11　初装修

G/11.01　隔墙、维护墙砌筑

G/11.02　墙地面抹灰、修补

G/11.03　初装修验收

G/12　精装修

G/12.01　委托精装修设计

G/12.01.01　设计单位资格预审、评价

G/12.01.02　签订精装修合同
G/12.01.03　精装修设计方案
G/12.01.04　业主审定方案
G/12.01.05　施工图设计
G/12.02　精装修施工合同运作
G/12.02.01　编制施工招标文件
G/12.02.02　招标文件讨论
G/12.02.03　招标文件报业主审批
G/12.02.04　工程发标
G/12.02.05　工程回标
G/12.02.06　工程评标
G/12.02.07　编制评标报告
G/12.02.08　确定中标单位
G/12.02.09　签订施工合同
G/12.03　执行精装修施工合同
G/12.03.01　二次设计
G/12.03.02　二次设计确认
G/12.03.03　样板间施工
G/12.03.04　执行精装修施工计划
G/12.03.05　精装修成果验收
G/13　外装修
G/13.01　外装修施工合同运作
G/13.01.01　编制外装修招标文件
G/13.01.02　招标文件讨论
G/13.01.03　招标文件报业主审批
G/13.01.04　工程发标
G/13.01.05　工程回标
G/13.01.06　施工队伍考察
G/13.01.07　工程评标
G/13.01.08　编制评标报告
G/13.01.09　确定中标单位

G/13.01.10 签订外装修施工合同
G/13.02 执行外装修施工合同
G/13.02.01 二次设计
G/13.02.02 二次设计确认
G/13.02.03 预留预埋施工图
G/13.02.04 材料订货、加工
G/13.02.05 外窗安装
G/13.02.06 玻璃幕墙施工
G/13.02.07 干挂石材施工
G/13.02.08 外装修验收
G/14 消防工程
G/14.01 消防工程合同运作
G/14.01.01 编制招标文件
G/14.01.02 招标文件讨论
G/14.01.03 招标文件报业主审批
G/14.01.04 工程发标
G/14.01.05 工程回标
G/14.01.06 工程评标
G/14.01.07 编制评标报告
G/14.01.08 确定中标单位
G/14.01.09 签订施工合同
G/14.02 执行消防工程合同
G/14.02.01 二次设计
G/14.02.02 二次设计确认
G/14.02.03 设备订货、加工
G/14.02.04 消防系统安装
G/14.02.05 安装结束
G/15 弱电工程
G/15.01 弱电工程合同运作
G/15.01.01 系统功能确定
G/15.01.01.01 楼宇自控系统

G/15.01.01.02 有线及卫星电视系统

G/15.01.01.03 综合布线系统

G/15.01.01.04 保安监控及广播系统

G/15.01.01.05 红机电话手机直放系统

G/15.01.01.06 车库管理系统

G/15.01.01.07 业主确定系统功能

G/15.01.02 编制招标文件

G/15.01.03 招标文件讨论

G/15.01.04 招标文件报业主审批

G/15.01.05 确定投标单位

G/15.01.06 工程发标

G/15.01.07 工程回标

G/15.01.08 工程评标

G/15.01.09 编制评标报告

G/15.01.10 确定中标单位

G/15.01.11 签订施工合同

G/15.02 执行弱电工程合同

G/15.02.01 二次设计

G/15.02.02 二次设计确认

G/15.02.03 设备订货、加工

G/15.02.04 弱电系统集成

G/15.02.04.01 楼宇自控系统安装调试

G/15.02.04.02 有线及卫星电视系统安装调试

G/15.02.04.03 综合布线系统安装调试

G/15.02.04.04 保安监控及广播系统安装调试

G/15.02.04.05 红机电话手机直放系统安装调试

G/15.02.04.06 车库管理系统安装调试

G/15.02.05 弱电系统验收

H 市政工程

H/01 图纸及报装

H/01.01 施工总平面图

H/01.02　完善其他报装
H/01.03　确定各管口位置
H/01.04　竖向平面图
H/01.05　市政管线综合图
H/01.06　各专业设计单位问题协调
H/01.07　完成市政工程设计
H/02　市政施工
H/02.01　供电工程
H/02.01.01　报装
H/02.01.02　施工图设计
H/02.01.03　施工
H/02.01.04　竣工验收
H/02.02　排水系统
H/02.02.01　报装
H/02.02.02　施工图设计
H/02.02.03　施工
H/02.02.04　竣工验收
H/02.03　电信工程
H/02.03.01　报装
H/02.03.02　施工图设计
H/02.03.03　施工
H/02.03.04　竣工验收
H/02.04　有线电视工程
H/02.04.01　报装
H/02.04.02　施工图设计
H/02.04.03　施工
H/02.04.04　竣工验收
H/02.05　供水开通
H/02.06　热水开通
H/02.07　燃气工程
H/02.07.01　报装

H/02.07.02 工程设计
H/02.07.03 燃气内管线施工
H/02.07.04 燃气外管线施工
H/02.07.05 燃气内外管线连接
H/02.07.06 燃气内外管线验收
H/02.08 园林绿化工程
H/02.08.01 报装
H/02.08.02 施工图设计
H/02.08.03 施工
H/02.08.04 竣工验收
H/02.09 室外照明工程
H/02.09.01 报装
H/02.09.02 施工图设计
H/02.09.03 施工
H/02.09.04 竣工验收
H/02.10 雨污水及道路工程
H/02.10.01 报装
H/02.10.02 施工图设计
H/02.10.03 施工
H/02.10.04 竣工验收
H/02.11 其他市政工程

I 验收、移交

I/01 电梯验收
I/02 人防工程验收
I/03 消防工程验收
I/04 项目竣工验收
I/05 项目竣工备案
I/06 办理结算手续

工具案例与实训 19-5 跨海大桥工程施工项目管理

实训目的：掌握工程项目管理的主要思路、方法、工具和技术。

实训 1　××跨海大桥某标段施工项目范围说明书

××跨海大桥某标段施工项目范围说明书如表 19－8 所示。

表 19－8　××跨海大桥某标段施工项目范围说明书

项目名称	××跨海大桥某标段工程施工	项目总工期	580 个工作日
项目发起人	市政建设局	项目成本预算	成本≤93 亿元
项目经理	欣海路桥集团公司 刘志成总经理	监理公司代表	赵师君
项目助理	葛建军	项目总体目标	按期、保质、保量完成合同任务
项目管理团队	刘、于、徐、程、葛	法务代表	范俊明
外聘顾问	余丰都	项目各代表签字	

实训 2　××跨海大桥某标段施工项目责任分工

××跨海大桥某标段施工项目责任分工如图 19－22 所示。

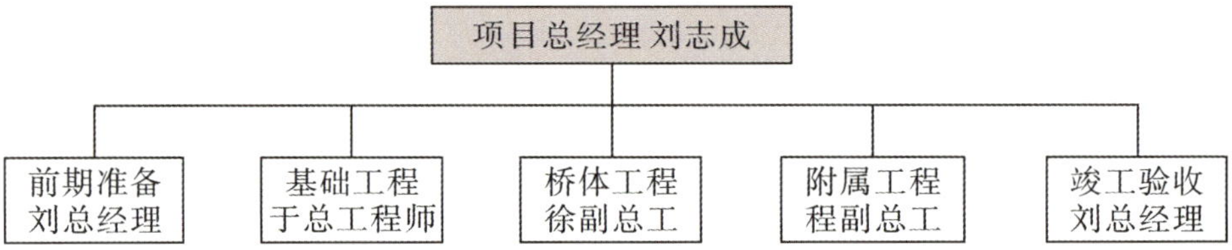

图 19－22　××跨海大桥某标段施工项目责任分工

实训 3　××跨海大桥某标段施工项目相关方分析

××跨海大桥某标段施工项目相关方分析如图 19－23 所示。

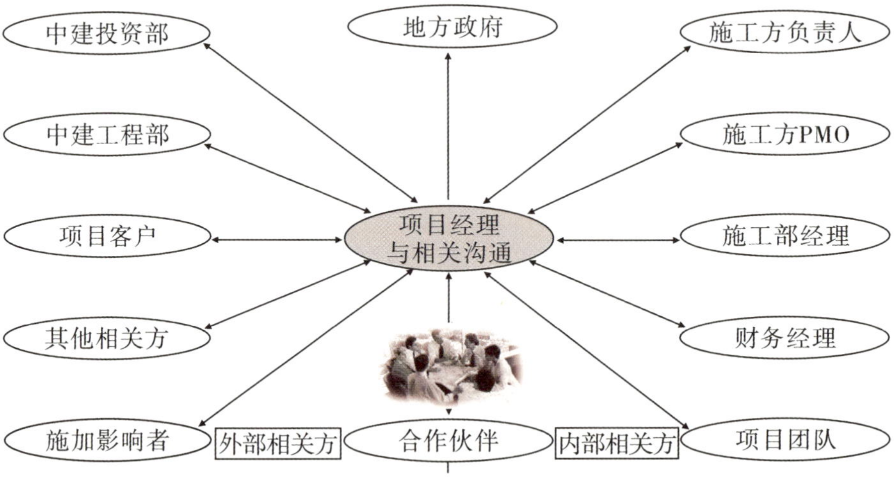

图 19－23　××跨海大桥某标段施工项目相关方分析

实训 4 ××跨海大桥某工段施工项目工作分解结构（580 天）

××跨海大桥某工段施工项目工作分解结构（580 天）如图 19－24 所示。

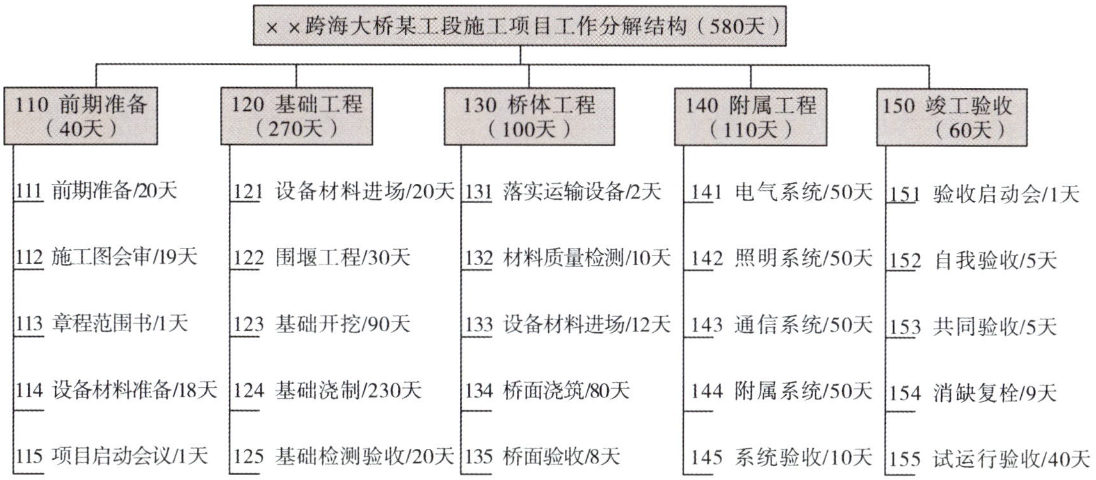

图 19－24 ××跨海大桥某工段施工项目工作分解结构（580 天）

实训 5 ××跨海大桥某工段施工项目组织分工结构（580 天）

××跨海大桥某工段施工项目组织分工结构（580 天）如图 19－25 所示。

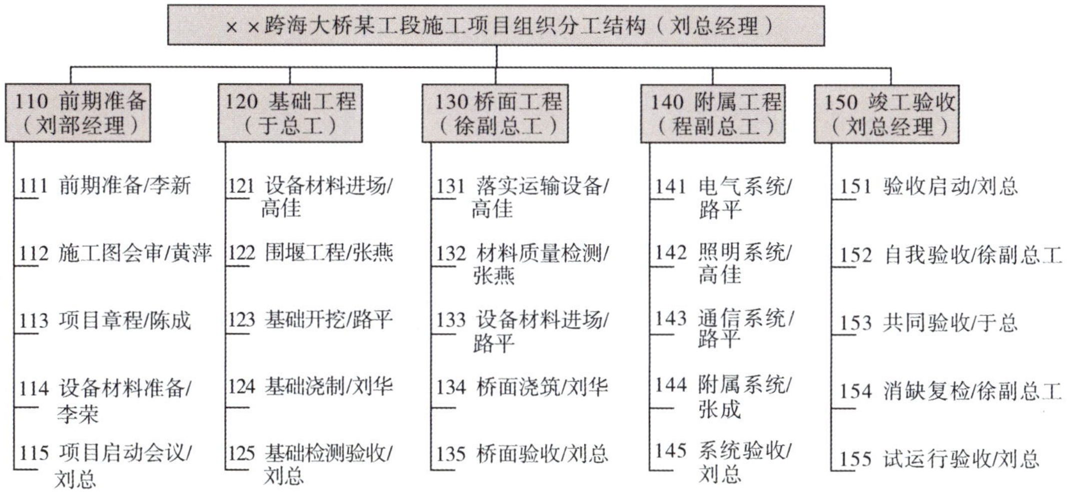

图 19－25 ××跨海大桥某标段施工项目组织分解结构（580 天）

实训6　××跨海大桥某工段施工项目进度网络图（580天）

××跨海大桥某工段施工项目进度网络图（580天）如图19－26所示。

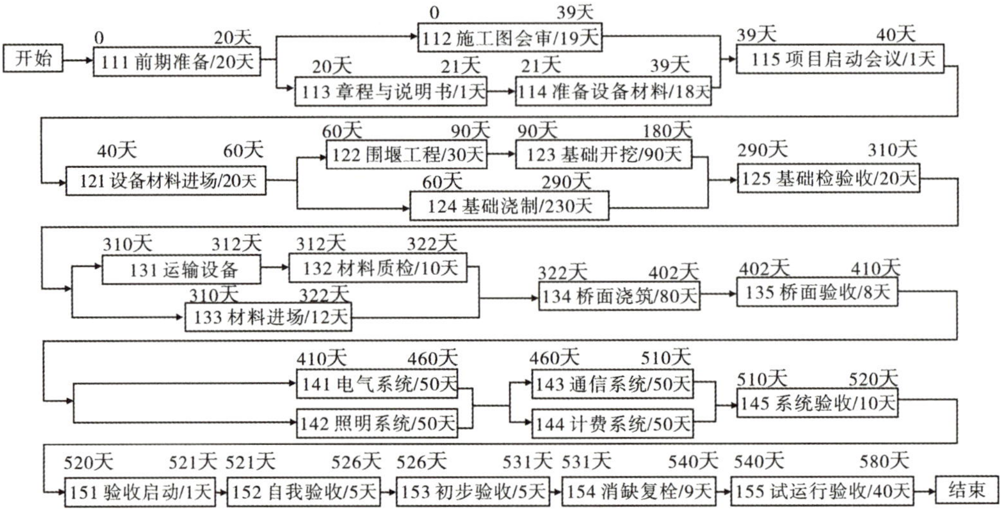

图19－26　××跨海大桥某工段施工项目进度网络图（580天）

实训7　××跨海大桥某工段施工项目进度甘特图（580天）

××跨海大桥某工段施工项目进度甘特图（580天）如图19－27所示。

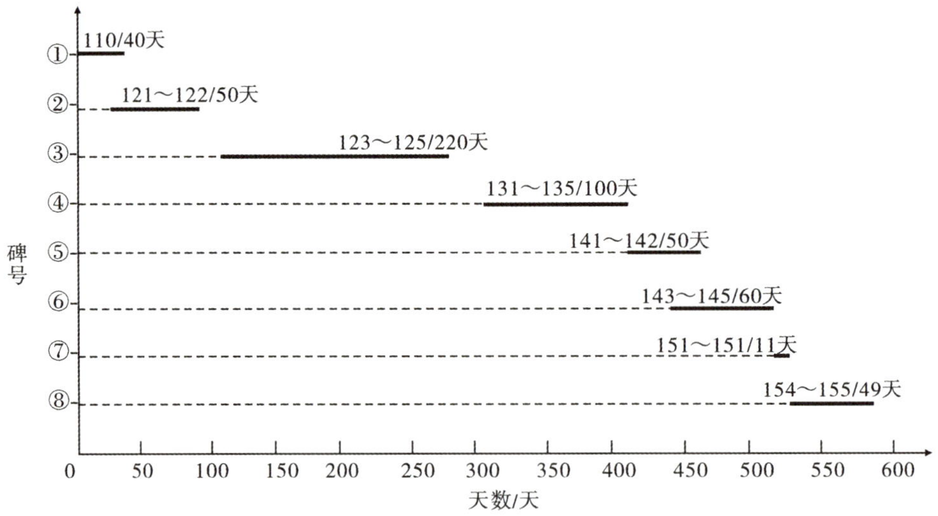

图19－27　××跨海大桥某工段施工项目进度甘特图（580天）

实训8 ××跨海大桥某工段施工项目督查验收表（580天）

××跨海大桥某工段施工项目督查验收表（580天）如表19－9所示。

表19－9 ××跨海大桥某工段施工项目督查验收表（580天）

碑号	提交人 提交时间	验收成果			验收人	备注
		通过	未通过、原因	再验收日期		
①						
②						
③						
④						
⑤						
⑥						
⑦						
⑧						
⑨						

工具案例与实训19－6 样板房装修工程项目管理

实训目的：掌握工程项目管理的主要思路、方法、工具和技术。

实训1 科学城样板房装修与装饰项目范围说明书（装修公司）

科学城样板房装修与装饰项目范围说明书（装修公司）如表19－10所示。

表19－10 科学城样板房装修与装饰项目范围说明书（装修公司）

项目名称	科学城150平方米样板房装修与装饰	项目起止时间	2019年9月1日至2019年11月20日
项目发起人	科学城房地产开发公司 陈志刚	项目成本预算	成本≤30万元（2000元/米^2）
项目经理	闻仲平	项目主要成果	150平方米，四室两厅标准房
项目设计师	李明辉	项目成功标准	评委验收满意度≥95分
项目施工长	高东恒	主要相关方签字	
项目总体目标	按照发起人的要求，实现装修、装饰效果	项目发起人签字	

实训 2　科学城样板房装修与装饰项目专业组织分工（装修公司）

科学城样板房装修与装饰项目专业组织分工（装修公司）如图 19－28 所示。

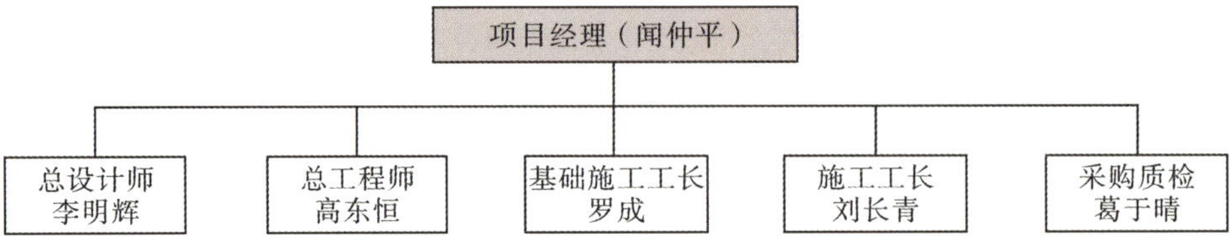

图 19－28　科学城样板房装修与装饰项目组织分工（装修公司）

实训 3　科学城样板房装修与装饰项目进度里程碑（总工期 80 天，并行交叉作业）

科学城样板房装修与装饰项目进度里程碑（总工期 80 天，并行交叉作业）如表 19－11 所示。

表 19－11　科学城样板房装修与装饰项目进度里程碑（总工期 80 天，并行交叉作业）

前期准备/15 天	基础施工/30 天	施工安装/25 天	装饰验收/10 天
装修规划/4.5 天	折旧与采购/2 天	吊顶－门窗－地板/16 天	整改验收/2 天
项目章程/0.5 天	水电气管线/10 天	木工油漆/7 天	家电安调/2 天
启动会议/0.5 天	门窗施工/14 天	五金交电通信/1 天	橱柜窗帘安调/2 天
确定方案/9 天	阳台雨棚/3.5 天	厨卫用品/1 天	房间清扫美化/3 天
协议预付/0.5 天	基础验收/0.5 天	安装验收/1 天	最终验收、总结会/1 天

实训 4　科学城样板房装修与装饰项目工作分解结构

科学城样板房装修与装饰项目工作分解结构如图 19－29 所示。

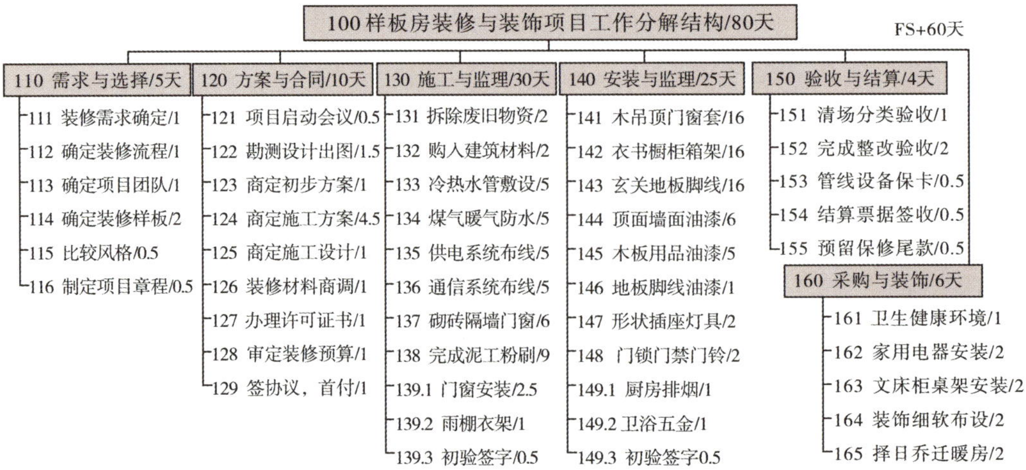

图 19－29　科学城样板房装修与装饰项目工作分解结构

实训 5 科学城样板房装修与装饰项目进度甘特图（87 天）

科学城样板房装修与装饰项目进度甘特图（87 天）如图 19－30 所示。

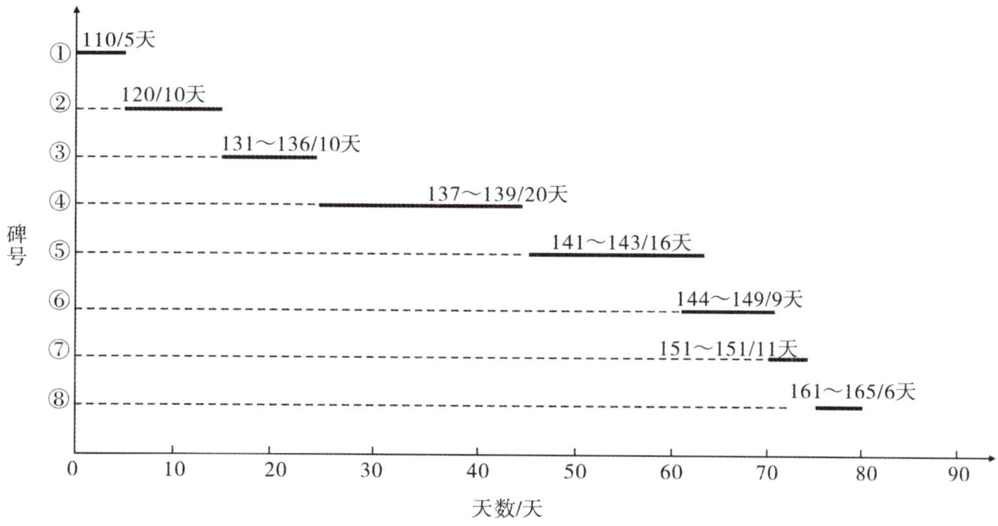

图 19－30 科学城样板房装修与装饰项目监督进度甘特图（87 天）

实训 6 科学城样板房装修与装饰项目责任、进度、成本控制

科学城样板房装修与装饰项目责任、进度、成本控制如图 19－31 所示。

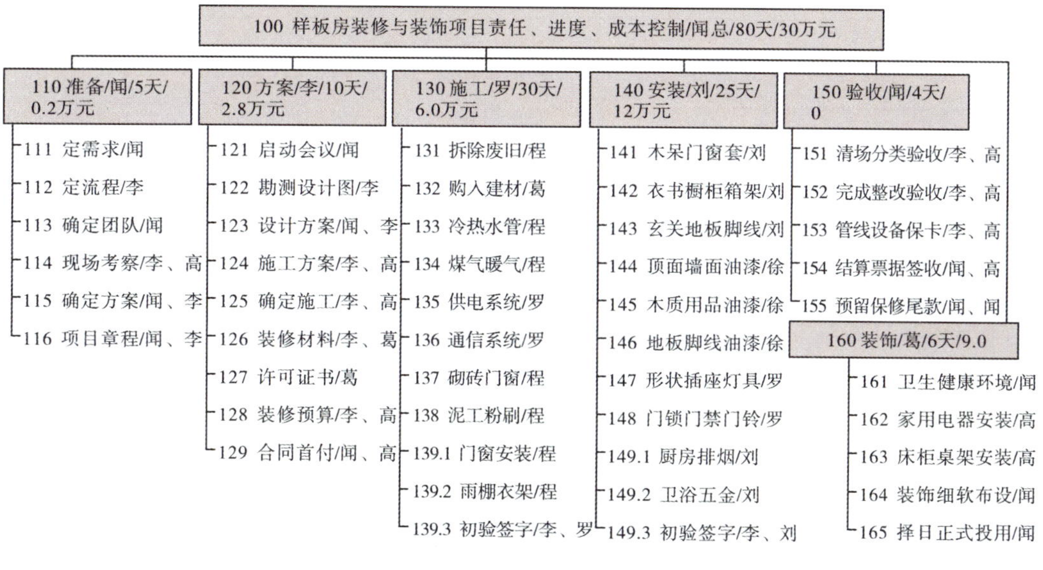

图 19－31 科学城样板房装修与装饰项目责任、进度、成本控制

实训7 科学城样板房装修与装饰项目进度网络图（装修公司）

科学城样板房装修与装饰项目进度网络图（装修公司）如图19－32所示。

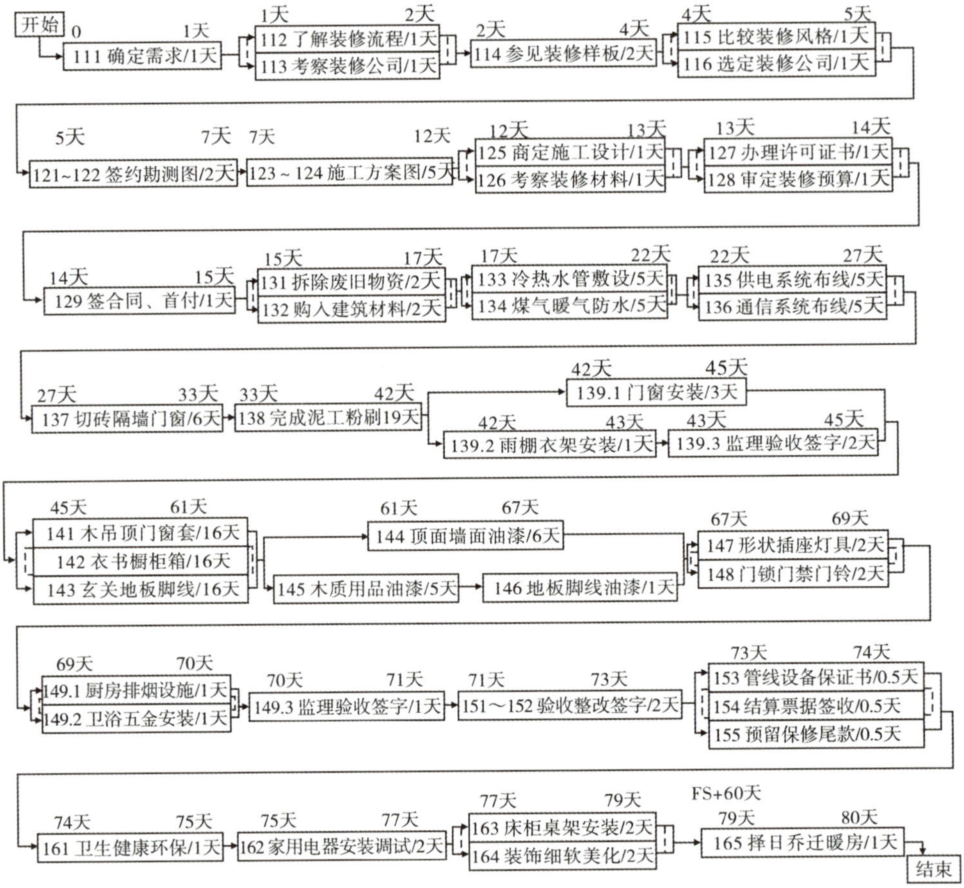

图19－32 科学城样板房装修与装饰项目进度网络图（装修公司）

实训8 科学城样板房装修与装饰项目督查验收

科学城样板房装修与装饰项目督查验收如表19－12所示。

表19－12 科学城样板房装修与装饰项目督查验收

碑号	提交人 提交时间	验收成果			验收人	备注
		通过	未通过、原因	再验收日期		
①						
②						

（续表）

碑号	提交人 提交时间	验收成果			验收人	备注
		通过	未通过、原因	再验收日期		
③						
④						
⑤						
⑥						
⑦						
⑧						
⑨						

工具案例与实训 19－7 婚礼筹备工作项目管理

实训目的：掌握在生活中应用项目管理的主要思路、方法、工具和技术。

实训 1 婚礼筹备工作项目范围说明书

婚礼筹备工作项目范围说明书如表 19－13 所示。

表 19－13 婚礼筹备工作项目范围说明书

项目名称	靳哲元、余文丽百年好合婚庆	项目起止时间	2019 年 4 月 23 日至 2019 年 5 月 1 日（婚礼）
项目发起人	靳哲元的爷爷、奶奶	项目成本预算	成本≤16 万元
项目经理	靳哲元的堂兄靳礼成	宴请亲友总数	160 人
项目助理	靳哲元的父亲、母亲	项目总体目标	婚礼喜庆圆满，大家非常满意
项目团队成员	靳哲元、余文丽 9 名亲友	后勤负责人	任立平
外聘顾问司仪	婚庆公司陈博文	项目经理签字	

实训 2 婚礼筹备工作项目小组具体分工要点

婚礼筹备工作项目小组具体分工要点如图 19－33 所示。

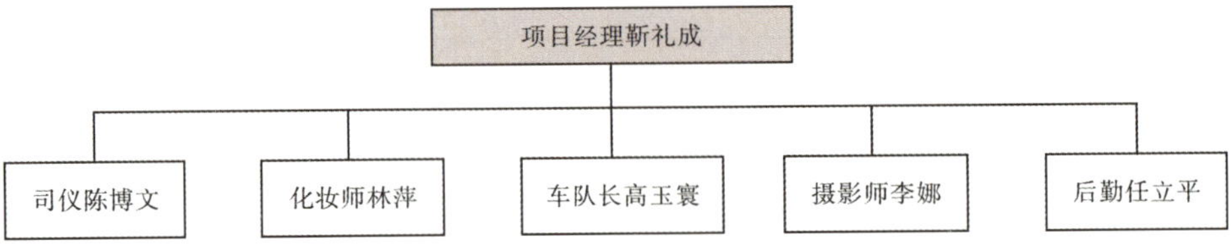

图 19－33　婚礼筹备工作项目小组分工

实训 3　婚礼筹备工作分解结构

婚礼筹备工作分解结构如图 19－34 所示。

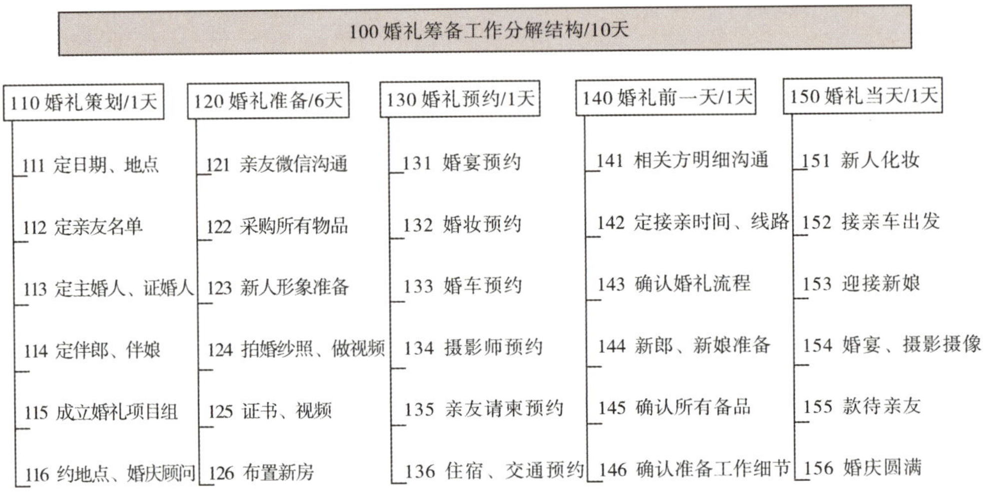

图 19－34　婚礼筹备工作分解结构

实训 4　婚礼当天的时间表与责任分配矩阵

婚礼当天的时间表与责任分配矩阵如表 19－14 所示。

表 19－14　婚礼当天的时间表与责任分配矩阵

时间	责任人	工作内容	备注
6：30—8：30	林萍	带助理和化妆盒去女方家里，早餐后帮助新娘穿礼服、化妆	新娘简妆
6：30—8：30	靳礼成	在酒店招待陈博文、高玉寰、靳哲元等接亲人员吃完早餐后，接亲车队 7：00 出发接亲	
8：30—9：30	陈博文	安排到新娘家接亲的风俗礼仪，新郎与新娘全家亲友合影，接亲车队回程出发	

（续表）

时间	责任人	工作内容	备注
9：30—11：30	靳礼成	安排新人和亲戚朋友签礼、按照指示牌有序入座	
12：00—12：50	陈博文	宣布婚礼开始，进入婚礼流程	
12：50—14：50	靳礼成	进入酒宴流程	
15：00—17：00	靳礼成	安排车队欢送一部分嘉宾返程，另一部分嘉宾入住酒店，婚礼圆满成功	

实训 5　婚宴酒水工作分解结构

婚宴酒水工作分解结构如表 19－15 所示。

表 19－15　婚宴酒水工作分解结构

工作包	婚宴酒水	上层要素	婚宴
负责人	张三	协助人	李四
工作内容	酒水的选择包括 16 瓶软饮料、16 瓶红酒、16 瓶白酒等；酒水的采购，包括购买、运输，并在婚庆当日早上 11：00 之前摆放到餐桌上		
质量要求	正规厂家生产、正规商店销售、符合国家相关标准，并在当地受普遍欢迎的酒水		
进度里程碑	婚庆前一天上午 10：00 完成采购，婚庆当日早上 10：00 摆放到餐桌上		
预算	25000 元		
项目经理（签字）		负责人（签字）	

工具案例与实训 19－8　婚礼筹备项目工作分解结构

实训目的：掌握在生活中应用项目管理的主要思路、方法、工具和技术。

注：通过本案例说明，对于比较细致的工作分解结构，如果用图来进行分解比较麻烦，那么可以采用列表法进行分解，编码规则采用图书目录编码法或者缩进式编码法。

1 婚礼筹备计划

1.1 决定婚礼日期、地点、仪式及婚宴方式

1.2 确定婚礼预算

1.3 草拟宾客名单

1.4 召集亲友讨论婚礼计划

1.5 确定伴郎、伴娘

1.6 确定主婚人、证婚人

1.7 成立婚礼筹备项目小组

1.7.1. 制定婚礼项目计划书

1.7.2 明确筹备组责任分工

1.7.3 召开项目启动会

2 婚礼前准备

2.1 与婚礼重要的项目相关方沟通

2.1.1 就婚礼筹备计划和进展与双方父母沟通

2.1.2 发喜帖给亲友

2.1.3 电话通知外地亲友

2.1.4 网上发布结婚通知

2.1.5 再次确认主婚人、证婚人

2.1.6 及时反馈亲友受邀信息

2.1.7 再次确认重要亲友应邀名单

2.2 结婚物品采购

2.2.1 新家布置用品

2.2.1.1 家电、家具

2.2.1.2 家居软装

2.2.1.3 彩色气球

2.2.1.4 彩灯（冷光）

2.2.1.5 彩纱

2.2.1.6 蜡烛

2.2.1.7 胶带

2.2.1.8 插线板

2.2.1.9 其他物品

2.2.2 订购婚礼用品

2.2.2.1 新郎的礼服、新娘的婚纱

2.2.2.2 结婚戒指

2.2.2.3 新娘化妆品

2.2.2.4 喜帖、红包、双喜字

2.2.2.5 彩带、拉花、喷雾

2.2.2.6 烟、酒、饮料

2.2.2.7 糖、花生、瓜子、茶叶

2.2.2.8 录像、拍照

2.2.2.9 预订鲜花

2.2.2.10 预订蛋糕

2.2.2.11 水果

2.3 新郎新娘形象准备

2.3.1 新娘开始皮肤保养

2.3.2 新郎剪头发

2.4 拍婚纱照

2.4.1 挑选婚纱影楼

2.4.2 预约拍摄日期

2.4.3 拍照

2.4.4 选片

2.4.5 冲印或喷绘

2.5 布置新房

2.5.1 请清洁公司彻底打扫新房

2.5.2 布置新房

2.6 确定婚礼主持人

2.6.1 就婚礼当天的计划与设想与之沟通

2.7 婚宴预约

2.7.1 估计来宾人数

2.7.2 估计酒席数量

2.7.3 选择婚宴地点

2.7.4 确认酒席菜单、价格

2.7.5 确认婚宴现场的投影和音响效果

2.7.6 与酒店协调婚宴布置和接待等细节

2.7.7 预订酒席

2.8 婚礼化妆预约

2.8.1 选择化妆地点

2.8.2 与发型师、化妆师沟通

2.8.3 确认婚礼当天的造型

2.8.4 预约化妆具体时间

2.9 婚庆车辆预约

2.9.1 确定婚车数量

2.9.2 选定婚车司机

2.9.3 预约扎彩车的时间、地点

2.9.4 确定婚礼当天婚车行进路线及所需时间

2.9.5 预约婚车

2.10 婚庆摄像预约

2.10.1 确定摄影摄像人员数量

2.10.2 选定婚礼当天摄影摄像人员

2.10.3 安排摄影摄像分工

2.10.4 准备摄影摄像器材

2.10.5 预约摄影摄像

2.11 其他

2.11.1 调换崭新钞票

2.11.2 确定滚床儿童

2.11.3 为远道而来的亲友准备客房

3 婚礼前一天准备

3.1 与婚礼的所有项目相关方沟通

3.1.1 就婚礼准备工作完成情况与双方父母沟通

3.1.2 就准备情况和婚礼当天分工与筹备组做最后沟通

3.1.3 根据准备情况就婚礼当天仪式进程与主持人做最后沟通

3.1.4 与伴郎伴娘再次沟通

3.1.5 最后确认帮忙的亲友

3.1.6 最后确认婚宴、车辆、摄影摄像、化妆等准备情况

3.2 确认婚礼当天发言人的准备情况

3.2.1 主婚人、证婚人发言准备情况

3.2.2 双方父母代表发言准备情况

3.2.3 来宾代表发言准备情况

3.2.4 抢亲时新娘提问准备

3.2.5 新郎新娘在仪式上或闹洞房可能会遇到的问题

3.3 最后确认婚礼当天所有物品准备情况

3.3.1 试穿所有的结婚礼服

3.3.2 将婚礼当天要穿的所有服装分装口袋

3.3.3 准备新郎新娘结婚照海报

3.3.4 准备婚礼当天新郎新娘的干粮

3.3.5 最后检查所有物品并交于专人保管

3.3.5.1 新娘的新鞋

3.3.5.2 结婚证书

3.3.5.3 戒指

3.3.5.4 红包

3.3.5.5 要佩戴的首饰

3.3.5.6 新娘补妆盒

3.3.5.7 糖、烟、酒、茶、饮料

3.3.5.8 礼花道具

3.4 新郎新娘特别准备

3.4.1 新郎新娘反复熟悉婚礼程序

3.4.2 预演背新娘动作

3.4.3 预演婚礼进行台步

3.4.4 预演交杯酒动作

3.4.5 放松心情，互相鼓励

3.4.6 注意睡眠，早点休息

3.5 准备闹钟

3.5.1 确认一个正常工作的闹钟

3.5.2 将闹钟调到5：30

4 婚礼当天流程

4.1. 化妆

4.1.1 5：30 起床

4.1.2 7：00 新郎发型做好后到达新南门女方娘家附近等待

4.1.3　7：45　新娘妆完成，通知新郎

4.1.4 化妆师、美发师红包

4.2 婚车

4.2.1　6：30　开始扎彩车

4.2.2　7：00　专车送新郎至新南门

4.2.3　7：30　彩车完成

4.2.4　7：45　专车送新娘回新南门娘家（8：30 前到达）

4.2.5　9：00　所有婚车到达新南门

4.2.6 司机红包

4.3 抢新娘

4.3.1　8：00　伴郎准备好鲜花、红包

4.3.2　8：30　新娘回到娘家，藏好新鞋

4.3.3　8：40　新郎带领兄弟们开始抢人

4.3.4　8：45　敲门，盘问，塞红包，挤门

4.3.5　8：55　新郎找新鞋，向女方家人承诺

4.3.6　9：00　彩带师到位、气球到位

4.3.7　9：05　新郎背新娘出门，放礼炮，踩气球

4.3.8　9：10　车队出发

4.4 迎新娘

4.4.1　10：00　车队到达化成小区男方家

4.4.2　10：05　新郎抱新娘进门，放礼炮，踩气球

4.4.3　10：10　小孩子滚床

4.4.4　10：15　伴娘准备好茶

4.4.5　10：20　新娘给男方父母敬茶

4.4.6　10：40　新郎新娘出发至酒店

4.5 酒店准备

4.5.1　10：00　将糖、烟、酒、茶、饮料等带至酒店

4.5.2　10：10　最后检查酒席安排、音响、签到处等

4.5.3　10：30　准备好新郎新娘迎宾用的香烟、火柴、糖

4.5.4　10：45　彩带师到酒店门口

4.6 酒店迎宾

4.6.1　10：50　新郎新娘到酒店，放礼炮

4.6.2　11：00　签到处人员就位

4.6.3　11：00　引导人员酒店门口就位

4.6.4　11：00　新郎新娘和伴郎伴娘酒店门口迎宾

4.7 婚礼仪式

4.7.1　12：15　主持人准备

4.7.2　12：15　音响准备

4.7.3　12：15　结婚证书、戒指准备

4.7.4　12：15　气球、彩带到位

4.7.5　12：20　奏乐，新人入场，放礼炮、踩气球
主持人自我介绍
主婚人致辞
证婚人宣读结婚证书
新人父母上台
新郎新娘交换戒指
新人给父母敬茶
双方父母代表讲话
双方父母退场
双方朋友讲话
双方朋友退场
新人开香槟、切蛋糕、喝交杯酒
游戏

4.7.6　13：00　婚宴正式开始

4.7.7　13：00　新郎新娘退场、速食，新娘换礼服

4.7.8　13：15　新郎新娘逐桌敬酒

4.7.9　14：00　宴席结束，宾客与新人合影

4.8 下午休息

4.8.1　14：00　宾客离开或到棋牌室娱乐

4.8.2　14：30　新郎新娘进餐、休息

4.8.3　14：30　清点所剩烟、酒、糖等

4.8.4　14：30　统计晚餐人数

4.9 晚餐

4.9.1　17：00　通知酒店晚餐准备数量

4.9.2　18：00　请宾客进晚餐

4.9.3　20：00　清点所有物品，离开酒店

4.10 闹洞房

4.10.1　21：00　开始闹洞房

女方藏结婚证

新郎找结婚证

其他节目自由发挥

4.10.2　22：30　宾客离开

4.11 摄像摄影

4.11.1 摄像 A 从新娘化妆开始全程拍摄新娘

4.11.2 摄像 B 从新郎抢亲开始全程拍摄新郎

4.11.3 摄像 C 拍摄婚礼仪式全过程

4.11.4 摄影适时拍摄

4.11.5 摄影摄像人员红包

5 婚礼项目结束

5.1　23：00　伴郎伴娘率筹备组另寻别处进行项目总结

工具案例与实训 19－9　大项目、项目群管理方法论

实训 1　大项目、多项目管理的五大步骤

读者非常关心的大项目、多项目管理方法论包括了 5 个步骤：定义、编制战略计划、实施计划、执行与控制、总结结尾阶段，所有这些都与本书第 2 章介绍的项目启动、计划、执行、监控和收尾互相对应。如图 19－35 所示。

这个方法论已经被许多来自不同行业的项目经理在实践中检验过了，并已成为很多组织机构项目管理系统的基础，这是一个实用的、有价值的方法。

（1）定义项目。组织要开展任何一个项目总是从某种构想或者概念开始，我们需要什么或者遇到一个重要任务、紧迫任务的时候，就需要将其视为一个项目来立项。而且要完成此项任务会存在许多不确定性因素，解决难题的方法取决于我们如何定义这个难题。所以，项目管理的第一步，就是要保证能正确地定义你所要解决

的问题：你想要的结果是什么？任务是什么？

（2）战略计划。“战略”一词是指开展一个项目的总的方向、道路和方法，对组织长远发展的价值，就是贯穿本书的项目整体管理。这一步常常被一带而过。虽然任何项目都有一个战略计划，但这个战略常常缺乏认真的比较研究和选择，然而选择的战略是否正确，关系到项目的成败。在图 19－35 中，编制战略计划阶段 P 为绩效，即项目实现的产品、服务的性能要求（技术与功能方面），C 表示实现项目目标所需的人力资源、设备、材料等成本，T 为要求项目完成的时间，S 为项目的范围规模与大小。SWOT 为组织战略分析中的优劣势分析方法，其中 S 为优势，W 为劣势，O 为机会，T 为威胁。

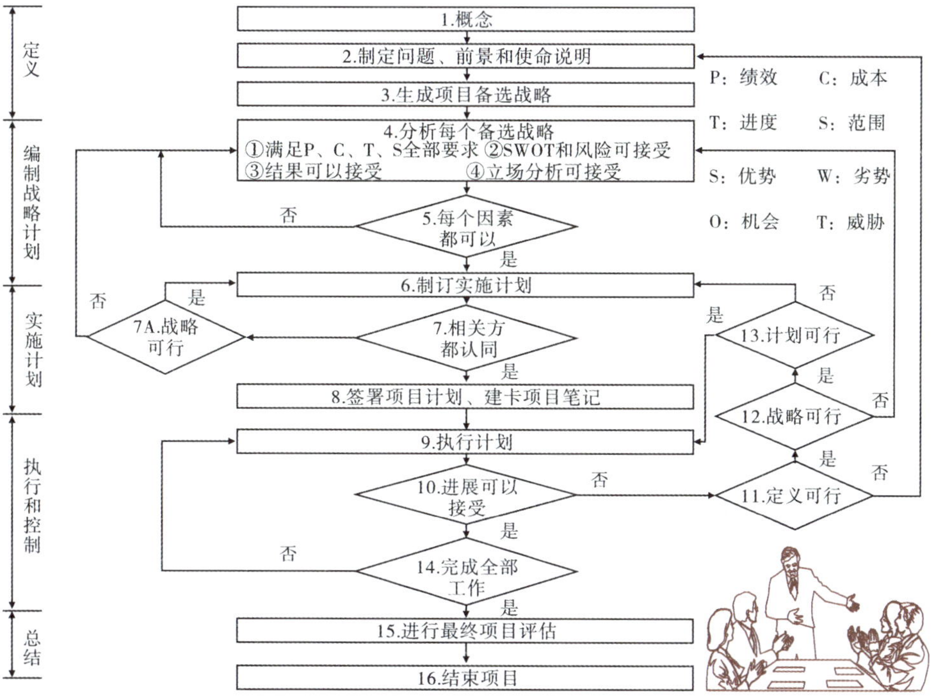

图 19－35 大项目、多项目管理的 16 步方法论一

（3）实施计划。实施计划在建造业也被称为“技术施工设计”，计划一旦经过项目经理的上级批准就成为项目基准计划，直接指导项目实施。这是任何项目实施前应当考虑的事情，应当确定项目实施的技术路线和全部细节：做什么？谁来做？如何做？需要多少资源？做多长时间？验收标准是什么？等等。这就是本书介绍的由项目需求收集，项目范围、时间、成本、质量、人力资源、沟通、风险和采购”等构成的项目管理计划。企业项目实施的成功与否，在很大程度上受到实施计划的影响。

（4）**执行与控制**。很多时候人们在开展某个项目时，容易受经验和习惯的影响，从概念直接跳到执行，这样他们就没有质量标准和范围、进度、成本基准，导致无法实现定性和定量控制。项目的执行与控制必须依赖良好的实施计划，更需要项目经理、项目团队与项目相关方之间做好沟通与协作，做好全员参与和全过程控制项目。

（5）**总结**。这个步骤在多数项目的实施过程中常常被忽略，项目结束后进行必要的总结与分析是项目圆满结束的标志，形成组织过程资产，对于后续项目的执行也有借鉴作用。

实训2　大项目、多项目管理方法论的具体内容（也是对本书的总结）

16步项目管理方法论的各个环节是：

（1）概念的确立。就是对所要做的事情、想要实现的目标做一个框架性、粗线条的设计，建立和表示出一种实现某一目标的指导思想。

（2）问题的定义。即对指导思想和长远目标进行具体说明。第二步是对第一步的进一步细化和具体化。

（3）生成项目的备选方案和战略计划。提供总体思路、战略规划和备选方案。

（4）战略计划评估和选择。就是在选择方案的同时，有一个从总体技术路线到总体项目管理策略的评价和选择，对各个备选方案进行技术经济比较。

（5）战略的确立。就是确定项目的具体战略、目标和第一层级计划。

（6）制订项目的实施计划。这是一个更加具体的、第二层级的项目计划，就是怎样实施（技术施工设计）。

（7）项目相关方批准计划。这里的计划包括战略计划、初步计划、详细计划，在这些项目实施之前，有一个批准过程，对于大中型项目，会涉及方案会审、会签和最终审批的流程。

（8）签署项目计划。项目的批准人、参与项目的有关相关方要签署项目计划，对计划做出承诺，同时建立项目的跟踪记录，做一个项目进展情况日志或者周志、月志记录，根据这些记录信息进行知识管理。

（9）执行项目计划。就是正式实施项目管理计划，投入资源开展这个项目。

（10）监控项目进展。计划开始实施之后，就要考虑计划执行得如何，有无问题，执行情况与基准计划之间的偏差在哪里？要对这些情况进行监控。

（11）审查项目定义。“计划赶不上变化。”项目计划往往并不能做到一步到位，项目实施之后，需要做一些评审，既包括对原来工作的评审，也包括对项目目标定义的评审，如发现问题就返回到步骤二，重新修正项目的定义，对原来制定的范围、进度和成本的计划进行调整。

(12) 对项目的战略进行评审。首先是评价目标或项目的定义，然后评审战略计划、战略制定是不是有问题，如果有问题就返回步骤四，重新修正项目战略。

(13) 项目的实施计划。对计划中的具体工作流程、一些细节进行评审，有问题就进行修改。

(14) 循环。按照整个过程不断地从计划的执行到监测、评审，有问题就要修改计划，然后再执行，再评审，这个过程一直延续到全部工作结束。

(15) 总结经验教训。项目全部完成以后，及时总结经验教训，对一些问题进行归档，作为今后项目的指导和借鉴。

实训 3 对大项目、多项目管理方法论第 6 个节点的分析

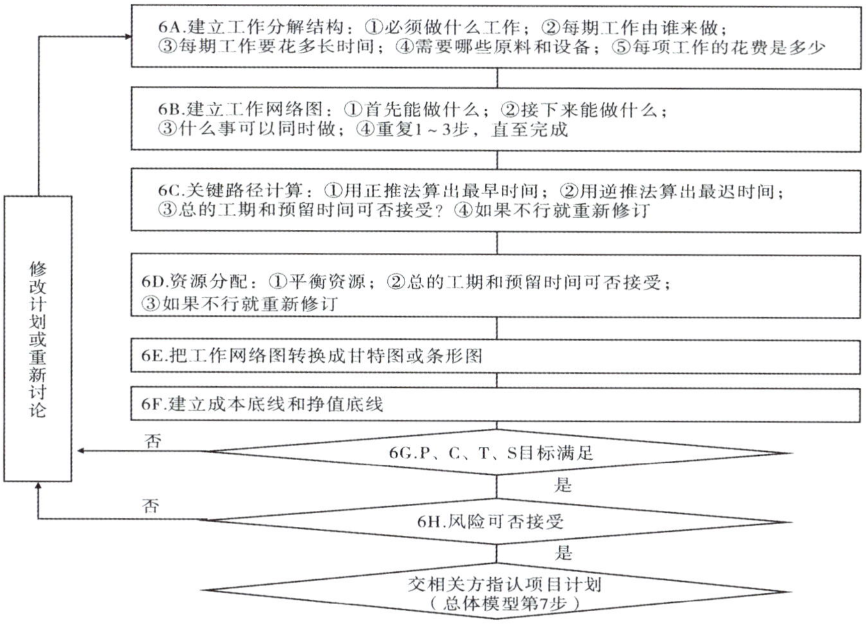

图 19－36 大项目、多项目管理的 16 步方法论二

图 19－36 项目管理与应用方法论的第 6 个节点：制订实施计划。其中有两个重点：第一，这是指导项目执行的最终计划，一旦通过项目经理的上级管理层签署就形成了项目管理执行过程的基准，针对这一基准的所有变更都要通过变更控制委员会或者项目经理的上级审批；第二，这一项目实施计划的制订过程是方法论的关键节点，事关一个项目的成败，具体流程见图 19－36。

实训 4 企业项目化管理的基本思路

在企业全方位和具体管理过程中，怎样变被动为主动、实现企业“安全、质

量、服务、高效”的管理目标？把 16 步项目管理方法论在企业管理工作中具体化、实用化，图 19－37 提供了一种全新的企业项目管理的思路。

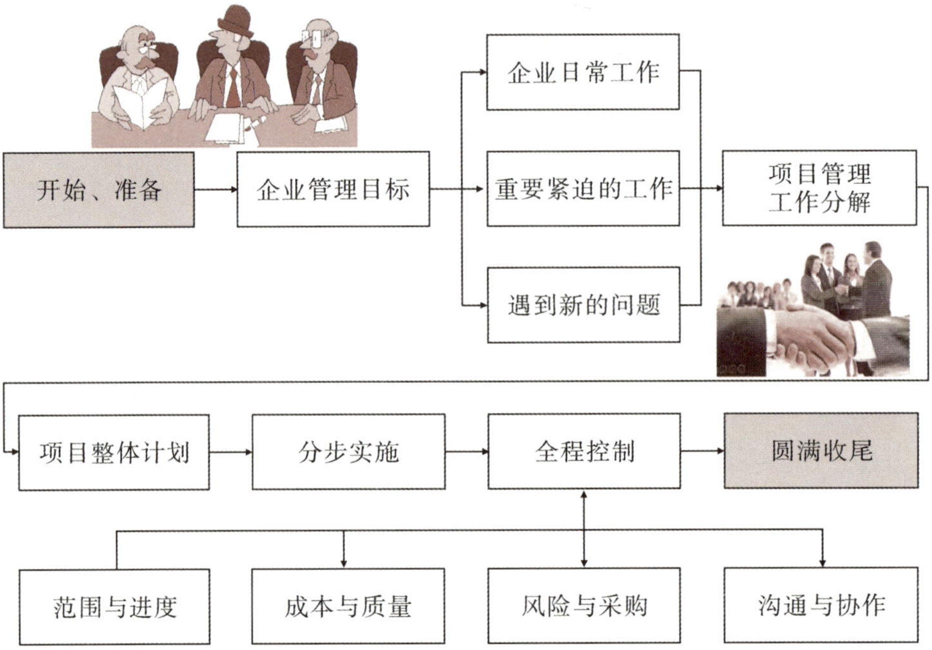

图 19－37　项目管理模式

当我们在企业遇到重要的工作、紧迫的工作、重要而又紧迫的工作时，就把它看作是项目。然后，进入项目管理的思路和流程：

①企业某项目启动之后的当务之急是用本书第 10 章介绍的方法组织人员创建工作分解结构和组织工作分解结构，把复杂的问题简单化。

②在此基础上用本书第 10 章和第 11 章介绍的方法绘制项目里程碑图、流程图、甘特图等，将抽象的工作具体化、可视化，把简单的问题流程化。

③接着，就是按照相应的规程、规范对项目任务分步实施，做好全员标准化作业，把流程问题标准化。

④做好全员、全过程安全、质量管理和服务，做到对项目生命期的各个管理环节进行全程控制，做好沟通与协作，重点控制安全与质量、服务与效率、风险与采购等过程。

⑤对于分配到部门、小组和个人的每一项工作都要善始善终，不断总结经验，持续改进，做得更好。把标准问题再优化。